KB152391

나를 지키는 경제지식의 힘!
지금 당장 시리즈는
공부하는 독자와 함께합니다.

지금당장
경영전략
공부하라

지금 당장 경영전략 공부하라 최신 개정판

초판 발행 2015년 1월 9일
4쇄 발행 2018년 7월 16일
개정판 1쇄 발행 2019년 4월 8일

지은이 김남국
펴낸이 조기흠

편집이사 이홍 / **책임편집** 유소영 / **편집** 이수동, 송병규, 정선영, 박단비
마케팅 정재훈, 박태규, 김선영, 이건호 / **디자인** 디자인결 / **제작** 박성우, 김정우

펴낸곳 한빛비즈(주) / **주소** 서울시 서대문구 연희로 2길 62 4층
전화 02-325-5508 / **팩스** 02-326-1566
등록 2008년 1월 14일 제25100-2017-000062호

ISBN 979-11-5784-327-5 13320

이 책에 대한 의견이나 오탈자 및 잘못된 내용에 대한 수정 정보는 한빛비즈의 홈페이지나 아래 이메일로
알려주십시오. 잘못된 책은 구입하신 서점에서 교환해 드립니다. 책값은 뒤표지에 표시되어 있습니다.

홈페이지 www.HANBITBIZ.com / **페이스북** hanbitbiz.n.book / **블로그** blog.hanbitbiz.com

Published by Hanbit Biz, Inc. Printed in Korea
Copyright ⓒ 2019 김남국 & Hanbit Biz, Inc.
이 책의 저작권은 김남국과 한빛비즈(주)에 있습니다.
저작권법에 의해 보호를 받는 저작물이므로 무단 복제 및 무단 전재를 금합니다.

지금 하지 않으면 할 수 없는 일이 있습니다.
책으로 펴내고 싶은 아이디어나 원고를 메일(hanbitbiz@hanbit.co.kr)로 보내주세요.
한빛비즈는 여러분의 소중한 경험과 지식을 기다리고 있습니다.

지금당장
경영전략
공부하라

김남국 지음

HB 한빛비즈
Hanbit Biz, Inc.

한국에서 경영 전략을 다룬 책은 이미 많이 발행됐고, 이 책들이 전략을 이해하는 데 크게 기여한 것도 사실이다. 하지만 아쉬운 점이 있다. 실무의 니즈를 반영해 직접 활용하는 데 도움을 주는 것을 목적으로 발행된 책은 의외로 많지 않다는 점이다. 기존 책들은 교육을 목적으로 학문적 관점에서 서술됐거나, 실무 활용에 무게를 뒀더라도 지나치게 한정된 주제만 다룬 책들로 양분할 수 있다. 경영 전략이 실무에 토대를 둔 학문임에도 불구하고, 전략과 관련한 포괄적인 주제를 다루면서도 철저히 실무에서의 활용이란 관점에서 서술한 책은 의외로 드물다.

또 상당수 책들은 최근 급격한 환경 변화를 반영하지 못한 경우도 많다. 인터넷을 기반으로 한 파괴적 비즈니스가 속출하고 있는 시점에 혁신적인 전략을 수립해야 할 필요성이 있지만 오래전에 개발된 전략 프레임 외에 이런 최근의 현상에 대응할 수 있는 전략 대안을 제시한 책들은 많지 않았다.

이런 문제의식하에 과거와 현재 각광받는 전략 전반에 대한 이슈를 종합적으로 다루면서도, 실무에서 활용도를 높일 수 있는 책을 집필하기로 했다. 하지만 큰 난관이 있었다. 실무에 도움을 주는 차별화 포인트를 찾기가 생각보다 쉽지 않았고, 전략이란 이름을 사용하는 수많은 프레임워크나 솔루션 가운데 어떤 것을 중점적으로 다뤄야 할지 결정하는 것도 만만치 않은 과제였다. 그래서 기획 단계에서 예상보다 훨씬 많은 시간을 투자해야 했다. 필자 스스로가 정한 기준에 미치지 못해 기획안을 몇 차례 수정하기를 거듭했다. 하지만 고민 끝에 결국 길이 보였다. 그리고 구체적인 작업 과정에서 철저하게 실무 관점을 반영한 차별화된 콘텐츠를 만들었다는 자신감도 갖게 됐다. 초기 많은 시간을 고민했던 덕분이라 생각한다.

철저하게 현장의 고민을 반영하기 위해 최선을 다했고, 또 현장 의사결정에 도움이 되는 솔루션을 제공하기 위해 노력했다. 이런 노력이 실제 현업의 경쟁력 강화와 의사결정의 품질 향상에 도움이 되기를 기대한다.

DBR 제작진 모두는 필자의 부족한 지식과 경험을 보충하는 데 결정적 역할을 해줬다. 집필시간 확보를 위해 여름휴가 반납을 허락해준 가족에게 감사드린다. 책의 오류는 전적으로 필자의 책임임을 밝힌다.

김남국

책을 쓴 저자로서 개정판을 낸다는 것은 큰 영광이자 축복이다. 이 책에 대한 시장의 수요가 지속적으로 존재한다는 의미이기 때문이다. 2015년 초판이 발행된 이후 경영 환경은 크게 변했다. 어제 유용했던 지식이 한순간에 덫으로 돌변하는 현상도 나타나고 있다. 수요만 있다면 내용의 변경이나 추가는 필요하다. 다행스럽게도 여러 기업에서 이 책이 임직원 교육 교재 등으로 활용되면서 개정판을 낼 수 있음에 감사드린다.

개정판을 통해 다양한 경영 이론과 툴, 프레임을 뒷받침해줄 수 있는 최신 사례를 추가했다. 대신 시간이 지나 더 이상 유용한 교훈을 주기 어렵다고 판단된 사례나 내용들은 삭제했다.

이 책은 다른 전략서와 달리 단순히 지식을 설명하는 데 머물지 않았다. 전략 수립에 도움을 주는 다양한 이론과 툴, 방법론을 설명하는 동시에 한계와 비판도 빼놓지 않았다. 복잡하고 불확실한 현실에서 경영자들이 의사결정과 실행을 할 때 기존 지식에만 의존할 경우 많은 문제가 생길 수 있기 때문이다.

경영 전략 분야의 학자와 컨설턴트들이 많은 지혜와 지식을 만들었지만 시장을 분석하는 것을 넘어 시장을 창조하는 데 도움을 주지 못하고 있다는 비판이 제기되고 있는 것도 사실이다. 창의적으로 시장을 재정의하거나, 새 시장을 창출하기 위해 노력하는 비즈니스 리더 여러분께 도움을 주기 위해, 아직 엄밀한 전략 이론으로 체계화하지는 못했지만, 충분히 현업에서 활용할 가치가 있다고 판단되는 참신한 접근법들을 5장에서 제시했다.

전례를 찾아볼 수 없는 불확실성의 시대에 이 책이 경영 전략을 기초부터 응용까지 쉽고 빠르게 이해해 실무에서 경쟁력을 높이는 데 기여하기를 바란다. 좋은 경영 지식이 실무에 도움을 주고, 이를 통해 만들어진 베스트 프랙티스가 다시 좋은 경영 지식을 창출하는 선순환 구조를 만드는 데 이 책이 작은 도움이 될 수 있기를 기대한다.

김남국

1. 클래식부터 최신 이슈까지 다루는 전략 교과서!

이 책은 복잡한 경영 전략을 한눈에 들여다보기 위한 지식을 전달합니다. 과거부터 현재까지 기업들이 직면했던 위기를 다양한 전략을 통해 효율적으로 극복하고 성장한 사례는 지금 우리가 대응해야 할 문제들에 대한 가장 효과적인 해결책을 제공합니다.

2. 실무자를 위한 전략 로드맵을 제공합니다!

공부를 위한 공부로 경영 전략을 이해하는 것이 아니라, 회사의 핵심 업무에 실제로 적용하기 위해 경영 전략을 공부해야 합니다. 이 책은 전략 실무자들이 언제든 업무에 참고하고 써먹을 수 있도록 주요 전략 프레임워크와 원칙들을 제공합니다.

3. 복잡한 이론을 그림으로 한눈에 본다!

본문에서 다루는 내용들과 관련된 사진, 조금은 복잡하고 어려운 내용을 일목요연하게 요약 및 정리해주는 도표, 추세를 한눈에 살펴볼 수 있는 그래프 등을 십분 활용해 독자들이 보다 쉽고 재미있게 전략을 공부할 수 있도록 했습니다.

4. 탄탄한 기본 원리와 더불어 현실적인 지식을 익히자!

수많은 전략 용어와 기본 지식을 안다고 탁월한 전략가가 되는 것은 아닙니다. 이런 지식을 종합적으로 활용해 현실에 적용하는 방법을 아는 것이 중요합니다. 용어의 사전적 정의나 세계적인 석학들의 이론은 물론이고, 산업을 뛰어넘는 다양한 사례를 실어 보다 실용적인 전략 지식을 전합니다.

5. 제대로 된 전략 공부를 위한 프레임워크별 접근!

이 책은 지금까지 세상에 공개된 거의 모든 전략 프레임워크를 활용 목적별로 정리해 소개합니다. 프레임워크의 개발 배경과 발전 단계뿐만 아니라, 언제, 어떤 프레임워크를 어떻게 사용해야 하는지를 실제 기업 사례를 통해 쉽게 알 수 있습니다.

Chapter 4

사업 경쟁력 강화 전략

Why Study?
각 장에서 다뤄질 중요한 내용을 알려주는 나침반으로, 어떤 부분에 집중해서 읽어야 하는지 짚어줍니다.

참고하세요, 읽을거리
본문에서 설명한 경영 전략이 실제 기업에서 어떻게 적용되고 있는지 살펴봄으로써 실용적인 지식을 전달합니다.

그러나 이런 유형의 신사업 진출은 현실에서 자주 목격된다. 실제 이 항공사는 기존 대주주였던 금융회사가 영업정지를 당하면서 급하게 매물로 시장에 나왔다. 싼 매물을 찾아낸다면 이런 유형의 다각화 전략은 성공할 확률이 매우 높아진다. 이런 유형의 사업 다각화에 시너지 같은 요소를 심각하게 고려하는 것은 오히려 좋은 의사결정을 방해한다. 아마도 '적당히 공부한' MBA 출신이나 아동출판업계의 의사결정에 관여했다면, 시너지를 이유로 항공사 인수를 반대했을 것이다. 다시 한번 강조하지만 어정쩡하게 아는 게 더 위험하다.

:: 리스트럭처링
리스트럭처링(Restructuring)은 사모펀드(Private equity)가 잘 활용하는 전략이다. 어떤 기업이 경영자의 잘못으로 잠재적인 가치를 제대로 실현시키지 못하고 있을 때, 이를 바로잡아 기업가치를 높이는 유형의 전략이다. 경영자를 바꾸고, 구조조정 전문가를 투입하며, 불필요한 사업을 매각하고, 방만한 자금 운용을 통제하는 조치를 통해 기업가치를 끌어올릴 수 있다고 판단했을 때 주로 사용한다.

예를 들어, 한 사모펀드가 호주의 침대 매트리스 제조업체를 인수했는데, 심사 과정에서 자세 교정용 매트리스를 불필요하게 양면으로 사용할 수 있게 만드느라 원가가 높아져 가격이 너무 비싸게 책정됐다는 점을 파악했다.[67]

실제 대부분의 고객은 매트리스를 뒤집어서 사용하지 않는다. 그래서 새 경영진은 뒤집을 필요 없이 한쪽 면에만 자세 교정 기능을 갖춘 제품을 출시해 이익을 크게 향상시켰다. 또 불필요한 신제품 라인을 없애고, 매장 대표들에게 소비자 동향을 분석해 이윤을 향상시키는 데 도움을 주는 지표들을 공급, 성과를 높이기도 했다.

음과 같은 포인트를 잊어서는 안 된다.

:: 비전이 중요하다
다른 기업과의 협력에서 가장 중요한 것은 협상을 잘하는 능력도, 계약서를 잘 쓰는 능력도 아니다. 비전이 가장 중요하다. 협력에 성공한 사례를 보면 대부분 명확한 비전을 갖고 있었다. 모든 개인과 조직은 더 나은 미래를 꿈꾼다. 더 나은 미래에 대한 비전을 공유하고, 이에 대한 믿음을 가져야 협력 과정에서 나타나는 수많은 문제점을 극복할 수 있다.

예를 들어, LG그룹은 아시아 외환위기로 어려움에 처한 상황에서 필립스와 LCD사업 분야의 제휴를 추진했다. 하지만 필립스는 미온적이었다. 이미 일본 업체와 제휴를 추진한 적이 있었고, 협력하더라도 판매/마케팅 분야에만 제한적 협력만 원했다. 하지만 LG는 생산부터 기업 활동 전 영역에서 협력을 원했다. 그래야 외자 유치 규모도 커지고, 실질적인 성과도 높아질 수 있기 때문이었다. 필립스를 설득하기 위해 LG는 비전에 어필했다. LG의 응용기술과 생산능력을 필립스의 기초기술과 판매력, 자금과 결합하면 세계시장에서 점유율 1위 LCD업체를 만들 수 있다고 설득했다.

구체적으로 이를 뒷받침하기 위해 LG와 필립스가 공동으로 시장조사를 실시하자고 제안했고, 이를 바탕으로 업황 개선에 대한 구체적인 수치를 제시하자 필립스가 입장을 바꿔 전방위 협력에 나서게 됐다.[66]

다른 생각을 하고 있는 협력 파트너를 움직이게 만드는 가장 큰 동력은 비전이다. 협력 파트너가 생각하기에 실현 가능성이 있고, 설득력 있는 비전이라면 함께 하지 않을 이유가 없다. 함께 비전을 공유하면 실무 협상 과정이나 구체적 파악할 수 있다. 역량과 조직 문화가 뒷받침된다면 매우 훌륭한 전략으로 성과를 가져올 수 있다.

'MSG나 화학성분이 들어가지 않은 유기농 자장면을 만들어 건강에 실질적인 도움을 주는 먹거리를 만들겠다는 전략 또한 명확한 방향성을 제시하면서 조직원들의 행동까지도 통제할 수 있는 훌륭한 전략이다. 물론 실행 과정에서 일관성, 조직적 차원의 뒷받침이 필요하지만, 독특한 맛을 구현하는 등 고객가치를 실현하면서 일관되게 실천하면 성공할 확률이 높다.

물론 이런 훌륭한 선택을 하기는 쉽지 않다. 당장 '한식 재료가 주는 특이한 맛이 자장면과 잘 어울릴까?', 'MSG에 길들여진 사람들의 입맛에 호소하는 새로운 레시피를 개발할 수 있을까?' 등 많은 도전과제를 해결해야 한다. 이 과정에서 업에 대한 오랜 통찰과 지식, 노하우도 뒷받침되어야 한다.

특히 외부 고객들의 선호도나 시장 상황을 읽는 통찰력도 반드시 필요하다. 그리고 반발에도 불구하고 하나의 선택을 고수하는 결단력과 추진력도 필요하다. 실제 어려움이 있지만, 일부 중국집은 이런 시도를 통해 훌륭한 성과를 창출하고 있다.

어려움이 있더라도 훌륭한 전략이 갖춰야 할 요소를 숙지하고, 이런 방향으로 전략을 수립하고 실행하기 위해 꾸준히 노력하고 학습해야 한다. 그렇지 않으면 치열한 경쟁 환경에서 저수익, 혹은 도산의 위험에 직면할 수밖에 없다.

💡 일상의 전략가 되기 01

해답은 가까운 곳에 있다

보통 사람들은 성공 확률이 높은 사업을 선호한다. 하지만 혁신가들은 성공 가능성이 희박한 일에 도전한다. 사실 성공 확률이 높은 사업은 이미 누가 하고 있거나 남들이 금방 따라 한다. 따라서 큰 수익을 기대하기 어렵다. 반면 가능성이 낮은 일에 도전해서 성공하면, 그 보상은 막대하다. 물론 가능성이 낮기에 혁신가들은 숱한 실패와 좌절을 경험한다.

혁신가들의 도전 스토리를 보면 흥미로운 패턴이 발견된다. 이들을 좌절에서 구해준 아이디어의 원천이 아주 가까운 곳에 있다는 점이다. 주변에서 쉽게 볼 수 있는, 혹은 내가 이미 갖고 있는 것들이 혁신의 원천이 됐다. 실제 이런 사례는 수없이 많다.

"

썩지 않는 '기적의 사과'를 만든 일본 아오모리현의 기무라 아키노리는 무농약 재배 실패로 자살을 결심했다. 근처 산에 올라 로프를 휙 던졌는데, 이게 나무에 제대로 걸리지 않고 다른 곳으로 튕겨나갔다. 로프가 멀어진 곳에 우람한 도토리나무가 있었다. 그는 자신의 사과나무와 달리 도토리나무가 왜 건강한지 고민했고, 무성한 잡초가 토양을 비옥하게 만들어 나무의 건강을 유지시켰

일상의 전략가 되기
해당 장의 마지막 부분에는 일상에서 얻을 수 있는 다양한 이야기에서 전략의 통찰을 발견하는 재미를 줍니다.

Issue review
본문에서 다루는 내용과 관련된 실제 사례들을 살펴보며 좀 더 깊이 있는 경영 전략 지식을 얻을 수 있도록 도와줍니다.

범주화에 성공한 정명을 한순간에 단점으로 뒤집는 매력적인 접근법이다.

2014년 두각을 나타낸 클라우드는 '물 타지 않은 맥주'라는 새로운 콘셉트를 내세워 기존 맥주를 아래 무의미하게 만들어버리고, 자사에 유리한 범주로 시장을 양분시켜버렸다. 맥주에 물이 들어가지 않을 수 없기 때문에 과장 광고라는 비판도 제기됐지만, 맥주 제조를 마친 이후에 물을 타지 않는다

는 점을 현명하게 내세워 기존 업체들의 장점을 무력화시키는 새로운 범주를 만들면서 시장점유율을 높여나갔다.

바나나우유 사례도 흥미롭다. 이 시장에서는 빙그레 바나나맛 우유가 절대강자 자리를 차지하고 있었다. 절대강자가 있는 시장에 도전장을 내민 회사는 매일유업이다. 이 회사는 '바나나는 원래 하얗다'라는 도전적인 브랜드를 채택했다. 이를 통해 시장을 '색소를 첨가하지 않은 제품 vs 색소를 첨가한 제품'이란 범주로 양분시켜 소비자들의 인식을 자사에 유리한 방향으로 유도했다.

대체로 범주화에 성공한 사례들은 상대의 장점을 한순간에 단점으로 뒤엎는다는 매우 매력적인 접근법을 갖고 있다. 따라서 선발업체가 시장을 장악한 상태에서 후발주자가 이를 극복하기 위해 사용할 때 매우 효과적이다.

하지만 이런 매력에도 새로운 범주를 만들어내는 것 역시 쉽지 않다. 기막힌 새로운 범주를 만들어내는 마법의 도구도 없다. 역시 치열한 고민과 노력, 다양한 사례를 분석하고 적용하는 학습역량이 대안일 뿐이다.

💡 참고해보기
선발주자는 어떻게 범주를 창조할까?

물론 선발업체도 얼마든지 새로운 유형의 범주화를 통해 경쟁사를 무력화시킬 수 있다. 서울우유는 경쟁사들이 우유 제품의 유통기한을 늘리는 투자에 열을 올릴 때, 제조일자를 제품에 표시하는 차별화 전략으로 제조일자가 제품에 표시되면 유통기한 경쟁 게임이 무의미해지면서, 제조하고 얼마나 빠른 시간 안에 유통되며 제품을 오래가는 게임이 펼쳐지게 된다. 결국, 유통기한 늘리기 위한 투자의 의미가 크게 줄어들게 된다.

Chapter

1

훌륭한 경영 전략이란 무엇인가?

01

지금은 '전략 실패'의 시대

코브라로 인한 피해를 줄이는 쉬운 방법

많은 사람이 뱀에 물려 죽고 있다고 가정하자. 이 문제를 해결할 수 있는 좋은 방법이 있을까. 가장 쉽게 '뱀을 잡아오는 사람에게 금전적 보상을 해주자'라는 아이디어를 떠올릴 수 있다. 금전적 보상을 해주면 코브라를 잡는 사람이 많아질 것이고, 코브라의 개체 수는 줄어들어 인명 피해를 줄일 수 있을 것으로 생각한다.

인도를 식민지로 지배했던 영국 정부도 정확히 이런 생각을 했다. 인도 주민들이 코브라에 물려 죽는 사례가 자주 발생하자 코브라를 잡아오면 보상금을 주기로 한 것이다. 이 정책의 시행으로 코브라는 줄어들고, 인도 국민들은 더 안전한 환경에서 살 수 있었을까?

아무리 선의(善意)를 갖고 있더라도 쉬운 해결책만을 모색한다면 문제가 발생한다는 사례는 현실에서 자주 찾아볼 수 있다. 처음에는 코브라와 인명 피해가 줄어드는 선순환이 나타나는 듯했다. 하지만 코브라가 돈이 된다는 걸 알게 되면서 문제가 생겼다. 전문적으로 코브라를 사육하는 사람들이 생겨난 것이다. 예상보다 너무 많은 코브라를 잡아오자, 영국 정부는 당황했다. 결국 예산이 모두 소진돼 더 이상 코브라를 잡아와도 보상금을 줄 수 없다고 선언했다. 보상금을 노리고 코브라를 사육한 사람들이 추가 비용을 감수하면서 코브라를 말끔히 처분했을 리 없다. 결국 수많은 코브라가 방치되면서 더 많은 사람들이 피해를 입고 말았다. 대규모 자원을 투자하고도 의도한 것과 정반대의 결과를 초래한 것이다. 이를 '코브라 효과(Cobra effect)'라고 한다.

반복되는 코브라 효과

역사는 반복된다. 비즈니스에서도 이런 사례를 쉽게 찾아볼 수 있다. 현대 경영자 가운데 최고의 성과를 낸 인물로 스티브 잡스를 빼놓을 수 없다. 그가 무수한 혁신을 통해 인류의 삶을 바꿔놓았다는 점에는 이견이 없다. 하지만 그도 코브라 효과의 덫에 빠진 경험이 있다. 아이폰으로 스마트폰 시장을 개척했던 그는 삼성이 유사한 디자인으로 재빨리 추격해오자 불같이 화를 냈다. 그리고 전면 소송전에 돌입했다. 강력한 법적 소송을 통해 유사한 제품 디자인을 사용하지 못하게 하고 삼성의 추격을 따돌리겠다는 생각이었다.

그러나 결과는 전혀 의도하지 않은 방향으로 흘러갔다. 삼성에게 애플은 경쟁하기 버거운 상대였다. 선발자 우위에 혁신의 아이콘 같은 상징성, 강력한 소비자 충성도, 탁월한 사용자 경험 및 디자인 그리고 압도적인 제품력 등 애플은 그야말로 천하무적이었다.

그런데 애플의 소송이 대대적으로 언론에 보도되면서 소비자들의 인식이 변하기 시작했다. 천하의 애플도 삼성을 매우 위협적인 경쟁자로 생각했기 때문에 소송을 하는 것이라고 생각하는 소비자들이 생겨난 것이다. 도대체 삼성이 얼마나 위협적인 제품을 출시했기에 애플이 소송까지 불사하면서 견제하겠느냐는 생각이었다.

소송이 이어지고 언론 보도를 통해 이 소식을 자주 접한 소비자들에게 부지

불식간 삼성과 애플이 동급의 경쟁자로 여겨졌다. 이런 인식은 글로벌 소비자들이 삼성 제품을 다시 보게 되는 결정적 계기가 됐다. 상당수 소비자의 인식이 달라지면서 삼성은 스마트폰 시장에서 글로벌 1위 업체가 되는 결정적 전기를 마련할 수 있었다. 삼성전자의 한 임원은 '사실 삼성 스마트폰 사업을 도약시킨 1등 공신은 애플'이라고 말하기도 했다.

2011년에 시작된 소송은 무려 7년 동안 계속되었고, 결국 애플이 승소하며 배상금을 받아냈다. 겉으로 보기에 승리자는 애플이었다. 하지만 이 과정에서 삼성은 스마트폰 시장에서 확실한 양강 체제를 굳혔다. 덕분에 2011년 이후 분기별 출하량 기준으로 삼성이 애플을 따라잡고 1위를 차지한 경우가 더 많았다.

다양한 조직에서 이런 현상이 목격된다. 대표적인 것이 '성장'이라는 전략이다. 대부분 기업에서 '성장하자'라는 주장에 대해 의구심이나 문제를 제기하는 것은 거의 불가능하다. 성장은 기업에 절대적 선으로 보이기 때문이다. 하지만 성장을 추구하다가 큰 위기를 경험한 기업들이 의외로 많다. 세계 1위가 되겠다며 급격한 성장 전략을 추구하다가 품질 문제로 큰 위기를 경험했던 도요

읽을거리

복잡한 인과관계를 종합적으로 고려해야 훌륭한 전략을 세울 수 있다

현실에서는 좁은 시야로 좁은 인과관계만 보고 전략적 의사결정을 하는 사례가 자주 발생한다. 과거 중국 공산당이 벌인 '참새 소탕 작전'은 인과관계를 좁게 바라본 의사결정이 어떤 결과를 낳는지 보여주는 대표적인 사례다. 한 농민이 보낸 '참새가 인민들의 소중한 식량인 쌀을 먹고 있다'는 편지에서 시작된 참새 소탕 작전으로 2억 마리 이상의 참새가 독극물이나 포수에 의해 죽었다. 그래서 풍년이 이어졌을까? 풍년은커녕 엄청난 흉작으로 무려 4,000만 명이 사망하는 재앙이 일어났다. 참새는 쌀도 먹었지만 메뚜기 유충 같은 해충도 먹어치웠다. 참새가 사라지자 천적이 사라진 해충들이 기승을 부리면서 논은 황폐해졌다.

타가 대표적이다. 복잡한 현실 세계에서 전략은 의도하지 않은 결과를 만들어 내는 경우가 숱하게 많다.

좋은 전략을 수립하고 실행하는 것은 매우 어려운 일이다. 특히 지금처럼 경영 환경의 불확실성이 극도로 높아진 상황에서 전략적 선택이 최종적으로 어떤 결과를 가져올지 예측하기란 쉽지 않다. 그럼에도 불구하고 리더는 전략적 선택을 해야 한다. 정보가 부족해서, 혹은 상황 변화를 예상하기 힘드니 지금 어떤 선택도 할 수 없다고 변명해서는 안 된다. 그런데 불행하게도 과거에 비해 지금은 전략적 선택의 실패 확률이 높아지고 있다. 이른바 '전략 실패의 시대'다.

전략 실패를 가져오는 시야의 차이

전략 실패의 가장 큰 원인은 '시야(視野)'와 관련이 있다. 얼마나 더 멀리, 더 다양한 인과관계를 바라볼 수 있느냐가 전략의 성패를 좌우한다.

이는 운전과 유사하다. 초보 운전자가 겪는 가장 심각한 문제는 주변의 상황을 잘 파악하지 못한다는 점이다. 잔뜩 긴장한 채 운전하지만 옆에서 어떤 차가 튀어나올지 모르고, 시시각각 변하는 도로 상황에서 어떻게 대응해야 할지 감을 잡지 못한다. 룸미러나 사이드미러도 잘 안 보인다. 오직 앞만 보고 달리는 경우가 많기 때문에 사고도 자주 일어난다.

하지만 노련한 운전자는 초보 운전자에 비해 훨씬 넓은 시야를 확보한다. 한참 앞서가는 차가 조금만 이상한 행동을 보여도 즉시 상황을 파악하고 사전에 안전한 대비책을 마련한다. 전략가도 노련한 운전자처럼 넓은 시야를 확보하고 위협에 미리 대응하면서 최적의 길로 안전하게 운행할 수 있어야 한다.

좁은 시야에서 좁은 인과관계만 바라보고 전략적 의사결정을 하는 사례는 현실에서 자주 발생한다. 코브라를 없애고 싶어 보상책을 마련했다면, 이를 악용하는 사람들이 나올 수 있다는 점을 미리 간파하고 대책을 마련했어야 한다. 온갖 방법을 도입해도 악용하는 사람들을 막을 수 없다면 아예 대안을 모색해야 한다. 경쟁자가 싫다는 이유로 대놓고 소송을 벌일 경우 경쟁자가 우리와 같은 위치로 인식돼서 반사이익을 얻을 수 있는지에 대한 확률도 고민해봐야 한다. 성장을 추진하는 과정에서 품질 경쟁력을 충분히 유지할 수 있는지도 판단해봐야 한다. 결국 좋은 전략적 의사결정은 나의 결정이 가져올 파장과 영향력, 복잡한 인관관계를 얼마나 더 넓은 시야로 볼 수 있느냐에 달려 있다.

전략가들에게 넓은 시야가 필수이지만, 지금 시야에 문제가 생겼다. 글로벌화로 전 세계 곳곳에 자리 잡은 강력한 경쟁자들이 다양한 시장에서 치열한 경쟁을 펼치고 있다. 또한 기술 발전으로 생각지도 못한 신기술을 기반으로 한 파괴적인 비즈니스 모델이 곳곳에서 나타나고 있다. 여기에 지식기반 경제 시대가 도래하면서 참신한 아이디어로 무장한 신생 벤처기업들이 강력한 벤처 생태계의 지원을 받아 기존 비즈니스 질서를 파괴하며 한순간에 세계적 기업으로 도약하는 일이 자주 발생한다.

산업 간의 경계도 무너지고 있다. 구글은 단순히 인터넷 회사가 아니다. 구글은 데이터 기반의 혁신 모델을 선보이며 보건의료, 자동차, 로봇, 에너지 등 수많은 산업의 지형을 재편하고 있다. 글로벌 초연결 사회의 도래는 시야를 더욱 불투명하게 만들고 있다.

이런 환경에서 거대 기업들의 몰락은 이제 더 이상 놀랄 만한 일도 아니다. 과거 '탁월함'의 상징처럼 여겨졌던 노키아, 모토로라, 메릴린치, 리먼 브라더스, 블랙베리, 코닥 등 거대 기업들이 무너졌다. 한국에서도 STX, 웅진, 팬택,

시야의 불확실성은 탁월함의 상
징으로 여겨졌던 거대 기업들을
몰락의 길로 내몰고 있다.

동양 등 많은 기업이 실패를 경험했다. 훌륭한 인재와 자원, 기술력 등 성공에
필요한 모든 요소를 갖췄던 기업들이 유독 최근 들어 몰락하는 현상은 시야가
나빠진 상황에서 전략적 의사결정이 제대로 이뤄지지 못했음을 입증하는 강
력한 증거다. 기업의 도산뿐 아니라 사업부나 상품, 혹은 개별 의사결정에서
의 실패는 훨씬 더 자주 목격된다. 특히 과거에 성공을 경험했던 경영자나 조
직들의 실패가 두드러진다.

과거 경험이 미래의 의사결정에 그다지 도움이 되지 않는 새로운 상황이 매
순간 펼쳐지고 있다. 하지만 많은 조직이 기존 조직 구조와 의사결정 프로세
스를 그대로 유지하고 있다. 그래서 과거 방식대로 일처리를 하고, 전략적 의
사결정을 하는 사례가 많다. 경제 자체가 어려워지기도 했지만, 이에 대응한
경영자들의 전략적 판단에 문제가 생겨 어려움을 겪는 조직들도 많다. 과거의

성공이 미래의 성공을 보장해주지 못할 뿐만 아니라, 오히려 미래의 걸림돌이 될 수도 있는 시대다.

과거의 성공을 잊고, 과거의 생존 방정식을 버려야 한다. 소위 학습 (Learning)보다 폐기학습(Unlearning)의 필요성이 더욱 커지고 있다. 기존 관행을 과감하게 버리고 더 넓은 시야로 새로운 전략적 의사결정을 모색해야 한다. 그렇지 않으면 거대 조직이라도 생존 확률이 현저히 낮아질 수밖에 없다.

02

무엇이 —
전략을 망치는가?

숫자 목표는 전략이 아니다

시야가 좋지 않을수록 전략은 중요하다. 과거 시야가 좋았을 때에는 전략보다는 성실한 태도가 더 중요했다. 산업의 발전 경로를 비교적 명확히 예측할 수 있었고, 미래의 상황도 조금만 노력하면 큰 오차 없이 예상할 수 있었기 때문이다. 남들보다 더 성실히, 열심히 일하는 게 성공 방정식이었다.

하지만 시야가 불확실한 시대에는 과거 방식대로 열심히 달리다가 더 빨리 넘어질 수 있다. 변화된 환경에 맞게 효과적으로 기업 전략을 변경해서 적응해야 하지만, 작년에 했던 것과 유사한 방식으로 올해 전략을 수립하는 기업들이 훨씬 많다. 위기가 현실이 돼도 이런 관행에서 잘 벗어나지 못한다.

현장에서 자주 발견할 수 있는 대표적인 문제점은 숫자 중심의 전략 수립 관행이다. 사업 전략을 수립하라는 지시를 받으면, 일단 숫자 목표부터 고민하는 경우가 많다. 그래서 대체로 새해 사업 전략을 수립하라는 지시를 받으면, 가장 먼저 작년과 비교해, 혹은 전사 목표와 비교해 얼마나 더 높은 수준의 목표를 세워야 할지부터 고민한다.

시장 환경에 대한 나름의 전망과 분석을 토대로 하는 경우도 있지만, 대체로 숫자 목표를 세울 때 가장 중요한 영향을 끼치는 요소는 정무적 판단인 경우가 많다. 즉 객관적 방법론을 통해 예측된 사업 목표를 정하기보다는, 사업부 수장의 의지나 열정을 보여주기 위한 수단이나 다른 사업부와의 정치적 역학관계, 혹은 실적 기대치에 대한 최고경영진의 성향 등을 반영한 의사결정이 이뤄지곤 한다. 그리고 '전년 대비 매출 20% 향상', '순이익 두 배 향상' 등과 같은 숫자 목표가 세워진다.

매출이나 점유율, 수익 등과 관련한 숫자 목표가 세워지고 난 다음, 나머지 숫자들은 이를 뒷받침하기 위한 방향으로 배분되면서 전략의 골격이 짜인다. 일반적으로 경영자들은 작년보다 공격적 목표를 세운 사업부를 칭찬한다.

이런 관행은 안타깝게도 훌륭한 접근이 아니다. 오히려 기업의 발전과 성장을 저해하는 요인으로 작용할 수도 있다. 이유는 다음과 같다.

첫째, 숫자 목표는 전략이 아니라 예측, 혹은 전망이다. 매출액이나 이익, 고객 수나 점유율 등 기업에서 선호하는 숫자 목표들은 대부분 여러 요인이 결합해서 발생하는 결과물이다. 최종 결과에는 전략 외에도 수많은 요소(운, 시장 환경, 경쟁자 동향, 정부 정책, 돌발 상황 등)가 영향을 끼친다. 그리고 이런 요소 가운데 상당수는 우리의 통제권 밖에 있다.

우리가 통제할 수 없는 요소가 엄청나게 많은데도 불구하고, 이걸 모두 통제해서 어떤 특정한 목표 수치를 달성하겠다는 사업부장이 있다면, 그는 몽상가이거나 거짓말쟁이다. 특히 지금처럼 환경 변화를 예측하기 힘든 시대에 결과를 정확히 예측하는 것은 불가능에 가깝다. 전략을 수립할 때 통제할 수 없는 요소를 통제하겠다는 발상에서 출발하면 실패할 확률이 높아지거나 실효성이 떨어진다. 숫자 목표는 전략의 요체가 아니다.

둘째, 숫자 목표는 현실을 냉정한 눈으로 바라보기 어렵게 한다. 어느 조직에서든 숫자 목표는 '작년 대비 몇 % 상승'의 형태로 표현된다. 정말 상황이 안 좋고, 경영자도 이를 잘 알고 있는 경우에 한해 '작년 수준 유지' 같은 목표가 허용된다. 상황이 나쁘다고 별 생각 없이 "작년보다 30% 줄어든 매출 목표를 잡겠습니다"라고 보고한다면, 당장 무능하거나 의지가 없는 조직원으로 낙인찍힌다. 즉 아무리 상황이 어렵더라도 숫자 목표는 도전적이고 높게 잡아야 한다. 이런 조직에서 냉철한 현실 진단과 분석이 가능할까? 쉽지 않다.

숫자 목표를 중시하는 조직에서는 과거와 달라진 경영 환경에 대한 근본적인 재검토 및 전략 변화를 모색하기 힘들다. 어려운 환경에서도 모두가 최선을 다해 도전적인 목표를 설정하고, 이를 달성하는 게 미덕이기 때문이다.

장밋빛 숫자 목표가 주는 환상은 냉정한 시장의 변화 양상을 제대로 보기 힘들게 만든다. 이처럼 도전적 목표가 난무하는 회사에서 누가 "필름카메라 시장은 매년 수십 %씩 시장 규모가 줄어들고 있으니, 이를 기정사실로 인정하고 다른 대안을 수립해보자"라고 용기 있게 말할 수 있을까?

실제 코닥 같은 회사는 주력 제품이었던 필름카메라 매출이 줄어들고 디지털카메라가 시장에서 대세로 자리 잡고 있었지만, 매년 신흥시장 수요 증가 등 막연한 희망과 기대(대부분은 현실화하지 않은)를 앞세워 필름카메라 매출을 키우겠다는 목표를 세웠다. 그리고 서서히 몰락했다.

셋째, 숫자 목표를 중시하면 기존 전략의 강화 외에 다른 대안을 모색하기 쉽지 않다. 기존 전략을 바꾸는 모험을 감행하기보다는, 기존 전략을 조금 더 열심히 실천하는 대안을 모색하기 십상이다. 실제 GE의 원자력사업부 사례가 이를 잘 뒷받침한다.[1]

잭 웰치 회장이 GE의 사령탑을 맡고 있었을 당시, 스리마일섬에서 원자력

폭발 사고가 발생해 원전에 대한 회의론이 커졌다. 하지만 원자력사업부 직원들은 과거와 같은 방식으로 매년 3기 이상의 원전을 수주할 수 있다는 판단에 근거해 사업 전략을 수립했다.

보통 CEO라면 상황이 어려우니 열심히 해보라고 격려하고 돌려보냈을 것이다. 하지만 잭 웰치의 판단은 달랐다. 원전 사고는 인명과 관련한 매우 정치적 사안으로 비화되는 사례가 많고, 정부의 에너지 정책에 근본적인 변화를 가져올 수 있다. 따라서 잭 웰치는 추가 원전 수주가 불가능할 수도 있다는 점에 근거해 사업 전략을 다시 수립하도록 했다.

이렇게 현실에 대한 냉정한 분석을 하고 최악의 시나리오를 가정하면 완전히 다른 전략 방향이 도출된다. 실제 원자력사업부는 원전 제작과 관련한 조직과 인력을 구조조정하고, 원전 수주가 아닌 이미 가동 중인 원전의 유지보수 쪽으로 전략적 초점을 전환해 성공적으로 환경 변화에 대처할 수 있었다.

만약 사업부 관계자들이 늘 하던 방식대로 매년 몇 % 실적 향상과 같은 관행에 기초해 수립한 전략을 밀고 나갔다면 큰 위기를 경험했을 것이다. 실제 잭 웰치의 판단 후 20년 동안 신규 원전 수주는 네 건에 그쳤다고 한다. 숫자 목표에 집착해서 기존 전략을 강화하는 선택을 이어갔다면, 이 사업부는 신규 원전 판매에만 매달리다 엄청난 위기를 겪었을 것이다.

그렇다면 관행처럼 담대한 숫자 목표를 들고 오는 부하직원들에게 어떤 피드백을 줘야 할까? 숫자 목표의 한계를 인식하고 있다면, 답은 그리 어렵지 않게 찾을 수 있다. 실제 한 CEO는 숫자 목표를 중시하는 사업부장을 높게 평가하지 않는다고 말했다. 의지는 있지만 정교한 전략을 수립하는 역량은 부족하다는 것이다.

이렇게 숫자 목표만 들고 오는 실무자에게는 전략적 고민을 더 해보라는 피드백을 줘야 한다. 숫자 목표 같은 결과물 대신, 결과를 낼 수 있는 구체적인 방법을 가져오라고 주문해야 한다. 대안 없이, 혹은 기존 전략을 더 열심히 실행해서 숫자 목표를 맞추겠다고 하는 접근은 전략적 고민이 없다는 것과 다르지 않다.

물론 특정 상황에서는 숫자 목표가 유용할 수 있다. 크게 세 가지 경우인데, 첫째, '결과'가 아닌 '과정'과 관련한 숫자 목표는 대체로 유용하다. 예를 들어, '새로운 환경 변화에 대응하기 위해 올 한 해에 새로운 유형의 사업이나 서비스를 5개 이상 시도하겠다'라거나, '외부와의 협력 경험을 쌓기 위해 5건 이상의 제휴를 시도하겠다'라는 식의 목표는 전략 실행과 관련해 명확한 지침을 줄 수 있다.

예를 들어, 테팔처럼 출시한 지 3~4년 이내의 신제품에서 매출의 70%를 낸다는 전략은 꾸준한 연구개발, 새로운 혁신 제품을 중시한다는 명확한 전략

테팔은 꾸준한 연구개발과 새로운 혁신 제품을 중시하는 명확한 전략 방향을 천명함으로써 숫자 목표를 적극적으로 활용한다.
(출처: 테팔 홈페이지)

방향을 천명하는 것이다. 결과가 아닌, 결과를 이루기 위한 과정과 관련한 것인 만큼 실무에서 성과를 유도하는 좋은 전략이라고 볼 수 있다.[2]

자기계발 전략에서도 마찬가지다. 예를 들어, 올해 얼마의 돈을 벌겠다는 식의 결과지표보다는 영업사원이 하루 세 차례 이상 고객과 미팅을 하겠다거나, 바쁜 비즈니스맨이 적어도 하루 한 시간 이상 자기계발에 투자하겠다는 식의 접근은 매우 유용한 결과를 가져올 수 있다.

둘째, 전략적 '선택'이 반영된 결과지표는 의미가 있다. 예를 들어, 시장 규모가 빠르게 성장하고 있고, 시장 선점을 통한 네트워크 효과 확보가 매우 중요하다면, 이익이나 다른 어떤 지표를 희생하더라도 매출을 가장 중요한 목표로 설정해 조직원들에게 뚜렷한 방향성을 심어줄 수 있다. 또한 품질이 가장 중요한 과제라고 판단된다면 고객만족도 조사 결과나 반품률 같은 결과지표를 제시해 조직원들에게 전략적 지향점을 명확히 할 수 있다.

하지만 기업 현장에서 등장하는 대부분의 숫자 목표는 특정한 분야에 대한 선택을 전제로 하지 않고 좋은 성과를 내보자는 것에 초점이 맞춰져 있기 때문에 좋은 전략이라고 볼 수 없다. 다른 부분을 희생하고서라도 달성하고자 하는 명확한 목표를 제시하는 것과 관련된 숫자 목표라면 의미가 있다.

셋째, 특정 변곡점에서 조직원 모두가 공감하는 중요한 숫자 목표도 상황에 따라 좋은 효과를 기대할 수 있다. 창업기업이라면 매출 10억 원, 혹은 100억 원 같은 목표를 세워볼 수 있고, 중견기업은 매출 1조 원 달성 같은 상징적인 목표를 제시할 수 있다. 신임 CEO라면 향후 몇 년 내 세계 시장점유율 1위 같은 목표를 천명할 수도 있다.

조직 성장의 중요한 변곡점에서 세워진 이런 목표들은 조직원들에게 한 단계 도약할 수 있다는 비전을 세워주고, 이 목표를 위해 최선을 다하는 게 바람직하다는 당위성을 각인할 수 있다. 다만, 여기서 전제 조건은 앞서 말했던 '조직원 모두가 공감하는'이다. 이 조건을 충족하지 못했다면 거창한 매출 목표가 공표됐을 때 "우리 회장님 돈 많이 버시겠네", 혹은 "우리 사장님 보너스 많이 받겠네" 같은 냉소적 반응을 불러올 수 있다.

이런 제한적인 상황에서 숫자 목표가 의미 있는 경우도 있지만, 매년 반복되는 숫자 목표 중심의 전략 수립 관행은 바람직하지 않다. 사실 '작년 대비 10% 상승'은 '조금 열심히 하자'와 같은 말이고, '50% 상승'은 '정말 열심히 하자', '100% 상승'은 '죽도록 열심히 해보자'는 것과 다르지 않다.

앞에 어떤 수식어가 붙든, 열심히 하자는 것은 전략으로 볼 수 없다. 구체적인 방법을 정하는 게 전략이다. 숫자 목표보다 훨씬 중요한 것은 냉철하게 상황을 바라보고, 우리가 해결해야 할 문제가 무엇인지를 찾아내는 것이다. 숫자 목표는 이런 노력을 방해하는 요소 중 하나다.

미사여구도 훌륭한 전략은 아니다

"어떤 멋진 말을 사용해 우리 전략을 치장할까?" 많은 경영자가 전략을 수립할 때 빼놓지 않고 고민하는 부분이다. 실제로 많은 기업의 전략을 보면 글로벌, 초일류, 세계 최고, 제일, 선도, 창조, 혁신, 선진, 가치, 성장, 경쟁우위, 사회적 책임, 효율화, 종합 등 그야말로 '멋진' 용어들의 전시장 같다는 느낌을 준다. 이왕 추진하는 전략이라면 이렇게 멋진 말을 사용하는 게 당연한 것처럼 느껴진다. 뭔가 세련되면서 고급스럽고, 거기에 도전적이라면 금상첨화 아닌가? 하지만 이런 미사여구에는 큰 덫이 있다.

먼저, 멋진 말은 그 자체로 아름답게 들릴지 모르나 구체적인 방향성을 제시하지 못한다는 치명적 약점이 있다. 예를 들어, 한 국내 기업은 '매력적인 서비스를 출시하자'라는 전략을 세웠다. 전략 수립 당시에는 멋진 전략이라고 칭찬받았을지도 모르겠다. 하지만 필자는 이 전략을 보자마자 전략이 잘 실행되고 있지 않을 것이라고 추측했다.

실제 회사 관계자에게 전략이 잘 실행되고 있느냐고 물었더니, 신통치 않다는 대답이 돌아왔다. 이런 추측을 한 것은 그다지 어렵지 않다. 이유는 '매력적'이란 말은 범위가 너무 넓기 때문이다. 매력적이란 말은 아름다움보다 훨씬 더 포괄적인 의미를 갖고 있다. 인류는 오랫동안 미인대회 등을 개최하면서 나름대로 아름다움에 대한 기준을 정립해왔다. 그런데 매력적이란 말은 아름답다는 기준보다 훨씬 더 포괄적인 개념이다.

실제 외모가 아름답다는 평가를 받지 못하지만 왕성하게 활동하고 있는 연예인은 전부 다 매력적이기 때문이다. 아름다움도 만만치 않은 개념인데, 이보다 훨씬 넓은 개념을 전략으로 제시하면 어디까지가 매력적인 것인지 실무에서 방향을 잡을 수 없다. 결국 과거에 하던 일을 조금 더 열심히 하는 수준에 머물 것이다.

전략은 이보다 훨씬 구체적인 방향을 설정해야 한다. 미국 시장에서는 아마존이 공룡처럼 성장하면서 시어스, 토이저러스 등 수많은 유통 기업이 파산하고 있다. 하지만 일부 유통 기업은 이런 극한 환경에서도 생존하고 있다. 대표적인 기업 중 하나가 바로 트레이더조다. 이 회사는 아마존의 질주가 이어지고 있는 가운데에서도 공격적으로 매장을 늘려가며 많은 고객에게 변함없는 사랑을 받고 있다. 트레이더조의 핵심 전략은 '아주 낡은 볼보 자동차를 타는 실직한 대학교수'가 만족할 만한 제품을 만들어 판다는 것이다.[3]

전략은 '아주 낡은 볼보 자동차를 타는 실직한 대학교수가 만족할 만한 제품을 만들어 판다'라는 말처럼 구체적인 방향을 설정해줘야 한다. (출처: 트레이더조홈페이지)

물론 실제 볼보 자동차를 타는 실직한 대학교수는 몇 명 없기 때문에, 이런 고객만을 상대로 영업을 하겠다는 뜻은 아니다. 사회적으로 높은 지위를 경험했기 때문에 취향이 고급스럽고, 새로운 것에도 흥미를 갖지만, 돈이 없어서 경제적으로 아주 민감한 사람들이 타깃이라는 의미다.

이렇게 방향이 명확하니 종업원들은 매번 의사결정을 할 때 전략에 부합하는지 여부를 비교적 쉽게 판단할 수 있다. 그래서 트레이더조에서 파는 제품은 건강에 좋다는 이미지를 주는 독특한 제품들이 많고, 특히 대부분의 제품을 자체 브랜드(PB)로 납품받아 가격경쟁력도 유지하고 있다. 실제 트레이더조에서 판매하는 제품의 80% 이상이 PB 상품이다. 전 세계를 돌아다니며 저가에 고품질의 제품을 생산하는 업체와 계약을 맺어 소비자들에게 질 좋은 제품을 최저가에 판매하고 있다. 대신 판매 제품의 종류는 4,000종으로 제한해 복잡한 공급망 관리에 따르는 비용 증가 요인을 억제하고 있다. 또 제품을 진열만 하는 다른 업체와 달리 트레이더조 직원들은 손글씨로 제품의 특징이나 장점, 요리법 등을 적어놓아 고객 만족도를 높이고 있다.

방향이 명확하면 이처럼 조직원들이 분명한 의사결정 기준을 갖게 되고, 수많은 기업 활동이 전략이 추구하는 방향과 일치되기 때문에 보다 우월한 성과를 낼 수 있다.

미사여구는 구체적 방향성도 없지만 임팩트도 없다. 어떤 기업이 "사람들에게 가장 큰 도움을 주는 최고의 혁신 제품을 만들어 인류에 기여하고, 영원한 지속가능성을 확보하겠다"라는 전략을 세웠다고 하자. 이런 전략이 고객들의 마음을 울릴 수 있을까? 아마도 사람들은 그 기업이 무슨 말을 했는지 정확한 메시지조차 기억하기 힘들 것이다.

너무나 좋은 이야기로 가득한 말은 아무도 반대하지 않겠지만, 그야말로 너무나 지당한 '공자님 말씀'처럼 여겨지면 관심의 대상도 되기 힘들다. 문제는 고객뿐 아니라 기업 내부 조직원들에게도 마찬가지라는 점이다. 미사여구로 치장된 전략이 발표되면 더 이상 깊이 있는 사고를 하기 힘들게 된다. 세계 1등이나 초일류가 되자는 데 누가 반론을 제기할 수 있겠는가? 반론이나 논란이 없으면, 즉 비판적 사유가 없으면 해당 전략은 관심에서 멀어진다.

미사여구로 가득한 전략은 직원들의 행동에 직접적인 영향을 미치기 어렵다. 회사에서 하루 종일 인트라넷과 엘리베이터, 회사 게시판, 심지어 결재판 등 가능한 모든 미디어에 전략의 내용을 알리더라도, 미사여구로 가득한 전략은 구체적인 행동을 촉발하기 힘들다. 물론 전략대로 내용을 실천하고 싶어도 어떤 방향으로 가야 할지 헷갈릴 수밖에 없다.

리처드 루멜트 UCLA 교수의 말대로, '우리는 고객 중심의 중개 활동을 한다'는 전략을 가진 은행원들이 하던 일 외에 어떤 다른 생각을 할 수 있겠는가? '고객 중심의 중개 활동을 한다'는 것이 멋지게 들릴지는 모르겠으나, 사실

그 내용을 자세히 뜯어 보면 '우리는 은행이고, 은행이 할 일을 한다'는 것과
똑같은 말이다.[4]

만약 부하직원이 미사여구로 현란하게 치장된 전략을 가져왔다면? 구체적
인 방향성을 이해할 수 없다는 점을 근거로 되돌려 보내야 한다. 그리고 구체
적인 방향성, 즉 어떤 고객 집단, 개성, 특정한 고객가치를 우리가 제공할 수
있는지 보다 깊이 고민하도록 유도해야 한다.

참고하세요

이케아의 비전이 우리에게 알려주는 것

미사여구가 항상 문제가 되는 것은 아니다. 전략이 아닌 조직의 장기적 목적과 관련
된 '비전' 수립 과정에서는 도움을 줄 수 있다. 우리 조직의 근본적인 존재 이유는 당
연히 선한 것, 좋은 것, 아름다운 것과 관련되어야 한다는 생각에서 많은 조직이 비전
을 세울 때 미사여구를 사용한다. 직원들이 '사회적으로 바람직한 목적을 가진 조직
에서 일한다'라고 생각하면 결속력과 몰입도를 높일 수 있다.

하지만 많은 기업이 미사여구를 주로 사용하기 때문에, 이런 비전이 조직원들에게 미
치는 영향력이 생각보다 크지 않다는 점도 고려해볼 대목이다. 예를 들어, 이케아의
비전을 보자. 이케아는 '모든 사람이 구매할 수 있는 저렴한 가격으로 훌륭한 디자인
과 실용성을 갖춘 다양한 가정용 가구를 제공함으로써 많은 사람에게 매일매일 더 나
은 삶을 꾸리도록 도와준다'는 비전을 갖고 있다. '훌륭한', '더 나은 삶'과 같은 미사여
구가 포함돼 있긴 하지만, 이 회사가 제공하는 비즈니스 모델의 핵심(적어도 이 회사는
비싼 가구는 팔지 않는다는 사실)이 확실히 드러난다. 또 가정용 가구가 중심 제품이란
점도 명확히 드러난다. 더불어 디자인과 실용성을 중시하는 문화를 가지고 있다는 사
실도 알 수 있다.

이는 '사람들에게 도움을 주는 최고의 혁신 제품'이나 '고객 중심의 중개 활동'과는 차
원이 다른 접근이다. 훌륭한 기업들은 비전에서부터 방향성이 무엇인지 확인할 수 있
다. 그렇지 않은 기업은 모호하거나 시대적 가치에 부합하지 않는다.

모든 분야에서 최선을 다하는 것도 좋은 전략이 아니다

'연구개발, 생산, 물류, 조달, 영업, 마케팅, 서비스 전 분야에서의 생산성 향상', '기획, 제작, 판매, 마케팅 등 모든 분야의 역량 향상과 창조 혁신!'

CEO 가운데 이런 식의 전략을 선호하는 사례가 많다. 전 직원이, 모든 분야에서, 최선을 다해, 최고의 성과를 내도록 독려하기 위해 반드시 포함돼야 할 내용이라고 생각할 수도 있다. 특히 이런 전략은 CEO에게는 조직원들을 압박할 수 있는 최고의 무기를 제공한다. 뜻대로 되지 않는 어떤 일이라도 생기면 '모두'가 '모든 분야에서' '최선을 다하라'는 우리의 핵심 전략을 왜 지키지 않았느냐고 질책하면 되기 때문이다.

하지만 이런 접근에는 심각한 허점이 있다. 우선, 조직 내 각 부서들은 근본적으로 다른 이해관계를 갖고 있다. 예를 들어, 영업부서에서는 물건을 하나라도 더 파는 게 중요하기 때문에, 가격을 최대한 낮춰서라도 매출을 늘리려고 노력한다. 또 고객의 갑작스러운 요구에 대응할 수 있도록 최대한 많은 물량을 재고로 확보해두려고 한다.

재무부서의 이해관계는 이와 정반대다. 현금흐름을 관리해야 하기 때문에 가격을 낮춰서 판매하는 게 달갑지 않다. 재고가 늘어나면 고스란히 실적에 부담을 주기 때문에 재고를 최소화하고 싶어 한다. 마케팅부서는 고객이 원하는 내용을 모두 반영하려고 하지만, 연구개발부서는 기술적으로 가능한 범위에서 수용하고 싶어 한다. 홍보부서는 좋은 성과를 낸 사업부의 사례를 외부에 알리고 싶어 한다. 외부에 많은 내용을 알려야 경영진으로부터 열심히 했다는 긍정적 평가를 받을 수 있기 때문이다. 하지만 정작 좋은 성과를 낸 사업부서에서는 자신들이 돈을 많이 벌었다는 사실이 알려질 경우, 고객들의 가격 인하 압력이 거세질 수 있기 때문에 조용히 넘어가고 싶어 한다.

심지어 같은 부서에서도 이해관계가 갈릴 수 있다. 제품기획부서의 일부는 디자인을, 일부는 기능을 중시하면서 서로 다른 견해를 가질 수 있다. 이런 상황에서 모두에게 최선을 다하라고 요구하면 어떻게 될까? 그냥 과거와 똑같은 관행을 되풀이하거나, 배가 산으로 갈 것이다.

이보다 더 심각한 문제가 있다. 모든 분야에서 모든 활동을 잘하려고 노력하다가 자원이 낭비돼 결국 경쟁력이 뒤처질 수 있다. 기업의 자원은 제한적이기 때문에 모든 분야의 수준을 높이는 것보다, 필요한 한두 분야의 수준을 높이는 게 오히려 경쟁력 강화에 더 크게 기여한다.

카노(Kano) 모델[5]을 보면 그 이유를 쉽게 알 수 있다. 모든 분야에서 열심히 노력하면 고객만족도가 그에 상응해서 올라갈 것 같지만, 현실에서는 그렇지

▼ [그림 1] 카노 모델

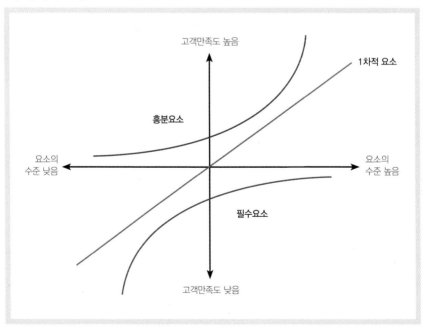

않다. 예를 들어, 자동차 연비는 높아지면 높아질수록 고객들의 가치가 증가한다. 이를 카노 모델에서는 '1차적 요소'라고 한다. 이런 부분은 열심히 노력해서 지속적으로 개선을 추진해야 고객만족도를 높일 수 있다.

하지만 브레이크 성능은 일정 수준까지는 너무나 중요한 요소지만, 일정 수준 이상으로 올라가면 고객만족도에 끼치는 영향은 이전보다 확연히 줄어든다. 이를 '필수요소'라고 부른다. 이런 요소들은 경쟁자와 유사한, 혹은 다소 앞서가는 수준에 머물러도 충분하다. 물론 뒤처지면 치명적이기 때문에, 필수요소가 부족하다면 자원을 집중 투입해야 한다. 이런 과정을 통해 어느 정도 수준을 맞췄다면, 더 이상 심각한 자원 투자는 불필요하다.

어떤 요소는 일정 수준 이상으로 높아져야 고객만족도를 끌어올리는 경우도 있다. 자동차의 디자인이 대표적이다. 이런 요소를 '흥분요소'라고 한다. 자동차는 기본적으로 운송수단으로써의 기능적 역할이 강하다. 그래서 디자인 품질이 형편없어도, 잘 굴러가고 가격대가 받아들일 수 있는 수준이면 어느 정도까지는 팔린다. 브레이크 수준이 형편없으면 아무리 가격이 싸더라도 아예 차를 팔 수 없는 것과는 큰 차이가 난다. 하지만 디자인 수준이 어느 정도 이상으로 높아지면 고객만족도가 급속히 올라간다.

그렇다면 요소들의 수준이 높아지면 고객만족도가 오히려 낮아지는 요소도 있을까? 있다. 카노 모델에서는 설명하고 있지 않지만, 예를 들어, 측면이나

람보르기니 아벤타도르(좌)와 아우디의 실내(우). 람보르기니와 아우디의 고객들이 원하는 요소는 서로 다르다.

후방 등에서 자동차가 진입할 때 경고음을 내는 장치, 차선 이탈을 막는 장치 등은 초보 운전자에게는 좋은 가치를 제공할 수 있다. 하지만 다이내믹한 운전을 원하는 운전자에게는 고객만족도를 오히려 떨어뜨리는 요인이 될 수 있다. 따라서 스포츠카나 젊은 층 운전자를 겨냥한 차량의 경우 이런 분야에 투자를 하는 것은 바람직하지 않다. 이런 요소는 수준이 높아질수록 특정한 고객군의 만족도를 떨어뜨리는 요소가 되기 때문에 '파괴적 요소'로 명명할 수 있다.

카노 모델이 주는 교훈은 명확하다. 상황에 따라 다른 전략적 선택이 필요하다는 것이다. 만약 어떤 기업이 필수요소에서 크게 뒤처져 있다면, 온 역량을 투입해 이 문제부터 해결해야 한다. 만약 필수요소에서 경쟁자와 유사한 수준까지 맞췄다면, 필수요소에 대한 투자 확대는 바람직하지 않다. 아무리 투자해도 고객만족도가 더 이상 높아지지 않기 때문이다. 이때는 흥분요소를 찾아서 자원을 집중 투자해야 한다. 또 투자 과정에서 '파괴적 요소'가 없는지도 예의주시해야 한다.

이처럼 단계별, 상황별로 기업은 적절한 선택을 이어가야 한다. 모두가, 모든 분야에서 열심히 하자는 전략은 이런 선택을 할 필요가 없다. 그렇기 때문에 전략 입안자가 고민하지 않아도 된다는 장점이 있지만, 전략적 선택을 할 수 없다는 치명적 약점을 갖고 있다.

사실 '모든 분야에서 잘하라'는 전략을 선택하면 CEO 역할을 하기가 정말 쉬워진다. 매일 회의를 소집해 모든 조직원에게 지금보다 더 잘하라고 압박하면 되기 때문이다. 물론 이런 압박의 성과는 기대만큼 높지 않을 가능성이 크다. 압박을 받는 조직원들은 과거의 틀에서 조금 더 열심히 노력하는 수준에 머물 것이다. 단기적인 실적개선 효과가 나타나더라도 장기간 이어지기 힘들다. 소비자의 취향이 바뀌거나, 새로운 혁신 제품이 시장을 장악하는 것과 같은 급격한 환경 변화가 나타나면 오히려 실적이 급락할 수도 있다.

훌륭한 전략은 모두가 열심히 하라는 단선적 사고보다 훨씬 종합적인 사고를 필요로 한다. 모두가 최선을 다하라고 다그치는 것은 경영자가 해야 할 중요한 과제인 전략적 선택을 하지 않는 일종의 직무유기며, 조금 심하게 말하면 부하직원에게 책임을 떠넘기는 것으로 볼 수 있다.

훌륭한 전략의
필수요소

전략의 출발은 훌륭한 메타 결정

이제 본격적으로 훌륭한 전략이 무엇인지 고민해보자. 전략에 대한 정의는 무수히 많다. 이 가운데 가장 널리 통용되는 개념은 기업의 경영 전략이 경쟁우위를 확보하기 위한 방법이라는 견해다. 최근에는 이보다 더 넓은 개념으로, 어떤 목표를 달성하기 위한 가장 효과적인 방법을 찾는 것, 혹은 좋은 문제해결 방안을 찾는 것이란 개념으로도 이해되고 있다. 학자마다 정의가 다르지만, 어쨌든 전략은 자원의 제약 속에서 기업이 경쟁우위 같은 목표를 달성하기 위한 효과적인 방법을 찾는 것으로 요약할 수 있다.

기업의 비전이나 시장점유율 1위 업체가 되겠다는 식의 목표를 달성하기 위한 최고의 방법(생산량 확대, 마케팅 강화, 신상품 출시, 신시장 개척 등)을 찾는 것을 전략으로 볼 수 있다. 개인의 관점에서 보면, 명문대학에 가고 싶다는 목표를 달성하기 위해 가급적 비용을 적게 들이면서, 학원 과외를 통해 적절한 스펙을 확보하는 등 최적의 방법을 찾는 것을 전략이라고 볼 수 있다.

그런데 지금까지 많은 전략 서적에서 간과하고 있는 부분이 있다. 바로 전략과 불가분의 관계인 목표(혹은 비전, 지향점 등), 혹은 해결해야 할 문제를 찾는 일의 중요성이다. 물론 전략 분야에서 목표 자체를 찾는 데 도움을 주는 여러 방법론이 제시돼 있긴 하지만, 구체적인 전략 수립 방법론과 섞여 있어 혼란을 주는 경우가 많다. 기업의 목표는 '경쟁우위', '실적 향상', 혹은 '주주가치 창출' 아닌가라고 단순하게 말할 수 있을지도 모르겠다. 하지만 경쟁우위 창출을 위해 선택할 수 있는 답안지는 거의 무한대에 가깝다.

실적 향상도 모호하기는 마찬가지다. 여기서 말하는 실적이 매출인지, 영업이익인지, 당기순이익인지, 시장점유율인지, 혹은 고객만족도 같은 지표인지에 따라 전략은 완전히 달라진다. 주주가치 창출도 단기적 이익을 중시해야 하는지, 아니면 장기적으로 주주들에게 이익을 줘야 하는지 등에 따라 전략이 완전히 달라질 수 있다.

우리가 달성해야 할 목표, 우리가 해결해야 할 문제를 찾는 활동은 전략 수립의 전제이자 전체 전략의 성패를 좌우하는 매우 중요한 요소다. 이른바 결정 위의 결정, 즉 메타 결정*이다.

> ● **메타 결정**(Meta decision)
> 모든 질문 가운데 가장 본원적인 질문. 세계적인 디자인 컨설팅사 IDEO에서는 이를 '제로 질문(Question zero)'이라고 부른다.

메타 결정은 전략의 성패에 지대한 영향을 끼치며, 전략의 지향점이자 목표가 된다. 메타 결정이 잘못 내려졌거나 애매모호하면 전략의 결과는 암울해진다.

한 미디어 기업에서 편집 책임자로 취임한 간부의 사례를 보자. 이 간부는 경쟁우위를 달성하기 위한 가장 중요한 과제로 '오탈자 방지'라는 메타 결정을 내렸다. 이를 위한 세부 전략으로 세 번 오탈자를 낸 기자들에게 강력한 제재를, 오탈자 없는 콘텐츠를 만들었을 때는 포상을 하는 등 다양한 방안을 마련했다.

결과는 어땠을까? 기자들은 오탈자 방지에 심혈을 기울여 오탈자는 줄었지만, 온 신경을 오탈자 색출에 쓰다 보니 재미없는 콘텐츠가 양산됐다. 아무리 재미가 있어도 오탈자가 나오면 처벌받고, 재미가 없더라도 오탈자만 없으면 큰 문제가 생기지 않기 때문에, 조직의 역량은 오탈자 방지에 집중됐다. 물론 조직 전체의 성과는 하락하고 말았다.

이런 실패를 막고 효과적인 메타 결정을 하려면 어떻게 해야 할까? 다음 네 가지 포인트를 잊어서는 안 된다.

:: 냉철한 현실 진단

현실을 있는 그대로 냉철하게 진단해야 한다는 것은 당연한 말처럼 들리고 너무나 쉬워 보이지만, 의외로 많은 기업이 현실을 제대로 보지 못한다. 자사 제품에 대한 불평이나 불만이 나와도, 제품의 품질이 열등해 시장에서 외면받아도, 이런 상황이 고스란히 전달되는 조직은 많지 않다. 고객들 또한 불만이나 불평이 생겨도 꾹 참는 경향이 강하다. 심각한 상황이 아니라면 굳이 시간과 자원을 들여 기업에 항의하거나 불편을 호소하려 하지 않는다. 대신 다른 대안이 있으면 얼른 갈아탄다. 심각한 문제가 있어서 불평이나 불만을 제기해도, 고객들이 만날 수 있는 대상은 해당 기업의 일선 실무자에 그친다. 고객의 목소리가 고위 임원까지 전달되려면 수많은 단계를 거쳐야 하는데, 이 걸림돌을 다 넘어가기가 현실적으로 쉽지 않다.

2008년 창업 이후 국내 커피 프랜차이즈 가운데 가장 먼저 1000호점을 달성할 정도로 급속한 성장을 거뒀던 카페베네의 사례가 이를 잘 보여준다. 카페베네는 연예인 마케팅으로 단기간에 급속히 성장했지만, 많은 고객은 이 회사가 제공하는 커피의 맛과 서비스의 경쟁력에 대해 의문을 드러내고 있었다. 하지만 회사가 큰 재정위기를 겪고 난 2016년이 되어서야 카페베네 경영진은 기자간담회를 열어 커피 맛과 서비스 품질 면에서 문제가 있었음을 인정하고 대책을 마련했다. 수많은 고객이 알고 있던 사안이었지만 최고경영진에게 전달되어 대책을 마련하기까지 굉장히 오랜 시간이 걸릴 수 있다는 것을 보여준 사례다. 많은 조직에서 이런 일은 반복되고 있다.

리더가 의지를 갖고 현실을 냉철하게 바라보려고 노력하면 매우 훌륭한 메타 결정이 이뤄질 수 있다. 삼성 이건희 회장의 신경영이 대표적이다. 주요 계열사의 사장들을 불러 해외 시장에서 삼성 제품이 얼마나 천대받고 있는지 눈으로 직접 확인시키며 품질 향상이라는 메타 결정을 내린 것이 글로벌 삼성으로 도약한 결정적 계기가 됐다.

그렇다면 현재 최고의 성과를 내며 잘나가고 있다면 어떻게 해야 할까? 실적도 좋고, 고객들은 만족하고 있으며, 경쟁자보다 한 단계 높은 품질의 제품이나 서비스를 생산하고 있어 업계의 존경을 받는 기업이라면? 답은 간단하다. 미래를 고민하면 문제가 금방 심각해짐을 알 수 있다.

현재 1위를 하고 있고, 고객만족도가 높다고 해서 미래가 보장되는 것은 아니다. 전략 실패의 시대. 현재의 핵심역량이 변화하는 미래 환경에서 얼마든지 변화를 가로막는 걸림돌로 작용할 수 있다. 현재 상황에 특별한 문제가 없다면, 미래 상황을 냉철하게 분석하면서 메타 결정을 해야 한다.

:: 고객 입장에서 진짜 중요한 문제 선택

진짜 중요한 문제를 골라야 한다. 현실을 냉철하게 보겠다는 결심을 했더라도, 현실에서 발견되는 수많은 문제 가운데 어떤 것에 주목해야 할지 결정하는 일은 만만치 않다.

예를 들어, 과거 도미노피자의 경우 턴어라운드 이전에 피자 맛도 문제였지만 의욕 없는 직원, 배달체계와 커뮤니케이션 부재, 협업 부진 등 수많은 문제가 있었다. 다행히 도미노피자는 이 가운데 가장 중요하고 파급 효과가 큰 '맛 개선'을 핵심과제로 선택했다.

메타 결정을 할 때 문제 자체를 있는 그대로 드러내는 것도 중요하지만, 그

중 가장 중요한 문제를 선택하는 것도 이에 못지않게 중요하다. 전혀 중요하지 않은 문제에 집착하다가 돈만 날린 대표적인 사례가 과거 NASA의 우주 공간에서 활용할 수 있는 볼펜 개발이다.[6]

우주 공간에는 중력이 없다. 따라서 지구에서 사용하던 볼펜으로는 글을 쓸 수 없다. 연구원들은 무려 120만 달러를 투자해 중력이 없는 우주 공간에서도 사용이 가능한 첨단 볼펜을 개발했다. 의기양양한 미국 우주비행사들이 소련의 비행사들에게 이를 자랑했다고 한다. 소련 비행사들은 어떤 이야기를 했을까? "우린 그냥 연필 쓰는데…." 중요하지 않은 문제로 메타 결정이 이뤄지면 이처럼 엄청난 자원이 낭비된다.

참고하세요

도미노피자의 턴어라운드 캠페인

도미노피자의 '피자 턴어라운드 캠페인'은 냉철한 현실 진단과 관련한 흥미로운 통찰을 준다. 패트릭 도일 도미노피자 CEO는 2009년 고객들의 목소리를 여과 없이 회사 중역들이 듣게 했다. 고객들의 입에서 나온 이야기는 충격적이었다. "피자에서 골판지 맛이 난다", "전자레인지에 데워 먹는 냉동 피자가 훨씬 맛있다"는 고객들의 거침없는 불평이 고위 임원과 직원들에게 고스란히 전달됐다.

특히 골판지란 단어는 전 직원들에게 충격을 줬다. 결국 '맛 향상'이란 메타 결정이 이뤄졌다. 이후 치열한 노력 끝에 불평을 전했던 고객에게 호평을 받을 수 있었고, 이를 계기로 회사는 도약했다. 특히 이 과정을 유튜브 동영상으로 제작해 일반인들에게 알려 마케팅 수단으로 활용했으며, 자사의 치부를 숨김없이 공개한 이 마케팅은 많은 고객에게 도미노가 진정성 있는 기업이라는 이미지를 심어줬다.[7]

도미노피자의 '피자 턴어라운드 캠페인' 광고 영상 중 일부

기업에게 중요한 문제는 생산자 입장이 아닌 고객 입장에서의 중요한 문제여야 한다. (출처: haikudeck.com)

기업에서 진짜 중요한 문제는 생산자 입장이 아닌 고객 입장에서 중요한 문제여야 한다. 펩시콜라의 사례[8]가 이를 잘 보여준다. 전통적으로 펩시콜라 경영진은 콜라 시장 1위 업체인 코카콜라의 유려한 용기 디자인이 성공 요인이라고 보고, 이를 제압할 만한 아이디어를 찾기 위해 많은 돈을 투자했다. 하지만 성과는 별로 나아지지 않았다.

펩시콜라의 CEO 존 스컬리는 전혀 다른 관점에서 메타 결정을 내렸다. 소비자조사를 해보니 구매 현장에서 같은 가격에 용량이 많은 제품을 선택하는 소비자가 많다는 (어떤 관점에서 보면 매우 단순한) 사실을 알게 됐다. 코카콜라와 유사한 유려한 디자인으로 승부하는 게 차별화에 도움이 되지 않는다고 판단한 존 스컬리는 병 크기를 늘리는 전혀 다른 방법으로 승부를 걸었다. 또 매장에서 집까지 쉽게 가져갈 수 있도록 포장 용기도 다양하게 개발했다.

'어떻게 더 유려한 디자인의 용기를 만들까?'라는 메타 결정 대신, '어떻게 더 많은 용량을 제공하고 편리하게 운반할 수 있게 해줄까?'로 메타 결정을 바꾼 후, 펩시는 숙적 코카콜라를 누를 수 있었다. 이후 영웅이 된 존 스컬리는 영웅이 됐고, 스티브 잡스로부터 "설탕물이나 팔면서 여생을 보내겠습니까?"

라는 유명한 말을 듣고 애플의 CEO 제안을 받아 자리를 옮겼다.

:: 통제 가능성

내가(전략 수립 주체가) 통제할 수 있는 영역에서, 나의 역량으로 달성 가능한 영역에서 메타 결정이 이뤄져야 한다. 훌륭한 메타 결정을 하려면 나의 역량이나 자원으로 통제할 수 있는 부분이 무엇인지 고려해야 한다.

통제 가능성은 세 가지로 구분할 수 있다. 날씨나 운(運), 주요 거시경제 지표(성장률, 금리, 주가, 환율 등) 등은 내가 통제하기 어려운 분야다. 내가 일정 수준 영향력을 끼칠 수 있는 분야는 정부 정책이나 여론, 외부 이해관계자와의 협력, 외부 인재 유치 등이다. 내가 전적으로 통제할 수 있는 부분도 있다. 기업 내부의 자원 배치나 사업부 포트폴리오 조정, 의사결정 프로세스 개선, 신제품 출시 등은 전적으로 기업이 통제할 수 있는 분야다. 메타 결정의 대상은 이 가운데 내가 전적으로 통제할 수 있는 영역과 어느 정도 영향력을 행사할 수 있는 분야*에 집중돼야 한다.

●예를 들어, 본업이 금융투자가 아닌 기업에서 주식이나 환율과 관련된 투기적 상품에 투자하는 것은 내가 통제할 수 없는 운에 속한 영역에서 메타 결정이 이뤄진 것으로, 좋은 결정이라 보기 힘들다.

:: 폭넓은 시야

폭넓은 시야는 메타 결정에서 가장 중요한 요소다. 남과 다른 폭넓은 시야를 갖고 있다면 훌륭한 전략적 목표(메타 결정)와 훌륭한 전략을 수립할 가능성이 매우 높아진다.

시장 평균, 혹은 그 이하의 수익률을 내는 일반 투자자와 지속적으로 남보다 높은 성과를 내는 부동산 고수들의 차이점은 무엇일까? 일반 투자자는 재료만 보지만, 훌륭한 투자자는 재료보다 훨씬 더 넓은 전체 그림을 본다.

예를 들어, 일반 투자자는 '투자 대상 부동산 주위에 도로가 건설된다'거나

'인근에 신도시가 들어온다'는 재료에 흥분한다. 하지만 고수는 다르다. 투자 의사결정 과정에서 반드시 항공사진을 챙긴다. 반드시 전체적으로 조망해본 다음 의사결정을 한다. 인근에 아무리 큰 신도시가 조성되든, 도로가 뻥 뚫리든, 해당 부지에 학교나 공원이 들어설 가능성이 높다면 투자수익을 기대하기 힘들기 때문이다.

넓은 시야란 구체적으로 공간, 시간 측면에서 살펴볼 수 있다. 우선 공간 측면부터 살펴보자. 공간을 더 넓게 살펴본다는 것은 ① 특정 제품이나 서비스를 넘어선 전체 시스템을 보거나 ② 기업의 경계를 넘어서 고객, 공급업체, 대체재 생산업체, 보완재 생산업체 등 전체 생태계를 보거나 ③ 시장 생태계를 넘어서 비시장(정부, 일반 여론, 시민단체, 언론 등) 영역까지 바라보는 관점을 의미한다. 우리가 직면한 현실 그 자체만 바라보지 않고, 보다 넓은 시야를 확보할수록 이전과 다른 메타 결정을 내릴 수 있다. 〈그림 2〉의 무어의 생태계 모델은 우리에게 비즈니스 성공을 위해 훨씬 넓은 시야를 갖고 있어야 함을 잘 보여준다.

상품과 서비스를 둘러싼 전체 시스템을 조망하는 사고의 중요성을 보여주는 사례를 보자. 보일러와 온수기 등을 만드는 경동나비엔은 글로벌화를 추진하면서 가장 먼저 러시아 시장을 공략했다. 러시아는 날씨가 춥고 시장 규모가 크기 때문에 당연히 시장 매력도가 높았다. 하지만 이미 첨단기술로 무장한 독일 업체가 시장을 장악하고 있다는 게 문제였다. 그런데 러시아 보일러 유통업체들은 독일제 보일러가 고장이 잘 난다는 불평을 했다. 안정성, 내구성과 관련해 세계 최고의 품질을 자랑하는 독일제가 자주 고장 난다는 불만은 믿기 힘든 내용이었다. 실제 제품을 분해해봐도 기계에는 전혀 이상이 없었다.

여기서 제품 자체의 문제점이 없는지만 계속 연구했다면 효과적인 대안을

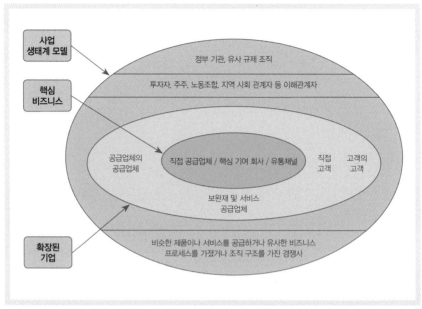

출처: Moore(1996)⁹

찾지 못했을 것이다. 다행스럽게 경동나비엔 관계자들은 시야를 전체 공간으로, 즉 전체 시스템으로 넓혔다. 보일러 주변 시스템으로까지 시야를 확대하자 무엇이 문제인지 알아낼 수 있었다. 인프라가 취약한 러시아에서는 전압이 불안했다. 전기 사용량이 늘면 전압이 떨어지는 현상이 자주 나타났는데, 워낙 기계적으로 훌륭한 독일제는 저전압 현상이 나타났을 때 기계를 보호하기 위해 전원을 차단하는 안전장치가 작동하게 돼 있었다. 실제로는 고장이 아니라 스스로 안전장치를 가동시켜 작동을 멈추게 한 것이 문제였다. 다만 소비자들은 일단 보일러가 돌아가지 않으니 고장이라고 생각한 것뿐이다.

이처럼 전체 시스템을 보면 매우 효과성 높은 메타 결정을 내릴 수 있다. 저전압 현상이 자주 나타나더라도 기계적 문제없이 잘 구동되는 보일러를 만들

전체 시스템을 보면 매우 효과적인 메타 결정을 내릴 수 있다. (출처: 경동나비엔 보도자료)

면 된다. 경동나비엔은 실제 전압이 낮아지더라도 보일러가 최대한 가동될 수 있도록 만든 제품을 러시아에 선보였고, 독일업체가 선점한 시장에서 가정용 벽걸이 보일러 부문 1위 업체로 도약했다.[10]

경동나비엔은 다소 범위가 작은 개별 사업의 전략 차원 이슈다. 다소 범위가 큰 기업 전략 수립 시에는 전체 생태계를 조망하는 시야의 확대가 매우 중요하다. 예를 들어, 저가 화장품이란 새로운 시장이 뜬다고 해서 너나 할 것 없이 저가 화장품시장으로 뛰어 들어가는 것은 제한적인 시야로만 판단한 것으로, 큰 성과를 내기 쉽지 않다. 왜냐하면 이미 선발주자가 있고, 치열한 경쟁이 벌어지고 있기 때문이다.

일부 업체는 화장품산업 전체 생태계를 조망하면서 새로운 기회를 열었다. 대표적인 회사가 한국콜마와 코스맥스다. 이 회사들은 저가 화장품시장 확대로 인해 산업 전체의 지형이 변할 것이란 판단을 했다. 저가 브랜드들은 생산보다는 브랜딩과 마케팅에 집중한다. 저가 시장이 커질수록 역량 있는 화장품 생산업체의 시장 규모는 커질 수밖에 없다. 한국콜마와 코스맥스는 일반인에게 잘 알려져 있지 않지만, 저가 브랜드에 화장품을 공급하면서 오히려 이들보다 더 큰 매출을 기록하고 있다.[11]

또 개별 저가 브랜드는 망할 수 있지만, 전체 산업이 유지되는 한 저가 브랜드의 제품을 생산해주는 이들 회사는 건재할 것이다. 여기에 사회 전체를 바라보는 비시장 관점까지 결합하면 훨씬 큰 시야에서 효과적인 메타 결정을 내릴 수 있다.

공간적으로 넓게 바라보는 것과 함께 중요한 것이 시간적으로 미래를 조망하는 것이다. 현재의 시점에서 다가오는 미래에 대해 얼마나 진지한 고민을 하느냐가 기업의 성패를 좌우한다. 남들이 보지 못한 미래를 보고 선제적으로 준비한 기업은 당연히 시대를 선도한다.

이를 잘 반영한 유명 주식투자자의 예를 살펴보자. 중국이 세계의 공장으로 부상하던 시절, 한 투자회사 전문가는 향후 어떤 산업이 유망할지 전망했다. 중국이 세계의 공장이 되면 중국 공장에 쓸 원자재를 공급하는 업체가 수혜를 볼 것이다. 또 만들어진 완제품을 세계 각지로 배송해줘야 하기 때문에 운송 관련 산업도 이익을 볼 수 있다. 그런데 문제는 대체로 여기까지의 미래 전망은 시장참가자들이 다 하고 있다는 점이다. 따라서 이런 주식에 투자해도 수익률이 높지 않다. 초과 수익을 얻으려면 여기서 더 나아가야 한다.

투자자는 운송업이 잘되면 배의 수요가 늘어날 것이기 때문에 조선업종이 호황을 보일 것이라 예측했다. 또 배가 많아지면 항만에 배를 대기 위한 경쟁이 심화되기 때문에 항만 운영회사도 돈을 벌 수 있다. 배가 많아지면 배의 유지보수와 관련된 업종도 활황을 보일 것이다. 게다가 유지보수를 많이 하다 보면 페인트 수요도 늘어날 수 있다. 이런 추론을 근거로 이 투자자는 항만, 유지보수업체, 페인트 관련 주식에 투자했다. 여기까지 생각이 미친 사람이 드물었기 때문에 주식 가격은 비교적 저렴했고, 이 투자로 큰돈을 벌 수 있었다. 이처럼 미래의 변화 양상에 대한 앞선 통찰과 지혜는 성공의 원동력이 된다.

전략의 선택

메타 문제를 잘 결정했다면, 이제 구체적인 목적 달성을 위한 전략을 수립해야 한다. 훌륭한 전략을 위해 가장 중요한 요소는 '선택'이다. 이와 관련해 경영 전략의 거장 마이클 포터 교수는 "전략은 하지 않을 일을 선택하는 것

(Strategy is choosing what not to do)"이란 명언을 남겼다.[12] 훌륭한 전략은 남들이 하지 않는 분야가 무엇인지에 대한 명확한 내용을 담고 있다. 앞서 모든 분야에서 잘해보자는 전략의 허점을 설명했는데, 훌륭한 전략은 이와 달리 확실하게 하지 않을 영역이 무엇인지 명확하게 제시한다.

예를 들어보자. 서커스 산업의 지형을 새롭게 재정의한 '태양의 서커스'는 기존 서커스단이 열심히 해왔던 활동 가운데 상당 부분을 하지 않았다. 동물 공연이나 광대 공연이 대표적이다. 전통적 영역에서 진행됐던 이런 활동을 하지 않는 대신, 태양의 서커스는 예술성 높은 공연에 집중했다. 그리고 사양산업이었던 서커스 분야에서 거대한 신시장을 개척했다.

태양의 서커스처럼 하지 않을 일을 선택하지 못하면 어떻게 될까? DEC 사례가 이를 잘 보여준다. 한때 최고의 컴퓨터 제조업체로 존경받던 DEC는 1990년대 초 미래 전략을 수립하는 과정에서 몇 가지 대안이 극명하게 대립하며 혼란에 빠졌다. 일부 임원은 하드웨어와 소프트웨어를 통합한 컴퓨터 판매가 대안이라고 제시했고, 다른 임원은 반도체 칩 설계 및 제작이 살 길이라고

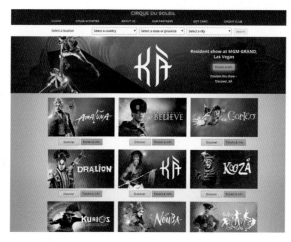

태양의 서커스 홈페이지. 태양의 서커스는 동물 공연, 광대 공연을 하지 않고도 사양 산업이던 서커스 산업에서 거대한 신시장을 개척했다.

주장했다. 또 다른 일부 임원은 PC가 범용 상품이 됐기 때문에 토털 IT솔루션을 제공하는 전략이 바람직하다고 제시했다.

셋 모두 나름의 논리와 근거가 있었다. PC는 기존 핵심역량 활용이란 측면에서, 반도체는 미래 성장성이 높다는 측면에서, 솔루션은 기존 고객 기반을 활용할 수 있다는 측면에서 가능성이 있는 시나리오였다.

만약 셋 중 어떤 것이든 하나를 선택을 했다면 결과는 괜찮았을 것이다. 그런데 불행하게도 DEC는 최악의 선택을 했다. 이 회사의 CEO는 극명한 대결 속에서 누구 한 사람의 손을 들어주는 정치적 부담을 회피하기 위해 세 전략의 타협을 모색했다. 그 결과, '고품질 제품과 서비스를 제공하고, 데이터 처리에서 선두주자가 되는 데 전념한다'는 식의 누구도 반발하지 않지만 무슨 말인지 알 수 없는 전략을 제시하고 말았다.[13] 초점 없이 흔들리던 DEC는 나중에 컴팩에 합병됐다.

선택은 언제나 큰 고통을 수반한다. 특히 하지 않을 일을 선택하는 것은 더욱 큰 고통을 가져온다. 하지만 자원은 제한돼 있고, 경쟁은 치열하다. 뭔가 차별화되고 의미 있는 존재가 되려면 제한된 자원을 효율적으로 활용해 남들과 차별화된 고객가치를 만들어야 한다. 그러기 위해서는 선택이 필수다.

많은 매거진이 광고를 싣고, 온라인 사이트를 만들고, 다양한 주제를 다룬다. 하지만 〈매거진B〉는 광고를 받지 않고, 온라인으로 콘텐츠를 제공하지도 않으며, 다양한 소식을 다루지도 않고, 오로지 한 호에 한 브랜드 이야기만 다룬다. 이처럼 명확한 선택 전략으로 〈매거진B〉는 사양산업화되고 있던 잡지시장에서 뚜렷한 성공 스토리를 쓰고 있다.

뭔가를 선택하면 다른 부서나 부문들은 반발할 것이다. 이로 인해 많은 문제가 생길 수 있다. 하지만 전략은 선택하는 것이 본질이다. 선택 없는 전략으

잡지.
매달 한 권에 하나의
브랜드만 이야기하는 잡지.
광고 없는 잡지.
주목해야 할 브랜드를 선별해
있는 그대로 기록하는 잡지.
브랜드 감각을 키우고 싶은
모든 사람들을 위한 잡지.

브랜드 다큐멘터리 매거진 <B>
판매처 교보문고, 영풍문고, 반디앤루니스 등 전국 주요 서점
YES24, 알라딘, 인터파크 등 온라인 서점 (과월호 포함)
구독문의 02-511-7435 www.magazine-b.com

JOH.

광고도 없고, 온라인으로 콘텐츠를 제공하지 않고, 한 호에 한 브랜드 이야기를 담은 〈매거진B〉는 잡지시장에서 뚜렷한 성공 스토리를 쓰고 있다.

로 성과를 내는 것은 불가능하다. "버려야 얻는다"는 명언은 경영 전략에도 그대로 적용된다.

사실 산업의 역사를 보면, 명확한 전략 선택이 시장의 판도를 재편하고 시장 규모를 키워낸 사례를 자주 찾아볼 수 있다. 한국 영어 교육산업이 대표적이다. 한국에서 수많은 수험생과 직장인이 영어로 인한 스트레스를 받고 있다. 그만큼 영어 교육시장의 규모가 크다. 이 시장에서 의미 있는 진전을 이뤄낸 기업들의 사례를 보면 명확한 전략을 선택했다는 공통점을 찾을 수 있다. 예를 들어, 시원스쿨과 야나두 같은 업체들은 성인 왕초보 고객에게 집중하겠다는 명확한 전략을 선택한 덕분에 새로운 시장을 일궈낼 수 있었다. 성인 왕초보 시장은 기존 업체들이 주목하지 않았던 분야로 초기 시원스쿨이 이 시장을 공략할 때 업계에서 우려의 시선을 보내기도 했다. 하지만 공격적 마케팅으로 1,000억 원대의 새 시장이 발굴됐다. 또 '영단기'라는 브랜드로 알려진 에스티유니타스는 단기간에 영어 점수를 높이고 싶은 사람을 공략하겠다는 명확한 전략을 선택함으로써 무에서 유를 창조한 사례다.

물론 이와 반대되는 선택도 충분히 가능하다. 청담어학원은 단기 영어 성적에는 관심이 없다. 장기적 관점에서 글로벌 무대에서 활약할 수 있는 능력 있는 인재를 키운다는 전략을 선택했다. 물론 이런 선택에는 고통이 따른다. 예를 들어, 왕초보 고객을 공략하기 위해서는 대규모 마케팅 투자가 필요하기 때문에 큰 위험을 감수해야 한다. 또 단기간에 영어 점수를 높이려면 독특한 교습법을 개발해야 한다. 이와 반대로 장기적 관점에서 글로벌 인재를 키우려면 교습법 개발은 물론이고, 토론식 수업을 전개할 수 있는 역량을 가진 영어 강사를 발굴해야 한다. 하지만 이런 고통을 극복하고 차별화된 전략을 선택해 실행에 옮김으로써 획기적인 고객가치를 창출하고, 산업 전체가 성장하는 계기를 마련했다. 고통스러운 선택 없이는 좋은 전략을 만들 수 없다.

전략은 일관성을 추구해야

좋은 전략의 또 다른 필수요소는 일관성이다. 비난이나 반발을 감수하고 용기 있게 선택을 했다 하더라도, 다른 다양한 기업 활동에서 일관성이 유지되지 않으면 성과를 낼 수 없다.

일관성은 두 가지 측면에서 살펴볼 수 있다. 하나는 전략 측면에서의 일관성이고, 다른 하나는 조직 측면에서의 일관성이다. 전략 측면에서의 일관성은 스타벅스의 사례를 통해 알 수 있다.

스타벅스는 고급 커피를 매력적인 공간에서 제공한다는 기본적인 전략을 추진하고 있었다. 그런데 CEO가 바뀌고 단기수익을 요구하는 월가의 압력에 부응하기 위해 전략적 초점을 성장에 맞췄다. 그러다 보니 매장은 매출을 올리는 것이 지상 과제가 됐고, 공격적 매장 설립, 부가 상품 판매 등에 열을 올렸다.

이런 전략은 훌륭한 커피와 고객경험을 제공하자는 기존 전략과 상충될 수

스타벅스는 핵심 경쟁력을 높이는 것으로
전략적 일관성을 추구한다.

밖에 없었다. 새로운 전략이 지속되면서 심지어 커피전문점에서 곰인형을 판매하는 상황까지 연출됐다. 커피의 질은 떨어졌고, 고객들도 좋지 않은 감정을 갖게 됐다. 전략적 상충이 일어나자 스타벅스의 수익성이 악화됐고, 결국 창업자인 하워드 슐츠가 복귀해 다시 초기의 전략으로 회귀하고 나서야 실적을 회복할 수 있었다.

전략 외에 조직 측면에서의 일관성 유지도 매우 중요하다. 전략은 조직을 통해 실현된다. 따라서 조직 활동의 다양한 측면이 전략과 일관성을 유지해야 한다. 기아자동차 사례를 보자. 기아자동차는 전략적으로 '디자인'을 선택했다. 기아자동차는 엔지니어링 중심 회사로 전통적으로 동력 성능이 우수한 차량을 만들었지만, 디자인 경쟁력이 취약해 시장에서 잘 팔리지 않았다. 그래서 '디자인'을 선택한 것은 매우 훌륭한 의사결정이었다고 볼 수 있다.

그런데 이런 전략적 선택을 했다 하더라도, 실행하는 과정에서 일관성을 유지하지 못하면 문제가 생길 수 있다. 디자인을 중시하는 문화가 기존 엔지니어링을 중시하는 문화와 충돌할 가능성이 높기 때문이다. 기아자동차는 이런 점을 이해하고 일련의 기업 활동에 일관성을 부여하면서 문제를 해결했다. 일관성을 유지하려면 다음과 같은 요소들 모두에 일관성이 부여돼야 한다.

사람 경영에서는 무엇보다 사람이 중요하다. 디자인을 핵심 전략으로 수립했다면, 이런 전략을 실행할 수 있는 조직 내·외부의 인재를 수소문해서 요직에 발탁해야 한다. 기아자동차는 내부인력만으로는 어렵다고 판단하고, 글로벌 자동차회사에서 경력을 쌓은 최고의 인재를 영입해 고위직에 앉혔다.

구조와 프로세스 훌륭한 디자이너를 확보했다고 해서 모든 게 해결되지는 않는다. 디자이너가 뛰어난 디자인을 제안해도, 제작부서나 품질, 기능을 담당하는 임원들이 여러 이유를 들어 실현할 수 없다고 반대하면 자동차 모양에 문제가 생길 수 있다.

결국 의사결정 프로세스를 바꿔야 한다. 자동차 제작과 관련해 부서 간 의견 충돌이 생겼을 때, 디자인 책임자가 총괄 조정 및 최종 의사결정을 할 수 있도록 조직의 구조를 재편하고, 의사결정 프로세스를 개선해야 한다.

보상과 통제 디자인이 기업 전략에서 핵심적인 부분으로 자리 잡기 위해서는 디자인부서뿐만 아니라 기업 전체의 보상과 통제 부분에 디자인 경영의 취지가 녹아들어가야 한다. 주요 의사결정을 할 때 디자인부서와 협의를 반드시 거치도록 하고, 이를 통해 성과를 냈을 경우 보상하는 시스템이 필요하다. 임원들을 평가할 때에도 디자인적으로 뛰어난 제품을 개발했는지 여부를 중시하는 평가체계도 마련해야 한다.

문화 디자인 경영에 성공한 기업들은 훌륭한 디자이너를 채용하고, 이들이 주도할 수 있는 의사결정 프로세스를 만드는 것 외에도 조직 문화가 매우 중요하다는 사실을 알고 있다. 결국 조직 문화가 바뀌어야 전략이 지속적으로 실행될 수 있다는 점을 알기 때문이다. 그래서 디자인 경영에 성공한 조직들은 직원 명함이나 신분증 등 사소해 보이는 부분까지도 디자인 개선을 추진한다. 사무 환경이나 구내식당 등 직원들이 생활하는 곳곳에 디자인적 요소가 침투할 수 있도록 해, 기업의 전반적인 문화가 디자인을 중시하는 방향으로 바뀌도록 유도한다.

실제 기아자동차는 이런 다양한 조직 측면에서의 일관성을 효과적으로 유지해 디자인 전략을 성공적으로 추진할 수 있었다. 전략은 기본적인 방침과 상충되는 방향으로 진행돼서는 안 되고, 특정한 선택을 했다면 이를 뒷받침할 수 있는 방향으로 조직이 일관성 있게 운영돼야 성과를 낼 수 있다.

전략은 구체적인 행동지침이 제시돼야

많은 CEO나 경영자는 부하직원들이 지시한 대로 움직여주지 않는다는 불만을 갖고 있다. 물론 기대한 만큼 적극적이고 능동적으로 움직여주지 않는 직원들에게도 문제가 있겠지만, 손뼉도 마주쳐야 소리가 나듯 어떤 문제에 대해 전적으로 한쪽의 책임만 있는 것은 아니다.

경영자가 전략적 선택을 실행하게 유도하는 구체적인 행동지침을 제공하지 못하면 실무자들은 움직이지 않는다. 특히 행동 변화를 요구한다면, 변화된 행동에 따른 위험요인을 미리 파악하고, 이런 위험에도 불구하고 이전과 다른 행동을 할 수 있도록 구체적인 대안을 제시해줘야 한다.

프로야구 구단인 넥센 히어로즈는 이런 점에서 탁월한 모범 사례를 제시한다. 넥센은 프로야구 구단 가운데 사사구(四死球)가 가장 많았다. 사사구는 투수의 투구수를 늘려 피로도를 높이는 데다 주자까지 내보내기 때문에 실점과 경기 패배의 가장 큰 원인으로 지목됐다.

냉철한 현실 진단이란 측면에서 사사구 문제를 해결하겠다는 전략적 목표를 수립한 것은 매우 타당하다고 볼 수 있다. 문제는 실천이다. 일반적으로 떠올리는 해결책은 그 유명한 '당근과 채찍'일 것이다. 사사구를 자주 허용하면 연봉을 깎거나 2군으로 강등한다는 게 채찍이고, 사사구를 줄이면 연봉을 높이는 게 대표적인 당근일 것이다.

하지만 이런 정책만으로는 목표를 달성하기 힘들다. 사사구를 줄이려고 무리하게 직구로 승부하다 얻어맞으면 훨씬 큰 실점을 유발할 수 있기 때문이다. 이런 위험을 무릅쓰고 사사구를 줄이기 위해 과감하게 승부하려는 투수는 많지 않았다. 2군 강등 같은 협박도, 모든 투수를 2군에 내려보낼 수 없다는 것을 알기 때문에 실질적인 위협이 되지는 않는다.

넥센은 당근과 채찍보다 훨씬 더 효과적이며 즉각적인 행동을 유발할 수 있는 구체적인 지침을 만들어 시달했다. 그 내용은 '3구 이내에 승부하라', '변화구도 유인구로 쓰지 말고 스트라이크로 집어넣어라', '포수는 1구 때 절대로 움직이지 말고 2구 때에도 심각한 이유가 없으면 움직이지 말라'는 지침을 제시했다. 만약 이 지침을 지키다가 안타를 맞아도 절대 책임을 묻지 않겠다고 선언했다. 사사구가 유발되는 상황을 구체적으로 진단하고, 이를 줄일 수 있는 매우 효과적인 행동지침을 제시하자 실제로 사사구가 줄어들었다.

넥센의 행동지침이 주는 시사점은 기업 경영에 그대로 적용할 수 있다. 조직원들에게 창의적 시도를 하지 않는다고 불만을 터뜨리는 CEO가 있다면, 직원을 탓하기 전에 직원들이 왜 창의적 시도를 하지 않는지부터 분석해봐야 한다. 그리고 이런 분석을 토대로 구체적인 행동지침을 만들어야 한다.

예를 들어, 창의적 시도를 하다 보면 불가피하게 실패가 양산될 수밖에 없는데, 실패했을 때 창의적 시도를 한 직원이 모든 책임을 져야 하는 시스템이라면 어떨까? 누구도 과감하게 도전하지 않을 것이다. 또 한쪽으로는 창의

참고하세요

목표와 전략은 상대적 개념

전략은 조직에서 메타 결정을 통해 내려진 목표와 상대적 개념이다. 예를 들어, 거대 기업 CEO가 '사업 포트폴리오를 현재와 달리 대체에너지를 강화하는 방향으로 전환한다'는 메타 결정을 내렸다고 하자. 그렇다면 이를 실현하기 위한 구체적 전략으로 '에너지 분야 가운데 태양광과 풍력장비 제조 분야에 집중한다'는 실천 전략을 수립할 수 있다.

이는 CEO 입장에서는 실천 전략이지만, 태양광사업부 책임자 입장에서는 메타 결정이 된다. 사업부 책임자의 실천 전략은 '장비 제조 가운데 시장 전망이 가장 좋은 폴리실리콘 제조에 집중한다'가 될 수 있다. 폴리실리콘 생산 책임자 입장에서는 '경쟁사 대비 원가경쟁력을 가진 폴리실리콘 생산'이 메타 결정에 의한 목표가 될 수 있고, 이를 위한 실천 전략으로 '규모의 경제 확보, 생산 방식 개선, 제안 제도 혁신' 등이 될 수 있다.

물론 CEO가 폴리실리콘 생산 책임자의 실천 전략, 즉 생산 공정 개선 같은 이슈에도 개입할 수 있다. 원가경쟁력이 무엇보다 중요한 상황이라면 공장 책임자들과 머리를 맞대고 세부적인 디테일을 챙기며 개선안을 마련하는 게 의미가 있을 수 있다. 하지만 이 경우에도 CEO가 잊지 말아야 할 것은 큰 틀에서 메타 결정의 타당성을 꾸준히 고민해봐야 한다는 사실이다. 만약 폴리실리콘 분야에서 너무 많은 경쟁자가 생겨났다면, 폴리실리콘 생산보다 태양광 시스템 설치 등 서비스 분야로의 전환과 같은 과감한 전략 전환도 모색해야 한다.

세부 디테일에 묻혀 적절한 시점에 전략을 제대로 전환하지 못하면 기업 전체가 어려움에 빠질 수 있다. 경영자는 내외부 상황의 변화를 끊임없이 예의주시하면서 메타 결정을 수시로 업데이트 해야 한다.

적 시도를 하라고 말하고, 다른 한쪽으로는 연말이나 분기별 숫자 목표를 달성하라고 다그친다면, 당장 드러나는 숫자 목표 달성에만 연연할 수밖에 없을 것이다. 이런 진단이 이뤄졌다면, "사업 예산의 30%는 새로운 시도에 도전해야 하며, 이 범위 안에서 실패하는 것에 대해서는 절대 책임을 묻지 않겠다"라거나, "인사평가를 할 때 결과와 상관없이 새로운 시도를 했는지 여부를 30% 이상 반영하겠다"라는 식의 구체적인 지침을 마련해야 한다. 이런 행동지침이 없다면, 창의적 시도를 하라고 반복해서 설득해도 조직원들은 움직이지 않는다.

좋은 전략 판별법

중국집 사례를 통해 훌륭한 전략의 판별법을 알아보자. 한 중국집 CEO가 '세계인들이 즐기는 최고의 자장면을 만들어 최고 수준의 서비스를 제공해 국민건강에 이바지하고, 3년 내 매출 10억 원을 달성해 주주들에게 높은 수익을 창출하며, 종업원들에게 최고의 직장을 제공한다'는 전략을 세웠다고 하자. 어떻게 평가해야 할까?

언뜻 보면 글로벌 마인드도 공고하고, 최고를 향한 집념이 드러났으며, 주주와 종업원 등 이해관계자에게 최선을 다하겠다는 의지가 표현됐다고 칭찬할 수도 있다. 하지만 앞서 논의대로 평가하자면, 미사여구, 숫자 목표, 모든 분야에서 최선을 다하자는 전형적으로 문제가 많은 전략이다.

이보다 훨씬 짧지만 더 훌륭한 전략을 만들려면 미사여구와 숫자 목표의 틀에서 벗어나야 한다. 예를 들어, '고추장이나 된장 등 한식 재료를 기반으로 한 자장면을 만들겠다'는 전략이 대표적이다. 미사여구는 없지만 명확한 전략적 선택이 있으며, 구체적인 행동지침, 지향점이 무엇인지 조직원들이 명확하게 파악할 수 있다. 역량과 조직 문화가 뒷받침된다면 매우 훌륭한 전략으로 성과를 가져올 수 있다.

'MSG나 화학성분이 들어가지 않은 유기농 자장면을 만들어 건강에 실질적인 도움을 주는 먹거리를 만들겠다'는 전략 또한 명확한 방향성을 제시하면서 조직원들의 행동까지도 통제할 수 있는 훌륭한 전략이다. 물론 실행 과정에서 일관성, 조직적 차원의 뒷받침이 필요하지만, 독특한 맛을 구현하는 등 고객가치를 실현하면서 일관되게 실천하면 성공할 확률이 높다.

물론 이런 훌륭한 선택을 하기는 쉽지 않다. 당장 '한식 재료가 주는 특이한 맛이 자장면과 잘 어울릴까?', 'MSG에 길들여진 사람들의 입맛에 호소하는 새로운 레시피를 개발할 수 있을까?' 등 많은 도전과제를 해결해야 한다. 이 과정에서 업에 대한 오랜 통찰과 지식, 노하우도 뒷받침돼야 한다.

특히 외부 고객들의 선호도나 시장 상황을 읽는 통찰력도 반드시 필요하다. 그리고 반발에도 불구하고 하나의 선택을 고수하는 결단력과 추진력도 필요하다. 실제 어려움이 있지만, 일부 중국집은 이런 시도를 통해 훌륭한 성과를 창출하고 있다.

어려움이 있더라도 훌륭한 전략이 갖춰야 할 요소를 숙지하고, 이런 방향으로 전략을 수립하고 실행하기 위해 꾸준히 노력하고 학습해야 한다. 그렇지 않으면 치열한 경쟁 환경에서 저수익, 혹은 도산의 위협에 직면할 수밖에 없다.

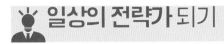
해답은 가까운 곳에 있다

보통 사람들은 성공 확률이 높은 사업을 선호한다. 하지만 혁신가들은 성공 가능성이 희박한 일에 도전한다. 사실 성공 확률이 높은 사업은 이미 누가 하고 있거나 남들이 금방 따라 한다. 따라서 큰 수익을 기대하기 어렵다. 반면 가능성이 낮은 일에 도전했다 성공하면, 그 보상은 막대하다. 물론 가능성이 낮기에 혁신가들은 숱한 실패와 좌절을 경험한다.

혁신가들의 도전 스토리를 보면 흥미로운 패턴이 발견된다. 이들을 좌절에서 구해준 아이디어의 원천이 아주 가까운 곳에 있다는 점이다. 주변에서 쉽게 볼 수 있는, 혹은 내가 이미 갖고 있는 것들이 혁신의 원천이 됐다. 실제 이런 사례는 수없이 많다.

"

> 썩지 않는 '기적의 사과'를 만든 일본 아오모리현의 기무라 아키노리는 무농약 재배 실패로 자살을 결심했다. 근처 산에 올라 로프를 휙 던졌는데, 이게 나무에 제대로 걸리지 않고 다른 곳으로 튕겨나갔다. 로프가 떨어진 곳에 우람한 도토리나무가 있었다. 그는 자신의 사과나무와 달리 도토리나무가 왜 건강한지 고민했고, 무성한 잡초가 토양을 비옥하게 만들어 나무의 건강을 유지시켰

다는 생각에 이르렀다. 잡초를 보이는 대로 없앴던 게 패착임을 깨달은 그는, 자연 상태로 사과나무를 키워 무농약 재배에 성공했다. 수년간 찾지 못한 해법이 매일 보았던 근처 산에 있었던 셈이다.

• • •

학원사업으로 큰돈을 벌었던 대교 강영중 회장은 과거 과외 금지 조치로 사업 기반이 무너진 적이 있다. 이 위기에서 구해준 아이디어는 '배달' 모델이었다. 문제지를 배달해서 풀게 하고 간단히 지도하면 과외 규제를 피할 수 있었다. 한국에선 잠시만 걸으면 배달을 해주는 식당을 만날 수 있다.

• • •

엔진 개발 실패로 도산위기에 몰렸던 일본 스즈키자동차를 구해낸 '알토'도 자사 직원들이 타고 다니던 트럭에서 아이디어를 얻었다. 스즈키 오사무 회장이 직원들과 술 한잔 하려고 공장을 방문했다가 직원 차량 중 상당수가 트럭이란 점을 발견했다. 이후 경차와 트럭의 장점을 조합해 알토를 만들었다.

• • •

음식물 처리기로 급성장한 루펜은 어느 가정에나 있는 헤어드라이어에서 아이디어를 찾았다. 젖은 머리를 빨리 말려주는 헤어드라이어처럼, 젖은 음식도 열풍 건조로 처리할 수 있다는 생각이 혁신을 불러왔다.

"

이처럼 가까이 있는 사물이 혁신의 모티브가 될 수 있지만 혁신에 성공한 사람은 드물다. 특정 사물을 특정 용도로만 써야 한다는 고정관념인 '기능적 고착(Functional fixedness)'이 문제다. 헤어드라이어는 머리 말릴 때만 쓰는 게 아니다. 다른 신체 부위는 물론이고, 젖어 있는 모든 것을 말릴 수 있다.

금융위기 이후 불확실성이 커지면서 해결하기 힘든 문제로 고전하는 사람들이 많다. 이런 상황에 처했다면, 굳이 멀리서 해답을 찾지 말고 주변 사물부터 관찰하는 게 좋다. 의외로 해답은 가까운 곳에 있다. 단, 고정관념을 버려야 해답이 보인다.

Chapter

2

내·외부환경 분석을 통한
전략 수립

외부 거시환경 분석의 중요성

기업은 왜 외부환경의 변화에 민감하게 반응해야 할까. 인류 역사와 비즈니스 역사가 주는 교훈을 통해 외부환경 분석과 전략 변화가 왜 중요한지 알 수 있다.

과거 식량이 부족했던 아일랜드에 감자는 축복 같은 존재였다. 기후 조건과 토양이 감자를 키우기에 적합한 데다 비교적 쉽게 요리해 먹을 수 있다는 장점으로, 아일랜드는 감자 요리에 감자 반찬을 먹는다는 말이 나올 정도로 감자에 대한 의존도가 컸다.

그런데 1845년 영국에서 시작된 감자 잎마름병이 유럽 전역으로 퍼져나갔다. 유럽의 다른 지역에서는 이 질병으로 어느 정도 타격을 받았지만, 아일랜드는 유독 전례를 찾기 어려울 정도로 심각한 피해를 입었다. 100만 명 이상이 기근으로 목숨을 잃었고, 황폐해진 아일랜드를 떠나 수많은 주민이 미국으로 이민을 갔다. 가장 큰 원인은 감자에 대한 의존도가 너무 높았다는 점이다. 특히 아일랜드에서 키웠던 감자 종은 이 질병에 극도로 취약했다.

상식적으로 생각하면 한 종의 작물을 키우는 것이 여러 가지로 효율적이다. 투입 재료와 재배 방식을 통일시킬 수 있고, 관리 및 유통에 들어가는 비용도 줄일 수 있기 때문이다. 여러 종의 작물을 재배하려면 복잡한 재배 방식을 익혀야 하기 때문에 비용이 높아질 수밖에 없다. 아일랜드는 한 종의 감자에 의존한 덕분에 기근에서 쉽게 해방될 수 있었다. 아일랜드의 이 전략은 단기적으로 매우 높은 효율성을 가져왔다.

그러나 효율성에 대한 이런 장점은 외부환경이 이전과 똑같을 때에만 발휘

될 수 있다. 질병 확산이란 전혀 새로운 환경이 도래하면 효율성은 한순간에 재앙으로 변한다. 기존 환경에 부합해서 생존을 보장해주던 특징이 돌연 최악의 상황을 낳는 핵심 원인으로 변하게 된다.

훌륭한 전략가라면, 외부환경 변화의 흐름을 분석하며 현실에 안주하지 않았을 것이다. 지나친 감자 의존도, 한 품종만 재배하는 관행이 외부환경이 급격하게 변화하는 시기에는 재앙을 낳을 수 있다고 판단한다. 그리고 다양한 감자 품종을 개발하고, 감자 이외의 다른 품목에도 눈을 돌려 환경 변화에 대한 적응력을 높이는 전략을 수립하고 실행하려는 노력을 했을 것이다. 이런 선각자가 있었다면 재앙을 막을 수 있었을 것이다. 하지만 현실에서 당장 가치를 창출하는 관행에 도전하기란 쉽지 않다.

역사는 반복된다. 기업 경영의 역사 속에서도 이와 유사한 사례를 자주 찾아볼 수 있다. 환경이 급격하게 변하는 상황에서도 기존 전략을 고수하다가 몰락한 사례는 수없이 많다.

예를 들어보자. 스마트폰이 보급되기 이전, 내비게이션 업체들은 차량에 별도로 부착하는 내비게이션 단말기를 팔아 큰 수익을 올렸다. 많은 기업이 시장에 진입하면서 내비게이션 산업 생태계가 생겨났다. 하지만 스마트폰이 보편화하면서 내비게이션은 스마트폰의 공짜 앱으로 장착됐다. 게다가 과거 차량에 설치했던 내비게이션은 지도를 업데이트하려면 단말기를 떼어내서 컴퓨터에 연결하는 등 복잡한 절차를 거쳐야 했다. 실시간 교통 정보를 반영하지 못하는 제품도 많았다. 하지만 스마트폰 내비게이션 앱은 모바일 네트워크로 최신 교통 정보를 반영해 길을 안내해준다. 도로 정보와 최신 서비스 등 부가기능도 손쉽게 장착 가능하다. 사용자들은 신경 쓰지 않아도 최신 정보와 서비스를 활용할 수 있다. 즉 훨씬 질 좋은 서비스를 공짜로 제공하는 막강한 경쟁자가 시장을 한순간에 장악해버린 것이다. 공고했던 생존 기반이 순식간에 파괴됐다는 점에서 아일랜드 농민의 경험과 과거 내비게이션 업체의 경험은 유사성을 갖고 있다.

결국 이런 환경 변화로 인해 많은 내비게이션 업체가 사라졌다. 하지만 일부 업체는 외부환경 변화에 민감하게 반응하여 생존을 이어갔다. 스마트폰이 시장을 장악했더라도 기존 내비게이션 시장이 모두 사라진 것은 아니다. 일부 시장은 여전히 존재한다. 예를 들어, 차량 매립용 내비게이션을 완성차 제조 업체에 판매하는 시장은 건재하다. 일반 소비자 대상(B2C) 영업을 해왔던 기존 내비게이션 업체들이 완성차 업체를 상대로 영업하려면 기업 대상(B2B) 영업을 해본 경험이 있는 세일즈맨을 고용하거나 육성해야 한다. 그리고 대기업의 요구 사항을 민첩하게 수용하는 시스템도 갖춰야 한다. 일반 소비자를 대상으로 영업해온 회사 입장에서는 고통스러운 일이다. 다양한 시행착오 등 비효율도 감수해야 한다. 하지만 스마트폰이 내비게이션 시장을 초토화하고 있는 상황에서 이런 전략 변화 없이는 생존이 불가능하다. 또 인접 영역으로 사업을 다각화하는 것도 새로운 생존의 기반을 마련해준다. 일부 업체는 차량용 블랙박스 등 시장 규모가 커지는 분야에 진출해 성장을 이어가고 있다. 내비게이션 업체가 블랙박스를 새로 제작해서 마케팅하는 것 역시 큰 고통을 수반한다. 하지만 이 역시 심각한 환경 변화를 생각한다면 감수해야 한다.

경제위기 등 심각한 환경 변화 상황에서는 외부환경 변화에 민감한 촉수를 가진 기업과 그렇지 않은 기업의 명운이 갈라진다. 글로벌 금융위기가 발발했던 2008년 이후 미국 자동차업체들의 대응은 이를 잘 보여준다. 미국의 3대자동차회사 가운데 GM과 크라이슬러는 글로벌 금융위기의 직격탄을 맞고 쓰러졌다가 정부의 구제금융으로 간신히 살아났다. 하지만 포드는 빅3 가운데 유일하게 자체 역량으로 위기를 극복했다.

그 동력은 무엇이었을까? 턴어라운드의 전설을 쓴 앨런 멀럴리 전 포드 회장이 글로벌 컨설팅회사인 맥킨지와의 인터뷰[14]에서 밝힌 내용 속에 그 해답이 있다. 멀럴리 전 회장은 예측하기 힘들고 더 복잡해진 세상을 이해하기 위해 BPR(Business Plan Review) 미팅을 매주 개최했다고 한다. 조직의 리더들이 참여하는 이 미팅을 통해 포드는 정치·경제적 상황과 기술 동향, 정부 정책 변화, 노동 여건, 인구통계학적 변화 추이, 경쟁자 동향, 고객 동향 등을 파악하여 대책을 수립했다. 예를 들어, 원유 가격이 지속적으로 오를 것으로 예상되고, 환경에 대한 관심이 높아짐에 따라 소비자들이 대체에너지나 연료 효율이 높은 제품을 선호할 것이란 외부환경 분석 정보를 도출했다. 이를 토대로 자동차산업이 어떤 영향을 받을지를 분석해, 디젤이나 천연가스, 하이브리드, 전기차 등이 각광받을 것이란 점을 유추해냈다.

실제 포드는 이런 판단을 바탕으로 다른 업체들이 여전히 초대형 SUV를 생산하고 있을 때 4.0L 이상 엔진을 장착한 차량을 없애고 대형 SUV인 포드 익스플로러에 2.0L 엔진을 장착하는 등 변화를 선도했다. 하이브리드와 전기차에 대한 투자를 강화하는 전략도 자연스럽게 도출됐는데, 글로벌 금융위기 이후 친환경차 및 소형차 선호도가 커지면서 포드는 큰 수혜를 입었다.

또 여러 지역 가운데 아시아 지역에서 유독 실적이 좋다는 데이터가 나오면 다양한 외부 데이터들을 함께 분석해 특정 지역의 미래 수요를 예측했다. 포드는 여러 데이터를 토대로 차량 구매 확률이 높아질 것으로 예상되는 지역의 소비자를 집중 분석해 이들을 공략할 수 있는 전략을 마련하는 식으로 글로벌 시장을 공략했다.

이런 외부환경에 대한 분석을 토대로 멀럴리 전 회장은 2006년 취임 당시 사상 최대 규모인 127억 달러 적자의 늪에 빠져 있던 포드를 살려냈다. 그리고 빅3 자동차업체 가운데 독보적인 실적을 기록하며 금융위기를 현명하게 극복했다. 맥킨지와의 인터뷰에서 멀럴리 전 회장은 "전 세계에서 어떤 일이 벌어지고 있는지 이해하는 것이 포드의 사업에서 결정적인 부분이었다. 어떤 비즈니스를 하건, 이는 결정적인 부분이 돼야 한다"라고 역설했다.

전략가들의 역할은 외부와 교류하면서 지속적으로 환경 변화를 감지한 다음, 환경 변화에 맞춰 조직의 내부 변화를 추동하는 것이다. 당연한 이야기인 것 같지만, 실제로 고위 임원들의 업무 시간 배분을 보면 이런 역할을 충실히 수행하는 사례가 생각보다 많지 않다는 사실에 놀라게 된다.

고위직으로 올라갈수록 결재 문서가 늘어나고, 관리해야 할 업무가 많아지면서, 주로 내부 오퍼레이션에 대부분의 시간을 보내는 경우가 많다. 실제로 마이클 포터와 니틴 노리아 하버드대학 교수가 CEO들의 실제 업무 시간을 측정해 〈하버드비즈니스리뷰〉(2018년 7, 8월호)에 그 결과를 공개했는데, 고객과의 만남을 위해 CEO들이 사용하는 시간은 전체의 3%에 불과한 것으로 나타났다. 기업의 생존 기반인 고객들의 변화 양상에 대해 많은 기업의 CEO들이 신경을 쓰지 못하고 있다는 점이 놀랍다.

다행히 환경 변화가 크지 않은 업종이라면 이렇게 시간을 보내도 별 문제가 생기지 않는다. 하지만 환경 변화가 빠른 업종에서 이런 식의 태도는 큰 문제를 유발한다. 만약 어떤 기업의 실적이 업계 평균 수준이거나 그 이하라면, 외부환경 변화에 대응해 전략 변화를 꾀하지 못했기 때문이라고 보면 된다.

그렇다면 구체적으로 어떻게 외부환경을 분석해야 할까? 우선 기업에서 활용할 수 있는 유용한 외부환경 분석 툴 몇 가지를 살펴보자.

참고하세요

환경 변화에 따라 전략을 바꾸는 게 쉽지 않은 이유는 바로 '관성(Inertia)'과 관련이 있다. 관성은 물리학에서 발견된 법칙이지만 개인과 조직에도 적용된다. 과거와 같은 일을 하면 편안함을 느낄 수 있고, 실패의 위험도 크지 않기 때문에 조직은 관성의 영향을 극복하기 무척 힘들다. 예를 들어, 한 부서에서 새로운 전략을 시도한다 해도 강한 관성의 영향을 받고 있는 다른 부서가 반대하면 물거품이 되기도 한다. 전략 변화가 큰 고통을 수반하는 핵심 이유 중 하나가 바로 관성이다.

01

PEST 분석

거시환경 분석에서 가장 많이 활용되는 것이 PEST 분석이다. PEST는 각각 정치/법률(Political/Legal), 경제(Economic), 사회/문화(Social/Culture), 기술(Technological)을 의미한다. 각 항목별로 우리 기업에 영향을 줄 수 있는 요인이 무엇인지 추출한 다음, 시사점을 도출하면 된다(각 항목별로 고려해야 할 주요 분석 내용은 〈표 1〉을 참고하자).

▼ [표 1] PEST 분석 시 고려해야 할 주요 항목

	주요 분석 내용
정치/법률	정부의 중점 정책(혹은 아젠다), 주요 정책결정자의 지배적 이념, 정부 조직 및 구조, 정치적 안정성, 경쟁 및 규제 동향, 정부의 경제 정책 방향, 노동, 환경, 소비자보호, 지적재산권 등 법규 동향, 계약 및 거래 관련 법규 동향 등
경제	경제성장률, 정부 지출, 고용/노동 관련 정책, 세금 관련 정책, 금리 및 통화 정책, 환율, 글로벌 경제 정책, 경기 순환 단계, 물가 동향, 주가 동향 등
사회/문화	인구통계적 변화, 소득 수준 동향, 인구성장률, 교육 수준, 생활 여건, 복지, 사회적 의식, 세대별 관심사 및 문화 차이, 소비 성향, 문화 트렌드 등
기술	기술 트렌드, 신기술 추이, 정부기술 변화, 인터넷 영향, 모바일기술 변화, 융합기술 트렌드 등

PEST 분석과 관련, 환경 분야에서 기회 및 위협요인이 대부분 산업에 영향을 미치기 때문에 환경(Environmental or Ecological)요인을 다른 요인과 독립

해서 별도로 분석해야 한다는 지적도 있으며, 법률(Legal)과 윤리(Ethical) 문제도 중요하기 때문에 이를 별도 항목으로 떼서 분석하자는 의견도 있다. 그래서 PEST에 더 많은 항목을 추가해서 PESTEL, STEEPLE 분석을 하는 경우도 있다.

PEST 분석은 기업을 둘러싼 거시환경 가운데 기업에 직간접적으로 영향을 끼치는 요소들을 추출해 이런 요소들이 어떤 영향을 끼칠지 파악해보고, 이를 토대로 전략 방향을 도출하는 계기를 마련해준다는 점에서 의미가 있다.

PEST는 외부환경과 관련해서 MECE(Mutually Exclusive Comprehensively Exhaustive)한 분석 툴이다. 이 네 가지 요소는 서로 겹치지 않고(Mutually Exclusive), 이 네 가지 요소를 합하면 전체를 설명할 수 있게 된다(Comprehensively Exhaustive)는 뜻이다. 복잡한 외부 거시환경을 MECE하게 추출할 수 있다는 게 PEST 분석의 가장 큰 장점이다.

물론 MECE는 툴이라고 하기에 민망할 정도로 지나치게 단순하다. 사실 주요 거시환경에 해당하는 항목을 나열한 수준에 불과하기 때문이다. 각 항목별로 어떤 세부 요인을 선정해 분석할 것인지는 전적으로 이 툴을 사용하는 사람들이 결정해야 한다. 분석 과정에서 모두가 알고 있는 뻔한 요인들만 추출해서는 경쟁력을 갖기 어렵다. 남들이 보지 못하는, 혹은 같은 정보라도 새로운 시각에서 해석하고 시사점을 도출하려는 노력*이 무엇보다 중요하다.

> *툴 자체가 부실하고 많은 부분을 사용자가 알아서 해야 하는 불편함이 있다고 해서 툴이 중요하지 않은 것은 결코 아니다. 외부환경 분석은 훌륭한 전략적 의사결정의 결정적 계기를 제공할 수 있다.

예를 들어, 고(故) 이병철 삼성 회장의 반도체산업 진출 사례는 수많은 정보 사이에서 우리 기업의 명운을 좌우할 수 있는 부분을 어떻게 선별하고 해석하느냐에 따라 의사결정의 질이 달라질 수 있다는 사실을 극명하게 보여준다.

지금은 한국이 반도체 강국이라는 점에 의심을 제기하는 사람이 없을 정도지만, 과거 이병철 회장이 의사결정을 내릴 당시에는 거의 모두가 반대했다.

특히 삼성그룹 임직원들의 반발이 거셌다. 당시 임원들은 회사를 구하기 위해 반도체사업을 목숨 걸고 막아야 한다고 생각했다.

삼성 임직원들의 생각에는 충분한 이유가 있었다. 삼성은 반도체를 생산해 본 경험도 없고, 반도체 분야의 해외 경쟁자는 인텔, 모토로라, 텍사스인스트루먼트, NEC, 도시바 등 당시 삼성전자와는 격이 다른 강자들이었다. 기술도, 인프라도, 규모도 취약한 회사가 반도체 분야에서 성공하기는 거의 불가능해 보였던 것이다. 따라서 임직원들은 회장에게 거짓말까지 하며 반도체 공장 착공을 미루고 있었다.

그렇다면 왜 이병철 회장은 반도체산업에 미래가 있다고 판단했을까? 직원들의 시야는 반도체산업과 삼성 주변에만 머물러 있었다. 삼성이라는 조직역량, 그리고 반도체산업의 현황까지만 보면 성공 가능성은 제로에 가깝다. 하지만 이병철 회장의 전략은 이보다 훨씬 큰 범위에서 이뤄진 분석을 토대로 의사결정을 내렸다.

당시 미국은 소련제 잠수함의 성능 개선 이유를 찾던 중 도시바의 부품이 공급된 사실을 발견했다. 이로 인해 미 · 일 관계가 악화됐고, 미국은 일본 반도체업체들의 성장이 자국 안보를 위협할 수 있다고 판단했다. 따라서 일본 반도체업체의 질주를 막기 위한 다양한 조치를 구상하고 있었다. 이병철 회장은 이런 정보를 토대로 반도체산업에서 신규 진입자가 들어갈 틈이 생겼다는 점을 파악했다.[15]

이 판단은 삼성의 성장은 물론이고, 한국의 국력을 키우는 결정적 계기가 됐다. 임직원들이 반도체 공장 착공을 막아보려 했지만, 이병철 회장은 직접 착공식 현장에 가서 공장 건설을 독려했고, 덕분에 반도체 신화가 가능했다.

전략 결정에서 무엇보다 중요한 부분은 '어떤 정보를 중요한 것으로 여겨야 하는가?', '그 정보가 주는 시사점이 무엇인가?'를 도출하는 것이다. 만약 미국과 소련의 갈등을 냉전 이후 항상 있었던 일이며, 순전히 정치적 사안이기 때문에 비즈니스에 미치는 영향이 매우 제한적일 것으로 판단해 그 중요성을 간과했다면 훌륭한 전략 도출은 불가능했다.

또 다행히 도시바 관련 분쟁이 PEST 분석의 대상이 됐다 하더라도, 여기서 반도체 신규 진입자에 대한 우호적 여건이 조성될 것이란 시사점 분석이 제대로 이뤄지지 않았다면, 마찬가지로 좋은 전략은 도출되기 어렵다.

일반적으로 생각할 수 있는 여러 거시환경 요인들을 나열하는 것은 PEST 분석을 프레젠테이션의 장식품 정도로 활용하는 수준에 머무는 것이라고 볼 수 있다. 전략 수립에 실질적으로 도움을 주려면 여러 요소 가운데 가장 큰 영향을 끼칠 수 있는 요인을 찾아내는 작업을 해야 한다. 〈표 2〉처럼 많은 요소 가운데 일부를 선정해서 집중적으로 추가 분석하려는 노력이 필요하다.

집중적으로 분석해야 할 요소의 숫자는 중요하지 않다. 두세 개 정도여도 충분하다. 분석 대상 정보가 많다고 해서 분석의 질이 높아지거나 좋은 의사결정을 가져오지는 않는다. 정보의 숫자를 늘리는 것보다 우리 비즈니스에 영향을 주는 핵심 정보를 선별하고 제대로 해석하는 역량이 무엇보다 중요하다.

▼ [표 2] PEST 추가 사례

구분	주요 항목	사업에 끼치는 영향	영향력 지표
Social	저성장 기조 고착화 및 연료 효율 높은 제품에 대한 선호도 증가	대형 SUV 위주의 기존 포트폴리오에 대한 고객 선호도 하락	5
Political	경제 민주화로 인한 기업 규제 강화 트렌드	CSR 활동에 대한 압력 고조 및 협력업체 관리 강화 필요	4
Technology	전기차 기술 상용화	전기차업체의 시장점유율 확대로 인한 시장 잠식 우려	5

PEST 분석으로 상징되는 외부환경 분석은 상시적으로 이뤄져야 한다. 특히 지금처럼 환경 변화의 속도가 빠를수록 외부환경 변화 동향에 대한 경영자들의 관심 수준이 훨씬 더 높아져야 한다.

하지만 임원 회의 등 주요 전략 결정 회의에서는 내부 문제 중심의 형식적인 보고가 이뤄지는 경우가 많다. 전략부서도 외부환경 변화에 관심을 두기보다 내부부서 간 의견 조율에 훨씬 많은 시간과 자원을 투자하는 경우가 흔하다. 그래서 외부환경의 변화와 관련한 앞선 촉각을 지닌 조직은 그렇지 않은 조직에 비해 훨씬 더 큰 기회를 포착하곤 한다.

공공기관의 예를 들어보자. 서울 시내에 있는 한 명문 사립대학이 서울 이외의 지역에 제2캠퍼스를 짓겠다는 계획을 발표했다. 다른 명문대학이 인천 송도에 캠퍼스를 짓겠다는 발표 이후 많은 대학이 제2캠퍼스 건설을 추진하고 있었는데, 이는 조금만 관심을 기울이면 알 수 있는 정보였다.

지역 성장 전략을 추진하는 지방자치단체 입장에서 이는 정말 대단한 기회였지만, 대부분 지방자치단체는 무관심했다. 오직 한두 곳만 열정을 갖고 이 대학을 찾아갔다. 대학 입장에서는 열정을 갖고 유치하려는 지방자치단체에 관심이 쏠리게 돼 있다. 결국 맨 처음 달려온 지방자치단체와 구체적인 사업 진행 방안이 논의됐다. 나중에 부동산 가격 등 다른 이슈 때문에 결과적으로 캠퍼스 건설이 실현되지는 못했지만, 규모가 비교적 작은 지방자치단체 입장에서는 엄청난 발전 기회를 선점했다는 점에서 그 의미를 가볍게 볼 수 없다.

실제 이 자치단체는 다른 부분에서도 선도적인 노력을 기울여 지역 발전 측면에서 여러 베스트 프랙티스를 만들었다. 모두에게 공개된 정보였음에도 이를 활용해서 부가가치를 높이려고 적극적으로 노력하는 조직은 소수에 그친다. 고위직일수록 뉴스와 트렌드에 더 민감하게 반응해야 한다. 뉴스 가운데 우리 비즈니스에 영향을 줄 수 있는 게 발견되면 행동에 나서야 한다. 그렇지 않으면 민첩한 다른 조직에 기회를 빼앗기게 된다.

이를 위한 가장 바람직한 접근법은 포드처럼 외부환경 변화 내용을 파악하기 위한 회의를 매주 개최하는 것이다. 여기서 수많은 기업 내·외부 정보를 활용해 환경 변화의 내용을 파악하고 시사점을 도출하려는 노력을 지속해야 한다.

안타깝게도 수많은 정보 가운데 어떤 정보를 선택해야 하는지, 해당 정보가 어떤 시사점을 주는지 정답을 제공해주는 툴은 없다. 오랜 경험과 노력을 통해 이런 감을 연마하고 축적하는 수밖에 없다. 실제 이병철 회장은 방대한 규모의 데이터를 항상 분석하고 확보하려고 노력했으며, 실무진에서 밑줄을 긋는 것도 싫어했다고 한다. 자신이 모든 데이터를 보면서 그 경중을 스스로 판단하려는 노력이 이어졌기 때문에 남다른 통찰력을 키울 수 있었다는 얘기다.

고위직에 올라갈수록 업무가 많아져 바쁜 일정을 소화해야 하는 경우가 많다. 그러나 이렇게 바쁜 일정을 소화하다가 정작 중요한 변화의 흐름을 놓칠 수 있다. 포드처럼 조직 차원에서는 외부환경 변화를 파악할 수 있는 정례적인 시간을 가져야 하며, 개인적으로도 하루에 최소 20~30분이라도 시간을 내서 미디어 등을 통해 쏟아지는 정보와 지식을 분석하고 중요성을 평가해보는 시간을 가져야 한다. 이런 치열한 노력 없이는 선도적이며 훌륭한 전략을 수립할 수 없다.

시나리오 플래닝

예측과 시나리오의 차이

PEST 분석은 외부환경에 대한 폭넓은 접근이 가능하지만, 구체적으로 우리 비즈니스에 영향을 주는 요소가 무엇인지, 그리고 어떤 영향을 끼칠지, 그래서 어떤 대안을 수립해야 할지에 대해서는 명확한 답을 제시해주지 못한다.

이는 분석하는 사람들이 알아서 해야 할 일이다. 예를 들어, 여러분이 가전제품회사에 근무한다고 생각해보자. PEST 분석을 통해 1인 가구 수가 늘고 있다는 사실을 알게 됐다면 어떤 전략을 수립해야 할까? 상식적으로 생각하면 1인 가구가 선호할 수 있는 소형 가전 제품의 수요가 늘어날 것이기 때문에, 소형 냉장고나 세탁기, 밥솥 등의 제품을 만드는 전략을 수립할 수 있다.

하지만 1인 가구 증가는 이런 상식적인 전망과 전혀 다른 방향으로 가전산업의 수요를 바꿀 수 있다. 1인 가구는 특성상 자주 밥을 해먹기 어렵기 때문에 오히려 더 큰 밥솥을 원할 수도 있으며, 냉동식품 보관을 위해 더 큰 냉장고를 원할 수도 있다. 세탁기는 동네에 있는 동전 세탁기나 싸고 저렴한 세탁 서비스를 이용할 수도 있다. 또 가전제품을 사기보다 빌트인돼 있는 주거시설을 선호할 수 있으며, 렌탈 서비스를 이용할 수도 있다.

1인 가구의 증가는 소형 가전 렌탈 서비스라는 새로운 트렌드를 창조했다.

요약해보면 소형 가전을 선호할지, 아니면 대형 가전 제품을 선호할지 예단하기 어렵다. 또 빌트인 시장처럼 건설사를 주 대상으로 영업하는 것이 보다 효과적인 1인 가구 공략 방법이 될 수도 있으며, 가전 렌탈 시장이 주류로 부상할 수도 있다. 이 네 가지 중 하나의 트렌드만이 주도할 수도 있고, 두 개나 세 개의 시장이 각축을 벌일 수도 있다. 만약 이 가운데 하나의 전망만 해놓고 여기에 올인하는 전략을 실행한다면, 결과적으로 시장 창출에 실패할 수도 있다는 얘기다.

이처럼 현재의 트렌드를 파악했다 하더라도, 이 트렌드가 우리 사업에 구체적으로 어떤 영향을 미칠지는 쉽게 예단하기 힘들다. 특히 너무나 많은 요소가 미래의 소비 트렌드에 영향을 미치기 때문에 예측은 자주 틀린다. 업계에

참고하세요

성급한 미래 예측으로 망신을 당한 CEO들

고전적 사례가 IBM 회장이었던 토마스 왓슨이 "전 세계의 컴퓨터 시장 수요는 다섯 대에 그칠 것"이라고 말한 사례나, DEC의 회장인 켄 올슨이 "개인이 집집마다 컴퓨터를 갖고 있을 어떤 이유도 없다"고 말한 것 등을 들 수 있다.[16] 현실은 여러 요인이 상호 영향을 주고받으며 역동적으로 변하기 때문에 미래를 정확히 예측할 수 있다고 주장하는 사람은, 설령 그 예측이 맞았다고 하더라도, 사기꾼으로 봐도 무방하다.

서 최고의 지식과 노하우를 갖고 있는 전문가들도 마찬가지로 미래 예측에 자주 실패한다.

자주 빗나갈 수밖에 없는 예측의 한계를 보완해주는 대안적 접근 가운데 하나가 시나리오 플래닝이다. 시나리오란 말에서 알 수 있듯이, 시나리오 플래닝은 하나의 미래만 예상하지 않는다. 또 '내년 원/달러 환율이 달러당 1,000~1,200원 사이에서 움직일 것'이라거나, '내일 비올 확률이 30%'와 같은 예측의 단점을 보완하기 위한 시도와도 완전히 다른 접근법이다. 시나리오별로 몇 가지 가능한 대안을 추론해보고, 여러 전략 대안과의 적합성을 토대로 선택을 하게 도와주는 방법이다. PEST 분석을 통해 도출된 핵심 환경요인의 미래 전망을 토대로 시나리오를 작성하고 수정해보는 방법도 유용하다.

시나리오 플래닝의 역사

시나리오 플래닝의 기원은 제2차 세계대전으로 거슬러 올라간다. 당시 특정 전략에 적국이 어떤 대응을 할지 예상하며 전략을 개발했는데, 이것이 시나리오 플래닝의 원형으로 여겨진다. 1948년 미국 싱크탱크인 RAND코퍼레이션에서 일하던 허먼 칸이 전쟁에서 사용됐던 시나리오 기법을 시나리오 플래닝 기법으로 발전시켰다. 이후 GE와 로열더치셸 등 민간기업들이 이를 토대로 전략 계획을 수립해 성과를 내면서 경영계에 이름을 알렸다.

특히 시나리오 플래닝의 가장 모범적 사례로 알려진 셸 관계자들은 〈캘리포니아매니저먼트리뷰〉에 과거 30년 동안 어떤 방식으로 시나리오를 작성했고 전략을 수립했는지 자세히 알리는 논문[17]을 실어 주목을 받기도 했다.

과거 주요 석유업체들은 수요와 공급에 의해 원유 가격을 결정하는데, 수요

증감 수준은 항상 예측 가능하기 때문에 여기에 맞춰 공급량을 조절하는 단순한 방법으로 전략을 수립했다. 하지만 시나리오 플래닝을 받아들인 셸은 주요 석유업체들의 전략 수립 방법론에 의문을 품고 다른 대안을 시도했다. 즉 공급이 항상 일정하지 않을 수 있다는 판단을 근거로 시나리오를 수립해봤다. 이 과정에서 정치적 이유 등으로 국가가 원유 생산에 개입할 경우 유가 급등 현상이 나타날 수 있다고 예상했다. 셸은 특히 6일전쟁* 후 중동 산유국의 반미 감정이 고조됐고, 석유 카르텔이 등장하는 조짐을 보이자 즉각 이 시나리오가 현실화할 수 있다고 판단했다.

● 6일전쟁
1967년 6월에 이스라엘과 이웃 중동국가 사이에 벌어진 전쟁으로, 이스라엘과 아랍국가 간의 정치적 마찰로 시작되었지만, 실제 원인은 물이었다. 6일 만에 이스라엘의 대승리로 끝났다.

셸은 이에 대비해 유가 폭등, 원유 공급 중단 같은 최악의 시나리오를 수립하고 대응 전략을 마련했다. 이후 오일쇼크가 현실화하자 시나리오별 대응 전략을 세운 셸은 다른 어떤 회사보다 원유 공급 중단이란 초유의 사태에 가장 효과적으로 대응했다. 마치 화재가 났을 때를 대비해 피난 훈련을 한 기업과 그렇지 않은 기업의 피해 규모가 다를 수밖에 없는 것처럼, 셸의 조직원들은

셸은 시나리오 플래닝을 통해 오일쇼크라는 거대한 위기를 극복했다. (ⓒBen Lunsford)

능수능란하게 위기에 대응할 수 있었다. 결국 규모 면에서 메이저 석유회사 중 7위권 업체였던 셸은 오일쇼크를 기회로 삼아 2위권 업체로 도약했다.[18]

반면 전통적인 방식으로 전략을 수립하고 실행했던 기존 업체들은 오일쇼크로 인한 상황에 효과적으로 대응하지 못해 큰 피해를 입었다. 셸은 이후에도 소련 연방 붕괴 혹은 공산체제 복귀 등 두 가지 시나리오를 수립하고 시나리오별 대안을 마련해 옛 소련 지역의 원유 개발 및 공급을 확대하는 프로젝트를 성공적으로 진행하는 등 시나리오 플래닝을 토대로 선도적인 전략을 수립했다.

셸의 사례가 알려지자 많은 기업이 시나리오 플래닝을 도입했으며, 금융위기 등 불확실성이 고조되면서 이 기법을 도입해 미래를 예측하고 전략 대안을 모색하려는 기업이 늘어나고 있다.

특히 피터 슈워츠 같은 시나리오 플래닝 대가가 9·11 테러 7개월 전 미국 주요 도시에 테러가 발생할 확률이 높다는 보고서를 백악관에 제출해 테러 사건 이후 큰 관심을 모으기도 했다. 아쉽게도 9·11 테러 전에 발행된 보고서는 당시 미국 정부 고위 당국자들의 주의를 끌지 못했고, 많은 사람이 희생됐다.

학계에서는 시나리오 플래닝이 기업 성과에 긍정적 영향을 끼친다는 연구 결과도 발표됐다. 영국의 정보기술 컨설팅산업과 물산업에 대한 연구 결과, 두 산업 모두에서 시나리오 플래닝 방법론을 활용하는 업체의 재무적 성과가 더 높은 것으로 나타났다.[19]

시나리오 플래닝 방법론

시나리오 플래닝은 구체적인 방법론에 따라 5~10단계를 거치게 된다. 이 책에서는 유사 절차를 가급적 단순화하는 게 바람직하다는 취지에서 여섯 가지 단계로 단순화한 사례를 소개한다.

한 스마트폰 케이스 제조업체가 시나리오 플래닝을 도입해서 전략을 수립한다는 가상의 사례를 토대로 시나리오 플래닝 방법론을 살펴보자. 시나리오 플래닝에는 다양한 방법론이 개발돼 있으며, 여기서는 유정식[20]이 소개한 방법론을 다소 변형한 6단계 방법론을 살펴본다.

:: 핵심 이슈 파악

우리가 해결해야 할 문제가 무엇인지 파악하지 못하면 어떤 분석도 무의미하게 된다. 우리가 직면한 여러 현안 가운데 시나리오 플래닝을 통해 해결해야 할 문제가 무엇인지부터 고민해봐야 한다.

한 스마트폰 케이스 제조업체의 가상 사례를 보자. 이 회사는 전략, 재무, 인사 등 수많은 고민거리가 있다. 하지만 이런 모든 문제를 시나리오 플래닝의 분석 대상으로 할 수는 없다. 따라서 이 기업에 영향을 끼치는 가장 중요한 이슈를 먼저 파악해봐야 한다. 이 회사는 대기업에 납품하는 업체라는 특성 때문에 휴대전화 수요가 어떻게 변할지에 따라 기업실적이 좌우된다.

문제는 시장에서 스마트폰 수요를 예측하기 쉽지 않다는 점이다. 업계에서 앞선 기술력과 영업역량을 축적해왔기 때문에, 수요 예측만 잘할 수 있다면 안정적 성장의 가능성이 높다고 회사는 판단하고 있다. 그래서 이 회사는 핵심 이슈로 스마트폰 수요 변화에 따라 생산설비를 늘려야 하는지, 줄여야 하는지에 대한 결정을 선정했다.

:: 변화동인 선정

스마트폰 케이스를 제조하는 회사가 가장 알고 싶어 하는 것은 전 세계 스마트폰 수요가 앞으로 어떻게 변할지에 대한 시나리오다. 세계 시장의 수요를 예측하려면 수요에 영향을 주는 요인들을 찾아야 한다. 이번 단계는 시나리오에 직접적인 영향을 줄 수 있는 변화동인(Driver)을 선정하는 단계다. 이 단계는 시나리오의 품질을 좌우하기 때문에 매우 신중하게 접근해야 한다.

스마트폰 수요를 결정하는 많은 요인이 있지만, 직접적인 영향을 끼치는 것 중 하나는 가격이다. 가격은 수요를 촉발할 수도, 위축시킬 수도 있다. 한국 시장에서는 스마트폰 소비자 가격에 경쟁 강도나 정부 정책 등이 상당한 영향을 미칠 수 있다. 이 변화동인의 변화 옵션은 크게 유지와 하락으로 점쳐볼 수 있다. 이미 스마트폰은 꽤 높은 수준의 가격을 유지하고 있기 때문에 제조사들이 더 이상 가격을 높이기는 쉽지 않다. 그래서 변화 옵션은 현행 수준을 유지하거나 하락하는 두 가지로 예상할 수 있다. 또 소비자경험을 결정하는 애플리케이션이나 콘텐츠의 품질 및 숫자도 스마트폰 수요에 영향을 끼칠 수 있다. 스마트폰 생태계가 광범위하게 형성돼 있기 때문에 이 부분은 소폭 증가하거나 크게 증가하는 두 가지 옵션을 가정할 수 있다.

여기에 선진국에서 스마트폰이 전체 휴대전화시장 가운데 얼마나 점유율을 유지할지도 관건이다. 대체로 선진국에서는 전체 휴대전화시장의 70~90%

수준을 스마트폰이 차지하고 있다. 이 비율이 앞으로 어떻게 변할지가 중요한데, 이미 점유율이 높기 때문에 변화 옵션은 현행 수준에서 정체되거나 소폭 성장하는 수준에 머물 것으로 예상할 수 있다. 하지만 개도국은 사정이 다르다. 개도국의 스마트폰 점유율은 10~20% 수준이기 때문에 앞으로 소폭 성장하거나 급성장하는 두 개의 옵션을 상정할 수 있다.

또 공급 측면에서의 변화도 생각해볼 수 있다. 공급 자수가 증가하면 세계 시장에서 경쟁이 치열해지고, 혁신이나 가격 인하 등을 가져와 수요 증가에 긍정적으로 기여할 수 있다. 물론 파괴적 경쟁으로 원가경쟁력에서 상대적으로 불리한 선진국 휴대전화 제조업체가 피해를 입을 수도 있다. 어쨌든 공급 측면에서 공급자 숫자가 어떻게 변하는가도 중요한 변수가 될 수 있다. 태블릿PC나 다양한 웨어러블 디바이스 등 대체재가 시장을 장악하면 스마트폰 시장이 위축될 수 있다. 또는 IT산업에서 혁신 경쟁이 불붙고 있기 때문에 대체재의 공급은 특별한 혁신 제품이 나오지 않아 현재 수준에서 정체되거나, 혁신 제품의 등장 및 생태계 조성으로 대폭 증가하는 옵션도 가정할 수 있다.

이밖에도 스마트폰 수요에 영향을 주는 요인들은 수없이 많지만, 핵심적인 사항들만 정리해보면 〈표 3〉과 같다.

▼ [표 3] 변화동인 및 변화 옵션 선정

항목	변화동인	변화 옵션	
1	스마트폰 가격/정부의 보조금 정책	유지	하락
2	애플리케이션/콘텐츠의 품질/숫자	소폭 증가	대폭 증가
3	선진국 스마트폰 점유율	소폭 성장	정체
4	신흥국 스마트폰 점유율	급성장	소폭 성장
5	스마트폰 공급업체 수	급성장	소폭 성장
6	태블릿 등 대체재 수요	급성장	정체

변화에 영향을 주는 동인을 파악했다면, 이 가운데서 가장 큰 영향력을 끼치는 요인을 찾아내야 한다. 핵심 변화동인은 〈표 4〉와 같이 상호 영향 분석을 통해 도출할 수 있다. 이 표는 세로축의 요인들이 가로축의 요인들에 미치는 영향도를 분석한 것이다. 그리고 여기의 절댓값을 구해 모두 합하면 맨 오른쪽 끝에 제시된 영향도 합계치를 구할 수 있다.

예를 들어, 스마트폰 가격이 높거나 낮아진다고 해서 애플리케이션의 품질이나 숫자가 크게 영향을 받지는 않는다. 하지만 가격이 낮아지면 신흥국 시장에서의 점유율은 크게 높아질 수 있다. 이런 영향의 수준을 수치화해 모두 합해보면 주요 동인 가운데 영향도가 가장 높은 동인을 추출할 수 있다.

이 분석에서는 대체재 수요가 가장 높은 영향도를 기록했고, 신흥국 점유율도 뒤를 이어 큰 영향력을 행사하는 요인으로 분석됐다. 이와 반대로 다른 요인에 의해 의존하는 수준이 높은 동인도 찾아낼 수 있다.

▼ [표 4] 변화동인별 영향력 분석

		1 스마트폰 가격	2 앱 품질/숫자	3 선진국 점유율	4 신흥국 점유율	5 공급업체 수	6 대체재 수요	영향도 합계
1	스마트폰 가격	–	0	1	2	1	1	5
2	앱 품질/숫자	0	–	1	0	0	-1	2
3	선진국 점유율	-1	1	–	0	1	-1	4
4	신흥국 점유율	-1	2	1	–	2	-1	7
5	공급업체수	-2	1	0	2	–	0	5
6	대체재 수요	-2	-1	-2	-1	-2	–	8
	의존도 합계	6	5	5	5	6	4	

세로 요소가 가로 요소를 매우 강화 2, 강화 1, 중립 0, 약화 −1, 매우 약화 −2
영향도 및 의존도는 모두 절댓값을 합함

:: 시나리오 도출

영향도 평가를 통해 변화동인을 찾아냈다면, 핵심 변화동인을 중심으로 개별 시나리오를 작성하면 된다. 시나리오 작성은 선정된 핵심 변화동인의 변화 옵션에 따라 만들어낼 수 있다. 스마트폰 케이스 제조업체의 경우 영향도가 가장 높은 대체재 수요 및 신흥국 점유율 두 가지 동인의 변화 옵션에 따라 〈표 5〉와 같은 네 개의 시나리오를 작성할 수 있다.

▼ [표 5] 주요 동인 별 시나리오

		대체재 수요	
		정체 (4)	급성장 (6)
신흥국 점유율	소폭 성장 (2)	시나리오 1 (8%)	시나리오 3 (12%)
	급성장 (8)	시나리오 2 (32%)	시나리오 4 (48%)

물론 주요 동인을 추가할수록 시나리오의 숫자는 이보다 훨씬 많아질 수 있다. 예를 들어, 변화동인 세 가지를 선정하면, 각 변화동인마다 두 개씩의 변화 옵션을 가정할 수 있기 때문에 시나리오 숫자는 여덟 개로 늘어난다.

하지만 시나리오를 많이 만든다고 좋은 것은 아니다. 시나리오 숫자가 많아질수록 의사결정의 복잡성이 유발되기 때문이다. 현실적으로는 두세 개의 똑똑한 시나리오가 훨씬 효과적일 수 있으며, 시나리오가 너무 많은 것은 오히려 혼란을 가중시킬 우려가 있다.

그렇다고 하나의 시나리오만 작성하는 것은 절대 바람직하지 않다. 이는 시나리오 플래닝 취지에 위배된다. 하나의 확정된 미래를 예상하는 것은 예측(Forecast)이지 시나리오 플래닝이 아니다. 시나리오는 최소 두 개는 만들어야 한다.

또 전문가들의 전망을 토대로 시나리오별 발생 확률도 계산해볼 수 있다. 예를 들어, 대체재 수요와 관련해 전문가 열 명 중 네 명은 정체될 것으로, 여섯 명은 급성장할 것으로 전망했다고 가정하자. 또 신흥국에서의 스마트폰 점유율에 대해서는 전문가 열 명 중 소폭 성장할 것이란 전망이 두 명, 급성장할 것이란 전망이 여덟 명이었다고 하자. 그러면 각 시나리오별로 대답한 숫자를 곱하면 자연스럽게 확률이 계산된다. 각 시나리오별 확률은 〈표 5〉에 제시되어 있다.

:: 시나리오 작성

각 시나리오별로 상상력을 더해 직접 써보는 작업이 이 단계에서 요구된다. 예를 들어, 시나리오 3의 경우 대체재 수요는 급성장하면서 신흥국 점유율이 소폭 성장하기 때문에 스마트폰 수요가 급격히 위축될 수 있다. 따라서 웨어러블 디바이스와 태블릿 보급 확대, 클라우드 컴퓨팅 확산 등 다양한 변화 양상을 시나리오로 작성하고, 이것이 업계에 끼칠 영향, 즉 기존 스마트폰 업체의 수익성 악화, 중국 등 신규업체 진입으로 인한 경쟁 격화, 혁신적 웨어러블 기기로 무장한 신규업체의 시장지배력 강화 등의 양상을 서술해볼 수 있다.

이 단계에서는 가급적 상상력을 발휘해서 특정 상황에 대한 보다 확장된 시야를 보여주는 게 바람직하다. 이 과정에서 문학적 상상력을 발휘해 각 시나리오에 이름을 붙이는 게 좋다. 예를 들어, 대체재 수요가 정체되면서 신흥시장에서 스마트폰 점유율이 급증하는 시나리오 2는 '시장 폭발', 이와 반대로 대체재 수요가 늘어나면서 신흥국에서 수요가 조금 늘어나는 데 그치는 시나리오 3은 '대전환'과 같은 식으로 이름을 붙이면 훨씬 이해가 쉬워지고 전략과 효과적으로 연결시킬 수도 있다.

각 시나리오별 핵심 내용을 〈표 6〉처럼 요약하면 조직구성원들이 쉽고 편하게 내용을 이해할 수 있다.

	시나리오 이름	주요 내용
시나리오 1	안정 성장	스마트폰의 대체재가 뚜렷하게 등장하지 않은 대신 신흥국 점유율은 소폭 성장해 전체 스마트폰 시장 안정 성장/신흥국 스마트폰업체들이 등장하나 시장 규모가 일정 수준 이상 커지면서 경쟁 강도도 이전과 비슷한 수준 유지/스마트폰 중심의 IT 기기 통합 및 스마트폰 역할 확대
시나리오 2	시장 폭발	스마트폰 시장이 신흥국 중심으로 폭발적 성장하며, 관련 시장 규모 대폭 확대/신흥국 스마트폰 제조업체가 대거 생산에 나서면서 선진국 업체가 하이엔드, 신흥국 업체가 로우엔드시장 양분/브릭스 국가 중심으로 과거 선진국 시장 못지않은 신규 수요 대규모 창출
시나리오 3	대전환	웨어러블 디바이스, 태블릿 등 새로운 기기가 스마트폰을 대체하며 본격 성장/생존을 모색하는 스마트폰업체들의 저가 공세로 시장 경쟁 격화 및 신흥국 업체와 치열한 가격 경쟁 진행
시나리오 4	혼돈	신흥국의 스마트폰 시장은 급성장하지만 선진국에서는 스마트폰보다는 웨어러블 기기와 태블릿, 블루투스를 활용한 기기 등이 대세로 자리 잡으며 급속히 스마트폰 시장 위축/당장 신흥국 중심으로 수요가 생겨나고 있지만 신흥국 일부 얼리어답터 소비자들 중심으로 대체재 수요가 확산돼 어떤 기기가 대세가 될지 불확실

:: 전략 선택

이제 회사는 스마트폰 설비 투자를 어떻게 해야 할지 고민하고 있다. 시나리오가 완성됐다면, 각 시나리오에 따라 개별 전략 대안이 얼마나 적합한지 따져봐야 한다. 그러기 위해서는 우선 전략 대안이 무엇인지부터 고민해봐야 한다. 지금 당장 대규모 투자를 단행할 것인지, 아니면 상황을 봐가며 점진적으로 확장해 태블릿 등 다른 기기의 부품 쪽으로 사업을 다각화하기 위한 대안 투자를 단행할 것인지, 스마트폰 투자는 여기서 중단하고 대신 완전히 다른 분야의 대안 투자처를 찾을 것인지 등 다음 세 가지 정도의 전략 대안을 수립할 수 있다.

전략 1 : 당장 대규모 투자
전략 2 : 점진적 확장/일부 대안 투자
전략 3 : 현행 유지/대안 투자

물론 단계별 확장을 추진하다가 대규모 투자로 전환할 수도 있으며, 단계별 확장 및 대안 투자를 동시에 단행할 수도 있다(이 경우 전략 대안의 숫자가 더 늘어날 수 있다). 이는 구체적인 기업 환경에 달려 있기 때문에 실제 기업이 처한 상황에 따라 전략 대안을 고민해봐야 한다. 이어 각 시나리오별로 전략 대안의 적합성(〈표 7〉)을 검토하면 된다.

이와 같은 프레임을 활용해서 각 시나리오에 따라 개별 전략 대안의 적합성을 검토할 수 있다.

시나리오 적합성을 검토할 때 주의할 점이 있다. 우선 각 시나리오별로 적합성 점수를 단순 합산해 가장 적합한 대안을 찾는 것이 항상 정답은 아니다. 만약 특정 시나리오의 발생 가능성이 높다면, 해당 시나리오에 가장 적합한 대안을 찾는 것이 훨씬 현명하다.

▼ [표 7] 전략별 시나리오 적합성 검토

		시나리오 1	시나리오 2	시나리오 3	시나리오 4
전략 1	당장 대규모 투자	1	5	1	2
전략 2	점진적 확장/대안 투자	5	3	3	4
전략 3	현행 유지/대안 투자	4	1	5	4

1=매우 부적합, 2=비교적 부적합, 3=중립, 4=비교적 적합, 5=매우 적합

예를 들어, 여러 자료와 전문가들의 의견을 종합해볼 때, 시나리오 2(시장 폭발)의 현실화 가능성이 가장 높다고 판단된다면, 모든 시나리오에서 가장 높은 점수를 얻은 전략 2(점진적 확장)보다는 당장 대규모 투자를 하는 전략 1을 선택하는 게 좋다. 만약 발생 가능성 측면에서 확신이 서지 않는다면, 시나리오별 전략 대안 적합성을 단순히 합하기보다 최악의 상황을 고려해보는 접근

도 바람직하다.

기업의 가장 중요한 과제가 수익성 향상이라고 볼 수도 있지만, 이보다 더 중요한 게 있다. 바로 생존이다. 위기 상황에서 생존하지 못하면 과거 화려한 수익성은 아무런 의미가 없다. 따라서 시나리오상 최악의 위기 상황에서 생존을 담보해줄 수 있는 전략 대안에 가중치를 두는 것도 매우 중요하다. 이외에 경영자의 위험 감수 성향, 전략 대안과 조직 문화의 적합성, 전략 대안의 실행 가능성 등도 종합적으로 고려해 최종 의사결정을 내려야 한다.

:: 모니터링

시나리오를 잘 작성했다고 해서 모든 게 끝났다고 생각해서는 안 된다. 실제 상황이 우리가 작성한 시나리오 안에서 펼쳐지고 있는지, 우리가 감안하지 못한 새로운 변화동인이 출현했는지 등을 꾸준히 모니터링해야 한다. 신기술이나 강력한 정부 규제 등장, 예상치 못한 비즈니스 모델 등장 등 근본적으로 새로운 상황이 펼쳐졌다면 시나리오 플래닝을 처음부터 다시 해야 할 필요도 있다. 불확실성이 높은 산업 분야에서는 특히 이런 접근이 매우 중요하다.

시사점

시나리오 플래닝은 기업 전략 결정 과정에서 확증편향●
에 빠질 위험을 덜어준다는 확실한 장점이 있다. 전략 결
정권을 가진 사람의 확증편향은 기업 경영에 큰 위협이 된
다. 대표적인 사례가 파나소닉의 PDP 투자다. 파나소닉
은 PDP가 LCD TV에 비해 대형화가 쉽고 가격이 저렴하

● 확증편향(Confirmation bias)
자기의 신념이나 생각과 일치하는 정보만 받아들이고 이와 다른 생각을 배척해 확신을 더해가는 현상을 뜻한다. 어느 한쪽의 정보만을 일방적으로 받아들이게 되고 합리적 비판도 수용하지 않는 사례가 많다.

다는 장점이 있기 때문에 TV 시장의 대세로 자리 잡을 것으로 보고 대규모 투자를 단행했다. 이 과정에서 경영진은 PDP의 매력을 집중 부각시켰고 위협

요인은 평가절하했다. 의사결정 과정에서 확증편향이 한몫을 한 것이다. 하지만 파나소닉 경영진의 예상과 달리 LCD는 초기 기술적 약점을 극복하며 대형화를 거듭했고, 가격도 낮아졌다. 단점을 극복하니 발열이 심하고 화면이 상대적으로 어둡다는 PDP의 단점이 부각됐고, 2010년을 기점으로 PDP 시장이 급속히 위축되고 말았다. 결국 파나소닉은 사업에서 완전히 철수했고, 엄청난 규모의 적자를 기록하며 공장을 폐쇄해야 했다.

파나소닉은 PDP의 장점만 부각하고 위협 요인은 평가절하하는 확증편향의 오류에 빠져 엄청난 규모의 적자를 기록하며 공장을 폐쇄해야 했다.

투자 의사결정 당시 파나소닉이 시나리오 플래닝의 취지를 살렸다면 결과는 달라졌을 것이다. 적어도 미래는 불확실하고, 예측에 기초한 전략은 엄청난 위험을 안고 있다는 시나리오적 사고만 했더라도 결과는 달라졌을 수 있다. 특히 시나리오 플래닝은 최악의 상황을 가정할 수 있다는 장점이 있기 때문에 과거 파니소닉 경영자처럼 한 기술에 '올인'하는 위험한 전략을 피할 수 있었을 것이다. IT업계처럼 불확실성이 높은 산업 분야에서 시나리오 플래닝은 위력을 발휘할 수 있다.

물론 시나리오 플래닝 툴을 활용한다고 해서 무조건 성공이 보장되지는 않는다. 수많은 변수 가운데 영향력이 큰 변화동인을 잘 선정해야 하고, 시나리오 수립 과정에서도 다양한 자료와 상상력이 뒷받침돼야 한다. 전략 대안의 적합성을 잘못 판단하면 결과적으로 잘못된 의사결정을 내릴 수도 있다.

이런 문제점이나 한계를 극복할 수 있는 대안은 다양한 경험을 통한 학습, 그리고 개방형 탐색이다. 자원이 풍부하다면 시나리오 플래닝 전담 조직을 두는 게 바람직하고, 자원이 부족해 전담인력을 두기 어렵다면 전략 기획을 담당하는 직원들이 시나리오를 직접 작성하면서 경험을 축적해야 한다.

특히 시나리오 작성 과정에서 경영진이 참여하는 것도 반드시 필요하다. 경영진이 시나리오의 최종 결과만 보고받아서는 시나리오 전체의 의미를 이해하기 어렵고, 전략적 시사점도 도출할 수 없다. 시나리오 제작 과정 자체에 참여해야 확증편향을 줄이고 변화의 흐름을 포착하는 데 도움을 받을 수 있다.

더불어 외부 전문가나 다양한 정보 원천을 효과적으로 활용하면서 시나리오를 작성해야 한다. 변화동인을 선정할 때 외부 전문가나 조직 내의 전문 인력을 활용해 다양한 견해를 수집하고, 여력이 된다면 전문가 설문조사 등을 통해 집단의 지혜를 활용해보는 것도 방법이 될 수 있다. 또 데이터의 객관성을 높이기 위해 외부 조사기관의 자료도 광범위하게 탐색해야 한다.

시나리오 작성 과정에서는 보수적인 접근보다는 공격적인 접근이 필요하다. 지금과 유사한 상황이 연출될 것 같다는 시나리오는 기업 전략 수립에 큰 도움이 되지 않는다. 미래는 불확실하고, 또 불확실해야 미래다. 지금과 다른 모습이 펼쳐질 것이란 전제하에서 공격적으로 시나리오를 써보는 게 바람직하다.

03 산업구조 분석: 5 Forces 모델

산업구조 분석의 등장 배경

MBA 과정에서 수많은 지식을 배우지만 5년이 지나면 70% 정도를 잊어버린다고 한다. 하지만 꽤 오랜 시간이 지나도 여전히 기억 남는 몇 가지 지식이 있다. 대표적인 게 마이클 포터 하버드대학 교수의 '5 Forces 모델'이다. 5 Forces 모델을 아는지 모르는지 물어보면, 경영학을 체계적으로 공부했는지 그러지 않았는지 쉽게 판별할 수 있다(물론 경영학을 체계적으로 공부했다는 것과 현장에서 발휘하는 실력은 전혀 상관없을 수도 있다).

이 모델은 산업의 구조를 분석하는 유용한 툴로, 또 경영 전략이란 학문에 혁명을 불러일으킨 주역으로 평가받고 있다. 포터 교수가 1980년 출간한 《경쟁 전략》에서 선보인 이 모델은 현업에서 여전히 다양한 용도로 활용되고 있으며, 동시에 다양한 오해를 불러일으키기도 했다. 여기서는 전략 분야의 가장 대표적인 툴인 5 Forces 모델을 집중적으로 살펴본다.

이 모델은 산업의 구조를 분석하는 툴이다. 그렇다면 산업은 왜 중요할까? 산업이란 유사한 상품을 생산하는 기업들의 집단을 뜻한다. 은행산업에서 KEB하나은행, KB국민은행, 신한은행, 우리은행 등이 비슷한 상품과 서비스를 내놓으며 경쟁하고 있다. 전자산업에서는 삼성전자, LG전자가 유사한 제품을 출시하며 경쟁을 벌이고 있으며, 유통산업에서는 신세계, 롯데, 홈플러스 등이 경쟁하고 있다. 세상에 워낙 다양한 사업이 있기 때문에, 어느 나라든 표준산업분류체계(SIC)를 마련해서 일목요연하게 정리해놓고 있다.

그렇다면 산업은 기업에 어떤 영향을 끼칠까? 꽤 큰 영향을 끼친다. 어떤 산업 분야에 속하느냐에 따라 기업은 수익성에 직·간접적으로 큰 영향을 받게 되며, 심지어 조직의 구조와 문화도 영향을 받는다.

한국은행 경제통계시스템 웹사이트(http://ecos.bok.or.kr/)에 들어가면 각 산업별 수익성 관련 지표들을 손쉽게 찾아볼 수 있다. 〈표 8〉은 그 가운데 흥미로운 몇몇 산업만 발췌한 내용이다. 우선, 전체 산업의 평균 매출액 대비 영업이익률은 4~5% 정도를 유지하고 있다. 하지만 어떤 산업은 이보다 훨씬 높은 반면, 어떤 산업은 매우 적은 이익에 만족해야 하거나 적자에 허덕이는 경우가 있다. "왜 그런가?"란 질문을 던진다면 대답은 제각각일 수밖에 없다.

예를 들어, 알코올음료의 경우 일정 정도 중독성이 있어 소비자들이 끊기 어렵기 때문에 수익성이 높다고 답할 수도 있고, 유통망이 배타적이어서 신규업체의 진입이 어렵기 때문에 수익성이 높다고 볼 수 있다. 반면 정작 술을 파는 음식점 및 주점업의 경우, 적은 자본만 있으면 누구라도 손쉽게 창업할 수 있어 경쟁이 치열하기 때문에 수익성이 낮다고 볼 수 있다.

선박 및 보트 건조업은 중국 등에서 너무나 많은 경쟁자가 생겨났고, 해운업체들의 불황으로 인해 수요가 줄어들어 산업 전반의 수익성이 크게 악화됐다고 설명할 수 있다. 하수, 폐수 및 분뇨처리 분야의 경우 경쟁자가 많지 않고, 수요가 안정적이며 산업 및 경제 발전으로 오히려 수요가 늘어나고 있기 때문에 수익성이 높은 수준을 보이고 있다고 설명할 수도 있다. 첨단기술 관련 업종은 저기술 업종에 비해 진입장벽이 높고 경쟁 강도가 약해서 수익률이 높다고 볼 수 있다.

▼ [표 8] 한국의 일부 산업 연도별 매출액 대비 영업이익률 추이(단위: %)

산업	2015	2016	2017
전체 산업 평균	4.70	5.42	6.11
알코올음료	16.36	15.11	15.66
직물직조 및 직물제품	3.53	3.72	2.88
반도체 및 전자부품	7.13	5.47	13.66
선박 및 보트 건조업	−8.56	−1.17	1.35
하수, 폐수 및 분뇨처리, 폐기물 수집운반 · 처리업	10.01	10.19	10.91
음식점 및 주점업	1.78	2.21	2.10
전문 서비스업	3.90	4.48	4.04
첨단기술 업종	7.53	7.09	14.85
저기술 업종	5.29	5.42	4.85
기초소재형 산업	5.99	7.86	7.21

자료: 한국은행 경영통계시스템(http://ecos.bok.or.kr)

그런데 이런 설명은 체계적이지 않다. 모든 산업 분야에 공통적으로 적용할 수 있는 과학적이며 체계적인 산업별 수익성 결정 모형은 없을까? 이를 가능케 한 툴이 포터 교수의 5 Forces 모델이다. 과거 산업조직론을 연구하던 경제학자들은 산업이 기업들의 활동에 큰 영향을 끼친다는 판단하에 SCP 모형*을 개발했다.

● SCP 모형
산업의 구조(Structure)가 경제 주체의 행동(Conduct)을 결정하고, 이런 행동이 성과(Performance)를 결정한다는 이론이다.

예를 들어, 한국 자동차산업처럼 한두 개 업체가 시장을 장악하는 산업구조하에서 기업들은 독점적 이익을 얻기 위해 가격을 높게 책정하고 경쟁자의 진입을 체계적으로 막으려는 행동을 하게 될 것이며, 결과적으로 이런 기업의 성과는 치열한 경쟁이 펼쳐지는 분야에 비해 높은 성과를 낼 것이라는 설명이다. 매우 합리적인 접근 방식이며, 이를 토대로 경제학자와 정책입안자들은 독점 구조를 깰 수 있는 방안을 모색했다.

하지만 포터 교수는 SCP 모형의 취지를 거꾸로 해석했다. 좋은 성과를 내려면 특정한 행동이 필요한데, 이는 곧 특정한 구조의 덕분으로 볼 수 있다는 '역(逆) 해석'이 경영 전략의 역사를 바꿔버렸다. 그리고 이런 생각의 차이는 포터 교수를 거장의 반열로 올려놓았고, 그의 강연료 수준도 엄청나게 높아졌다.

5 Forces 모델의 주요 내용은 경영학을 전공했거나 MBA를 마친 독자라면 이미 학습했을 것이기 때문에 다음 장으로 바로 넘어가도 좋다.

주요 내용

포터 교수의 5 Forces 모델은 산업의 수익성을 결정하는 다섯 가지 요소를 추출했다. 산업 내 경쟁, 대체재 위협, 구매자의 힘, 공급자의 힘, 진입장벽이 그것이다. 각 요소별 세부 내용을 살펴보자.

:: 산업 내 경쟁

경쟁의 강도가 높아지면 산업 전체의 수익성이 악화될 수 있다. 강도 높은 경쟁에서 살아남기 위해서는 R&D 투자를 많이 해 차별화된 제품을 만들거나, 가격을 낮추거나, 광고 및 마케팅 활동을 강화하거나, 1+1처럼 고객들에게 경품을 증정해야 할 것이다. 이는 모두 해당 기업의 수익성을 악화시킬 수 있다.

경쟁의 강도를 높이는 요소는 다음과 같다.

산업의 집중도 산업의 집중도(Concentration)란 특정 산업 분야에서 몇몇 기업이 얼마나 많은 시장을 차지하고 있는지를 나타내는 지표다. 만약 1~3개

업체가 대부분의 시장을 장악하고 있다면 집중도가 높다고 표현할 수 있고, 많은 기업이 작은 시장을 나눠서 점유하고 있다면 분절된(Fragmented) 산업이라고 볼 수 있다.

한국의 이동통신시장은 SK텔레콤, KT, LGU+가 100%를 점유하고 있다. 따라서 집중된 산업구조로 볼 수 있다. 반면, 노래방산업이나 부동산중개업 등은 수많은 업체가 아주 작은 시장을 나눠 갖고 있다. 따라서 분절된 사업 구조라고 할 수 있다. 같은 조건이라면 집중된 산업보다는 분절된 산업에서 경쟁의 강도가 높아질 것이다.

대체로 독점이나 과점체제에서는 경쟁이 제한되기 때문에 산업의 수익성이 높아진다. 물론 철도나 전기 등 독점을 제도적으로 인정해주되, 대신 가격을 통제하기 때문에 수익성이 낮은 분야도 있다.

경쟁기업의 동질성 경쟁업체의 숫자가 늘어나면 일반적으로 경쟁 강도는 세질 수 있다. 아파트 단지에 치킨집 숫자가 늘어나면 할인 혜택이나 쿠폰 적립 같은 전략이 등장하는 것과 같은 이치다. 하지만 단순한 경쟁업체 숫자보다 더 중요한 요인이 있다. 경쟁사의 규모나 영향력 등이 비슷한지, 아니면 다른지 여부다. 비슷한 경쟁자가 많을수록 시장쟁탈전은 더 치열해질 수 있다. 반면 규모나 영향력 면에서 차이가 크면 경쟁 강도는 약해진다.

예를 들어, 치킨 외식산업의 경쟁 강도가 강한 것은 규모, 영향력, 전략 등의 측면에서 비슷한 업체가 많기 때문이다. 반면 대형업체와 군소업체가 공존하는 상황이라면, 대기업은 군소업체에 크게 신경 쓰지 않는다. 과거 디지털TV 시장에서 삼성과 LG가 대형업체로서 시장을 양분했다. 중소기업들은 주로 저가 TV를 생산했는데, 삼성과 LG는 이들 업체에 TV 원재료에 해당하는 디스플레이 패널을 공급하며 공존하는 상황을 연출했다. 삼성이나 LG는 고가 TV 시장

풀무원과 CJ의 두부 전쟁의 승자는 누가
될 것인가?

을 양분하고 있었고, 중소기업은 광고, 마케팅 활동을 하지 않는 대신 원가를
절약해 가격을 중시하는 소비자를 대상으로 저가 제품을 판매하고 있었다.

이처럼 규모와 영향력, 전략 면에서 차이가 크면 경쟁이 쉽게 붙지 않는다.
반면 과거 CJ와 풀무원의 '두부 전쟁'처럼 규모나 영향력 면에서 겨뤄볼 만한
상대라고 판단되면 심각한 경쟁 상황이 벌어지기도 한다. 두 업체는 제살 깎
아먹기 우려 속에서도 공격적 할인 및 경품 제공 이벤트를 벌였고, 상대의 기
술을 비난하는 등 심각한 전투를 치렀다.

퇴출장벽 기업들은 다양한 이유로 특정 산업 분야에서 퇴출 의사결정을 하기
어려울 수 있다. 예를 들어, 특정 설비를 다른 용도로 바꾸기 어려운 경우, 해
당 설비를 최대한 가동시켜 조금이라도 더 수익을 얻으려는 동기가 강해질 수
있다. 또 이미 투자한 설비나 자산을 철거하는 데 막대한 비용이 들어도 퇴출
장벽(Exit barrier)이 있다고 볼 수 있다.

대표적인 예가 반도체산업이다. 반도체 제조 공정에 들어가는 첨단설비를
다른 공정으로 바꾸거나 철거하는 데 상당한 비용이 든다. 따라서 반도체업체
들은 가격이 급락해도 사업에서 철수하기보다는 최소한의 가격만 받아도 제
품을 판매하려는 욕구가 강해진다. 따라서 퇴출장벽이 큰 반도체산업에서는
경쟁 강도가 극단적으로 높아지는 사례가 자주 발견된다.

퇴출장벽에는 단순히 물리적인 측면만 있는 게 아니다. 주력사업과의 연관성, 심리적 요인 등도 퇴출장벽을 형성할 수 있다. 예를 들어, 면도기사업은 수익성이 떨어지더라도 면도날 제조·판매에 결정적인 영향을 미치기 때문에, 설령 큰 손해를 보더라도 퇴출시킬 수 없는 일이다. 프린터 제조업체도 마찬가지다. 프린터사업에서는 큰 손해를 보더라도 토너사업에서 이익을 낼 수 있는 원천을 제공해주기 때문에, 단순히 프린터사업의 수익성만을 이유로 퇴출시킬 수는 없다.

이외에 퇴출 과정에서 심리적 장벽도 고려해야 한다. 선대 회장의 뜻이 반영된 사업이거나, 종업원들이 강한 애착을 갖고 있는 사업은 손해가 나더라도 당장 퇴출시키기 쉽지 않다.

산업성장률 일반적으로 성장률이 낮아지면 경쟁이 치열해진다. 성장률이 낮아지는 상황에서 기업들은 경쟁자의 시장을 조금이라도 더 가져오기 위해 노력하게 될 것이며, 이는 종종 치열한 가격 경쟁 양상으로 비화된다. 한국 시장에서 뉴미디어 및 인터넷 등장 등으로 신문 구독자 수가 감소하자, 주요 신문업체들이 고가의 경품이나 상품권을 제공하며 치열한 독자 유치 경쟁을 벌인게 대표적인 사례다.

성장률이 낮아지는 성숙산업에서는 일반적으로 과거 성장률이 높았을 때 마련한 설비가 남아돌게 된다. 이미 갖춰놓은 설비를 조금이라도 더 가동해야 하며, 변동비만 넘길 수 있다면 이익이 되기 때문에 경쟁 강도가 강해질 수 있다.

제품 차별화 특정 산업에서는 차별화된 제품이나 서비스를 만들기 어렵다. 예를 들어, 휘발유나 시멘트, 이동통신 서비스 등은 한국 시장에서 차별화돼 있지 않기 때문에 경쟁 강도가 언제라도 높아질 확률이 있다.

이동통신시장에서 소비자들은 3사 간 차별화 수준이 높지 않다고 판단하기 때문에 단말기 보조금을 더 많이 주는 업체로 언제든지 바꾸려는 성향을 갖고 있다. 물론 과거에는 그렇지 않았다. 전국망을 더 촘촘하게 확보한 특정 회사의 서비스가 차별화된 경쟁우위를 갖고 있었던 적도 있었다. 그러나 현재는 기술이 발달하고, 후발업체도 공격적인 투자를 통해 안정적인 전국망을 확충하면서 차별화가 매우 어려워졌고, 보조금 경쟁은 더욱 치열해졌다.

고정비용 비율   고정비용(Fixed cost)이 차지하는 비중이 높은 산업들은 경쟁 강도가 강해진다. 고정비용은 생산 수량과 상관없이 들어가는 비용이다. 반면 변동비용(Variable cost)은 제품이나 서비스 생산에 따라 연동되는 비용이다. 연필을 생산하려면 일단 공장과 기계, 땅 등 고정된 설비가 필요하다. 이런 비용은 생산량과 상관없이 일정액이 선투자된다.

변동비용은 특정 제품의 생산량과 연동된 원가를 의미한다. 연필 생산에 들어가는 나무나 흑연 코팅 관련 비용이 여기에 해당한다. 만약 고정비용 비중이 높은 산업이라면 경쟁이 더 치열해질 것이다. 항공사가 대표적이다. 항공사 운영을 위해 이미 비행기 구매에 엄청난 비용을 지출했기 때문에 아주 싼 값을 책정해서 한 명이라도 더 고객을 유치해야 경영수지 개선에 도움이 된다. 서울-제주 노선에 3만 원짜리 티켓이 가끔 나오는 것도 이런 이유에서다.

:: 진입장벽

과거 방송산업은 황금알을 낳는 거위로 불렸다. 채널 수가 극히 제한돼 있었고, 정부로부터 엄격한 절차를 거쳐 허가를 받는 기업만이 방송사업을 할 수 있었다. 당연히 방송사업의 수익성은 매우 높았다. 하지만 기술 발전으로 지상파 송수신과 관련한 막대한 비용을 투자하지 않고도 방송 콘텐츠를 전달할

수 있는 방법이 생겨나면서 채널 숫자가 늘어났다.

지상파 외에 케이블, IPTV가 등장한데 이어 유튜브나 소셜미디어 등을 통해 스마트폰이나 카메라를 갖고 있는 누구라도 개인방송 채널을 열 수 있게 됐다. 고객 입장에서는 다양한 콘텐츠를 볼 수 있다는 장점이 있지만, 해당 산업의 수익성은 악화될 수밖에 없다.

이런 변화에 결정적인 영향을 끼친 것은 진입장벽이다. 기술 발달과 규제환경 변화로 진입장벽이 낮아지면서 산업의 수익성에 결정적인 변화가 생겼다. 진입장벽이 높을수록 기존 기업은 신규로 특정 산업에 진출을 꾀하는 기업에 비해 경쟁우위를 점할 수 있게 된다. 구체적으로 다음 일곱 가지 요소가 진입장벽의 높낮이를 결정한다.

규모의 경제 생산량이 늘어나면 원가가 낮아지는데, 이를 규모의 경제 (Economics of scale)라고 한다. 규모의 경제는 특정 산업에서 매우 중요한 요소다. 예를 들어, 자동차산업에서는 100만 대 이상은 생산해야 규모의 경제를 통한 원가우위를 달성할 수 있는 것으로 알려졌다. 또 신차 모델 하나를 개발하는 데 보통 2,000억~3,000억 원대의 투자가 이뤄지기 때문에, 어지간한 규모의 기업이 자동차산업에 진출한다는 결정을 하기는 무척 힘들다. 심지어 삼성 같은 거대 기업도 자동차산업에 진출했다가 실패했다. 상용 항공기사업도 마찬가지다. 전 세계 수요를 감안했을 때, 규모의 경제를 통해 이익을 낼 수 있는 회사는 보잉과 에어버스 등 두 곳에 그치고 있다.

규모가 커지면 대량으로 원재료를 구매하기 때문에 가격을 낮출 수 있고, 더 훌륭한 기술을 개발해 적용할 가능성도 높아지며, 생산경험이 늘어나면서 더 적은 자원으로 더 많은 생산을 할 수 있게 된다. 이런 산업 분야에서는 진입장벽이 매우 높다. 신규 진입자가 규모의 경제가 중요한 산업 분야에 새로 진출하기는 무척 힘들다.

네트워크 효과 앞서 규모의 경제는 공급 측면에서 투자비 소요가 클 경우 진입장벽이 형성된다는 점을 뜻한다면, 네트워크 효과*는 수요 측면, 즉 고객 자체가 진입장벽이 되는 것을 의미한다.

> ● 네트워크 효과(Network effect)
> 어떤 상품에 대한 고객이 형성되면 그 고객 수가 상품의 선택에 영향을 미치는 현상을 말한다.

예를 들어, 카카오톡에 가입한 사람의 절대 숫자가 많아지면 제품의 품질이나 부가서비스 같은 다른 요소보다 카카오톡에 가입한 가입자 수가 많기 때문에 내가 알고 있는 지인과 편리하게 연결된다는 장점이 부각된다. 이를 통해 해당 서비스에 가입하는 사람의 숫자가 더 늘어날 수 있다. 온라인 오픈마켓의 경우도 마찬가지다. 사용자가 늘어나면서 사용자 리뷰 및 평가를 더 많이 확보한 오픈마켓이 더 많은 사람을 모을 수 있다.

이처럼 강력한 네트워크 효과를 확보하지 못한 기업은 해당 시장에 신규로 진입하기 어려워진다.

전환비용 제품을 바꿀 때 소비자들은 유무형의 비용을 치르게 된다. 익숙했던 제품 사용법을 새로 배워야 할 수도 있고, 과거 거래업체와 쌓아왔던 혜택이나 포인트를 잃어버릴 수도 있다. 새로운 제품과 서비스에 익숙해지는 동안 심리적 불안감을 느낄 수도 있다.

많은 기업이 포인트 제도 등을 활용하는 것도 전환비용을 높이려는 의도에서다. 어떤 기업가가 전산 시스템을 완전히 바꾸고 싶어도 함부로 하기 힘든 이유 또한 기존 시스템에 익숙해진 직원들의 높은 전환비용과 관련이 있을 수 있다.

유통망 확보 외국 업체들은 일본 시장을 공략하기 어렵다고 입을 모은다. 가장 큰 이유 가운데 하나가 배타적 유통망 때문이다. 기존 거래선 이외에 신규 거래업체에 배타적인 유통망은 시장 안착의 결정적 걸림돌이 된다.

유통망이 길고 복잡하며 잘 구축돼 있지 않은 신흥시장도 마찬가지다. 한국의 한 기업가는 베트남 시장에서 소비재 제품을 유통하기 위해 거의 모든 시간과 자원을 현지 유통망 개척에 투자했다. 유통망은 일부 산업에서 진입장벽을 높이는 핵심적 요인이 될 수 있다.

기술·브랜드·입지 등 기존 업체의 이점 기존 업체는 사실 어떤 형태로든 이점을 갖고 있다. 브랜드가 이미 알려져 있기 때문에 고객들에게 신뢰를 받고 있는 경우가 많다. 또 제품 생산에 필요한 기술도 이미 확보한 사례가 많다.

신규 업체 입장에서는 기존 업체만큼의 기술력을 확보하려면 상당한 투자를 해야 한다. 일부 업체들은 기존 업체의 기술인력을 영입했다가 소송에 휘말리기도 한다. 유통업에서는 기존 업체가 시내 주요 요지에 이미 매장을 확보했기 때문에 이것 자체가 강력한 진입장벽이 되기도 한다.

정부의 진입 규제 돈이 있다고 해서 아무나 은행을 설립할 수는 없다. 반면 누구라도 일정 요건만 갖추면 출판사를 설립하거나 정기간행물을 발간할 수 있다. 대다수 국가의 정부는 금융, 통신, 안보 등의 산업과 관련, 까다로운 진입규제를 유지하고 있다.

정부가 산업의 진입을 규제하는 이유는 다양하다. 국가 안보와 직결되는 산업이기 때문에 규제를 해야 한다는 논리도 있고, 다른 산업의 기반이 되거나 국제경쟁력 확보를 위해 규제하는 경우도 있다. 어쨌든 정부의 진입 규제는 가장 강력한 진입장벽이 된다.

기대 보복 기존 업체들은 신규 진입자가 등장했을 때 공격적으로 가격을 인하하거나 광고, 마케팅 활동을 대폭 강화해 신규 업체의 입지를 약화시킬 수 있다. 또 우군(협력업체, 정부, 시민단체, 언론)을 동원해 다양한 방법으로 보복할 수도 있다.

과거 도요타는 미국 시장에 진출했을 때 소형 자동차를 주로 판매했기 때문에 미국 업체들이 직접적인 경쟁자로 간주하지 않았고, 도요타의 시장 잠식에 그다지 신경 쓰지 않았다. 그러나 도요타가 영역을 확대해 미국 자동차업체들의 주력 제품과 경쟁하는 상황이 연출되자 상황이 달라졌다. 미국 업체들은 미 행정부를 동원해 불공정 무역 행위로 도요타를 제소했고, 사소한 결함이 발견돼도 미국 언론은 도요타에 집중포화를 퍼부었다. 도요타를 견제하기 위한 미국 업체들의 공격적인 가격 인하 정책과 마케팅 활동 강화 등의 정책도 잇따랐다.

보복은 과거 보복한 경험이 있는 산업, 기존 업체의 현금 동원능력이 크고 여유설비가 많은 경우, 고정비가 높아 가격 인하 가능성이 높은 경우에 더 자주 나타난다.

:: 공급자의 힘

공급업체들과의 역학관계는 특정 산업의 수익성에 직접적인 영향을 미친다.
구매나 조달을 담당하는 전문가들의 가장 큰 역할 중 하나는 공급업체끼리 경
쟁을 붙이는 일이다. 경쟁이 붙을수록 단가는 낮아지고, 협상에서 우위를 점
할 수 있기 때문이다.

공급자와의 역학관계는 다음과 같은 몇 가지 요인에 의해 결정된다.

공급업체 집중도 공급업체가 단 하나뿐이라면 어떤 일이 벌어질까? 마이크로
소프트(MS) 사례가 이를 잘 보여준다. MS는 운영체제와 오피스 시장에서 거
의 압도적 시장점유율을 보이고 있다. 따라서 MS에서 운영체제와 소프트웨어
를 사야 하는 PC 제조업체는 비싼 가격을 지불해야 한다. 또 오피스 제품을 사
는 일반 기업들도 MS가 제시하는 가격을 수동적으로 받아들일 수밖에 없다.

실제 MS는 국내기업 가운데 매출이 일어나지 않은 곳을 골라 정품 사용 여
부를 점검하겠다는 공문을 보내기만 하는 것으로 영업을 할 수 있는 수준이
됐다. 어지간한 규모의 기업 중 MS 오피스 제품을 쓰지 않는 곳이 없는데, 현
재 고객이 아니라면 불법 복제 제품을 쓰고 있을 것이라 추론할 수 있기 때문
이다. 독점적 파워를 가진 MS 같은 회사는 이처럼 강력한 교섭력으로 막대한
수익을 낼 수 있다.

하지만 대등한 경쟁자가 하나라도 생긴다면 상황이 달라진다. 실제 한글과
컴퓨터 직원들은 전 세계에서 자국 워드프로세서가 MS와 겨룰만한 일정한 시

장점유율을 가진 매우 드문 상황을 연출했기 때문에 MS 제품이 외국에 비해 한국에서 상대적으로 싸다며, 이런 현상에 자부심을 느낀다고 말한 적이 있다.

유일한 공급업체가 있는 상황이라면 유사한 업체에 기술과 자금을 제공해서라도 경쟁 공급업체를 만들어내 중대한 역학관계 변화를 꾀하는 기업들이 많다.

구매량 "월마트와 거래하는 것은 가장 바보 같은 일"이라는 말이 있다. 세계 최대의 유통업체여서 엄청난 물량을 구매하는 월마트와의 거래는 기업 성장의 결정적인 계기를 제공할 수 있다. 그러나 막대한 구매물량을 토대로 월마트는 각종 수단과 방법을 총동원해 가격 인하 압력을 넣는다. 어떤 기업은 월마트의 권유로 고급스러운 포장지를 없앤 채 제품을 공급하기도 했으며, 어떤 기업은 자체 생산을 포기하고 아시아 지역에 외주를 주기도 했다.

이런 일이 가능한 이유는 월마트의 구매물량이 압도적으로 많기 때문이다. 월마트의 제안을 무시할 수 있는 공급업체는 거의 없다. 그래서 "월마트와 거래하지 않는 것도 가장 바보 같은 일"이라는 말도 동시에 존재한다.

전환비용 앞서 살펴본 것과 마찬가지로, 전환비용이 높지 않으면 쉽게 공급업체를 바꿀 수 있기 때문에 공급자와의 교섭력에서 우위를 점할 수 있다. 하지만 전사적 자원 관리(ERP) 시스템처럼 한 번 바꾸는 데 엄청난 비용이 들어가고, 조직원들이 새로 시스템을 배우는 과정에서 막대한 시간과 자원이 들어가는 시스템은 큰 결심을 하지 않고서는 바꿀 수 없다. 반면 기업에서 사용하는 정수기나 복사기 등은 특별한 전환비용이 없기 때문에 손쉽게 다른 공급업체로 바꿀 수 있어 공급자보다 우월한 지위에서 협상할 수 있다.

제품 차별화 차별화된 제품을 공급하는 공급자는 당연히 더 큰 힘을 행사할 수 있다. 예를 들어, 과거 C형 간염 치료제는 1년 정도 약을 복용해야 했으며, 부작용도 다양하고, 완치율도 떨어졌다. 하지만 한 제약업체는 3개월만 복용하면 되고, 부작용도 거의 없으며, 완치율도 매우 높은 신약을 개발했다. 차별화에 성공한 이 업체는 알약 하나의 가격을 무려 100만 원으로 정했다. 고객들은 완치되기까지 거의 1억 원 가까운 돈을 투자해야 한다. 그래도 불티나게 팔리며 이 회사는 높은 실적을 기록했다.

이처럼 차별화된 제품은 엄청난 파워를 가질 수 있다. 물론 다른 제약업체도 유사한 신약을 개발하고 있으며, 세계 각국에서도 가격 인하를 위한 방안에 골몰하고 있어 언젠가 가격은 떨어질 것이다. 하지만 차별화된 기술은 한동안 엄청난 수익을 업체에 가져다줄 것으로 예상된다.

대체재 유무 만약 공급자를 대체할 다른 방법이 있다면 공급자보다 우위에 설수 있다. 예를 들어, 가구업체의 경우 목재 외에 플라스틱 등 다양한 방법으로 가구를 만들 수 있기 때문에 목재업체가 무작정 높은 수준의 가격을 요구할 수는 없다.

수직통합 가능성 항공유 가격이 치솟자 델타항공은 아예 정유 공장을 인수해버렸다. 항공유는 당연히 정유회사에서 공급받는다는 통념에 도전한 델타항공은 연 수억 달러의 비용을 절감했다고 한다.

이처럼 원재료 공급업체를 인수해버리는 후방수직통합(Backward vertical integration) 가능성이 높다면 공급업체들의 교섭력은 약화될 것이다. 우리가 부품이나 원재료사업을 하겠다고 위협하며 가격을 낮출 수 있기 때문이다. 공급업체가 너무 많은 이익을 벌어들이고 있거나, 우리 기업에 너무 큰 부담을 줄 경우 수직통합 가능성이 높아질 수 있다.

:: 구매자의 힘

구매자의 힘을 결정하는 내용은 공급자의 힘을 결정하는 요소들과 내용이 사실상 같다. 예를 들어, 고객 수가 많고 구매물량이 적다면 구매자의 힘은 약해진다. 반대로 고객 수가 적고 단일 구매물량이 많다면 구매자의 파워는 커질 것이다. 또 구매자에게 판매되는 제품이 표준화돼 있다면, 즉 차별화가 이뤄지지 않았다면, 구매자는 언제든지 다른 경쟁자 제품을 사갈 수 있기 때문에 더 큰 힘을 행사할 수 있다. 구매자가 후방수직통합을 할 가능성이 있다면 구매자의 힘은 더 강해진다.

:: 대체재 위협

대체재는 고객 입장에서 우리 산업 분야가 생산하는 제품이나 서비스 대신 선택될 수 있는 상품을 뜻한다. 예를 들어, 영화산업의 대체재는 식당, 주점, 복합쇼핑몰, 놀이공원 등이 될 수 있다. 고객 입장에서 휴일을 즐길 수 있는 여러 대안들이 영화관의 대체재일 수 있기 때문이다.

기술이 발전하면서 대체재 위협은 더 커지고 있다. 예를 들어, 무선호출기는 시티폰으로 대체됐다가 휴대전화라는 강력한 대체재가 나오면서 사라졌다. 각종 게임기, 내비게이션, 개인 휴대단말기, 휴대용 TV, 휴대용 라디오, MP3플레이어, 카메라 등은 모두 스마트폰이라는 강력한 대체재가 등장하면서 엄청난 시장을 잃고 말았다. 대체재 위협은 다음과 같은 상황에서 더욱 커진다.

대체재의 가치 대체재의 가격과 성능을 포함한 고객가치가 더 높을 경우 대체재의 위협은 단기간에 현실화할 수 있다. 예를 들어, 과거 동네 곳곳에 비디오 대여점이 성업했다. 하지만 시간이 지나면서 인터넷 보급이 이뤄졌고, 비디오로 빌려다 보는 수고를 감수하지 않고 편안하게 집에서 IPTV나 인터넷으로 영화를 보는 대체 서비스가 보편화하면서 비디오대여점의 대부분은 몰락했다.

전환비용 소비자들이 대체재로 쉽게 바꿀 수 있는지도 중요하다. 전기자동차는 연비, 효율 등에서 큰 장점을 갖고 있지만 아직까지 충전 인프라가 부족해 소비자들은 전기자동차 사기를 꺼린다. 이처럼 전환비용이 크다면 대체재 위협은 상대적으로 낮아질 것이다.

전략 수립에 활용하기

5 Forces 모델은 그 유명세에 비해 정작 구체적으로 현업에서 어떻게 활용해야 하는지에 대해서는 비교적 덜 알려져 있다. 기업의 전략 기획 담당자나 컨설팅회사에서 한번 분석을 해보고 산업의 구조가 대체로 열악하다거나 상대적으로 우호적이라는 결론만 내놓고 마는 사례가 많다. 산업의 수익성이 결과적으로 어떻다는 상식적 수준에 그쳐서는 실무에 큰 도움을 주지 못한다. 구체적으로 활용할 수 있는 방안은 다음과 같다.

우선 다섯 가지 요인의 세부 항목을 놓고 위협의 수준을 구체적인 수치로 평가해보면 활용도를 더 높일 수 있다. 산업의 수익성을 악화시키는 특정 항목을 찾아내 대안적 전략을 수립하는 계기를 마련할 수 있기 때문이다.

〈표 9〉는 신문산업의 사례를 가정하고 산업구조를 분석해본 것이다. 필자의 임의적 분석이라는 한계가 있지만, 이 사례에서는 10에 가까울수록 산업의 수익성이 좋지 않기 때문에 평균 7.18의 점수는 꽤 불리한 여건이라고 볼 수 있다.

이 분석에서는 세부 항목에 대해서만 가중치를 부여했다. 5 Forces 요인에 대해서는 가중치를 각각 1/5(0.2)씩 균등하게 배분했으나, 각 산업 여건에 따라 특정 요인의 가중치를 더 부여하거나 덜 부여해 보다 엄밀한 분석을 시도할 수 있다. 산업의 특성에 따라 어떤 항목은 다른 항목보다 그 중요성이 높거나 낮을 수 있기 때문이다. 따라서 이 분석에서는 각 세부 항목별로 가중치를 부여해 점수를 계산했다.

　이런 분석에서 중요한 쟁점은 위협 수준과 가중치를 얼마나 객관적으로 평가하느냐다. 현실적으로 최대한 객관성을 담보하기 위해서는 복수의 전문가들이 점수를 매겨 평균치를 구하거나, 토론과 협의를 통해 결정하는 방법을 활용할 수 있다.

▼ [표 9] 신문산업구조 분석 사례

5요인	세부 항목	위협 수준	가중치	위협 수준×가중치
산업 내 경쟁	산업집중도	7	0.2	1.4
	경쟁사 동질성	7	0.3	2.1
	퇴출장벽	9	0.1	0.9
	산업성장률	6	0.1	0.6
	제품 차별화	7	0.2	1.4
	고정비용 비율	6	0.1	0.6
산업 내 경쟁 합계				7
진입장벽	규모의 경제	7	0.1	0.7
	네트워크 효과	6	0.1	0.6
	전환비용	8	0.4	3.2
	유통망 확보	6	0.2	1.2
	기존 업체 이점	6	0.1	0.6
	정부 진입 규제	9	0.05	0.45
	기대 보복	8	0.05	0.4
진입장벽 합계				7.15

	집중도	6	0.2	1.2
	구매량	6	0.1	0.6
공급자의 힘	전환비용	4	0.1	0.4
	제품 차별화	2	0.05	0.1
	대체재 유무	6	0.5	3
	수직통합 가능성	1	0.05	0.05
공급자의 힘 합계				5.35
	집중도	1	0.05	0.05
구매자의 힘	구매량	2	0.1	0.2
	전환비용	10	0.4	4
	제품 차별화	7	0.1	0.7
구매자의 힘	대체재 유무	9	0.3	2.7
	수직통합 가능성	1	0.05	0.05
구매자의 힘 합계				7.7
대체재 위협	대체재 가치	9	0.7	6.3
	전환비용	8	0.3	2.4
대체재 위협 합계				8.7
5 Forces 요인 평균값				7.18

각 세부 항목의 경우 수익성 악화에 영향을 주는 수준이 가장 높을 때 10점, 가장 낮을 때 1점을 부여했음.

구체적인 분석을 했다면, 어떤 항목에서 어떤 요인 때문에 수익성이 악화되는지를 쉽게 알 수 있다. 신문산업의 경우 공급자의 힘은 그다지 위협적이지 않지만, 구매자의 힘과 대체재 위협이 가장 심각한 문제라는 사실을 알 수 있다. 보다 구체적으로 신문업이 처한 상황을 고민해보면, 대체재 위협이 현실화하는 가운데 구매자들의 전환비용이 거의 없기 때문에 고객들이 대체재 이용으로 돌아섰다는 분석도 가능하다. 즉 인터넷 신문이나 블로그, SNS, 커뮤

니티 등 다양한 개인적 관심사에 부합하는 정보를 거의 공짜로 제공하는 새로운 대체재의 위협이 수익성 악화의 근본 원인이라는 분석을 할 수 있다. 자연스럽게 대체재가 주는 가치요소를 분석하고, 대체재를 능가하거나 혹은 대체재 위협에서 자유로운 새로운 사업 전략을 구상할 필요가 있다.

이런 분석을 토대로 구체적인 전략 대안을 수립하는데, 이 사례에서는 두 가지 대안적 접근을 할 수 있다. 하나는 대체재에 빼앗긴 가치를 재분배하는 전략이고, 다른 하나는 새로운 가치를 창출해 대체재와 무관한 포지셔닝 (Positioning)을 구축하는 것이다. 전자는 대체재와 유사한 온라인 서비스를 만들어 공격적으로 홍보하며 기존 인터넷 신문이나 SNS가 차지한 페이지뷰 및 광고 점유 부분의 일부를 끌어들여 오는 전략이다.

대체재 위협에서 벗어나 완전히 새로운 가치를 창출하는 전혀 다른 접근도 가능하다. 예를 들어, 지역 정보에 특화된 지역별 신문을 발행해 위기를 탈출하자는 전략을 수립할 수도 있다. 중앙일간지 시장과 다른 지역 특화 신문을 발행하는 방안을 검토하는 것이다. 실생활에 구체적인 도움을 주는 지역 밀착 정보를 제공해 지역 주민들의 관심을 모을 수도 있다. 지역 정보만을 제공하는 인터넷이나 온라인 매체가 많지 않아 대체재 위협으로부터 자유로우며, 지역 광고주의 경우 마땅한 광고 대상이 없다는 점을 감안하면 지역 정보 제공 사업은 새로운 광고 수요를 창출할 수 있다.

이렇게 포지셔닝을 할 경우, 산업구조 측면에서 매우 우호적인 시장을 개척했다고 볼 수 있다. 물론 특정 계층을 겨냥한 전문 정보시장을 개척하는 등 새로운 가치 창출을 통한 우호적인 산업구조를 만들 수 있는 다른 대안도 상당히 많다. 실제 신문업계가 전반적으로 어렵지만, 지역 특화 정보를 제공해 병원이나 학원, 식당 등 지역 광고주를 적극 유치한 기업이나, 뉴스에서 탈피해 고급화된 전문 정보를 제공하는 매체는 성장을 지속하고 있다.

이처럼 5 Forces 모델을 제대로 분석하면 산업구조의 변화를 통해 수익성 높은 곳에서 사업을 하기 위한 포지셔닝 전략과 관련한 좋은 대안을 모색할 수 있다. 예를 들어, 대기업과 거래하는 중소기업이라고 가정해보자. 대기업은 고객으로서의 힘이 강하기 때문에 시도 때도 없이 가격을 깎아달라고 요구하고, 심지어 대기업이 직접 대체재나 대안 공급업체를 만들 수 있도록 원가와 기술 정보를 공개하라고 요구하기도 한다. 이런 상황에서 5 Forces 모델은 중소기업에게 좋은 대안을 제시해준다.

참고하세요

한 기업은 헬스케어사업을 추진하면서 대기업과 함께 대형병원을 파트너로 참여시켰다. 파트너사가 늘어나면 수익 배분에서 불리할 수도 있지만, 대기업과의 관계에서 힘의 균형이 생겨 장기적으로 더 이익을 줄 수 있기 때문이다.

일단, 대기업이나 다른 중소기업이 하기 힘든 영역의 제품과 서비스를 개발하는 게 중요하다. 차별화된 제품을 개발하면 그만큼 협상력이 올라간다. 또 특정 대기업에 대한 지나친 의존도를 낮추는 전략도 중요하다. 수출 등 새로운 거래선을 찾는 노력을 통해 특정 기업의 구매의존도를 낮추면 그만큼 협상력이 강해진다. 특정 대기업으로 힘이 쏠리지 않도록 제3자를 활용할 수도 있다. 대기업과 협력해 사업을 추진할 때, 다른 기관 하나만 더 추가해도 힘의 균형이 생긴다.

〈표 10〉은 5 Forces 요인 가운데 산업구조에 악영향을 주는 요인별로 전략 대안을 마련해 효과적으로 현업에서 활용한 사례다.

▼ [표 10] 전략 대안 수립 예시

	세부 항목	위협 수준	가중치	위협 수준×가중치	전략 대안
구매자의 힘	집중도	8	0.3	2.4	대학연구소 등과 공동으로 신규 프로젝트 참여
	구매량	7	0.4	2.8	해외 신규 바이어 발굴, 신제품 출시로 고객 개척
	전환비용	10	0.2	2	원가 절감에 도움 주는 차별화된 제품 출시
	...	...	...	...	...

신사업 진출과 퇴출 의사결정과 관련해서도 5 Forces 모델은 유용한 시사점을 줄 수 있다. 여러 신사업 대안이 있다면 5 Forces 모델을 통해 산업구조가 가장 우호적인 분야를 선정하는 데 도움을 받을 수 있다. 또 기존 사업 가운데 퇴출시켜야 할 분야를 결정할 때도 이 모델은 매우 설득력 있는 논리를 제공한다. 다만 이런 분석을 할 경우에는 현재의 산업 매력도 외에 향후 3년 혹은 5년 후의 산업 매력도를 예측해볼 필요가 있다(앞서 제시한 신문업계 분석

사례에 3년 후 상황을 예측해서 수치화할 수 있는 칸을 마련해 향후 전망을 써보면 미래 수익성에 대한 유용한 정보를 얻을 수 있다).

산업구조가 어떻게 변하는지 일정한 시간을 두고 지속적으로 분석하는 것도 현업에서 의사결정의 질을 높이는 데 도움을 줄 수 있다. 산업구조는 시간이 지나면서 끊임없이 변한다. 맥주산업은 한때 경쟁 강도가 높지 않고, 대체재도 많지 않은 데다, 진입장벽도 높아 수익성이 좋은 업종에 속했다. 하지만 누구라도 맥주를 만들어 팔 수 있게 규제가 풀려 진입장벽이 대폭 낮아진 데다, 유통망 발달로 다양한 맥주가 수입되면서 경쟁 강도가 높아졌다.

이런 변화 양상을 파악하고 다양화된 소비자 욕구에 부응하는 신제품을 출시하거나, 해외 브랜드와 제휴를 맺고 국내 시장에 잘 맞는 신제품을 공급하는 전략을 펴는 업체는 사업구조 변화를 기회로 활용할 수 있을 것이다.

대부분의 업종에서 산업의 구조가 급변하고 있기 때문에, 1년에 한두 번씩은 산업구조를 분석해 새로운 전략 대안을 모색해볼 필요가 있다.

시사점과 한계

포터의 5 Forces 모델은 경영 전략의 일대 중흥을 불러온 역작이지만, 그 한계도 적지 않다. 우선 5 Forces 모델은 산업구조를 분석하는 유용한 수단이지만, 산업의 틀을 깨는 혁신적 전략을 모색하는 데에는 한계가 있다. 예를 들어, 스티브 잡스의 애플은 스마트폰이라는 혁신적 제품을 개발해 엄청나게 매력적인 스마트폰 산업을 창출했다. 새롭게 창출된 스마트폰 산업은 경쟁 강도가 낮고, 공급자 및 소비자의 힘이 세지 않으며, 진입장벽이 상당히 높고, 대체재 위협이 비교적 낮은 수준인 매우 매력적인 구조를 갖고 있다.

하지만 스마트폰 산업 이전 피처폰 중심의 휴대전화산업의 구조를 아무리 분석해도 스마트폰이란 혁신적 산업 아이디어는 나오기 힘들다. 아니, 사실상 거의 불가능할 것 같다. 기껏해야 피쳐폰 업체와의 경쟁에서 도움을 주는 몇 가지 전략 대안, 공급업체나 고객으로부터 가치를 더 가져오기 위한 몇 가지 대안 정도가 나왔을 것이다. 과거와 현재의 산업구조를 진단하는 데 5 Forces 모델은 위력적이지만, 미래를 주도할 혁신 전략을 수립하는 데에는 근본적인 한계가 있다는 얘기다. 5 Forces 모델보다는 자유로운 상상력, 창의력, 고객의 불만 및 불편 사항에 대한 민감한 촉각, 시대 변화에 대한 선견지명 등이 혁신 전략 수립에는 훨씬 더 중요하다.

혁신이란 관점을 중시한다면 5 Forces 모델만으로는 이해하기 힘든 현상을 이해할 수 있는 틀이 생긴다. 예를 들어, 치킨 외식산업은 최악의 구조를 갖춘 산업이라 해도 과언이 아니다. 소자본으로 누구라도 창업할 수 있기 때문에 진입장벽은 거의 없고, 닭을 공급하는 업체는 대기업이라 힘이 막강하며, 소비자들은 수많은 치킨집과 피자 같은 대체재를 언제든지 전환비용 없이 선택할 수 있다. 최악의 상황이기 때문에 5 Forces 모델로 분석해보면 절대로 들어가서는 안 될 산업이다.

참고하세요

경주 최부잣집의 협력 모델

경쟁 못지않게 좋은 전략도 있다. 바로 협력 전략이다. 5 Forces 모델의 취지와 달리, 당장 소비자에게 가치를 더 주면 단기적으로는 분명히 손해를 본다. 예를 들어, 경주 최부잣집은 공급업체 격인 소작농에게 8할을 받던 관행을 없애고 5할만 받았다. 물론 이렇게 하면 당장은 손해를 본다. 하지만 소작농의 삶이 개선되면서 근로 의욕이 올랐고, 노동력도 더 많이 확보할 수 있었다. 장기적으로는 더 이익이 된 것이다. 여기서 생태계적 관점 같은 새로운 시각이 등장할 여지가 생겼다. 생태계 전체가 건강해지면 장기적으로 더 큰 이익을 볼 수 있다.

하지만 5 Forces 모델의 권고와는 전혀 상관없이, 혁신적인 맛이나 서비스, 가격 등을 무기로 새로운 신규 진입자가 여전히 시장에 뛰어들고 있다. 그 결과는? 일부는 망했고, 상당수는 낮은 수익성으로 고전하고 있다. 하지만 몇몇 회사는 혁신적인 맛을 개척해 높은 수익성을 구가하고 있다. 치열한 경쟁에서 살아남은 일부 업체는 내수시장에서 갈고 닦은 무공을 토대로 해외 시장에 진출해 성공한 사례까지 나오고 있다.

읽을거리

산업을 어디까지로 정의할 것인가

5 Forces 모델은 산업의 구조를 분석하는 유용한 툴이다. 하지만 정작 분석할 때 부딪히는 가장 큰 문제는 산업을 어디까지로 정의할 것인가다. 예를 들어, 신문산업을 정의할 때, 법률적 정의에 따라 월 2회 이상 발행되는 모든 매체를 포함시킬 것인지(이 경우 주간지도 신문산업에 포함된다), 아니면 일간지만 포함시킬 것인지 결정해야 한다. 또 일간지만을 대상으로 한다 해도 중앙일간지만 포함시킬 것인지, 지역일간지까지 포함시킬지 애매하다. 중앙일간지만 분석한다 해도 지하철에서 배포되는 무가지를 포함시킬 것인지, 혹은 중앙일간지 가운데 시장점유율이 높은 몇 개만 포함시키는 게 나을지 고민하지 않을 수 없다.

정부가 마련한 표준산업분류체계가 있지만, 이는 큰 도움이 안 된다. 통계 목적으로 제작된 것이기 때문에 이 체계가 전략 수립에 도움을 주지는 못한다. 포터 교수는 산업을 너무 광범위하게 정의하거나 협소하게 정의할 때 모두 문제점이 나타난다고 지적했지만 상세한 가이드라인을 제시해주지는 않았다.

현실적으로 '전략 집단(Strategic group)'[21]이란 개념이 유용한 해결책을 제시해준다. 전략 집단은 같은 산업 내에서 전략적으로 다른 여러 그룹이 있을 수 있다는 것을 전제로 한다. 예를 들어, 글로벌 자동차시장에서 현대차나 GM, 도요타 등은 경차부터 대형차까지 모두 만드는 종합 자동차회사로 유사한 전략을 추구하고 있지만, 포르셰나 페라리는 스포츠카를 중심으로, 롤스로이스는 초고가 자동차시장을 중심으로 영업하고 있기 때문에 확연히 다른 전략을 구사한다고 볼 수 있다. 이처럼 전략적 유사성에 따라 산업을 구분하는 것은 현재의 상황을 잘 보여준다는 측면에서 산업의 범위를 확정할 때 유용한 가이드라인을 제시한다.

5 Forces 모델을 통해 최악의 산업구조로 평가받은 업종이라도, 슘페터가 말한 창조적 파괴 행위, 즉 혁신을 무기로 삼으면 얼마든지 진출해서 기적을 만들 수 있다. 그리고 이런 무모해 보이는 시도는 역사 발전의 원동력이 된다.

5 Forces 모델은 근본적으로 경쟁 지향적이다. 이 모델을 중시하는 기업은 경쟁 강도를 낮추고, 공급자나 고객이 가져간 가치를 최대한 더 많이 가져오는 방향으로 의사결정을 할 가능성이 크다. 경쟁 강도를 낮출 수 있는 가장 좋은 방법은 경쟁사를 인수하는 것이다. 그러면 산업집중도가 높아져 경쟁 강도가 약화되고 산업의 수익성은 높아진다. 또 공급자의 숫자를 늘리고, 집중도를 떨어뜨리며, 차별화하지 못하도록 기술이나 원가 정보를 빼내는 게 우호적인 산업구조를 만드는 데 기여한다는 결론을 낼 수 있다.

하지만 이런 단편적인 전략은 매우 위험하다. 인위적으로 경쟁자를 인수해 독점적 지위를 구축하려다 정부와 언론, 시민단체 등의 강한 저항에 직면할 수 있다. 독과점법 위반으로 인수합병 자체에 제동이 걸릴 수도 있다. 경쟁 강도를 인위적으로 낮추려는 담합 같은 행위는 대부분의 국가에서 명백한 불법으로, 엄청난 과징금을 물어야 한다. 우월적 지위를 활용해 공급업체를 지나치게 착취하면, 남양유업 사태에서 알 수 있듯이, 거센 국민적 저항에 직면

해 불매운동으로 인한 매출과 이익 감소 등과 같은 엄청난 피해를 입을 수도 있다.

실제 포터 교수도 이런 점을 우려했다. 그는 5 Forces 모델 발표 후 거의 30년 만인 지난 2008년, 〈하버드비즈니스리뷰〉에 실은 논문에서 "일부 산업에서는 비용과 품질을 개선하기 위해서가 아니라 치열한 경쟁을 막기 위해 합병과 통합을 추진한다. 하지만 경쟁을 막는 것은 위험한 전략이다. (중략) 현재의 경쟁자들을 물리침으로써 노력 없이 이익을 얻게 될 경우 새로운 경쟁자가 나타나며, 고객들과 공급자들도 반발한다는 사실을 알 수 있다"[22]고 강조했다.

5 Forces 모델이 현재의 산업구조를 분석하는 데 매우 유용한 툴을 제공해주지만, 당장의 경쟁관계에서 우위에 서는 방법론에 초점을 맞추고 있다는 한계를 갖고 있다. 당장의 이익을 늘리는 데 5 Forces 모델이 큰 기여를 하는 건 분명하지만, 자칫 남양유업 사례처럼 장기적 이익을 훼손시키는 우를 범할 수 있다.

04

다이아몬드 모델

취지와 주요 내용

마이크 포터 하버드대학 교수는 1980년 5 Forces 모델을 발표한 뒤 10년 만인 1990년, 《국가경쟁우위》란 저서를 통해 다이아몬드 모델을 발표했다. 이모델은 책 제목에서 알 수 있듯이 국가경쟁력을 설명하는 모델이다.

자유무역이 발달하면서 국가마다 다양한 제품을 수출하거나 수입하고 있다. 어떤 수출입 패턴은 쉽게 설명이 된다. 사우디가 석유를 수출하고, 핀란드가 목재를 수출하는 것은 이해가 쉽다. 그 나라에 많은 자원이 있으면 잉여생산이 이뤄지고 수출품이 된다.

그런데 이렇게 쉽게 설명되지 않는 요소도 많다. 스위스는 왜 시계를 수출할까? 일본이나 한국은 왜 자동차 수출을 많이 할까? 이런 현상과 관련해 여러 학자가 생산성, 생산요소(토지나 노동, 자본과 같은), 제품의 수명주기 등을 근거로 수출 패턴을 설명하려 했지만, 포터 교수는 이전 시도가 대부분 불완전하다고 평가했다. 예를 들어, 한국처럼 생산성도 떨어지고 생산요소도 없는 국가가 반도체나 철강 제품을 수출하는 현상은 기존 이론으로는 설명하기 무척 어렵다.

포터 교수는 이런 문제의식을 갖고 전 세계 10개국을 대상으로 국제경쟁력을 갖춘 100개 업종을 집중분석해 경쟁력 확보에 도움을 주는 요소를 크게 네가지 내생변수로 추출, 다이아몬드 모델을 만들었다. 내용은 다음과 같다.

생산 조건 생산에 필요한 다양한 요소들을 얼마나 확보하고 있는가는 특정 산업이 국제경쟁력을 갖추는 데 매우 중요하다. 매우 넓은 땅을 갖고 있는 미국은 농산물 생산에서 비교우위를 손쉽게 점할 수 있다. 천연자원을 많이 가진 캐나다도 마찬가지다. 그러나 천연자원을 많이 보유하면서 잘사는 나라도 있고 그렇지 않은 나라도 있다. 여기서 문제가 생긴다. 개발도상국 가운데 중국, 러시아, 브라질, 인도 등은 엄청난 국토 면적에 막대한 천연자원을 갖고 있지만, 아직 선진국이 되지는 못했다.

현실에서는 자원이 부족한데 오히려 관련 산업의 경쟁력이 더 높은 사례도 적지 않다. 예를 들어, 아마존 등 막대한 수자원을 보유한 브라질의 물산업 경쟁력은 매우 취약하지만, 마실 물조차 없어 수입해야 하는 싱가포르는 물산업에서 강한 경쟁력을 보유하고 있다. 기름 한 방울 나지 않는 한국은 정유산업에서 세계적 경쟁력을 갖고 있다.

여기서 포터 교수는 기초요소(Basic factor)와 고급요소(Advanced factor)를 구분해 이런 현상에 대한 명쾌한 해결 논리를 제시했다. 생산요소 가운데 토지나 자원 등은 기초요소에 해당하며, 기술력 등은 고급요소에 해당한다. 국가경쟁력에는 기초요소보다 고급요소가 더 중요한 영향력을 끼친다. 천연자원이 많은 나라도 고급요소를 갖추고 있지 못하면 부가가치를 확보하는 데 한계가 있을 수밖에 없다.

수요 조건 한때 국제경쟁력을 가지려면 1억 명 정도의 인구를 가져야 한다고 주장하는 학자들이 있었다. 1억 명 정도의 인구는 가져야 내수시장에서 충분한 생존 기반 및 경쟁력을 확보해서 해외 시장에 진출할 수 있다는 논리다. 하지만 이런 접근은 부분적으로만 맞는 얘기다.

포터 교수는 수요 조건도 양과 질 두 가지 측면이 있다고 설명하며, 양보다는 질을 더 중시했다. 프랑스에서 와인과 요리가 발달한 것은 프랑스 인구가 많아서라기보다는 먹고 마시는 문화를 매우 중시하는 까다로운 고객이 많기 때문이다. 이탈리아가 의류산업의 중심지가 될 수 있었던 것도 패션에 민감한 까다로운 소비자 덕분이다. 독일인들의 자동차에 대한 남다른 관심과 열정도 자동차산업 발전에 한몫했다.

물론 지금은 글로벌화가 진전되면서 해외 소비자들을 공략할 수 있는 기회가 열렸기 때문에, 글로벌 시장을 공략하겠다는 적극적 의지가 있을 경우 경쟁력 강화에 도움을 주는 수요 조건을 어렵지 않게 확보할 수 있다.

일례로 한국 시장은 첨단 정보기술 제품의 '테스트 베드'로 자주 활용되고 있다. 전 세계 시장에 한꺼번에 신제품을 출시할 경우 실패했을 때 막대한 리스크를 안아야 한다. 하지만 한국처럼 상대적으로 작은 시장에서 소비자의 반응을 확인한 뒤 수정하거나 보완할 요소를 찾아내면 글로벌 시장에서의 실패 위험을 최소화할 수 있다. 그래서 혁신적인 제품을 한국에 먼저 출시해 테스트해보는 글로벌 기업들이 많다. 한국은 발달한 IT 인프라를 갖추고 있고 까다로운 소비자들이 많다. 그로 인해 정보기술 제품의 테스트 베드로 기업들이 활용할 경우 경쟁력 강화에 도움을 주는 수요 요건을 비교적 손쉽게 확보할 수 있다. 한국 시장은 또한 글로벌 화장품 기업들에게도 유용한 테스트 베드로 여겨지고 있다. 화장품을 많이 사용하는 헤비 유저가 많은 데다, 이들의 취향도 극도로 까다롭다. 때문에 한국 시장을 활용해서 제품 경쟁력 강화에 도움이 되는 유용한 정보를 확보할 수 있다.

관련 산업 보통 사람들은 성공한 기업이 나오면 해당 기업 CEO의 리더십이나 해당 기업의 역량이 주된 성공 요인이라고 생각한다. 하지만 독불장군처럼 혼자만의 힘으로 성공하는 사례는 거의 없다.

기업 활동을 지원하는 관련 산업이 함께 발달하지 않은 상태에서 성공하기는 힘들다. 자동차산업은 부품산업의 발전 없이 성공할 수 없다. 또 자동차 금융, 중고차 유통, 애프터서비스 등 다양한 보완적 산업이 발전하지 않으면 자동차산업 발전에 악영향을 줄 수 있다.

● **클러스터**
비슷한 업종에서 다른 기능을 수행하는 기업이나 기관들이 한곳에 모여 있는 것을 말한다.

그래서 국제경쟁력을 갖춘 업종을 분석해보면 대체로 클러스터●의 도움을 크게 받고 있다. 자연발생적으로 생기는 클러스터에는 기업 활동을 지원하는 관련 산업들이 한 데 모여 있다. 미국이 애플, 구글, 마이크로소프트, 페이스북 등 IT 분야의 혁신을 선도한 데에는 실리콘밸리의 힘이 컸다. 아이디어 외에는 다른 자원이 거의 없는 신생 벤처기업들도 실리콘밸리에서는 엔젤이나 벤처투자회사로부터 자금을 지원받을 수 있으며, 법률, 회계 등 기업 활동에 필수불가결한 서비스도 쉽게 받을 수 있다. 성장 단계마다 적절한 자금과 인력을 지원받을 수 있고, 다른 기술 벤처들과 활발하게 제휴 및 합작사업을 추진할 수 있는 혁신 생태계 덕분에 경쟁력이 생겼다고 볼 수 있다.

관련 산업의 중요성을 무시했다가 실패한 사례도 있다. 한국 신발업체들은 1990년대 중국이 저원가 생산기지로 부상하자 중국으로 공장을 옮겼다. 당시 신발산업에서 한국 최대 경쟁국은 대만이었는데, 대만 업체들도 같은 시기에 중국으로 공장을 이전했다. 하지만 한국 업체들은 국제경쟁력에서 대만에 뒤처지고 말았다. 가장 큰 이유는 한국 업체들은 클러스터란 개념을 생각하지 못해 개별 업체 수준에서 독자적으로 중국에 진출했기 때문이다. 반면 대만업체들은 완제품업체와 함께 고무, 화합물 배합, 사출, 금형업체들이 지리적으로 가까운 곳에 동반 진출해 정보 교환과 인적 교류 등을 토대로 대형화 및 혁신 제품 생산에 기여했다.[23] 결과적으로 중국 진출을 계기로 한국 신발업체는 대만에 참패했다는 분석이다.

경영 여건 앞의 세 가지 조건을 충족시켰다 해도 경쟁력이 저절로 확보되는 것은 아니다. 결국 가치 창출의 주체인 기업이 적극적인 전략을 펴고, 조직 구조를 갖춰야 한다. 또 이런 기업들의 건전한 경쟁을 통해 산업 전체가 발전해야 국제경쟁력을 가질 수 있다.

포터 교수는 국가 특유의 경영 모델이 존재하며, 산업과의 적합성이 맞을 때 경쟁우위를 가져올 수 있다고 설명한다. 예를 들어, 독일과 일본은 전통적으로 엔지니어링을 중시하는 문화를 갖고 있으며, 많은 기업에서 엔지니어들이 고위직에 쉽게 올라갈 수 있고, 의사결정 과정에서 더 큰 영향력을 행사한다. 이런 문화 덕분에 자동차나 기계 소재산업 등이 발전할 수 있었다. 반면 미국에서는 전통적으로 재무나 회계 관련 분야 종사자들이 고위직에 많이 올랐고, 이런 문화가 금융산업 발전에 토대가 됐다.

경쟁도 중요하다. 대체로 국제경쟁력을 확보한 산업을 보면 자국 내에서 치열한 경쟁이 펼쳐지는 경우가 많다. 앞서 치킨집 사례처럼 내수시장에서 경쟁 강도가 높아질수록 혁신과 차별화를 통해 성공하려는 동인이 커지고, 이 과정에서 자연스럽게 경쟁력이 강해지는 사례가 많다.

운과 정부 정책 앞의 네 가지 요인은 직접적인 통제가 가능한 내생변수로, 운과 정부 정책은 직접적인 통제가 어려운 외생변수로 볼 수 있다. 경험이 많은 CEO 가운데 운(運)의 중요성을 강조하는 사람들이 많다. 실제 사업에서 운은 매우 중요하다. 기업의 경쟁력도 우연한 계기를 통해 형성되는 사례가 많다.

예를 들어, 전기차업체 테슬라는 운 좋게도 도요타로부터 캘리포니아 프레몬트 공장을 헐값에 사들일 수 있었다. 도요타는 원래 GM과 합작으로 누미라는 회사를 만들어 프레몬트에서 자동차를 생산했는데, 글로벌 금융위기 여파로 GM이 파산을 선언하며 도요타로 공장이 넘어갔다. 이후 도요타가 대량 리콜 사태를 겪으면서 회사가 위기에 빠지자 공장 폐쇄를 추진했는데, 이 소식을 들은 테슬라의 앨런 머스크 CEO가 이곳저곳에서 돈을 끌어모아 4,200만 달러에 공장을 인수하겠다고 도요타에 제안했다. 10억 달러 가치의 공장이었지만, 당장의 위기를 극복해야 하는 도요타는 어쩔 수 없이 이 제안을 받아들였고, 테슬라는 강력한 경쟁력의 원천을 헐값에 확보할 수 있었다.[24]

이처럼 경쟁력의 원천은 도요타의 대량 리콜과 같은 우연한 계기에 소리 없이 찾아온다. 다른 업체가 아무리 모방하고 싶어도 운을 통제하기는 쉽지 않다. 그리고 사업에서 운은 매우 중요한 역할을 한다. 정부 정책도 마찬가지다. 정부가 어떤 정책을 펴느냐에 따라 앞서 언급한 수요 조건과 연관 산업, 요소

테슬라의 프레몬트 공장 전경과 내부 © Ellen Levy Finch

조건 등에 직접적인 영향력을 끼칠 수 있다.

과거 휴대전화시장의 절대 강자였던 노키아는 1981년 스웨덴, 노르웨이, 핀란드 등 북구 3국이 이동전화 네트워크를 구축하기로 합의한 정책 덕분에 강력한 경쟁력을 확보했다고 한다.[25]

의미와 활용 방법

다이아몬드 모델은 앞서 설명한 5 Forces 모델과 완전히 다른 시사점을 준다. 예를 들어 5 Forces 모델에 따르면 경쟁 강도를 낮추는 게 (단기적으로) 산업의 수익성에 도움을 주지만, 다이아몬드 모델에 따르면 경쟁이 강할수록 (장기적으로) 산업의 경쟁력은 강화된다. 또 5 Forces 모델에서는 공급업체의 교섭력을 약화시켜야 좋지만, 다이아몬드 모델에서는 공급업체가 강해져야 관련 산업의 도움으로 우리 산업의 경쟁력이 커질 수 있다. 5 Forces 모델에서는 고객의 힘을 약화시키는 게 바람직하지만, 다이아몬드 모델에서는 오히려 까다롭게 고객들이 이것저것 요구하는 게 많아야 경쟁력 강화에 도움을 준다.

자연스럽게 이런 질문이 나올 수 있다. 도대체 어느 쪽 의견을 따라야 할까? 이에 대한 대답은 "정답은 없다"이다. 뭐 이런 기회주의자 같은 답을 하느냐고 불평할 수도 있겠다. 하지만 경영에 정답은 없다. 둘 다 선택에 따른 명암이 존재한다. 5 Forces 모델을 따라 경쟁 강도를 약화시키고, 구매자와 공급자와의 교섭력을 강화하는 전략을 사용하면 단기적으로 이익을 주지만, 장기적으로는 협력업체와의 관계 악화, 규제 당국 및 여론의 적대적 분위기 형성 등의 위험이 있다.

반면, 다이아몬드 모델의 취지에 따라 관련 산업의 경쟁력 강화를 위해 정보를 공유하고, 협력체계를 강화하며, 까다로운 소비자의 요구를 맞추기 위해

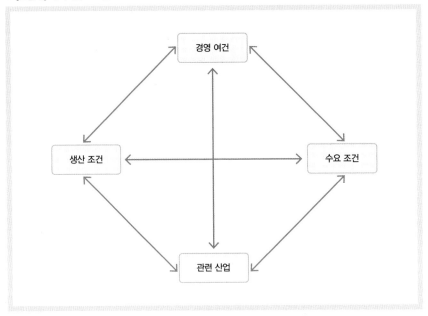

출처: Porter(1998)[26]

노력하면, 당장 비용이 들어가고 여러 이해관계자들과 가치를 나눠야 하기 때문에 단기적으로 수익성이 악화된다. 하지만 장기적으로는 도움이 될 것이다. 둘 사이에서 어떤 것을 선택할지는 전적으로 경영자의 몫이다.

비유하자면 5 Forces 모델은 스냅사진이고 다이아몬드 모델은 대하 드라마다. 5 Forces 모델은 정태적으로 현재의 수익성에 영향을 주는 요인을 분석했고, 다이아몬드 모델은 국제경쟁력이 형성되기까지 오랜 기간을 분석한 것이다. 당장 경쟁이 격화되면 관련 산업의 수익성은 악화되지만, 격렬한 경쟁이 지속되면 생존을 위해 관련 사업 내의 기업들이 치열한 혁신 경쟁을 벌이게 되고, 장기적으로 경쟁력 강화라는 결과를 낳을 수 있다.

이처럼 어떤 방법으로 접근했느냐에 따라 이런 큰 차이가 나타난다. 당장의 수익성이 급하다면 5 Forces 모델이 매우 유용하고, 장기적 관점에서 생존과 성장을 추구한다면 다이아몬드 모델이 더 유용하다.

다이아몬드 모델은 국제경쟁력을 결정하는 요소를 모은 것이지만, 이는 국가 차원은 물론이고 특정 산업이나 업종, 개별 기업이나 공공기관, 심지어 개인의 경쟁력과 관련한 툴로도 활용할 수 있다.

예를 들어, 특정 대학이 자신의 경쟁력을 평가하고 전략 대안을 모색한다고 가정해보자. 총장으로부터 이런 지시를 받은 간부는 당장 어디서부터 시작해야 할지 막막할 수 있다. 이때 다이아몬드 모델은 좋은 프레임을 제시한다.

서로 중복되지 않으면서, 동시에 중요한 요소를 빼놓지 않고 모두를 포괄하는 모델이 주는 강점을 활용하면 〈표 11〉과 같이 대학의 경쟁력을 결정하는 요소를 쉽게 추론할 수 있으며, 이를 근거로 개선책, 보완책 등을 마련할 수 있다.

▼ [표 11] 다이아몬드 모델을 활용한 대학경쟁력 분석 사례

구분	항목	세부 측정 지표
생산요소	기초요소	학생 수, 교수 수, 교직원 수, 강의실 기자재 등 교육 인프라, 도서관 장서 규모, 예산 규모
	심화요소	학생 수준, 연구 역량, 강의 역량, 교직원 문제해결 역량
시장 수요	양적 요소	취업률, 연구 업적 및 외부 프로젝트 건수(금액)
	질적 요소	졸업생 명성, 정규직 취업률, 취업자의 연봉, 연구 및 프로젝트 질적 수준
관련 지원 분야	직접 연관 분야	기부금 규모, 산학협력 규모와 질
	간접 연관 분야	지역 사회, 시민 단체, 대언론 활동의 양과 질
전략 구조 경쟁	전략	교수법, 커리큘럼, 연구 활동 지원 정책
	구조	승진 및 보상 시스템, 지배 구조, 의사결정 프로세스
	경쟁	경쟁 대학과의 입학 경쟁률 및 신입생 수준 비교

물론 다이아몬드 모델도 실무에서 활용하는 데 일정한 한계가 있다. 네 가지 다이아몬드 구성요소가 너무 포괄적이어서 실제 구체화하는 과정에서 해석의 여지가 너무 많다. 특히 전략이나 구조 등은 너무 큰 개념이고, 정답도 있을 수 없기 때문에, 중요한 것은 알겠지만 구체적으로 어떤 지표를 선택해야 할지 막막하다.

또 다이아몬드 모델은 기본적으로 국내 여건을 기반으로 개발됐다. 포터 교수가 연구했던 1980년대에 비해 지금은 글로벌화의 속도와 폭이 비교가 되지 않는다. 글로벌화가 진전되면서 기업뿐만 아니라 개인도 실리콘밸리로 넘어가 창업할 수 있는 시대가 열렸다. 남아공 출신의 앨런 머스크가 실리콘밸리로 넘어가 테슬라 같은 어마어마한 규모의 기업을 만들 수 있는 시대다. 즉 국내적으로 다이아몬드 모델의 네 가지 요인 모두가 턱없이 부족해도 글로벌화

▼ [그림 4] 더블다이아몬드 모델

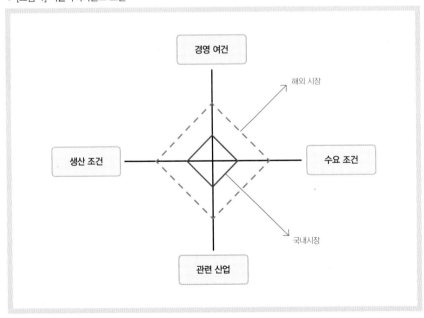

출처: Moon et al. (1998)[27]

를 통해 얼마든지 문제를 해결할 수 있는 시대다.

　싱가포르 같은 나라는 생산요소도 빈약하고, 인구가 적어 수요 조건도 취약하며, 관련 지원 산업도 부실하고, 경쟁도 기대하기 어려웠다. 하지만 글로벌화로 이 모든 문제를 해결해 강력한 경쟁력을 확보한 사례도 있다. 이에 대한 보완적 모델로 〈그림 4〉와 같은 더블 다이아몬드 이론*도 개발된 바 있다.

●**더블다이아몬드 이론**
국내 상황에 기초한 다이아몬드 외에 글로벌화를 통한 다이아몬드를 추가하는 모델

05

경쟁자 분석

분석 방법

경쟁자의 움직임은 산업의 구조에는 물론이고 경쟁기업의 점유율이나 수익성에 직접적인 영향을 끼칠 수 있다. 마이클 포터 하버드대학 교수는 《경쟁 전략》[28] 에서 경쟁자를 분석할 수 있는 틀을 제시했다. 〈표 12〉에 제시된 항목별로 구체적인 내용을 채워가면서 경쟁사가 중요하게 생각하는 내용이 무엇인지, 어떤 역량을 갖고 있으며, 향후 어떤 전략을 취할 것인지 예상할 수 있는 단초를 제공한다. 이를 바탕으로 경쟁사의 현황을 파악한 후 정보를 토대로 경쟁사의 강점과 약점, 향후 전략적 움직임에 대한 예측을 〈표 13〉처럼 해볼 수 있다.

▼ [표 12] 경쟁사 현황

항목	경쟁사 현황	항목	경쟁사 현황	…
목표/비전		유통망		
조직 구조		마케팅/영업		
인재상		제조/운영		
성과지표		연구개발		
인센티브		재무상태		
제품		CEO		

	현재 경쟁사 A	잠재 경쟁사 B
경쟁사 목표		
강점		
약점		
향후 예상 전략		

이처럼 복잡한 표를 만들어 경쟁사를 분석하는 방법도 있지만, 아주 간단한 세 가지 질문을 통해 경쟁사의 움직임을 예측하는 방법이 보다 효과적이라는 주장도 있다. 케빈 코인 에머리대학 교수 등은 〈하버드비즈니스리뷰〉 기고문을 통해, '① 경쟁사가 대응할 것인가? ② 경쟁사는 어떤 대안을 적극 고려할 것인가? ③ 이 가운데 경쟁사가 선택할 가능성이 높은 안은 무엇인가?'라는 질문만 해도 전략적 의사결정에 필요한 경쟁자의 움직임을 효과적으로 에측할 수 있다고 강조했다.[29]

이런 접근이 필요한 이유는 생각보다 많은 회사가 이미 확정된 예산과 계획에 따라 움직이고 있으며, 많은 대안을 고려하기 힘들기 때문에 복잡한 분석이 오히려 힘만 낭비하고 예측의 정확성을 떨어뜨릴 수 있다는 문제의식에서 시작한다. 경쟁사의 움직임을 예측하기 위해 수많은 대안을 추론해보고 복잡한 게임이론을 적용하기보다, 최근 움직임을 토대로 두세 가지 가능성 높은 대안을 추론해 이와 관련한 대비책을 마련하는 게 보다 효율적이라는 접근이다.

분석의 한계

경쟁사의 동향과 움직임은 많은 기업이 알고 싶어 하는 정보이고, 실제 경영 의사결정에 적지 않은 영향을 끼친다. 해외직접투자이론 가운데 경쟁사가 특정 지역에 투자하면 다른 기업도 따라 한다는 이론이 있을 정도로 전략적 의사결정에서 경쟁사의 움직임은 중요한 영향을 끼친다. 또 경쟁사와의 상호작용을 통해 산업이나 기업의 수익성이 큰 영향을 받기도 한다.

하지만 지나친 경쟁사 중시 사고는 다른 문제를 유발할 수 있다. 경쟁사를 아무리 분석해도 혁신적 아이디어를 도출하거나 획기적 개선을 이뤄낼 확률은 그리 높지 않다. 정말 열심히 노력해야 겨우 잘나가는 경쟁사 수준에 도달할 뿐이다. 경쟁자보다는 다른 산업 분야에서 아이디어를 도출하는 게 더 바람직하다.

유명한 저가 항공사 사우스웨스트는 자가용 운송수단의 가치요소를 접목해 크게 성공했고, 메릴린치는 여러 상품을 함께 모아서 파는 슈퍼마켓의 원리를 가져와 금융업의 슈퍼마켓이란 개념으로 크게 성공했다. 이처럼 급진적 혁신을 불러오는 아이디어는 경쟁사보다는 다른 곳에서 많이 나온다(이 책 후반부에서 살펴볼 블루오션 전략의 핵심 아이디어도 외부에서 아이디어를 찾는 것이다).

또 경쟁자를 중시하는 시각을 가질 경우 파괴적 혁신에 대응하기 힘들다. 대부분 국가의 택시회사들은 다른 택시회사들을 경쟁자로 생각했다. 하지만 갑자기 차량을 한 대도 소유하지 않고도 운송 서비스를 제공하는 우버 등 차량공유회사들이 등장하면서 많은 택시회사가 파산하고 있다. 금융회사의 가장 큰 경쟁자는 기존 금융회사들이었다. 하지만 지금 가장 큰 위협은 카카오톡 기반으로 은행 사업에 진출한 카카오뱅크와 카카오페이, 포털 서비스로 결제시장에 진출한 네이버 페이, P2P 대출이나 크라우드 펀딩, 간편 결제 서비스 등으로 무장한 스타트업 등이다. 경쟁자를 분석하고 대응책을 마련하느라 골몰하는 순간, 혁신으로 무장한 전혀 새로운 경쟁자가 등장해 시장을 야금야금 잠식해오고 있다.

비즈니스 역사 속에서도 경쟁사의 움직임에만 주목하다가 혁신에서 뒤처진 사례를 자주 목격할 수 있다. 휴렛팩커드(HP)가 대표적인 사례다. HP는 PC

시장 1위가 되기 위해 가장 강력한 경쟁자였던 컴팩을 합병하며 경쟁사 제압에 최선을 다했다. 하지만 스마트폰과 태블릿 시장이 커지면서 기존 PC 시장 전체가 위축됐다. 합병을 해서 1위가 되었지만 시장 전체가 위축되면서 성과를 내지 못했다. 스마트폰 등 급성장하는 새로운 시장을 공략하기 위한 전략적 대응이 훨씬 더 중요했다. 하지만 기존 시장과 경쟁사만 중시하다가 근본적인 시장 환경 변화에 대응하지 못한 것이다.

경쟁사의 움직임은 현실적으로 경영자의 최대 관심사 중 하나다. 글로벌 컨설팅사에서 일하는 컨설턴트들이 고객기업들로부터 가장 자주 주문받는 사항도 경쟁사가 무엇을 하는지에 대한 정보라고 한다. 하지만 아쉽게도 기밀 사항은 알기도 어렵고, 설령 알았다 하더라도 경쟁사의 움직임을 그대로 따라가기 쉽지 않은 경우가 대부분이다. 경쟁사보다는 고객의 움직임, 시대 변화의 본질을 파악하는 게 더 중요하다.

06

내부환경 분석

왜 내부환경 분석이 필요한가?

포터 교수의 5 Forces 모델은 산업 간 평균 수익률의 차이를 체계적으로 설명하는 훌륭한 방법론이다. 하지만 큰 약점이 있다. 같은 산업에 속해 있더라도 어떤 기업은 탁월한 성과를 내고 어떤 기업은 그렇지 않다. 출판산업은 진입장벽이 낮고, 경쟁이 치열하며, 공급업체와 고객의 힘이 강한 데다, 대체재도 많아 최악의 산업으로 분류되지만, 여전히 일부 기업은 매우 높은 수익을 내고 있다. 결국 산업구조 외에 개별 기업의 성과 차이를 설명할 다른 요인이 필요하다.

산업구조 분석 모델의 한계를 극복할 수 있는 대안적 접근이 바로 기업 내부의 자원을 중시하는 시각이다. 즉 같은 산업구조라고 하더라도 기업마다 갖고 있는 자원의 차이가 있고, 이 차이가 동종산업에서 성과의 차이를 나게 한다는 게 자원 기반 접근법(Resource-based view)의 핵심 내용이다.

기업을 자원의 집합체로 보는 시각은 1950년대에 제시됐지만 큰 관심을 모으지는 못했다. 그러다 1984년, 자원 기반 관점이 본격적으로 논의됐다가 1990년대를 거치면서 폭발적 관심을 모았고, 전략 경영 분야에서는 가장 각광받는 이론으로 자리 잡았다.

그렇다면 앞서 살펴본 산업구조와 기업의 자원 가운데 기업 성과에 끼치는 영향은 어떤 것이 더 클까? 마이클 포터 교수의 연구 결과, 산업의 구조는 기업 실적 변동성의 17%를 설명하지만, 기업 특유의 자원은 31%를 설명했다. 즉 산업의 구조보다는 기업이 가진 자원이 미치는 영향이 더 크다는 의미다.

산업구조나 기업이 자원 외에 실적 차이를 가져오는 나머지 50% 정도의 요인은 운 같이 체계적으로 분석할 수 없는 것들이다.[30] 단일 요인으로는 역시 운과 같은 요소가 기업의 성과에 큰 영향을 끼치지만, 이는 통제의 대상이 아니다. 경영자들이 관심을 가져야 할 요소는 산업의 구조와 더불어 기업 내부의 자원이라고 볼 수 있다.

이번에는 지금까지 살펴본 외부환경으로부터 기업 전략을 도출하는 방법과 다른, 새로운 접근법을 알아본다. 산업구조를 분석해 우호적인 여건을 가진 곳으로 포지셔닝하는 전략 외에, 기업이 가진 고유의 자원과 역량 등을 분석해 취약점을 보완하거나 강점을 더 강화시키는 접근을 통해서도 얼마든지 높은 성과를 창출할 수 있다.

그럼 내부역량을 분석해 핵심역량 관점에 근거한 전략을 수립하는 방법론,

읽을거리

KAIST 장세진 교수의 연구 결과도 마이클 포터 교수의 연구와 유사하다. 장 교수는 한국 기업을 대상으로 실시한 연구에서, 산업구조는 12%, 기업의 자원은 21%의 영향을 끼쳐 역시 산업구조보다는 기업의 자원이 실적 차이를 설명하는 더 중요한 변수라는 사실을 또 한 번 입증했다.

한국 기업의 경우 기업집단 효과가 9%에 달해 포터 교수가 연구한 외국 기업 샘플에서 나타난 기업 집단의 영향력 4%에 비해 높은 것으로 나타났다. 재벌 구조의 특성상 어떤 기업 집단에 소속돼 있느냐가 외국에 비해 더 중요했다.

그리고 최근에 각광을 받고 있는 동태적 역량(Dynamic capabilities)에 대해 살펴보도록 하자.

내부환경과 전략

기업의 자원을 토대로 어떻게 훌륭한 전략을 세울 수 있을까? 실제 사례를 보면 쉽게 이해할 수 있다. 자원 기반 관점의 학자들은 '캐논과 혼다가 없었더라면 과연 이 이론을 효과적으로 설명할 수 있었을까?' 하는 의심이 들 정도로 이 두 기업의 사례를 자주 논의한다. 그래서 필자도 두 기업 사례로 자원 기반 관점을 설명한다.

캐논은 디지털카메라, 캠코더, 스캐너, 복사기, 팩시밀리, 프로젝터, 프린터, 반도체 생산설비 등 수많은 제품 포트폴리오를 갖고 있다. 이처럼 다양한 사업은 모두 정밀광학, 정밀기계, 전자기술 등 세 가지 핵심역량에 기반한다.

캐논은 현미경을 생산하는 작은 업체에서 출발했다. 이후 현미경 제작 과정에서 축적한 과학기술을 활용해 카메라시장에 뛰어들었으며, 여기서 축적한 광학기술과 전자기술을 결합해 전자계산기, 프로젝터, 컴퓨터 등의 분야로 또 한 번 사업을 확장했다. 해외 업체와의 제휴를 통해 기술을 축적했고, 복사기에서 개발한 차별화된 기술을 레이저프린터에 적용했다. 그리고 이를 또 다시 반도체 생산설비에 적용하는 식으로 사업을 확장한 것이다. 핵심역량에 대한 지속

캐논(좌)과 혼다(우)의 홈페이지

적이고 집중적인 투자가 다양한 사업으로 결실을 맺었다는 분석이 가능하다.

혼다도 캐논과 유사하게 핵심역량을 강화·발전시키면서 사업을 확장했다. 혼다는 자동차회사로 잘 알려져 있지만, 원래 오토바이회사로 출발했다. 그러다 동력기술을 발전시켜 경운기나 제초기, 스노모빌, 자동차, 요트, 발전기, 소형 비행기 등으로 사업 영역을 지속적으로 확장했다. 이처럼 다양한 사업을 영위하며 성장할 수 있었던 비결에는 동력기술이 자리 잡고 있다는 분석이다.

이런 현상은 나무의 비유를 통해 쉽게 설명할 수 있다. 나무의 뿌리에 해당하는 것이 핵심역량이다. 나무의 줄기는 핵심 제품이며, 가지에 해당하는 게 사업부다. 그리고 열매에 해당하는 게 최종 제품이다. 혼다의 사례를 보면 동력기술이 뿌리에 해당하는 핵심역량이며, 줄기에 해당하는 핵심 제품은 엔진, 나뭇가지에 해당하는 사업부는 자동차사업부, 열매에 해당하는 최종 제품은 어코드나 오토바이 등으로 비유할 수 있다.

기업을 이런 시각에서 분석하면 전략적 의사결정이 달라질 수 있다. 예를 들어, 많은 기업이 눈에 보이는 열매를 수확하기 위한 투자에 집중한다. 혼다 어코드 같은 개별 차종의 판매 및 마케팅에 집중 투자하는 식이다. 하지만 수많은 제품의 원천은 땅 속에 있어 눈에 보이지 않는, 뿌리에 해당하는 동력기술이다. 현명한 기업은 눈에 잘 보이지 않는 뿌리에 대한 투자에 더 관심을 기울인다.

참고하세요

국내에서도 캐논이나 혼다와 유사한 사례를 어렵지 않게 찾아볼 수 있다. 국내의 한 중소기업은 원래 제철 공정에서 쓰이는 공업용 탈지제를 생산했다. 그런데 기름이나 오물 제거와 관련한 기술을 기반으로 이 회사는 친환경 주방세제를 개발했고, 인기를 얻자 샴푸, 비누, 세제, 치약, 세탁세제, 욕실세정제 등으로 사업을 확장했다. 모두 친환경 세제기술을 기반으로 한 것이다.

실제 핵심역량 관점을 대중화시키는 데 크게 기여한 게리 하멜 교수와 고
(故) C.K. 프라할라드 교수는 〈하버드비즈니스리뷰〉에 기고한 논문[31]에서
'뿌리'에 대한 투자의 중요성을 강조했다. 정보기술업체인 일본 NEC와 미국
GTE의 엇갈린 운명이 이를 잘 설명한다.

1980년대 초반까지 GTE는 NEC보다 규모도 크고 훨씬 앞서가는 업체였다.
하지만 NEC는 컴퓨터와 커뮤니케이션 통합(Computer&Communication)기술
이 대세로 자리 잡을 것이란 비전하에 C&C위원회를 설립하고, 관련 반도체기
술을 확보하기 위해 100건이 넘는 전략적 제휴를 추진했다. 반면, GTE는 이
런 비전을 갖지 못했고, 사업부별로 독립적으로 수익성을 독려하다가 근본적
인 경쟁우위의 원천을 찾지 못했다. 결국 일부 사업부가 팔려나갔고, 매출은
NEC에 추월당했으며, 1990년대 후반 다른 회사에 합병됐다. 두 회사의 성과
차이를 가져온 요인은 눈에 잘 보이지 않는 핵심역량 중심으로 경영했느냐,
아니면 눈에 너무나 잘 보이는 사업부 중심으로 경영을 했느냐다.

이처럼 눈에 보이는 제품과 사업부 중심의 시각에서 벗어나 핵심역량 관점
에서 사업을 보면 완전히 새로운 전략 수립이 가능해진다.

핵심역량의 관점은 다음과 같은 측면에서 전략적 의사결정에 큰 도움을 준다.

우선, 핵심역량은 기업의 포트폴리오 관리와 관련해 훌륭한 판단 기준을 제
공해줄 수 있다. 기업은 성장하기 위해 다양한 사업 분야에 진출하거나, 현재
사업의 일부를 철수하는 등 기업의 명운을 좌우할 수 있는 의사결정을 내려야
한다. 이 과정에서 어떤 사업에 진출해야 하고, 어떤 사업에 진출하지 말아야
할지 결정할 때, 무엇을 기준으로 할 것인지라는 심각한 문제에 직면한다. 단
순히 미래의 사업 전망에 의존하는 것만으로는 충분치 않다. 미래에 대한 예
측은 자주 실패하기 때문이다.

이런 고민에 도움을 줄 수 있는 좋은 기준 가운데 하나가 바로 핵심역량이다. 핵심역량과의 연관성이 있다면 외견상 사양산업이고 매력도가 떨어져도 지속적으로 투자할 수 있으며, 사업 전망이 밝더라도 핵심역량과 관련이 없다면 진출하지 않는 쪽으로 의사결정을 내릴 수 있다.

예를 들어, 많은 미국 업체가 TV 시장에서 일본 업체들과의 경쟁이 심해지자 TV 산업에서 철수하고 말았는데, 이로 인해 나중에 VTR과 DVD, HDTV 산업에서 찾아온 거대한 기회를 놓치고 말았다는 분석이다. 한국에서도 한때 태양광 등 대체에너지 사업에 대해 모두가 장밋빛 전망을 내놓았고, 일부 기

참고하세요

자원, 능력, 역량, 핵심역량

자원기반이론에 근거해 전략을 수립할 때 자주 등장하는 용어가 있다. 자원(Resource), 능력 혹은 역량(Capabilities or Competencies), 핵심역량(Core competencies)이 그것이다.

자원은 일반적으로 기업이 갖고 있는 모든 것을 뜻한다. 공장이나 본사 건물, 사무기기 등 유형자원은 물론이고, 내부에 보유한 현금이나 차입능력 같은 금융자원, 특허나 저작권, 연구설비 등 기술자원, 브랜드나 명성 혹은 고객 충성도 등 눈에 보이지 않는 무형자원, 그리고 인적자원까지 모두 포함하는 광범위한 용어로 쓰인다. 능력 혹은 역량은 '기업이 보유한 자원을 생산적 목적으로 활용할 수 있는 역량'을 뜻한다. 다시 말해, 기업이 갖고 있는 유무형의 자원을 활용해 기술개발능력, 마케팅능력, 인적자원 개발능력, 운영능력, 효율적 생산능력 등이 역량이나 능력에 포함된다.

이런 여러 가지 역량이나 능력 가운데 기업의 경쟁우위 형성에 매우 중요한 원천이 되는 것을 핵심역량이라고 표현한다. 여기서 중요한 것은 핵심역량이란 절대적 개념이 아니라 상대적 개념이라는 사실이다. 만약 우리 기업이 노벨상 수상자를 비롯해 탁월한 연구개발능력을 보유하고 있다 하더라도, 상대 기업이 더 뛰어난 연구개발 성과를 내고 있다면, 우리의 연구개발능력은 핵심역량이 될 수 없다. 이런 상황이라면 연구개발능력을 더 키워 핵심역량으로 만들거나, 마케팅이나 생산능력 등 다른 역량을 키워 경쟁자보다 우월한 가치를 창출하는 접근을 고려해볼 수 있다.

업은 핵심역량에 대한 고려 없이 이 사업에 뛰어들었다. 결국 일부 회사는 이 때문에 법정관리에 들어가기도 했다. 이런 실패를 막을 수 있는 유력한 대안으로 핵심역량을 꼽을 수 있다.

핵심역량, 어떻게 파악하나

핵심역량이 이처럼 전략 결정에 중요한 역할을 한다면, 기업들이 해야 할 일은 자사의 핵심역량이 무엇인지 파악하는 것이다. 핵심역량이 무엇인지 파악해야 기업의 뿌리를 더 튼튼하게 만들기 위한 투자를 할 수 있기 때문이다.

물론 핵심역량이 무엇이냐는 질문에 즉각 답을 할 수 있는 기업도 있다. 하지만 그렇지 못한 기업도 있다. 혹은 상당수 기업은 핵심역량이라고 할 만한 역량 자체가 없는 경우도 있다. 이런 기업들이 어떻게 내부환경 분석을 통해 핵심역량에 관련한 의사결정을 할 수 있을까?

우선 핵심역량을 파악하려면 기업의 활동을 분석해야 한다. 기업은 수없이 많은 활동을 하고 있다. 이 가운데 경쟁력과 직결되면서 다른 경쟁사보다 우월한 분야를 찾아내면 핵심역량이 무엇인지 알아낼 수 있다.

수많은 기업 활동을 체계적으로 보여주는 툴로 두 가지 정도를 꼽을 수 있다. 하나는 컨설팅사 맥킨지의 비즈니스 시스템이고, 다른 하나는 마이클 포터 교수의 가치사슬이다. 둘 다 기업이 가치를 창출해가는 활동을 순서대로 배열한 것이다.

맥킨지 비즈니스 시스템은 기술개발과 신제품 디자인, 생산, 마케팅, 유통, 서비스 과정을 거치면서 제품이나 서비스가 만들어지고 소비자들에게 전달된다는 것을 강조한 툴이다. 포터의 가치사슬도 유사한 취지다. 다만 포터의 가치사슬은 주 활동과 보조 활동을 구분해 기업 활동 가운데 더 많은 부분을 커버하고 있다는 점에서 학계와 현업에서 활용도가 높다.

주 활동은 구체적인 제품과 서비스가 개발되는 과정을 서술한 것이고, 보조 활동은 이들 주 활동에 전반적인 영향을 주는 것으로 구매, 기술개발, 인사관리, 기획, 재무, 전산 시스템, 법률지원 등의 활동을 의미한다(여기서는 핵심역량 파악을 위한 툴로 가치사슬을 활용한다).

효과적인 내부환경 분석을 위해서는 가치사슬에 명시된 각 항목별로 필요한 역량을 나열해야 한다. 예를 들어, 구매 활동과 관련해서는 입찰 시스템의

▼ [그림 5] 맥킨지 비즈니스 시스템

기술개발 〉 제품 디자인 〉 생산 〉 마케팅 〉 유통 〉 서비스 〉

▼ [그림 6] 마이클 포터 교수의 가치 사슬

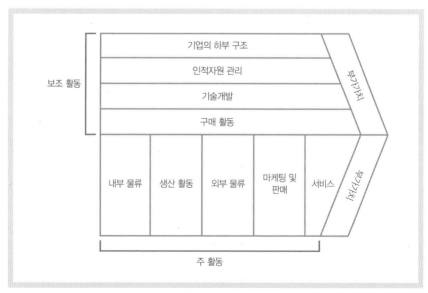

안정성, 구매처와의 협상력, 신규 구매처 발굴능력, 적기 공급능력 등이 중요하다고 판단할 수 있다.

이렇게 가치사슬에 있는 대분류 항목에 대해 세부역량을 나열한 다음, 각 세부역량에 전략적 중요도와 경쟁우위 수준을 판단해서 점수화하면 된다. 〈표 14〉에서 예시된 것처럼, 개별 역량을 정의하고 각 항목에 대해 평가 점수를 기록해야 하는데, 이 과정에서 정확도를 높이기 위해서는 복수의 참가자들이 매긴 값의 평균을 구하는 방식을 도입해서 편견을 최소화할 필요가 있다.

특히 경쟁우위 수준은 경쟁사와 비교한 것으로 주관적 판단이 개입될 소지가 있기 때문에, 가장 위협적인 경쟁자를 구체적으로 명시해서 참가자들의 주관적 판단을 최소화할 필요가 있다.

▼ [표 14] 핵심역량 분석 사례

구분	역량	전략적 중요도	경쟁우위 수준
1. 구매	1.1 구매 입찰 시스템 안정성	2	3
	1.2 구매처와의 협상력	7	8
	1.3 신규 구매처 발굴능력	4	3
	1.4 적기공급능력	2	8
	1.5 위기대응역량	4	8
2. 생산	2.1 생산 규모	3	2
	2.2 불량률	6	4
	2.3 고객 맞춤 제품 생산역량	8	5
	2.4 급격한 수요 변동 대처역량	5	5
	2.5 화재 등 재해 관리역량	9	9
	2.6 생산 공정 개선역량	6	8
3. 인사 관리	3.1 성과주의 정착 수준	5	4
	…	…	…

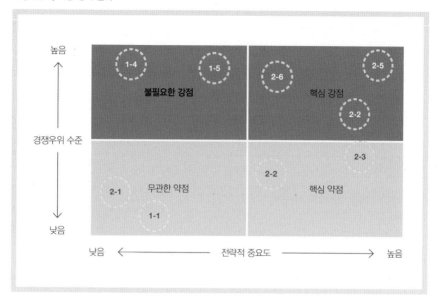

평가가 끝나면 〈그림 7〉과 같이 주요 활동들이 얻은 점수를 표시해 한눈에 기업의 역량 가운데 어떤 게 중요하고 현재의 수준은 어떤지 파악할 수 있다.

이런 결과를 놓고 전략적 중요도가 높고 경쟁우위 수준이 높은 영역을 집중 육성하고, 전략적 중요도가 높지만 약점으로 꼽히는 영역은 학습과 제휴 등을 통해 보완하는 전략을 수립할 수 있다. 물론 이런 복잡한 방법을 거치지 않고도 해당 기업을 잘 알고 있는 경영자라면 직관적으로 핵심역량을 추출할 수 있을 것이다.

핵심역량과 관련해 제기되는 몇 가지 이슈를 살펴보자.

:: 핵심역량은 많을수록 좋은가?

그렇지 않다. 확실한 핵심역량 한두 개를 갖고 있는 게 애매한 역량 20~30개를 가진 것보다 성과에 훨씬 더 기여한다. 컨설팅사들은 3~4개의 정도의 핵심역량을 키우라고 조언한다. 육성해야 할 핵심역량이 너무 많을 경우 오히려 전략적 초점이 분산된다. 제한된 자원을 너무 많은 곳에 분산 투자하면 효율성이 떨어질 수밖에 없다.

:: 핵심역량으로서 자격을 갖추고 있는지 검증할 수 있는 방법은 없나?

유명한 VRIN 테스트가 있다. VRIN은 가치 있고(Valuable), 희소하며(Rare), 모방 불가능하고(Inimitable), 대체하기 힘들어야(Non-substitutable) 한다는 원칙이다. 세부 항목의 내용은 다음과 같다.

가치 있어야 한다 핵심역량은 가치를 창출할 수 있어야 한다. 시스코는 수많은 인수합병 경험을 축적하면서 인수 대상 선별, 가격 협상, 합병 후 통합 등과 관련한 수많은 노하우를 취득했다. 당연히 이런 역량은 실질적인 가치를 창출하는 데 크게 기여한다.

희소해야 한다 아무리 가치를 창출하는 데 기여하더라도, 희소하지 않은 범용 자원이나 역량이라면 핵심역량이 될 수 없다. 예를 들어, 특허로 보호받는 제약업체의 기술은 희소한 자원이지만, 일정 기간이 지나 복제가 허용되는 순간 범용기술이 되면 더 이상 핵심역량이 될 수 없다.

모방할 수 없어야 한다 가치를 창출하고 희귀한 자원이라도 남이 쉽게 모방해 버리면 핵심역량으로 보기 힘들다. 미국 메이저리그 오클랜드 애슬리틱스의 빌리 빈 단장은 제한된 자원으로 우수한 성과를 내기 위해 저평가된 선수를 영입하기로 결심했다. 이를 위해 빌리 빈은 당시 대부분 구단에서 관심을 갖고 있던 타율이 아닌 출루율을 선수 영입 기준으로 적용해 크게 성공했다.

안타를 치든, 포볼을 고르든 일단 출루를 많이 하는 게 중요하다는 판단으로 선수들을 분석했고, 저평가된 유망주를 쉽게 고를 수 있었다. 이런 선구안은 한동안 경쟁우위의 원천으로 작용했다. 그러나 다른 구단이 이를 따라 하면서 문제가 생겼다. 사실 출루율 데이터는 조금만 관심만 가지면 알 수 있는 것이기 때문에 모방하기도 쉽다. 쉽게 모방이 되면서 출루율에 기초한 선수 선발역량은 더 이상 핵심역량이 될 수 없었다.

대체하기 힘들어야 한다 전사적 자원 관리(ERP)나 고객관계 관리(CRM) 같은 시스템은 누구라도 돈만 주면 쉽게 사서 구축할 수 있다. 하지만 ERP 시스템을 효과적으로 운영하는 기업 문화, CRM 시스템을 토대로 새로운 관점에서 데이터를 분석하고, 전혀 다른 통찰을 찾아내며, 신제품을 개발하는 능력은 대체수단을 찾기가 쉽지 않다. 브랜드 같은 자원도 해당 브랜드만이 갖고 있는 특징에 기인한 것이어서 마찬가지로 대체 수단을 찾기 어렵다.

위와 같은 VRIN 원칙에 따라 핵심역량을 평가해보면, 핵심역량으로서의 조건을 갖췄는지 그렇지 않은지를 판단할 수 있다.

:: 핵심역량을 파악하고 이를 키우는 전략적 의사결정이 항상 좋은 결과를 가져오나?

그렇지 않다. 핵심역량의 이면에는 핵심경직성(Core rigidities)[32]이 자리 잡고 있다. 핵심역량과 핵심경직성은 사실 같은 말이라고 할 수 있다. 예를 들어, 창의성을 중시하는 조직의 문화는 디자인이나 IT산업처럼 창의성이 중시되는 분야에서는 핵심역량으로서 큰 가치를 창출할 수 있다. 하지만 불량률을 최소화하고 정해진 절차를 반드시 지켜야 높은 성과를 내는 전통적인 제조업

감독 시절의 히딩크(출처: National Archief Fotocolletie Anefo)

분야의 기업이라면 창의성을 중시하는 문화가 오히려 성과 창출에 결정적인 걸림돌이 될 수 있다. 빛이 있으면 그림자가 생기듯, 어떤 측면에서 핵심역량을 가졌다는 의미는 다른 상황이 펼쳐질 때 굉장한 어려움을 가진다는 것과 같다.

이런 사례는 주위에서 쉽게 찾아볼 수 있다. 실무자로서 탁월한 성과를 냈던 사람이 관리자가 돼서 망가지는 경우가 가장 대표적이다. 이런 일이 생기는 가장 큰 이유는 실무자 때의 성공 요인, 즉 핵심역량이었던 꼼꼼한 일처리가 관리자 때는 오히려 핵심경직성이 되기 때문이다. 실무자는 혼자서 일만 잘 처리하면 된다. 또 일을 잘 처리했기 때문에 관리자로 승진했을 것이다. 하지만 관리자가 되면 실무자처럼 모든 일을 스스로 완벽하게 처리하려는 성향은 심각한 부작용을 낳는다. 사사건건 간섭하면서 팀원들을 지도하다 보면 팀워크가 깨지고 부하직원들이 불만을 유발하게 된다.

관리자는 자신이 일을 잘한다고 성과를 내는 게 아니다. 부하직원으로 하여금 일을 잘하게 해서 성과를 내야 한다. 자신이 직접 일을 처리하던 습관은 관리자로서 역량을 발휘하는 데 오히려 걸림돌이 된다. 자기에게 주어진 일을 잘 처리하는 것과 부하직원에게 동기부여하고 몰입하게 만드는 것은 전혀 다른 역량을 필요로 한다. 그래서 히딩크 감독처럼 오히려 현역 시절 별다른 성과를 내지 못한 선수 출신들이 감독으로서 크게 두각을 나타내기도 한다.

동태적 역량

씨름을 하기 위해 몸집을 불리며 힘을 엄청나게 키웠는데, 씨름시장이 몰락해버리고 격투기시장이 열렸다면? 씨름 경기에서 핵심역량이었던 거대한 덩치가 격투기에선 핵심경직성이 돼버린다. 격투기에서는 엄청난 몸집은 동작을 굼뜨게 하고 공격을 쉽게 허용하는 치명적 약점이 될 수 있기 때문이다.

이처럼 기업 환경이 빠르게 변화하면 핵심역량은 한순간에 핵심경직성으로 돌변한다. 이런 상황에서 어떻게 해야 할까? 이런 고민 끝에 나온 개념이 바로 동태적 역량이다.

미국 UC버클리 하스경영대학원 데이비드 티스 교수는 1994년 동태적 역량(Dynamic capabilities)[33]이란 개념을 처음 제시했고, 이후 전략 경영 분야의 학자들 사이에서 가장 많이 인용된 개념 가운데 하나가 됐다. 자원 기반 관점에 따르면, 가치 있고 모방하기 힘든 자원을 확보하면 지속가능한 경쟁우위를 가진다고 판단했다. 하지만 이것만으로는 충분치 않다는 게 현실에서 드러났다.

노키아와 애플의 사례가 이를 잘 보여준다. 노키아는 애플보다 무려 네 배나 많은 연구개발비를 썼던 회사다. 싸고, 튼튼하고, 잘 터지는 휴대전화를 만드는 역량, 하나의 플랫폼으로 수백 개의 모델을 만들어내는 역량은 타의 추종을 불허했다. 어떤 강도 높은 VRIN 테스트를 해도 거뜬히 통과할 수 있는 매력적인 핵심역량을 갖고 있었다. 하지만 망했다. 갑자기 시장이 스마트폰으로 바뀌면서 위대한 핵심역량이 한순간에 핵심경직성으로 돌변해버렸다.

반면 애플은 달랐다. 디자인역량 등 매력적 자원도 물론 보유하고 있었지만, 시장의 변화 양상을 잘 파악하는 민감한 촉수를 갖고 있었다. 그리고 시장

● **기업가정신**
과감한 도전정신을 갖고, 위험을 감수
하며, 혁신을 추구하는 사업가의 태도
나 자세를 말한다.

의 변화를 수동적으로 추종하는 게 아니라, 기업가정신●
을 갖고 지금까지 세상에 없던 새로운 신제품을 개발해 출
시하며 시장의 지형을 바꾸려는 용기도 갖고 있었다.

이런 야심찬 계획을 실현하기 위해 내부자원 가운데 필요한 역량은 더 키웠
고, 부족한 역량은 외부에서 사들이거나 제휴나 협력을 통해 확보했다. 아이
폰은 애플이 콘셉트를 잡고 디자인을 했지만, 내부 부품의 대부분은 미국이나
아시아 지역 제조업체가 공급했으며, 애플리케이션은 누구나 만들어서 공급
할 수 있는 시스템을 구축했다.

기업이 이미 보유한 몇 가지 역량이 이런 일을 가능케 했다고 볼 수는 없다.
외부환경의 변화를 파악하고 기회를 추출해서 기업의 내·외부 자원을 적절히
재배치하는 역량을 성공의 핵심요인으로 볼 수 있다.

애플이 가졌던 역량을 한 마디로 표현한 것이 바로 동태적 역량이다. 데이

아이폰은 애플이 디자인했지만, 제조는 중국에서, 애플리케이션은 누구나 공급할 수 있도록 하는 시스템을 구축했다.

비드 티스 교수 등은 동태적 역량을 '급격한 환경 변화에 대응해 기업 내부와 외부의 역량을 통합하고(Integrate) 구축하고(Build) 재구성하는(Reconfigure) 능력'이라고 정의했다. 예를 들어, 스티브 잡스가 더 많은 사람이 휴대전화로 사진을 찍고, 데이터를 교환하며, 음악을 듣는 현상을 파악해 스마트폰을 만들기로 결심하고(외부환경 변화에 대응), 기업 내부와 외부의 협력자들과 함께 다양한 역량을 한 데 모아 스마트폰 운영체제를 개발하고, 필요한 부품을 조달하며 디자인을 했던(역량 통합, 구축, 재구성) 것과 같은 능력이 동태적 역량이라는 의미다.

그래도 여전히 애매하고 이해하기가 어렵다고 느끼는 독자들이 많을 것이다. 실제 동태적 역량에 대한 관심이 전략경영학계에서 크게 높아졌고, 환경 변화의 속도가 빨라지면서 이러한 역량이 중요하다는 점에 대한 공감대는 확산됐다. 하지만 정작 개념을 명확히 정의하고 측정하는 과정에서 학자들은 심각한 어려움을 겪고 있다. 전략가가 관심을 가져야 할 방향성은 분명히 맞지만, 개념이 모호하고 추상적이기 때문이다. 실제 데이비드 티스 교수는 기업이 동태적 역량을 키울 수 있는 믿을 만한 이론이 있느냐는 질문에 "아직 없다 (Not yet)"[34] 고 대답하기도 했다.

동태적 역량의 구성요소

데이비드 티스 교수는 2007년 발표한 논문을 통해 동태적 역량의 개념을 다음과 같은 세 가지 요소로 보다 구체적으로 제시했다.[35] 동태적 역량이란 개념의 창안자가 조금 더 진전된 내용을 내놓았기 때문에, 향후 이를 기반으로 논의가 더 활발해질 것으로 기대한다. 구체적인 내용은 다음과 같다.

:: 기회와 위협 감지

동태적 역량을 가진 기업들은 시장에서 생겨나는 기회와 위협요인을 잘 감지한다. 사업 기회와 위협요인이 되는 징후는 다양한 곳에서 나타날 수 있다. 때로는 신기술 개발 과정에서 나올 수도 있고, 협력업체나 납품업체들이 훌륭한 아이디어를 제시할 수도 있다. 고객의 불평이나 불만요소들을 통해, 혹은 고객들의 행동을 통해서도 감지될 수 있다. 경영자나 종업원 개인의 창의적 통찰에서 나올 수도 있다. 이렇게 다양한 소스들을 통해 제시되는 정보를 잘 취합하고 파악하며 의미를 잘 도출해내려는 노력이 필요하다.

:: 기회 잡기

좋은 아이디어를 가졌다고 해도 구체적인 제품과 서비스로 만들어 시장에 내놓지 않으면 아무 소용이 없다. 동태적 역량을 갖추지 못한 기업들은 좋은 아이디어가 제시됐다 하더라도 투자 의사결정을 제때 내리지 못한다. 반면 동태적 역량을 가진 기업은 사업화할 수 있는 비즈니스 모델을 능숙하게 만들어내며, 제품 서비스를 만들기 위해 기업 내부적으로 해야 할 일과 외부에 아웃소싱할 분야가 무엇인지 잘 판단한다.

또 제품 성공에 결정적 영향을 끼치는 보완재에 대해서도 효과적으로 관리하며 전략을 수립한다. 특히 기존 주력 제품의 자기잠식 우려로 인해 혁신적인 제품 출시를 두려워하는 우를 범하지 않는다. 마치 스티브 잡스가 아이팟-아이팟 나노-아이폰-아이패드 등을 잇따라 출시하면서 자신의 과거 주력 제품을 스스로 죽였던 것처럼 말이다.

:: 지속적인 재편

첫 번째와 두 번째 과정을 통해 성공을 경험하면 기업에는 성공 경험이 축적된다. 하지만 성공 공식이 조직의 관행으로 자리 잡으면 새로운 변화에 적응하기 힘들어진다. 동태적 역량을 가진 기업은 성공에 안주하지 않고 지속적으로 자원과 역량을 재편할 준비가 돼 있다. 내·외부의 지식과 기술을 효과적으로 흡수할 수 있는 유연하고 개방적 조직이 필요하며, 지식을 활발하게 공유하고 적극 활용하는 문화를 갖춰야 한다.

동태적 역량은 결국 조직 문화와 연결된다. 변화하는 환경에서 내외부의 다양한 소스로부터 기회를 찾아내고, 이를 비즈니스로 현실화하며, 이런 성공 방정식을 계속 반복하려면 적절한 조직 문화를 구축하는 것이 가장 중요한 과제가 된다.

경영 전략의 한 축으로 부상한 자원 기반 관점은 앞서 살펴봤듯 환경 변화의 속도가 빠를 경우 핵심역량이 핵심경직성으로 돌변할 수 있다는 치명적 약점을 안고 있다. 이에 대한 돌파구로 제시된 동태적 역량은 결국 효과적인 조직 문화로 연결된다. 전략을 수립하고 실행해야 할 최종 책임을 가진 경영자는 결국 조직의 문화를 이끌어가는 책임도 함께 가져가야 한다.

07

SWOT 분석과 전략 수립

지금까지 외부환경과 내부환경을 분석할 수 있는 유용한 툴들을 살펴봤다. 많은 경영 전략 전문가들은 내·외부환경 분석을 통해 도출된 시사점을 SWOT 분석을 통해 결합시켜 전략을 도출하는 게 바람직하다고 충고한다. 여기서는 외부와 내부환경의 연결고리로써 SWOT 분석의 의미와 한계에 대해 살펴본다.

취지와 활용 방법

전략을 수립하려면 무엇보다 넓은 시야가 필요함을 앞장에서 강조했다. 현업에서 넓은 시야를 갖는 데 도움을 주는 수단으로 가장 자주, 그리고 많이 활용되는 툴 중 하나가 알버트 험프리 교수가 개발한 것으로 알려진 SWOT 분석이다.

너무나 간결하고 쉬운 데다, 다양한 분야에 활용할 수 있는 확장성 때문에 수많은 기업에서 활용도가 높다. 사업제안서나 계획서 등에 자주 등장할 뿐만 아니라, 기업 이외의 비영리단체나 정치조직 등 여러 분야에서 활용하고 있다. 자기계발 전략을 세우는 과정에서도 이 툴이 활용되기도 한다.

SWOT는 외부의 기회(Opportunities)와 위협(Threats), 내부의 강점(Strengths)과 약점(Weaknesses)을 의미한다. 앞서 살펴본 다양한 방법론을 토대로 내부와 외부환경에 대한 맥락을 잡아냈다면, 이를 토대로 SWOT의 틀에 넣고 분석한 다음, 전략 대안을 고민해보면 된다.

중국집 사례를 통해 실제 SWOT 분석을 해보자. 실무에서는 개별 SWOT 항목에 여러 내용을 나열해야 하지만, 편의상 한 가지씩만 나열해보자. 우선 내부의 강점과 약점부터 보자. 내부의 강점으로 꼽을 수 있는 것은 해당 지역에서 30년 동안 장사를 해왔기 때문에 축적한 오랜 업력으로 인한 인지도를 들 수 있다. 약점은 중국집의 특성상 주방장과 주방 보조, 배달직원의 충성도가 약해 자주 이직한다는 점을 들 수 있다.

이제 시각을 외부로 돌려보자. 외부의 기회요인으로는 인근에 재개발이 이뤄져 700세대의 아파트 단지가 들어선다는 점이다. 그만큼 시장이 커질 수 있다. 반면 위협요인으로는 웰빙 문화가 확산되면서 튀긴 음식이 많고 기름기가 상대적으로 높은 중국 음식에 대한 소비자들의 선호도가 떨어지고 있다는 점을 들어보자.

▼ [표 15] 중국집의 SWOT 분석 사례

강점 : 오랜 업력으로 인한 인지도	약점 : 직원들의 낮은 충성도와 잦은 이직
기회 : 인근 아파트 단지 입주	위협 : 웰빙 문화 확산으로 선호도 저하

〈표 15〉 같이 SWOT 자체를 활용해 곧바로 전략적 시사점을 도출할 수 있다. 강점은 적극 활용하는 전략을 세우고, 약점은 보완하는 방안으로 접근할 수 있다. 또 기회에 대해서는 적극적인 투자를 통해 기회를 우리 것으로 만들고, 위협요인은 어떤 요인이지 파악해 완화할 수 있는 대안을 모색할 수 있다.

예를 들어, 인지도를 활용해 홍보전단을 만들고, 이미 확보된 고객에게 지인을 추천하면 혜택을 주는 식의 프로모션도 생각해볼 수 있다.

▼ [표 16] SWOT 분석을 활용한 전략 대안

강점 : 적극 활용	약점 : 보완
기회 : 적극 투자	위협 : 확인 및 완화

이보다 더 구체적인 전략을 도출하는 방법론도 개발돼 현업에서 활용되고 있다. 즉 강점과 약점, 기회와 위협을 각각 X축과 Y축에 놓고 전략 대안을 써넣을 수 있는 공간을 마련하여 표 형태를 조금 복잡하게 만들어, 네 가지 요인들을 함께 고려하면서 전략 대안을 수립하는 방법론(〈표 17〉)이다.

네 가지 항목이 서로 교차하면서 각각 강점기회(SO) 전략, 강점위협(ST) 전략, 약점기회(WO) 전략, 약점위협(WT) 전략 등 네 가지 틀의 대안 도출이 가능하다.

▼ [표 17] SWOT 분석 기반 전략 수립 사례

	강점 : 오랜 업력으로 인한 인지도	약점 : 직원들의 낮은 충성도와 잦은 이직
기회: 인근 아파트 단지 입주	강점기회(SO) 전략 (우리의 강점을 토대로 시장 기회를 잡는 전략) – 인근 신규 아파트 단지에 업력과 브랜드 파워를 앞세운 공격적 홍보	약점기회(WO) 전략 (약점을 보완해서 기회를 활용하는 전략) – 직원을 정규직으로 전환해 인근 아파트 단지 마케팅
위협: 웰빙 문화 확산으로 선호도 저하	강점위협(ST) 전략 (우리의 강점을 토대로 시장의 위협요인을 완화하거나 제거하는 전략) – 웰빙에 부합하는 신메뉴를 개발해 기존 충성도 높은 고객부터 점진적으로 공략	약점위협(WT) 전략 (약점을 보완해 미래의 위협에 대응하거나 비상 시 상황에 대처하기 위한 전략) – 웰빙 신메뉴 성공 시 주방장과 수익 배분 비율 높임

SO 전략은 우리의 강점을 활용해 시장에서 창출되는 기회를 활용하는 방법이다. 만약 이 중국집이 오래된 업력으로 높은 인지도를 갖고 있다면, 이를 토대로 인근에 들어설 신규 아파트 단지 주민들에게 집중적으로 홍보할 수 있을 것이다. 이 지역에서 30년 이상 영업을 해온 전통의 중국집이란 게 핵심 메시지가 될 것이다.

ST 전략은 강점으로 위협요인에 맞서는 전략이다. 오랜 업력에서 형성된 브랜드 로열티가 있기 때문에 단골 고객을 중심으로 웰빙 트렌드에 맞는 신메뉴를 개발해 확산시키는 게 대안이 될 수 있다.

WO 전략은 약점을 보완하면서 기회에 맞서는 전략이다. 비정규직으로 직장에 대한 충성도가 낮은 직원들이 많다는 약점을 보완하기 위해 직원을 정규직으로 전환하면서, 이들에게 신규 아파트 단지에 대한 홍보를 강화하는 방법이 대안으로 꼽힐 수 있다.

WT 전략은 약점을 보완하면서 외부 위협에 대응하는 방법이다. 웰빙 메뉴 개발을 주도할 주방장에게 인센티브를 부여해, 외부 위협에 대처하면서 내부의 취약점도 개선하는 방안을 대안으로 모색할 수 있다.

그런데 이런 전략 수립 방법론은 문제가 있다. 일반적으로 강점과 약점이 최소 세내 개 이상씩 나열되기 때문에, 실제로 활용할 때는 전략 대안의 숫자가 〈표 17〉보다 훨씬 많아진다. 여기서 문제가 생긴다. 수십 가지 전략을 한꺼번에 실천하는 것은 실무에서 큰 부작용을 일으킨다. 전략 간 상충이 생기기도 하고, 효과적 자원 배분이 이뤄지지 않게 된다.

그래서 불가피하게 우선순위를 정해야 한다. 우선순위를 정하는 방법은 다양한데, 대체로 실무에서는 두 가지 정도의 특징을 고려해서 해당 항목 모두에서 우선순위가 높은 전략을 먼저 실행하는 방법을 활용한다. 예를 들어, 개별 전략 대안의 '기대효과'와 '실행 용이성'이란 측면을 〈표 18〉과 같은 매트릭스로 만들어보고, 여러 전략 대안들이 어디에 위치하는지 판단해보면 된다.

중국집 사례 가운데 WO 전략을 보면, 직원들을 정규직으로 전환하는 것은 많은 비용이 들어가기 때문에 실행 가능성이 높지 않으며, 직원들이 정규직으

▼ [표 18] 우선순위 판단 방법 1

		기대효과	
		낮음	높음
실행 가능성	높음	ST 전략	SO 전략
	낮음	WO 전략	WT 전략

로 전환했을 때 적절한 인센티브가 설계되지 않으면 오히려 나태해질 수도 있기 때문에 기대효과까지 낮다고 판단할 수 있다. 반면 SO 전략은 오랜 업력을 토대로 전통의 중국집이라는 적절한 홍보문구를 개발하고 유인물이나 포스터를 제작해 배포하는 것은 실행 가능성도 높고, 직접적인 홍보 효과를 노려볼 수 있기 때문에 기대효과도 높다고 볼 수 있다.

이렇게 각 전략 대안의 기대효과와 실행 가능성을 종합적으로 판단해보면 〈표 18〉에 각각 대안들의 위치를 판단해볼 수 있다. 당연히 기대효과와 실행 가능성 모두 높은 전략 대안부터 실행에 옮기면 된다.

우선순위를 결정할 때 많은 요소를 한꺼번에 고려해야 한다면 〈표 19〉와 같은 간단한 도구를 이용하면 된다. 즉 각 전략별로 고려해야 할 다양한 요소에 대해 1~10점(혹은 1~5점)으로 평가를 한 뒤, 각 항목을 더해서 순위를 정할 수 있다.

참고하세요

여기서는 실행 가능성과 기대효과를 주로 분석했지만, 조직의 상황에 맞게 다른 틀로 전략의 우선순위를 판단할 수 있다.

예를 들어, 한쪽 축에는 긴급성을, 다른 한쪽에는 중요성을 놓고 판단할 수도 있으며, 다중의 지식을 모으는 방법도 활용할 수 있다. 유력한 전략 대안들을 도출한 뒤 각 대안에 대해 직원들이 스티커를 붙여 선호도를 파악해 우선적으로 실행할 전략을 먼저 결정하는 것도 현장에서 활용할 수 있는 좋은 대안 중 하나다.

보다 정교하게 접근하려면 가장 중시하는 항목에 가중치를 부여하는 방식으로(실행 가능성이 더 중요하다고 판단해 이 부분에는 50%의 가중치를 더 부여하려면, 실행 가능성 항목에는 점수 ×0.5를 하면 된다) 점수를 합산하면 된다. 이때 개인의 판단으로 인한 오류를 줄이려면 각 항목에 대한 여러 사람의 평가를 평균해서 반영하면 조금 더 객관성을 높일 수 있다.

▼ [표 19] 우선순위 판단 방법 2

	실행 가능성	전략 적합성	효과성	시급성	합계	순위
A 전략	10	2	3	4	19	3
B 전략	4	9	5	4	22	2
C 전략	2	3	4	2	11	6
D 전략	5	9	8	9	31	1
E 전략	4	5	4	1	14	5
F 전략	3	6	7	3	19	3

한계와 대안

SWOT 분석은 누구라도 쉽게 적용할 수 있는 단순함과 직관적 이해가 가능한 용이함이 가장 큰 무기다. 또 내부와 외부환경에 대한 포괄적인 고민을 할 수 있는데다, 다양한 요소들 간 결합에 의한 다수의 전략 도출이 비교적 쉽게 이뤄진다는 점은 SWOT 분석만이 갖고 있는 매력이다.

하지만 이런 단순함과 용이함 뒤에 숨겨진 덫도 적지 않다. 이런 덫에 대해 제대로 고민하지 않고 SWOT 분석을 적용하면 큰 효과를 기대하기 힘들다. 실제 활용 과정에서 제기되는 몇 가지 덫과 대안을 모색해보자.

많은 경영 컨설턴트가 SWOT 분석을 잘 활용하려면 네 가지 항목에 잘 맞게 카테고리를 분류해야 한다고 강조한다. 실무에서는 내부요인(강점과 약점)과 외부요인(위기와 기회)을 잘 구분하지 못해 잘못된 분석이 이뤄지기도 한다. 예를 들어, '신제품 출시로 인한 성장 기회 확보'는 내가 통제 가능한 내부적 요인이므로 강점에 들어가야 하는데, 이를 외부의 기회로 잘못 구분하는 사례가 나올 수 있다는 말이다. SWOT 분석에서 내부요인은 통제 가능한 변수, 외부요인은 통제가 어려운 외부환경 요인을 의미한다.

또 어떤 특정 요인이 내부요인인지 외부요인이지 잘 구분했다 하더라도, 이것을 위기나 기회, 혹은 장점이나 단점 가운데 하나로 분류해야 하는데, 여기서도 문제가 생길 수 있다. 예를 들어, 응집력이 강한 조직은 과거 생산 효율성이나 원가 절감이 지상과제였던 시절에는 장점이지만, 지금처럼 창의성이 중시되는 분위기에서는 약점으로 분류하는 게 더 타당할 수 있다.

이런 점을 신중히 감안해서 카테고리 분류를 하지 않으면, 위기가 기회로 여겨지거나 장점이 단점으로 여겨져 잘못된 의사결정으로 연결될 수 있다.

잘못된 카테고리 분류도 문제지만, 이보다 더 심각한 문제가 있다. 매우 중요한 변수인데 별로 중요하지 않은 변수로 여기거나 아예 누락하는 경우다.[36] 예를 들어, 과거 기업의 대형 복사기 시장을 장악하고 있었던 제록스는 소형 복사기 시장을 야금야금 잠식하고 있던 캐논 제품을 전략 수립 시 위협요인으로 분류하지 않았다. 엄청난 매출을 자랑하고 있던 제록스 입장에서 캐논의 미미한 초기 매출과 수준 낮은 기술력은 전혀 위협요인이 되지 못했다. 하지만 캐논은 시장 규모를 확대해가면서 제록스를 위협하는 수준에 이르렀다. 한동안 제록스의 환경 분석에서는 캐논의 위협이 거의 언급되지 않으면서 어떤 대응 전략도 제대로 마련되지 않았고, 캐논은 쉽게 시장을 장악했다.

이런 문제점을 보완하기 위해서는 어떻게 해야 할까? 전략 담당자 몇 명이

머리를 맞대고 주요 변수를 뽑아내지 말고, 활용
가능한 다양한 데이터를 토대로 변수를 추출하는
게 바람직하다. 예를 들어, 내부요인의 경우 내부
직원을 대상으로 한 설문조사 결과나 고객들의
상품 및 서비스에 대한 평가 등 다양한 소스를 토
대로 해야 한다. 외부환경과 관련해서도 전문가
나 기관들이 작성한 다양한 데이터를 토대로 중
요한 변수가 빠지지 않도록 노력해야 한다. 또 집
단적 창의성을 활용해 전략 수립 워크숍 등을 통해 문제를 여러 사람의 견해
가 체계적으로 반영될 수 있는 체제를 갖추는 것도 중요한 과제다.

지금까지는 SWOT 분석에 대한 경영계에서 논의되는 일반적인 한계나
덫에 대한 이야기였다. 하지만 이보다 더 근본적인 SWOT의 한계도 있다.
SWOT는 전략 수립의 토대를 내부와 외부환경, 긍정적인 것과 부정적인 것으
로 보는 세계관에 기초하고 있다. 하지만 이는 다분히 기계적 세계관을 가진
서구적 사고에 기초한 것이다.

현실에서 내부와 외부 세계가 서로 연결돼 있는 경우도 많다. 예를 들어,
'진입장벽이 낮아지는 등 규제 환경이 우리에게 불리하게 작용한다'는 사실은
SWOT 분석에서 당연히 외부요인으로 구분하는 게 옳다. 그러나 기업도 비
(非)시장 전략을 통해 얼마든지 규제에 직간접적인 영향력을 끼칠 수 있다. 즉
외부환경 가운데 환율이나 금리 등 거의 개별 기업이 영향력을 끼치기 어려운
변수도 있지만, 규제나 여론 등 우리의 행동에 따라 일정한 영향력을 행사할
수 있는 부분도 있다는 얘기다.

무엇보다 내·외부환경을 좋은 것(기회, 강점)과 나쁜 것(위협, 약점)으로 구

분하는 게 심각한 문제다. 빛이 있으면 그림자가 있고, 동전에도 양면이 있듯, 세상에서 우리가 접하는 대부분의 현상은 좋은 측면과 나쁜 측면을 모두 갖고 있다. 예를 들어, 인터넷 확산은 인터넷이란 새로운 매체를 활용해 사업 기회를 창출할 수 있는 엄청난 기회요인인 동시에 제대로 적응하지 못했을 때 기존 시장에 파괴적 변화를 가져올 수 있는 심각한 위협요인이기도 하다. 특정 고객이 매출의 대부분을 차지한다는 점은 대박 고객을 확보했다는 측면에서 강점이지만, 동시에 이 고객이 이탈했을 때는 회사에 엄청나게 피해를 줄 수 있기 때문에 약점이기도 하다.

즉 SWOT 분석은 양면을 갖고 있는 현상을 긍정적이거나 부정적인 한쪽 측면만 강조하게 돼 바람직하지 못한 의사결정을 유도할 수 있다. 실제 한 기업에서 여러 그룹이 SWOT 분석을 해보면 똑같은 사안에 대해 한 그룹은 강점으로, 다른 그룹은 약점으로 분류하는 사례가 있다. 강점과 약점 중 하나로 구분하도록 강요하는 SWOT 분석은 모든 사안이 지니는 다면적 측면을 반영하지 못한다는 본질적인 한계를 안고 있다.

오히려 일반인이 강점으로 여기고 있는 사안의 위협요인을 살펴보고, 모두가 단점으로 받아들이고 있는 특징을 강점으로 바라보는 사고의 발상이 현실에서는 더 유용하다. 예를 들어, 새떼가 거의 매일 출몰해 새털이 날리고 분뇨가 떨어져 최악의 영업 환경에 처한 식당을 역발상으로 접근, '새와 함께 아침식사를(Breakfast with Birds)'이란 모토로 손님들에게 새로운 체험을 제공해 성공한 사례가 있다. 모두가 강점으로 분류해놓은 항목에 대해 약점을 지적하고, 단점이라고 생각하는 대목을 강점으로 재해석하는 리더십이 훨씬 더 중요하다.

또 SWOT 분석만으로는 현재 가시화되지 않았지만 미래에 매우 중요한 영

'새와 함께 아침식사를'을 모토로 한 포트더글러스의 홈페이지. 최악의 영업 환경을 새로운 체험을 제공하는 환경으로 바꿨다.

향을 끼치는 요인들을 집어내기가 무척 어렵다. 따라서 무턱대고 SWOT부터 하기 보다는 시나리오 플래닝이나 산업구조 분석, 관찰 등 외부환경의 변화를 예측하기 위한 다양한 기법들을 함께 활용하며 사고의 폭을 넓혀야 한다.

이런 문제 때문에 SWOT 분석은 유명세만큼 활용도까지 높은 것은 아니다. 실제 1997년 학계에 발표된 논문[37]에 따르면 영국 정부가 주도하는 혁신 프로그램 50여 개 가운데 SWOT 분석을 사용한 경우는 20개 정도였고, 실제 내용을 분석해보니 일반적으로 알려진 내용을 서술하는 수준에 그쳤다고 한다. 게다가 후속 혁신 프로그램에 SWOT 분석 결과가 직접 영향을 끼친 사례는 단 세 건에 머물렀다. 그래서 이 논문 저자들은 'SWOT 분석: 이제 제품 리콜을 해야 할 때(SWOT Analysis: It's Time for a Product Recall)'라고 논문 제목을 달았다.

논문 저자들은 SWOT 분석 방법론이 만들어졌던 상황은 환경 변화가 심하지 않았던 시절이었지만, 시간이 지날수록 불확실성이 커지고 있기 때문에 SWOT 분석만으로는 좋은 전략 대안을 도출하기 어렵다고 강조한다. 혹시 SWOT 분석을 매우 중시하는 경영자라면 되새겨볼 만한 주장이다. 물론 저자들의 리콜 주장에도 불구하고 아직까지 광범위하게 활용되고 있는 것을 보면, SWOT 분석은 단순함 같은 치명적 매력을 갖고 있는 것도 부인할 수 없는 사실이다.

SWOT는 단순하고 적용이 쉽다는 확실한 매력이 있지만, 그 한계를 항상 생각하면서 현업에서 활용해야 한다. 특히 불확실성이 낮고 안정적인 환경에서, 혹은 자신의 주장을 효과적으로 뒷받침하기 위한 근거로서 SWOT 분석은 의미가 있다. 하지만 불확실성이 극도로 높은 산업에서는 SWOT에 전적으로 의존하는 것은 위험하다. 이보다 다양한 수많은 툴이나 방법론, 새로운 문제의식에 함께 동참해야 수준 높은 전략을 수립할 수 있다.

일상의 전략가 되기   02

제1차 세계대전의 교훈과 기업 경영

1914년 6월 28일, 오스트리아 황태자 페르디난트 대공 부부가 보스니아의 한 청년에게 암살되면서 전쟁이 시작됐다. 당시 많은 사람은 단기간에 전쟁이 끝날 것으로 예상했지만, 기대와 달리 이 전쟁은 1460일간 이어지면서 인류의 역사를 바꿔놓았다.

영국인들은 제1차 세계대전을 'Great War'라고 표현한다. 그만큼 엄청난 사건으로 기억하고 있고, 실제로도 상상을 초월하는 충격을 줬다. 무엇보다 놀라운 것은 무려 3,252만 명의 사상자(사망, 실종, 부상 합계)가 발생했다는 사실이다. 또 기관총, 독가스, 비행기 폭격, 탱크 등 신무기가 나왔고, 국가 총력 지원체제와 대전략의 등장 등 과거에 경험해보지 못한 단절적인 변화(Discontinuous change)가 일어났다.

하지만 군 지휘관들은 기존 사고의 틀에 얽매여 전략과 전술의 변화를 제대로 모색하지 못했다. 특히 기관총의 등장으로 무기체계가 근본적으로 달라졌지만, 전장의 리더들은 교본에 나와 있는 대로 '돌격 앞으로'만 반복해 더 큰 비극을 낳게 됐다.

지금의 관점에서는 무차별적으로 쏟아지는 기관총 탄알에 병사들을 돌격시킨 것은 이해할 수 없는 일이다. 한국전쟁을 다룬 영화에서처럼 병사들이 포복과 각개약진을 하며 조직적으로 대응하면 기관총을 제압할 수는 있다. 하지만 '환경이 변하면 전략이 변해야 한다'는 단순한 명제를 당대 최고의 엘리트들은 실행하지 못했다. 그것도 눈앞에서 병사들이 속절없이 쓰러지는 모습을 목격하면서도 변화를 꾀하지 못한 것이다. 도대체 이유가 무엇일까?

제1차 세계대전이 경영자들에게 주는 가장 큰 교훈은 변화가 얼마나 어려운 것인지를 실증적으로 보여 줬다는 점이라고 생각한다. 단 한 대의 기관총이 수백 명을 죽일 수 있는 상황에서, 대오를 지켜가며 꼿꼿하게 서서 돌격하는 것은 자살 행위나 다름없다. 하지만 당시 군 지휘부였던 귀족들은 옷에 더러운 흙을 묻히고 싶지 않았다. 설령 포복, 각개약진 등의 전술을 생각해냈다 하더라도, 체계적인 훈련도 받지 않았고, 공동체의식도 별로 없는 병사들이 이를 수행하는 것은 불가능했다.

만약 각개약진을 명령했더라도, 병사들은 총탄 피하기에 급급해 전진할 생각조차 못했을 것이다. 결국 또 다른 전쟁과 엄청난 피해를 경험하고 나서야 환경 변화에 적응한 전략과 전술이 개발됐다.

제1차 세계대전 당시의 새로운 환경은 100년이 지난 지금 우리가 접하고 있는 환경 변화의 내용과 절묘하게도 유사성을 갖고 있다. 혁신적인 신기술의 등장, 기존 권위의 붕괴와 수평적 문화 확산, 생산수단으로써가 아닌 목적으로서의 인간에 대한 재발견 등은 제1차 세계대전과 현재 상황이 갖고 있는 공통점들이다. 환경 변화의 폭과 강도가 엄청나고, 불확실성이 과거에 비해 현저하게 높아졌다는 점도 마찬가지다.

《전쟁론》의 저자 카를 폰 클라우제비츠는 '전쟁의 안개(Fog of war)'라는 표현을 썼다. 전쟁이 벌어지면 우리의 가정이나 계획과 달리 항상 새로운 상황이 연출된다는 뜻이다. 넓은 시야를 갖고 변화의 본질을 파악하고 효과적으로 대응하기 위한 전략과 조직 문화를 갖춰나가는 것은 전쟁 지휘관이나 경영자 모두에게 요구되는 필수적인 역량이다. 환경 변화를 감지하고, 이에 대응하기 위한 우리의 문화, 구조, 프로세스, 전략 등 총체적인 변화가 반드시 필요하다. 그렇지 않으면 전쟁에서 병사들이 쓰러지듯, 우리의 조직원들도 속절없이 쓰러질 수밖에 없다.

Chapter 3

사업 포트폴리오 관리와 신사업 전략

사업 포트폴리오 관리

경쟁이 치열해지면서 부업화 현상이 본격화되고 있다. 부업화 현상은 기존 기업의 주력이면서 동시에 핵심적인 사업이 새롭게 진입하는 신규 혁신기업의 부업이 되는 현상을 뜻한다. 예를 들어 포털서비스 업체는 뉴스 등을 공짜로 고객에게 제공하면서 검색 키워드 광고를 주력사업으로 돈을 벌고 있다. 뉴스를 통해 돈을 버는 모델을 고수했던 기존 미디어 입장에서는 매우 가슴 아픈 일이다.

전형적인 오프라인 업종에서도 이런 일은 자주 일어난다. 편의점업체 가운데 주유소 사업을 추진하는 회사가 있다. 목적은 주유소 사업을 통해 돈을 버는 게 아니다. 주유소는 부업이다. 싼 값에 기름을 제공해 사람을 모으고, 고객들이 주유하는 동안, 혹은 주유 전후 편의점에서 물건을 사도록 유도해 수익을 내는 모델이다. 주유소를 본업으로 했던 기업 입장에서는 답답한 일이다.

경쟁이 치열해지면서 기존 본업을 부업화하여 새로운 방식으로 고객가치를 창출하는 혁신적인 비즈니스 모델이 속속 등장하고 있다. 이런 상황에서 기존 사업 영역만 고수하거나, 기존 상품이나 서비스를 고수하는 것은 심각한 부작용을 낳을 수 있다. 사업 규모와 상관없이 다양한 영역의 비즈니스 포트폴리오 관리가 필수적으로 요구되는 시대다. 또 시장의 구조가 끝없이 재편되고 있기 때문에 다양한 영역에서의 신사업도 모색해야 한다.

경영 전략의 틀을 구분할 때 일반적으로 기업 수준 전략과 사업부 수준 전략을 구분한다. 기업 수준 전략은 그룹이나 기업의 사장, 회장, 혹은 그룹 구조조정 본부에서 주로 고민하는 사안이라고 보면 된다. 여러 사업부 가운데 어떤 사업을 퇴출시키고 대신 미래를 위해 어떤 사업을 새로 시작할 것인지, 해외 시장에 진출할 것인지 말 것인지, 수직적 통합을 통해 신사업을 모색할 것인지, 어떤 기업을 M&A해서 새로운 시장에 진출할 것인지, 어떤 기업과 제휴나 합작을 할 것인지 등이 주된 고민이다.

반면 사업부 수준 전략은 어떻게 하면 특정 사업의 경쟁력을 강화할 수 있는지, 어떤 고객층을 공략할 것인지, 경쟁자의 어떤 약점을 공격해서 고객들에게 어필할 것인지 등을 고민한다.

이번 장에서는 기업 수준 전략에서 고민해야 할 핵심 이슈들을 살펴보고, 질 높은 의사결정에 도움을 주는 다양한 방법론을 제시한다.

포트폴리오 관리

여러 사업부를 운영하는 기업의 경영자는 제한된 기업의 자원을 어떻게 투자할 것인지에 대한 전략적 의사결정을 해야 한다. 마치 주식투자자가 보유 중인 여러 종목에 대해 투자 비중을 어떻게 조절할 것인지 결정하는 것처럼 말이다. 물론 신규 투자 종목을 정하고, 이미 투자한 종목 가운데 가능성이 없다고 판단한 종목을 언제 어떤 방식으로 팔지 결정하는 것도 중요하다.

이번 장에서는 포트폴리오 관리 툴을 살펴보고, 이어서 신규 종목 발굴과 처분 같은 다각화 전략 및 퇴출 전략과 관련한 유용한 툴을 살펴본다.

BCG 매트릭스의 주요 내용과 전략 수립 방법론

기업의 포트폴리오 관리와 관련해 가장 널리 알려진 툴이 글로벌 컨설팅사 BCG가 개발한 BCG 매트릭스다. 경영학에서는 5 Forces 모델과 더불어 가장 유명한 툴 가운데 하나로 꼽힌다. BCG의 창업자 브루스 핸더슨이 개발한 툴로, 유명세 덕분에 BCG도 크게 발전했다.

한때 한국 기업들이 무분별하게 문어발식 확장을 한다는 비판을 많이 받았던 것처럼, 미국 기업들도 1970년대까지 다양한 영역으로 사업을 확장했다.

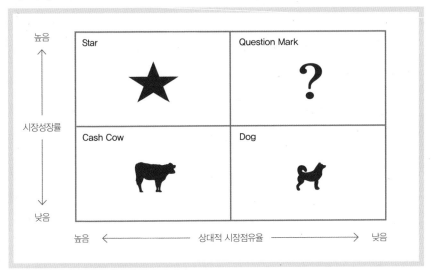

사업부가 늘어났기 때문에 이를 효과적으로 관리할 방법론이 필요했고, 이런 수요에 부응해 나온 툴이 BCG 매트릭스다.

BCG 매트릭스는 시장성장률과 상대적 시장점유율을 토대로 개별 사업부의 위치를 표시해 자원의 투입 전략을 수립할 수 있게 도와주는 도구다. 시장성장률은 해당 산업이 작년에 비해 올해 몇 % 더 성장할 것인지에 대한 정보를 수집해 산출하면 된다.

전략적 판단을 하기 전에 시장성장률의 중간 지점(높은지 낮은지를 구분하는 기준선)을 어디로 잡을 것인지라는 이슈가 있다. 과거 고성장기에는 10~20%대를 중간 지점으로 잡기도 했다. 하지만 전 세계적으로 저성장 기조가 정착되면서 GDP성장률(3~5%)이나 물가상승률을 이용하기도 한다. 또 전자산업이라면 전자산업의 평균 성장률(예를 들어 7%)을 기준으로 해서 개별 제품의 성장률을 표시하기도 한다. 여러 사업부 전체가 균형 있게 한 장의 그림에 표시될 수 있도록 기업의 상황에 맞게 유동적으로 판단해야 한다.

상대적 시장점유율은 자사 매출을 가장 큰 경쟁업체의 매출로 나눈 값이다. 예를 들어, 우리 회사 매출이 500억 원이고, 가장 큰 경쟁사 매출이 1,000억 원이라면, 상대적 시장점유율은 0.5(500억 원/1,000억 원)가 된다. 우리 회사 매출이 500억 원인데 가장 큰 경쟁사 매출이 250억 원이었다면 2(500억/250억)가 된다. 상대적 시장점유율의 가운데 기준선은 무조건 1*이다.

● 실무에서는 상대적 시장점유율 값의 로그값을 구해 표시하는 게 더 좋다. 1 이하인 경우에 비해 1 이상인 경우 숫자 범위가 훨씬 커지기 때문에, 정사각형의 균형 잡힌 표를 만들려면 로그값으로 치환해 표시하는 게 더 깔끔하다.

성장률과 상대적 시장점유율을 토대로 각 사업부의 위치를 정하고, 사업부는 원으로 표시하되 사업부의 매출액 차이를 반영할 수 있도록 원 크기를 조절하면서 표시하면 〈그림 9〉처럼 한눈에 사업부의 현재 상태를 확인할 수 있다.

각 사업부별 위치가 정해지면 〈표 20〉처럼 각 항목별 전략 방향을 설정할 수 있다. 성장률도 높고 상대적 시장점유율도 높은 스타 사업부는 높은 수익을 보장해주는 만큼 투자를 확대하는 게 바람직하다. 시장점유율도 공격적으로 확

▼ [그림 9] 상대적 시장점유율의 확인

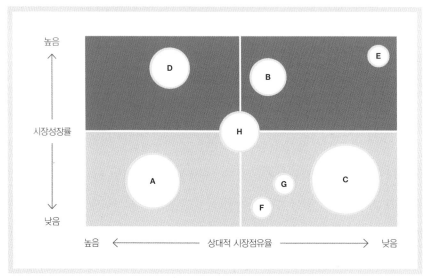

구분	수익성	투자 전략	점유율 전략	마케팅 전략
스타	높고 안정적	투자 확대	강화	공격적 확대
캐시카우	높지만 다소 불안정	현상 유지	유지	제한적 확대
개	낮고 불안정	투자 축소/철수	유지/축소	최소화
물음표	불안정	선별적 확대	선별적 확대	선별적 확대

대해야 하며, 이를 위해 마케팅 자원도 적극 투입할 필요가 있다. 스타 사업부는 현재 수익성이 매우 좋기 때문에 투자금은 자체적으로 조달할 수 있다.

현재 큰 수익을 주지만 성장성이 떨어지는 캐시카우 사업부에 대해서는 전반적으로 현행 수준을 유지하는 소극적인 투자를 하고, 발생한 수익은 물음표 사업부 중 일부에 투자하는 게 바람직하다.

성장성과 수익성 모두 저조한 개 사업부는 투자 축소나 철수를 검토해야 하며, 성장성은 높지만 상대적 시장점유율이 낮은 물음표 사업부는 선별적으로 투자를 해서 잠재적 성장 동력으로 육성해야 한다.

:: 한계와 대안

BCG 매트릭스는 아주 쉽고 간단해서 현업에서 손쉽게 활용할 수 있다는 장점이 있지만, 너무 단순화된 틀이라 적지 않은 문제점도 안고 있다. 우선, 성장률이라는 게 단기적으로는 어느 정도 예측이 가능하지만, 중장기적으로 정확히 예측하기는 매우 어렵다(이걸 알 수 있다면 모두가 경영의 신이 돼서 큰돈을 벌 수 있을 것이다). 현실적으로 중장기적인 미래를 예측하기 어렵기 때문에 복잡한 절차를 거쳐 시나리오 플래닝 같은 기법을 활용하고 있는 것이다.

예를 들어, 한때 우리나라에서 막걸리산업은 분명 '개'로 분류됐을 것이다. 그런데 어느 날 갑자기 일본에서 막걸리 열풍이 불더니, 한국에도 유사한 일이

벌어지면서 '스타'로 돌변하기도 했다. 그러다 정부 규제로 대기업 진출이 제한되면서 다시 성장률이 낮아지는 변화를 겪었다. 이처럼 살아 움직이는 시장의 흐름을 따라잡기에 단 두 가지 변수만 고려하는 BCG 매트릭스는 역부족이다.

또 BCG 매트릭스는 현실 순응적 분석이다. 과거와 현재까지의 상황을 토대로 의사결정을 내릴 수도 있지만, 전략은 의도적 노력과 개입으로 얼마든지 미래를 바꿀 수 있다. 예를 들어, 농업은 대부분 어떤 기준으로 봐도 성장률과 점유율이 낮은 '개'로 분류될 확률이 높다. 하지만 서비스업과의 결합을 통한 의도적 혁신, 마케팅과 브랜딩 노력이 가미되면 얼마든지 매력적인 산업으로 탈바꿈할 수 있다.

이와 더불어, BCG 매트릭스를 강조하다 보면 수익성과 점유율이 높을 때, 무조건 기업 포트폴리오로 편입시켜야 한다는 논리가 조직을 지배할 수 있다. 이렇게 되면 기업은 관련성 없는 분야로 진출하게 되는데, 당연히 모르는 분야로 진출하는 데 따르는 큰 위험도 감수해야 한다.

본원적으로 BCG 매트릭스의 위아래를 쪼개서 윗부분을 왼쪽으로 회전시켜 아랫부분에 붙여 놓으면 '물음표 – 스타 – 캐시카우 – 개' 순으로 배열된다. 이건 정말 많이 보던 거다. '도입기 – 성장기 – 성숙기 – 쇠퇴기'와 정확히 일치한다. 바로 제품수명주기(Product life cycle)다. 별로 새로운 이야기가 아닌 셈이다.

이밖에 사업을 어떻게 정의하느냐에 따라 결과가 크게 달라질 수 있으며, 초기 산업이나 규모의 경제가 중요하지 않은 산업에서는 시장점유율의 의미가 없기 때문에 잘못된 의사결정을 유도할 수 있다는 위험도 안고 있다.

이런 여러 가지 문제가 있다고 해서 BCG 매트릭스가 쓸데없는 툴이라고 생각해서는 안 된다. 적어도 다음과 같은 측면에서 도움을 준다.

첫째, 기업의 제한된 자원을 성장하는 분야로 돌려야 한다. 기업 내의 정치적 역학관계 등으로 이런 의사결정이 효율적으로 이뤄지지 않는 사례가 많다. 정치적 오해를 받을 수도 있고, 반발하는 세력이 있을 수 있지만, 경영자는 반드시 이런 결정을 내려야 조직을 성장시킬 수 있다.

둘째, 현재 수익성 있는 사업부와 미래 수익성을 보장해줄 사업부 간 균형이 필요하다. 현재 수익이 나면 해당 사업 구조를 중심으로 안주하는 게 기업의 현실이다. 여기서 머물면 미래가 불확실해진다. 잘나가는 분야에서 확보된 자원을 갖고 적극적으로 신사업을 찾아야 한다.

참고하세요

사양산업은 없다

서두칠 전 한국전기초자 사장은 "사양산업은 없다. 환경 변화에 적응하지 못한 사양 기업만 있을 뿐이다"라는 명언을 남겼다.[38] 이런 관점에서 본다면 '개'로 분류된 사업에 대해 투자 축소나 철수만 고려할 일은 아니다. 현실적으로도 다른 사업과의 연관성(시너지) 때문에 그만둘 수 없는 경우도 있고, 핵심역량에 도움을 주는 요소이기 때문에 그만둘 수 없는 경우도 많다(BCG 매트릭스의 치명적 결함은 시너지 같은 요소를 고려할 수 있는 틈이 전혀 없다는 것이다). 또 오랫동안 해당 사업을 유지해왔기 때문에 기업의 정신적 지주 같은 역할이어서 철수할 수 없는 사례도 많다. 이런 상황이라면 혁신 전략을 고민해봐야 한다.

모두가 인정하는 사양산업인 항공산업과 유통산업에서 각각 사우스웨스트와 월마트 같은 혁신적인 모델이 출현했다는 점을 잊어서는 안 된다.

셋째, 신기술 출현과 파괴적 혁신으로 확실히 가망이 없는 일부 사업부는 괴롭더라도 퇴출시켜야 한다. 죽음과 생명 탄생이 함께 존재해야 인류가 번영할 수 있는 것처럼, 기업 조직도 일부는 죽고 또 다른 일부에서는 새로운 생명이 태어나야 지속가능성을 확보할 수 있다. 잊어서는 안 될 냉혹한 현실이다.

BCG 매트릭스는 매우 유명한 툴이지만, 한계를 알고서 사용하는 것과 그렇지 않고 사용하는 것에는 매우 큰 차이가 있다. 한계를 알고 툴을 바라보면 활용도를 오히려 더 높일 수 있다.

GE 매트릭스

성장률과 상대적 점유율만 고려하는 BCG 매트릭스의 단점을 보완하기 위해 만들어진 툴이 GE 매트릭스(혹은 GE/맥킨지 매트릭스로도 불림)다. 시장 매력도와 기업의 경쟁우위라는 두 가지 축을 놓고 포트폴리오를 관리하는 방법으로, 시장 매력도에는 성장률 외에 규모나 이익률, 수요나 기술 변동 수준, 경쟁 강도, 진입장벽 등 다양한 요인을 고려한 뒤 가중치를 부여해 평가하도록 했다.

▼ [표 21] 시장 매력도와 기업 경쟁우위 산출 방법(예시)

시장 매력도				기업 경쟁우위			
항목	가중치 (a)	점수 (b)	매력도 (a×b)	항목	가중치 (a)	점수 (b)	매력도 (a×b)
시장 규모	0.3	5	1.5	상대적 점유율	0.2	3	0.6
성장률	0.25	3	0.75	가격경쟁력	0.3	5	1.5
이익률	0.25	2	0.5	품질경쟁력	0.3	2	0.6
경쟁 강도	0.1	4	0.4	유통경쟁력	0.1	3	0.3
수요 변동성	0.1	3	0.3	고객 충성도	0.1	2	0.2
총점			3.45	총점			3.2

5점 만점 기준

기업의 경쟁우위도 점유율 외에 가격경쟁력이나 품질경쟁력, 고객 충성도 등 여러 요인을 한꺼번에 고려했다. 개별 측정요소는 산업의 특징에 맞게 수정하거나 변형할 수 있다.

시장 매력도와 기업 경쟁우위와 관련한 점수를 매긴 다음, 〈그림 10〉에 해당 사업부의 위치를 정해 넣으면 된다. 원의 크기는 전체 시장 규모를 뜻하며, 원 안쪽에 직선으로 구분된 영역은 해당 기업의 점유율을 의미한다.

각 사업부가 GE 매트릭스 내에 자리를 잡으면 각 영역별로 〈표 22〉와 같은 전략 대안을 고려할 수 있다. 예를 들어, 산업 매력도가 높고 기업의 경쟁우위도 높은 영역에 대해서는 지속적이고 공격적으로 투자하고, 사업 매력도는 매우 낮지만 경쟁우위가 확실한 영역에서는 경쟁지위를 유지할 수 있는 수준에서만 투자하고 확보된 현금흐름은 다른 분야로 돌리는 식의 전략을 취할 수 있다.

▼ [그림 10] GE 매트릭스

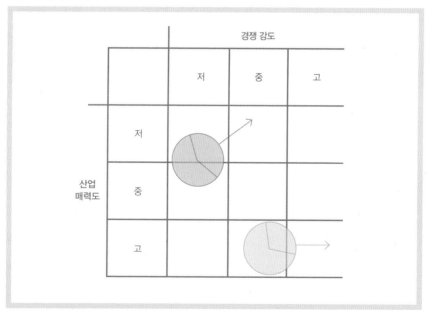

▼ [표 22] GE 매트릭스를 통한 전략 대안 도출

		산업 매력도		
		고	중	저
기업 경쟁 우위	고	**성장/침투** 가장 매력적 환경으로 지속적이고 공격적 투자	**선택적 수확/투자** 사업에서 얻어지는 재원 내에서 제한적으로 투자	**현금 창출을 위한 수확** 경쟁지위를 유지할 수 있는 수준에서 투자하고 확보된 현금흐름은 다른 분야로 이전
	중	**성장을 위한 투자** 약점 보완이나 강점 극대화에 기반한 적극적 투자	**시장 분할/선택적 투자** 성장잠재력 및 이윤 창출이 가능한 분야를 선별해서 투자	**통제된 수확** 경쟁자 퇴출이나 경쟁자의 지위를 떨어뜨릴 수 있거나 실패를 막는 최소한의 범위 내에서 투자
	저	**선택적 투자/퇴출** 강점을 강화해 경쟁지위를 강화할 수 있는 분야에 선택적 투자, 불가능한 영역은 퇴출	**투자 축소/퇴출** 강점을 바탕으로 차별화할 수 있는 분야를 모색하거나 퇴출 고려	**신속한 퇴출** 투자는 퇴출에 도움이 되는 투자에 한해서만 단행하고 신속한 퇴출 추진

:: 의미와 한계

GE 매트릭스는 BCG 매트릭스에 비해 더 많은 요인을 고려하고, 사업의 특성에 맞게 가중치를 부여할 수 있기 때문에 적용 범위가 더 넓고 유연성이 높다는 장점이 있다. 복잡한 회사의 사업 현황을 한눈에 파악할 수 있어 전반적인 전략 방향을 정하는 데 도움을 받을 수 있다는 점 또한 명확한 장점이다.

하지만 BCG 매트릭스와 마찬가지로 시너지를 고려할 여지가 거의 없고, 다양한 변수 가운데 무엇을 선택하고, 어떻게 가중치를 부여하느냐에 따라 전략적 의사결정이 영향을 받을 수 있어 객관성을 확보하기 어렵다는 문제점을 안고 있다. 또 BCG 매트릭스와 마찬가지로 산업 매력도라는 개념이 몇 가지 변수로 측정 가능한지, 논리적 혹은 이성적 추론으로 가능한지도 여전히 문제다.

전략의 범위를 너무 제한한다는 비판 또한 받을 수 있다. 산업 매력도와 경쟁우위 수준에 따라 전략 대안이 미리 정해져 있기 때문에 창의적 사고를 제한할 수 있다. GE 매트릭스 역시 한계를 알고 활용할 필요가 있다.

ADL 매트릭스

ADL 매트릭스는 제품수명주기와 경쟁지위를 양 축으로 놓고 기업 포트폴리오를 관리하는 도구다. 앞서 살펴본 매트릭스와 유사한 취지를 갖고 있지만, 경쟁지위가 5단계로 세분화했고, 제품수명주기 네 개를 모두 고려해 총 전략 대안 숫자가 20개로 늘어났다는 점에서 차이가 있다.

　ADL 매트릭스도 다양한 사업을 한눈에 볼 수 있다는 점에서 장점이 있지만, 다른 매트릭스와 유사하게 시너지를 고려하기 힘들고, 전략 대안을 오히려 제한시킨다는 단점도 함께 갖고 있다.

▼ [표 23] ADL 매트릭스

		산업 매력도			
		도입기	성장기	성숙기	쇠퇴기
경쟁 지위	지배적	시장점유율 확보	투자, 시장 지위 확장	지위 유지, 최소한 업계 성장률과 같은 성장	지위 유지
	강함	시장 확장을 위한 집중적 노력, 시장 투자	시장점유율 유지, 시장 지위 확장, 투자	지위 유지, 업계 성장률과 같은 성장 유지	지위 유지, 수확
	유리함	시장점유율의 선택적 확보	점진적 지위 향상	지위 유지만을 위한 최소한의 투자	수확, 투자 축소, 잠재력 소진
	보통	시장점유율의 선택적 확보	틈새시장 탐색	틈새시장 탐색, 투자 축소	투자 회수, 비즈니스 청산
	약함	상태를 호전시키거나 아니면 비즈니스 포기	지위의 지속적 개선 또는 포기	투자 회수, 비즈니스 청산	투자 회수, 비즈니스 청산

출처:http://hajunggu.blog.me/150140600620

:: PMS 지도

지금까지 살펴본 기업 포트폴리오 관리 도구는 외부 상황과 내부역량을 기준으로 봤다면, PMS 지도는 혁신 관점에서 혁신의 정도를 한눈에 볼 수 있게 해

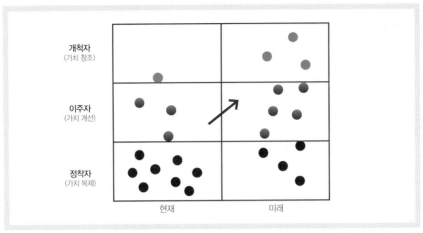

▼ [그림 11] PMS 지도

자료: 김위찬 르네마보안(2005)[39]

준다는 장점이 있다. PMS 지도는 개척자(Pioneer), 이주자(Migrator), 정착자(Settler)의 앞글자를 딴 것으로, 혁신의 수준을 의미한다. 정착자는 다른 경쟁사의 제품이나 서비스와 거의 차이가 없는 사업을 의미하며, 이주자는 다른 모델과 차별화돼 있어 더 높은 점유율이나 수익을 창출하는 사업이다. 개척자는 블루오션 개척에 성공, 다른 어떤 회사도 제공하지 못하는 유일한 가치를 제공하는 사업이다.

이 세 가지 틀을 기준으로 기업 내 다양한 사업부서의 위치를 점검해보면 혁신의 수준과 앞으로 나아가야 할 방향을 잡는 데 도움을 받을 수 있다.

:: 기타

지금까지 언급한 내용은 경영 컨설팅회사나 경영 전문가가 개발한 툴로 나름의 유용성을 인정받고 있다. 하지만 기업이 처한 현실은 매우 다르다. 따라서 기업 혹은 조직이 처한 상황에 맞게 다양한 포트폴리오 관리 기법을 자체적으로 개발해 사용하는 것도 권장할 만한 일이다.

주목할 만한 시도 중 하나가 현대카드의 TVA(Total View Accounting)다. 이는 내부관리 회계기법을 활용해 사업 현황과 대안을 모색해보는 기법이다. 예를 들어, 현대카드는 영업 대리점 등 채널을 관리하는 비용과 다양한 B2C 마케팅 비용을 산정해봤다. 현대카드는 B2C 마케팅 측면에서 상당한 역량을 확보하고 있다고 자부하고 있었으나, 채널 관리비용과 B2C 마케팅 비용을 산출해보니 채널 운영 관리비용이 압도적으로 높은 것으로 나타났다. 사업 구성에서 채널의 비중이 지나치게 높다는 것이 드러나면서 현대카드는 이 비중을 낮추는 대신, B2C 마케팅 투자를 늘리는 방식으로 경쟁력을 강화했다.

한 소비재회사는 계절 요인이 사업 실적에 상당한 영향을 미친다는 사실을 발견했다. 특히 여름철에 주력 제품의 매출 저하로 인해 실적 관리에 어려움이 있다는 점을 발견하고, 여름철에 수요가 늘어나는 사업부를 인수합병해 사업 포트폴리오의 안정성을 꾀했다.

대기업 계열사의 한 기업은 모기업 의존도가 높은 매출과 독자 생존형 매출을 구분해서 관리하면서 독자 생존을 강화하는 방향으로 전략적 의사결정을 내려 조직의 건강성을 강화하기도 했다. 정부 정책에 지나치게 실적이 좌우되는 기업이라면 정부 규제 환경과 관련 없는 사업을 강화하기 위해 독자적인 지표를 개발할 수 있고, 글로벌 기업이라면 선진국과 개발도상국 비중을 중심으로 포트폴리오 관리를 할 수 있다.

즉 사업 포트폴리오 관리 역시 창의성이 필요한 영역이다. 외부환경 변화, 내부역량 등을 감안해 전략적 목표를 달성하는 데 도움을 주는 새로운 지표를 개발하고 관리해야 한다. 계절이 될 수도 있고, 소비시장의 특성을 감안한 지표일 수도 있으며, 전략적 의지를 담은 지표일 수도 있다. 조직원들에게 현재 기업의 상황을 명확하게 보여주고 향후 전략 방향을 확실히 이해시켜주는 독자적인 지표를 개발하면 실행력을 크게 높일 수 있다.

02

신사업 전략

다양한 포트폴리오 관리 도구들이 주는 명확한 장점은 우리가 보유한 여러 사업들의 현황을 한눈에 파악할 수 있다는 것이다. 물론 포트폴리오 관리 수단을 통해 개별 사업에 대한 현황을 진단할 뿐만 아니라 전략 대안도 모색할 수 있지만, 앞서 살펴본 대로 오히려 창의적 사고를 제약할 수도 있기 때문에, 포트폴리오 관리 도구는 가급적 포트폴리오의 현황을 진단하는 수단으로만 사용하는 게 바람직하다.

진단을 해보면 어떤 기업이든 이런저런 문제가 나타날 것이다. 스타 사업이 부족하다거나, 주력사업의 성장률이 낮다거나, 업계를 선도하는 혁신적 사업이 없다는 식의 문제점이 드러난다. 그렇다면 개선이 필요하다.

●**다각화(Diversification)**
한 기업이 기존 사업이나 시장 이외에 다른 사업이나 시장에 진출하는 것을 의미한다.

기업 수준 전략에서 가장 유력한 도구는 신사업 발굴과 기존 사업 퇴출과 같은 방법이다. 신사업은 학계에서 쓰는 다각화®란 용어와 거의 유사하다.

보통 기업은 초기에 단일사업을 위주로 하다가 점차 범위를 넓혀 사업 영역을 확장하곤 한다. 대부분 한국 기업들은 신사업, 즉 다각화 전략을 어떻게 수립할 것인지 골몰하고 있다. 기업 수준 전략에서 경영자들이 가장 관심을 갖고 있는 영역도 신사업 전략이다.

여기서는 신사업과 관련한 다양한 이슈들을 살펴본다. 다각화라는 용어가 새로운 제품이나 새로운 시장에 진출하는 것을 포괄하는 용어로 학계에서 보편적으로 쓰이고 있지만, 이 책의 취지가 현업에서의 좋은 의사결정 지원인 만큼, 그 취지에 맞춰 다각화라는 용어 대신 현업에서 보편적으로 사용하고 있는 신사업이라는 용어를 쓴다.

신사업 방향

보통 기업은 설립 초기 하나의 사업 영역에 집중한다. 이런 기업을 단일사업기업*이라고 부른다. 단일사업기업은 확실한 장점이 있다. 사업 부문이 하나여서 경영자부터 직원들까지 혼신을 다해 이 사업에 집중할 수밖에 없다. 오랜 기간 축적한 전문성을 바탕으로 여러 사업부를 운영하는 경쟁자에 비해 고객을 이해하는 수준이나 특정 산업 분야에 대한 전문성이 커질 수 있다.

> ● 단일사업기업
> 학계에서는 단일사업 매출이 75% 이상일 경우 단일사업기업으로 분류한다. 맥도날드, 코카콜라 같은 회사가 대표적이며, 한국에서는 팬택 같은 회사가 여기에 속한다.

물론 단점도 있다. 무엇보다 성장에 제약이 있다. 단일사업에서 지배적 위치를 점하고 나면 더 이상 성장 기회를 잡기 쉽지 않다. 물론 해외 시장 진출이라는 대안이 있지만, 경영자의 강력한 의지가 필요하고, 국내에서 통했던 모델이 해외에서 통하지 않을 위험도 있다. 외국의 거대 글로벌 기업과 경쟁을 해야 하기 때문에 강력한 경쟁우위 요인이 없으면 해외에서의 성공을 장담하기 힘들다. 그럼에도 불구하고, 해외 시장 진출을 통한 성장 동력 확보가 많은 한국 기업의 필수 도전과제인 것도 분명하다.

단일사업의 또 다른 위험은 주력사업 의존도가 너무 높기 때문에 주력사업이 쇠락하면 기업 전체가 위기에 빠진다는 점이다. 미국 휴대전화업체 블랙베리처럼 제품 패러다임이 수시로 변하는 IT산업에서 단일 품목에 집중했던 기업이 한순간에 쇠락하는 것을 자주 목격한다. 한국에서도 휴대전화를 만들었던 팬택과 같은 '단일사업기업'이 모바일 시장의 급격한 환경 변화 속에서 몇 차례 위기를 겪다가 사실상 문을 닫고 말았다.

의식주와 관련한 업종처럼 수요가 일정한 부분에서는 단일사업기업이 오래 장수할 수도 있지만, IT산업처럼 제품 패러다임이 완전히 바뀌는 일이 자주 발생하는 업종에서는 하나의 품목에 의존하는 사업은 위험도가 매우 높다.

단일사업 구조에서 벗어나는 다각화의 대안은 무엇일까? 경영 전략의 초기 프레임을 만든 이고르 앤소프의 앤소프 매트릭스가 좋은 답을 제공한다.

우선 기존 시장을 기존 제품으로 공략하는 방법이 있다. 물론 성장의 한계가 있다. 아무리 마케팅 비용을 쏟아 부어도 일정 수준에 도달하면 더 이상 시장이 커지지 않게 마련이다. 여기서 세 가지 대안이 있다. 하나는 기존 시장에

▼ [그림 12] 앤소프 매트릭스

	기존 제품	신제품
기존 시장	시장 침투 전략	제품 개발 전략 (관련 다각화 전략)
신시장	시장 개발 전략 (확장 전략)	비관련 다각화 전략

신제품을 들고 가는 것이다. 기존 제품을 개선하거나 완전히 새로운 제품을 추가하는 대안 모두 가능하다. 이 전략을 수행하기 위해서는 신제품을 지속적으로 개발하는 연구개발능력이 핵심이다.

또 기존 제품으로 아직 공략하지 못한 새로운 시장을 개척하는 방법도 생각해볼 수 있다. 해외 시장에 진출하는 게 대표적이다. 물론 해외 시장은 법규도 다르고, 문화와 정서도 달라 시장 개척이 쉽지 않다. 글로벌 경영을 할 수 있는 역량과 노하우가 매우 중요하다.

마지막으로 신제품을 아직 공략하지 못한 새로운 고객에게 판매하는 전략이다. 기존 사업과의 연관성도 떨어지고 고객도 낯설기 때문에 위험도 크지만 대신 크게 성장할 수 있는 계기도 만들 수 있다.

앤소프 매트릭스와 유사하지만 약간 다른 각도에서 핵심역량과 시장/고객의 신규성을 토대로 신사업 방향을 제시하는 툴도 있다. 기존 사업 영역에서 새로운 핵심역량을 토대로 진출하는 역량주도(Competence-driven) 신사업은 후지필름이 필름 제작기술을 활용해 디스플레이나 화장품사업을 벌인 사례처럼, 기술이나 역량을 기반으로 신사업에 진출하는 것을 뜻한다.

또 시장/고객 기반 신사업은 비고객을 공략하거나 해외 시장에 진출하는 것을 뜻한다. 핵심역량과 시장/고객 신규성이 모두 높은 야망주도(Ambition-driven) 신사업은 전혀 새로운 역량과 새로운 고객군을 상대하는 것으로, 삼성

화장품산업에 진출한 후지필름(좌)과 헬스케어산업에 진출한 삼성(우). 후지필름과 삼성은 전혀 새로운 역량과 새로운 고객군을 상대하는 신사업에 진출했다.
출처: (좌)ⓒMJ-bird/ (우)Samsung Tomorrow flickr

▼ [그림13] 신사업 발굴 방향

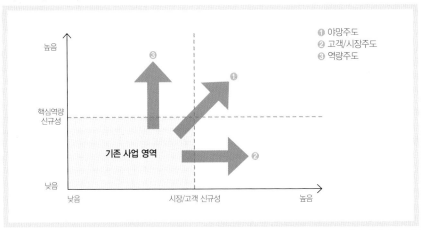

출처: 황윤일(2009)⁴⁰

전자가 헬스케어나 바이오 분야로 진출하는 것과 같은 유형을 뜻한다.

이와 같은 도구들은 여러 전략 대안이 있다는 것을 한눈에 보여주는 장점이 있지만, 네 가지 대안 중 어떤 것이 낫다는 것은 전혀 알려주지 않는다. 이는 온전히 기업가가 선택할 몫이다. 관리자와 구별되는 의미에서, **기업가는 선택을 하는 사람이다.** 남이 선택해놓은 것을 관리하는 관리자와 달리, 기업가는 자신의 의지로 과감한 결단을 내리는 역할을 해야 한다.

기존 사업에서의 성장잠재력이 여전히 있다고 판단되면 기존 사업에 집중하는 선택이 바람직하다. 하지만 환경이 변하고 있으며, 주력사업을 강화하는 것만으로 성장하기 어렵다면 신사업을 고민해야 한다.

두 가지 가운데 어떤 게 더 낫다고 일방적으로 얘기할 수는 없다. 신사업을 추구하면 성장할 가능성을 얻는 대신, 사업이 제대로 되지 않았을 때 큰 손해를 볼 위험을 안고 가야 한다. 기존 사업에 집중하면 당장 별 위험 없이 더 큰 수익을 얻을 확률이 높아지지만, 환경이 변해 기존 시장이 위축되면 장기적으로 큰 피해를 입을 수도 있다.

실제 어떤 기업가는 자신의 가족과 직원들의 안전이 무엇보다 중요한 가치라는 판단하에 신사업에 매우 보수적이 태도를 보인다. 위험이 조금만 높아도 신사업을 하지 않는 등 극도로 몸을 사리는 것이다. 이런 기업가의 철학에 대해 도전정신이 부족하거나 혁신적인 태도가 약하다고 비난만 할 일은 아니다. 어떤 선택안이든 얻는 것이 있으면 잃는 것도 있다. 위험을 어느 정도 감수할 것인지는 전적으로 기업가가 결정할 몫이고, 이로 인한 결과도 기업가의 책임이다.

다만, 영원한 것은 없기 때문에 위험 최소화를 선택하는 기업가라 하더라도 해당 전략에 맞는 최소 위험의 연관된 사업이라도 꾸준히 찾아나서지 않으면 장기적으로 위험에 처할 수 있다는 점은 감안해야 한다. 위험 감수의 정도 차이는 있겠지만, 어떤 형태로든 신사업은 꾸준히 고민해야 할 기업가의 몫이라는 얘기다.

기업 활동은 크게 두 가지로 구분된다. 하나는 활용이고, 하나는 탐색이다. 활용은 기존 자원과 지식을 사용하는 활동이고, 탐색은 새로운 자원과 지식을 찾는 활동이다. 그런데 두 활동 모두 장단점이 명확하다. 활용은 기존 지식을 이용하는 것이어서 성공 확률이 매우 높다. 익숙한 영역에서 익숙한 활동을 하기 때문이다. 반면 환경 변화에 취약하다. 이른바 성공의 덫*에 빠지기 쉽다.

반면 탐색은 새로운 환경이 도래했을 때 유연하게 대처할 수 있게 도와주지만, 지금까지 하지 않았던 활동을 하는 것인 만큼 실패 확률이 높다. 한번 실패하면 그 실패를 만회하기 위해 더 큰 투자를 하다가 기업이 망할 수도 있다. 이른바 실패의 덫이다.

* 과거에 보유하고 있는 자원이나 지식, 기술 등을 확장하는 활동을 '활용'이라고 하는데, 활용은 실패의 위험이 작다. 하지만 활용만 고집하다 보면 이 성공방정식이 조직 내 고착된다. 그래서 위험 부담이 높은 탐색 활동보다 활용 활동에 더 많은 시간을 투자하고 애쓰게 된다. 이런 기업은 환경이 변하지 않으면 계속해서 안정적으로 성장할 수 있지만, 환경이 급격하게 변하면 이에 대처할 지식이나 기술이 거의 없기 때문에 한순간에 망해버릴 수 있다. 이를 성공의 덫이라고 한다.

그렇다면 어떻게 해야 할까? 두 활동을 모두 같이 해야 한다.[41] 확실한 것은 기업이 지속하려면 두 활동이 반드시 필요하다는 점이다. 실증 연구 결과도 두 활동을 모두 균형있게 수행하는 기업의 성과가 좋게 나타난다. 하지만 많은 기업이 '활용' 비중이 너무 높다. 이런 기업은 당장 수익이 생기지만 미래가 불안하다. 미래를 생각한다면 '탐색'의 중요성을 잊어서는 안 된다.

신사업이 주는 이점과 의사결정 방법론

앞서 내·외부환경 분석에서 소개된 여러 방법론에 지나치게 관심을 가지다 보면, 전략은 '기획(Planning)'하는 것이란 생각을 가질 수도 있다. 하지만 실제 현실에서는 우발적인 일, 혹은 우연이 전략에 큰 영향을 끼친다. 그래서 전략은 '돌연히 나타나는(Emergent)' 특징도 다분히 갖고 있다. 기획만 중시하다 우연히 나타나는 기회를 놓쳐버리는 것은 정말 바보 같은 일이다(어정쩡하게 MBA 공부를 하고 와서 프레임과 툴만 중시하는 사람들 가운데 이런 덫에 자주 빠지는 사례가 많다. 적당히 공부한 사람들이 공부하지 않은 사람보다 더 위험하다).

현실에서 이런 사례는 숱하게 많다. 일본의 한 제지업체 간부는 유럽 여행

참고하세요

민계식 전 현대중공업 회장의 '70점론'[42]은 활용과 탐색의 관점에서 매우 의미가 깊다. 그는 현재의 모든 사업에서 수익을 내서 100점을 맞겠다는 자세는 실패를 가져올 수 있다고 강조한다. 수익을 내는 사업은 70% 정도면 충분하며, 나머지 30%는 당장 수익을 내지 못하지만 미래에 수익을 낼 확률이 있는 사업이어야 한다는 게 그의 지론이다. 그리고 그 30% 가운데 20%는 기존 사업의 확장, 나머지 10%는 새로운 사업이 되어야 한다고 강조한다.

민 회장이 말한 70%는 활용, 30%는 탐색이다. 물론 7:3 비율을 기계적으로 맞춰야 한다는 의미는 절대 아니다. 산업에 따라, 기업 환경에 따라 비율은 6:4나 8:2가 될 수도 있다.

에서 우연히 맛본 훈제연어 맛에 반해 훈제연어를 어떻게 만드는지 캐묻고 다니다 마침내 연어는 일본산을 쓰고, 나무를 잘 다뤄서 맛을 낸다는 사실을 알게 됐다. 그리고 이 간부는 일본에서라면 더 싱싱한 연어를 얻을 수 있고, 자신이 제지업체에 근무해왔기 때문에 누구보다 나무를 잘 알고 있다는 점에 착안해 훈제연어 식품사업에 뛰어들었다.

결국 그는 이 분야에서 크게 성공했지만, 나무 관련 사업과 훈제연어사업을 연결시켜주는 전략 툴은 찾아볼 수 없다. 우연한 계기가 이를 현실화시켜준 것일 뿐이다. 이처럼 새로운 전략은 언제, 어떤 계기로 찾아올지 아무도 모른다. 시도 때도 없이 생기는 다양한 기회들을 흡수하면서 전략을 결정하는 것은 위험 감수 성향과 상관없이 경영자가 반드시 해야 할 일이다.

불현듯 찾아오는 신사업 기회를 잡으려면 우선 기존 사업 외에 신사업을 하는 것이 어떤 이점이 있는지부터 이해해야 한다. 그래야 우발적으로 생기는 기회를 잡을 것인지 말 것인지 판단할 수 있기 때문이다.

신사업이 주는 가장 큰 이점은 '범위의 경제'다. 범위의 경제는 시너지란 용어의 경제학적 표현으로 봐도 좋다. 시너지의 원천은 두 가지다. 우선 유형자원의 공유에서 나오는 시너지다. 예를 들어, 롯데그룹은 두산그룹으로부터 소주를 생산·판매하던 주류사업을 인수했다. 두산이 운영했을 때 이 사업은 점유율과 수익성 모두 낮았다. 유통망도 수도권과 강원도에만 국한돼 있었다. 인수 당시 롯데가 비싼 값에 산 것 아니냐는 이야기가 저절로 나왔다.

하지만 롯데 입장에서는 비싼 게 아니었다. 롯데그룹은 전국에 막강한 유통망을 장악하고 있는 회사다. 전국 요지에 백화점과 대형마트, 슈퍼마켓, 편의점을 갖고 있다. 여기에 소주 상품 하나 더 얹어 파는 것은 식은 죽 먹기다. 결국 제한된 유통망을 갖고 있는 두산에 비해 롯데는 훨씬 높은 성과를 냈다. 당

공동 플랫폼 사용을 통해 현대자동차는 범위의 경제를 달성했다. 이는 신사업이 가질 수 있는 가장 큰 이점이다.

연히 롯데는 소주 이후에 맥주사업에도 진출해 톡톡한 시너지 효과를 누리고 있다. 주류산업은 롯데의 막강한 유통망이란 유형자원 공유를 통해 큰 매출 증대 효과를 낼 수 있다.

자원 공유를 통한 원가 절감도 가능하다. 예를 들어, 현대자동차가 기아자동차를 인수하면서 공통 플랫폼 사용을 확대해 원가를 대폭 줄인 것도 시너지의 대표적인 사례다.

또 다른 시너지의 원천은 무형자원의 공유에서 발생한다. 브랜드나 명성, 기술, 경영능력 등은 기업 내부에서 손쉽게 이전이 가능하다. 이름도 생소한 중소기업 브랜드를 달고 시장에 나오는 것에 비해 삼성이나 LG, 한화 같은 익숙한 대기업 브랜드를 달고 나오면 소비자들은 일정 수준 이상의 품질과 서비스를 보장받을 수 있다는 기대감을 갖는 경우가 많다. 대기업 브랜드를 사용하면 오랫동안 해당 기업이 축적해온 신뢰 자산을 한꺼번에 이전받을 수 있다는 장점이 있다.

기술력 역시 범위의 경제를 달성하는 데 매우 중요한 역할을 할 수 있다. CJ는 해외 식품기업을 공격적으로 인수해 시장을 확대하고 있다. 이 과정에서 CJ가 자체적으로 확보한 기술력이 시너지를 창출하는 데 큰 역할을 하고 있다.[43] 예를 들어 CJ는 식품 제조 공정에서 변질됐거나 이물질이 제조 공정에 유입되었을 때 광학기술을 활용해 이를 즉시 제거하고 있다. 또한 인수한 해외 기업들에도 이런 기술을 적용해 식품의 품질 수준을 크게 높였다. 또 만두를 자동으로 제조하는 공정을 해외 공장에 적용해 생산성과 품질을 동시에 높여 경쟁력을 향상시키고 있다. 이밖에 한국에서는 마트 등에서 고객들에게 시식을 권유하는 게 일반적이지만, 다른 나라에는 이런 문화가 없다. CJ는 중국 현지 시장을 공략하면서 한국에 일반화된 시식 문화를 접목해 마트를 찾은 현지 고객들에게 맛을 체험하도록 적극적으로 유도하면서 생존 기반을 확보했다.

시너지 외에 학습 효과도 신사업을 통해 기업이 얻을 수 있는 중요한 이점 가운데 하나다. 혁신은 산업의 경계에서 자주 나온다. 한 사업 분야에서 한 우물만 파다보면 깊이 있는 지식을 갖출 수 있지만, 새로운 시각을 갖기 힘들다.

다시 말해, 이질적 산업에서 학습한 지식이 매우 중요한 혁신의 원천이 될 수 있다. 예를 들어, 미국 움푸쿠아은행은 탁월한 고객 서비스로 금융산업을 선도하고 있다. 그 비결은 다른 은행을 벤치마킹한 게 아니라 전혀 다른 업종에서 빌려온 아이디어 덕분이었다. 움푸쿠아의 경영진은 은행도 고객들이 자주 찾는 소매점포를 운영하고 있는데, 유독 은행을 방문한 고객들은 최대한 빨리 업무를 마치고 신속하게 빠져나가려고만 하는지에 대한 문제의식을 가졌다. 다른 소매점포, 즉 커피숍이나 쇼핑몰, 문화공간 등을 방문한 고객들은 은행과 달리 더 오래 머물고 싶어 하는데 왜 은행은 그러지 못하는가를 탐구했다. 그리고 고객들이 오래 머물고 싶어 하는 소매점포의 서비스 요소들을 은행 지점에 적용했다. 그리고 세련된 디자인에 커피와 미디어를 제공하고 심지어 문화 공연까지 하는 새로운 형태의 은행 점포를 개설했다. 이런 콘셉트로 리모델링을 한 은행 지점들의 성과를 분석해보니, 실제로 고객이 더 오랜 시간 머물렀다. 또한 오래 머문 고객들 가운데 일부가 더 많은 금융 상품을 구매한 것으로 나타났다. 결국 금융업계의 경영 환경이 급변하는 가운데서도 움푸쿠아은행은 지속적인 성장을 거듭했다.

사내에서 다른 사업부를 이동시킬 때 혁신이 발생하는 경우가 많이 생기는 것도 바로 다른 업종에서 통용되는 지식을 새로운 분야에 쉽게 접목시켰기 때문이다. 예를 들어, 광동제약은 음료와 제약이라는 이질적인 사업부를 갖고 있었다. 그런데 두 사업부가 인적 교류를 하면서 음료 담당자가 제약 업무를 맡았다. 이 과정에서 알약이나 과립 형태로만 팔리던 비타민C를 음료 형태로 팔아보자는 아이디어를 자연스럽게 냈고, 그 결과 탄생한 것이 매년 1,000억 원대의 매출을 올리며 장수 제품으로 자리 잡은 비타500이다.

이처럼 다양한 사업에 대한 경험이 융합하면 혁신적 아이디어가 의외로 쉽게 나올 수 있다. 마이클 포터 교수는 신사업 진입 의사결정을 체계적으로 하기 위한 세 가지 테스트를 제안했다. 그 내용은 다음과 같다.

:: 산업 매력도 테스트
신사업 자체가 매력적인지를 점검하는 테스트다. 앞서 살펴본 5 Forces 모델 등을 활용하거나, GE 매트릭스의 매력도 점검 방법 등을 활용하면 된다.

:: 진입비용 테스트
아무리 신사업 기회가 매력적이라 해도 진입비용이 많이 들면 성공하기 힘들다. 인수합병을 통해 진출할 경우, 인수 대상 기업의 가격이 가치에 비해 적정한 수준인지, 우리 기업이 충분히 감당할 수 있는 범위 내에서 투자가 이뤄지는지 반드시 점검해야 한다.

:: 개선도 테스트

우리와 같이 사업을 할 때 시너지가 생기는지 검토해야 한다. 사업 기회가 매력적이고, 우리가 감당할 수 있는 범위 안에서 자금이 투자된다 하더라도, 우리 기업과 시너지가 없다면 굳이 직접 해당 사업을 하기보다는 재무적 투자자로 지분 투자만 하거나, 다른 신사업 기회를 모색하는 게 더 바람직하다.

포터 교수가 제안한 이 세 가지 테스트에 모기업 이점 테스트를 더 추가해야 한다는 지적도 있다.[44] 개선도 테스트(Better-off) 결과 시너지가 있는 것으로 나왔다 하더라도 유사한 시너지가 나오는 다른 업체에 비해 우리가 특별히 이 사업을 해야 할 이유까지 찾아봐야 한다는 지적이다.

:: 모기업 이점 테스트

모든 사업에는 핵심 성공요인(KSF, Key Success Factor)이라는 게 있다. 고객 가치의 핵심 요인이면서 동시에 경쟁자와 차별적 경쟁우위를 보장해주는 요인이 바로 KSF다. 해당 신사업의 핵심 성공요인을 우리 기업이 지원하고 육성할 수 있는지가 모기업 이점 테스트(Parenting advantage test)[45]의 핵심이다.

예를 들어, 커피전문점의 핵심 성공요인은 무엇일까? 커피 맛과 매장 분위기라고 생각할지도 모르겠다. 물론 일정 수준 이상의 맛과 분위기는 제공해야겠지만, 이것만으로는 차별적 우위를 달성하기 힘들다. 맛과 분위기에서 일정수준 이상 경쟁력을 확보하고 있다면, 상권을 잘 분석해 핵심 요지에 점포를 내는 역량이 훨씬 더 중요하다.

만약 한 식품 제조업체와 유통업체가 신사업으로 커피전문점 인수를 고려하고 있다고 가정하자. 어디가 더 잘할 수 있을까? 유통업체일 가능성이 높다. 유통업체는 상권을 분석하고 점포를 내는 일을 탁월하게 수행해온 경험이 있기 때문이다. 실제 스타벅스의 한국 파트너는 유통업체인 신세계다. 이처럼 내가 부모 노릇을 잘할 수 있는지까지 검토하는 것이 모기업 이점 테스트의 핵심 내용이다.

▼ [표 24] 신사업 테스트 항목

테스트 항목	주요 내용
산업 매력도 테스트	성장성, 수익성 등의 측면에서 사업 자체의 매력이 있나?
진입비용 테스트	투자비용은 적정한가? 우리가 감당할 수 있나?
개선도 테스트	기존 사업과 시너지 효과를 낼 수 있나?
모기업 이점 테스트	신사업의 핵심 성공 요인을 우리가 육성할 수 있나?

그렇다면 이 네 가지 테스트를 반드시 거쳐 합격하는 신사업만 추진해야 할까? 물론 모두 합격하면 더할 나위 없이 좋을 것이다. 하지만 네 가지 조건에 부합하는 기회가 항상 내 앞에 나타날 것이란 기대는 정신건강에도 별로 좋지 않다. 현실에서 접하게 되는 신사업 기회 가운데 이 네 가지 요건을 두루 갖춘 경우는 별로 많지 않다. 또 네 가지 요소를 갖추고 있는지 판단하는 과정에서도 정보 부족이나 과잉, 경영자의 인지적 편향 개입 등으로 인해 문제가 발생할 수 있다.

앞서 언급한 네 가지 테스트 항목을 토대로 신사업 진출 여부를 결정할 수도 있지만, 우리의 전략적 의도를 감안해서 신사업 진출을 검토하는 방안이 현실에서는 보다 더 의미가 있다고 판단된다. 현실에서는 객관적인 사업성 분석보다 경영자의 의도가 훨씬 중요하기 때문에 경영자의 의도에 부합하는 타당한 이유를 제대로 찾을 수 있는지를 고민해서 신사업 추진 여부를 결정하는 접근법이 보다 유용하다. 마이클 포터 교수에 따르면 다각화로 인해 가치를 높일 수 있는 방법은 다음과 같다.[46] 각 요인마다 성공 요인도 다르기 때문에, 유형별로 하나씩만 확실한 이유를 찾아내도 성공할 수 있다.

:: 포트폴리오 관리

다각화된 기업 가운데 일부는 마치 주식투자자처럼 저평가된 기업을 사고, 고평가된 기업을 팔아 수익을 올리는 경우가 많다. 물론 이것은 주주들이 할 일이지 기업이 할 일은 아니지 않느냐는 반론도 있을 수 있다. 하지만 만약 기업이 저평가된 기업을 주주들보다 더 잘 발굴하고, 기업의 높은 신용도를 활용해 다른 투자자보다 더 싸게 자본을 조달할 수 있다면 충분히 가치를 창출할 수 있는 전략이기도 하다. 이런 목적의 다각화라면 싸게 사는 게 가장 중요한 포인트다.

실제 다각화 대상 기업을 물색할 때 자산가치만 보는 기업가도 있다. 사업의 구조나 성장성에는 관심이 없고, 오로지 대상 기업이 가진 자산의 가치와 매매 가격을 비교해 투자 의사결정을 한다. 당연히 기업을 인수한 후에도 경영에는 크게 신경 쓰지 않고 자산 개발에만 관심을 가진다. 대체로 포트폴리오 관리 전략을 쓰는 경우, 경영진을 그대로 두고 철저하게 매출이나 이익 같은 재무적 통제만 하는 게 이 전략에 부합한다.

실제 우리나라에서 한 아동출판업체가 항공사를 인수한 적이 있다. 아동출판업과 항공업이 도대체 어떤 시너지를 일으킬 수 있을까? 혹시 사무실을 같이 쓰면 화장실을 공유하는 데 따른 극히 소소한 시너지 정도나 생각해볼 수 있겠다. 앞서 네 가지 테스트 결과는 낙제점에 가까울 것이다.

그러나 이런 유형의 신사업 진출은 현실에서 자주 목격된다. 실제 이 항공사는 기존 대주주였던 금융회사가 영업정지를 당하면서 급하게 매물로 시장에 나왔다. 싼 매물을 찾아낸다면 이런 유형의 다각화 전략은 성공할 확률이 매우 높아진다. 이런 유형의 사업 다각화에 시너지 같은 요소를 심각하게 고려하는 것은 오히려 좋은 의사결정을 방해한다. 아마도 '적당히' 공부한 MBA 출신이 아동출판업계의 의사결정에 관여했다면, 시너지를 이유로 항공사 인수를 반대했을 것이다. 다시 한번 강조하지만 어정쩡하게 아는 게 더 위험하다.

:: 리스트럭처링

리스트럭처링(Restructuring)은 사모펀드(Private equity)가 잘 활용하는 전략이다. 어떤 기업이 경영자의 잘못으로 잠재적인 가치를 제대로 실현시키지 못하고 있을 때, 이를 바로잡아 기업가치를 높이는 유형의 전략이다. 경영자를 바꾸고, 구조조정 전문가를 투입하며, 불필요한 사업을 매각하고, 방만한 자금 운용을 통제하는 조치를 통해 기업가치를 끌어올릴 수 있다고 판단했을 때 주로 사용한다.

예를 들어, 한 사모펀드가 호주의 침대 매트리스 제조업체를 인수했는데, 실사 과정에서 자세 교정용 매트리스를 불필요하게 양면으로 사용할 수 있게 만드느라 원가가 높아져 가격이 너무 비싸게 책정됐다는 점을 파악했다.[47]

실제 대부분의 고객은 매트리스를 뒤집어서 사용하지 않는다. 그래서 새 경영진은 뒤집을 필요 없이 한쪽 면에만 자세 교정 기능을 갖춘 제품을 출시해 이익을 크게 향상시켰다. 또 불필요한 신제품 라인을 없애고, 매장 대표들에게 소비자 동향을 분석해 이윤을 향상시키는 데 도움을 주는 지표들을 공급, 성과를 높이기도 했다.

이런 신사업 전략이 성공하려면 해당 산업에 대해 깊은 이해를 하고 있거나, 뛰어난 경영역량을 갖고 있어야 한다. 그리고 구조조정을 통해 가치를 올려놓 았다고 판단되면 추가적인 가치를 창출하기 힘들기 때문에 사모펀드처럼 빨리 팔고 나가는 게 바람직한 접근이다. 구조조정에 필요한 역량과 지속적인 성장 에 필요한 역량을 모두 갖고 있는 경우는 많지 않은 게 현실이기 때문이다.

:: 역량 이전과 활동 공유

포터의 원래 논문[48]에는 역량 이전과 활동 공유를 다른 전략으로 구분했으나, 현업에서는 두 활동 모두 시너지의 원천이라는 공통점이 있어 한 항목으로 통 합했다. 기업이 갖고 있는 역량이나 기술을 이전해 신사업을 벌이는 경우다.

예를 들어, 과거 웅진그룹은 도서출판에 서 시작해 학습지, 화장품, 정수기 등 다양 한 분야로 신사업을 개척했다. 언뜻 보기엔 전혀 관련이 없어 보이지만, 역량이란 측면 에서 보면 서로 밀접한 관련이 있다. 웅진 그룹 창업주인 윤석금 회장은 원래 백과사 전 방문판매원으로서 역량을 발휘하며 사

웅진은 자신의 탁월한 역량이나 기술을 이전해 신사업 모델로 진화시켰다. 출처: 웅진씽크빅 블로그

업 기반을 닦았다. 즉 가정 방문판매와 관련해 탁월한 역량을 갖고 있었다. 이 역량이 학습지 방문판매로 연결됐고, 화장품 방문판매를 거쳐 정수기도 가정 까지 방문해 관리해주는 모델로 진화했다(하지만 웅진그룹은 가정 방문판매라는 핵심역량의 이전과 관련이 있다고 볼 수 없는 건설, 에너지, 금융업종으로까지 다각 화를 시도했다가 주력 계열사를 매각하는 등 큰 어려움을 겪기도 했다).

기업이 보유한 핵심역량이 효과적으로 이전되면, 이처럼 전혀 다른 영역으

로 보이는 사업에도 성공적으로 진출할 수 있다. 여기서 핵심적으로 중요한 것은 시너지다. 이런 사업 다각화라면 시너지가 얼마나 발휘되느냐가 무엇보다 중요하다.

시너지는 앞서 살펴본 대로 무형자원과 유형자원 모두가 원천이 될 수 있다. 시너지가 발현되는 형태는 구체적으로 두 가지가 있다. 하나는 기술이나 역량의 이전이다. 앞서 소개한 방문판매 노하우와 인력 관리역량이 효과적으로 이전된 웅진의 사례가 대표적이다. 다른 하나는 공유다. 자동차회사는 플랫폼을 공유해 원가를 줄일 수 있고, 유통 관련 회사는 매장을 공유할 수도 있다. 어떤 경우는 영업인력이나 관리운영인력, 콜센터 등도 공유한다. 모두 시너지의 원천이 된다.

이런 전략이 성공하려면 공유할 수 있는 활동이 많거나, 이전했을 때 가치 있는 역량이 확보돼야 한다. 이런 게 확실하다면, 남들 눈에는 비싼 값을 지불한 인수처럼 보여도 시너지 창출에 성공할 수 있다.

동원산업의 동부익스프레스 인수 사례가 이런 점에서 참고할 만하다.[49] 참치로 잘 알려진 동원산업은 유통망을 통해 참치 제품을 배송해야 하기 때문에 자연스럽게 물류 비즈니스도 함께 운영해왔다. 그런데 동부익스프레스가

참고하세요

역량 이전 관점에서 매우 성공적이었던 웅진그룹은 왜 법정관리에 들어갔을까? 역시 역량 이전 관점에서 보면 쉽게 이해가 된다. 웅진은 집을 방문하는 역량을 넘어서 아예 집을 만드는 사업인 건설업에 도전했다. 그동안 성공의 원천이었던 방문판매와는 사실 연관성이 거의 없는 분야다. 태양광 관련 사업도 마찬가지다. 이전할 마땅한 역량이 없는 사업에 진출한 데다 업황까지 좋지 않아 결국 법정관리에 들어갔고, 그룹이 해체되고 말았다.

두산그룹의 밥캣 인수는 공유할 수 있는 활동과 이전했을 때 가치
있는 역량이 성공의 핵심요인임을 확인할 수 있다.
(출처: 두산그룹 보도자료)

모기업의 경영난으로 M&A 시장에 나오자 관심을 갖고 인수전에 뛰어들었
다. 우여곡절 끝에 4,200억 원에 인수협상을 마무리했다. 딜이 마무리될 시점
인 2016년 말 초대형 물류업체가 부도나는 등 시장 상황이 극도로 좋지 않았
기 때문에 시장에서는 이 M&A에 대한 우려의 시선도 적지 않았다. 하지만 동
원그룹은 명확한 시너지 플랜을 갖고 있었다. 동원그룹의 기존 물류사업은 완
제품을 유통업체에 배송하는 것이 주된 영역이었다. 배송망도 국내에 국한되
어 있었다. 하지만 동부익스프레스는 생산을 위해 필요한 원재료를 해외에서
부터 배송해서 국내까지 전달해주는 분야에서 강점을 갖고 있었다. 즉 동원이
갖고 있지 않는 분야에서 강점을 갖고 있었기 때문에 사업적 시너지가 존재한
다고 판단했다. 시장의 우려와 달리 이런 판단을 근거로 M&A가 성사됐고, 동
원은 안정적으로 시너지 효과를 창출하고 있다는 평가를 받고 있다.

▼ [표 25] 신사업 진출 전략

	포트폴리오 관리	리스트럭처링	역량 이전 활동 공유
주요 내용	저평가 기업 발굴 매수	부실경영 기업 인수 후 구조조정	역량을 이전해 가치를 창출하거나 활동을 공유해 비용 절감
성공 키워드	낮은 가격	산업 및 경영에 대한 높은 이해도	시너지
다각화 유형	비관련 다각화	관련/비관련 다각화	관련 다각화
유의점	재무적 통제 위주의 경영	구조조정 후 신속한 매각	냉철하고 객관적인 시너지 평가

이 세 가지 신사업 전략은 동시에 추진될 수도 있다. 예를 들어, 가격도 싸면서, 기존 경영진이 엉망인 데다, 시너지 효과까지 탁월한 기업이 매물로 나왔다면 '대박' 아이템이 될 수 있으니 무조건 신사업에 진출해야 할 것이다. 하지만 현실에서 이런 기회는 드물게 찾아온다. 적어도 이 세 가지 전략 가운데 확실한 이유 하나는 있어야 신사업 성공 확률이 높다.

만약 이 세 가지 가운데 어떤 것에도 포함되지 않고, 단순히 더 큰 기업을 경영하고 싶은 열망 때문에 신사업에 진출했거나(금호그룹의 대우건설 인수처럼), 남들이 하니까 따라서 신사업에 진출한 것이거나(여러 기업의 대체에너지 사업 진출), 오너가 개인적으로 너무 하고 싶어 하는 사업이어서 진출했다면(삼성그룹의 자동차사업 진출) 실패할 확률이 높아진다. 세 가지 가운데 하나라도 확실한 이유를 갖고 신사업을 추진해야 아까운 자원 낭비를 막을 수 있다.

신사업 추진 방법

대다수 기업은 신사업 발굴을 위해 다음과 같은 방법을 사용한다. 우선 경영진이 신사업을 발굴해야겠다는 의사결정을 한다. 그다음 사내 핵심인재들을 모아 태스크포스팀(TFT)을 만든다. 조금 더 의지가 있는 기업은 일선 업무에서 빼고 전업으로 TFT에 참여시키고, 의지가 다소 떨어지는 기업은 파트타임으로 구성원들을 참여시킨다. 이들은 브레인스토밍과 자료 검색 등을 통해 성장성이 높다고 판단되는 다양한 사업 분야를 찾아내 롱 리스트(Long list)를 만든다. 이어 자사의 역량으로 수행이 가능한지, 사업의 성장성은 있는지, 기존 사업과 시너지가 있는지 등을 검토해 쇼트 리스트(Short list)를 추려낸다.

이 과정에서 외부 컨설턴트가 참여하기도 한다. 몇 달 간 TFT는 격론을 벌인 끝에 최종적으로 3~5개 정도의 사업 아이디어를 선정한 뒤 오너나 최고경영진에게 보고한다. 아마 독자 중에 이런 TFT에 참여하고 있는 사람도 있을 것이고, 과거에 참여했던 경험이 있는 사람도 많을 것이다. 혹시 이런 과정을 통해 신사업 발굴에 성공한 사례가 있다면 알려주기 바란다. 필자가 목격한 대부분의 사례는 실패했다. 왜 그럴까?

신사업에 대한 의사결정은 기본적으로 기업가의 몫이다. 누구도 대신하기 힘들다. 핵심 의사결정권자(오너나 CEO)가 참여하지 않은 상태에서 진행된 TFT 회의 결과가 영향력을 갖기는 정말 힘들다.

또 이렇게 운영된 TFT가 좋은 결과물을 내기도 구조적으로 어렵다. 현실과 유리된 채, 쉽게 찾을 수 있는 자료들을 토대로 논의가 이뤄질 확률이 높기 때문이다. 그래서 업종을 막론하고 이런 TFT를 운영하면 대체에너지처럼 뻔한 결과만 나오기 십상이다. 그렇다면 어떻게 해야 할까? 의미 있는 신사업을 추진하려면 다음과 같은 점을 고려해야 한다.

:: "왜 신사업을 하려 하는가?"부터 고민하라
대체로 신사업 TFT는 왜 신사업을 하는지에 대한 고민도 없이 출발한다. 왜 하느냐고 물어보면 "회장님이 시켜서" 혹은 "매출을 늘려야 해서"라고 말하는 사례가 대부분이다. 이렇게 시작하면 십중팔구 실패한다. 방향이 서지 않은 상태에서 진행하는 신사업은 유망해 '보이는' 사업의 나열로 끝날 가능성이 크다.

"주력사업의 성장이 정체되고 있어, 이를 대체할 수 있는 사업을 찾기 위해" 정도의 답도 부실하기는 마찬가지다. 주력사업의 시장 현황이 어떤지, 구체적으로 왜 성장하지 않는 것인지, 주력사업 가운데 혁신을 통해 성장의 돌파구를 마련할 방법은 없는지 등에 대해 치열하게 고민했지만, 그래도 방법이 없기 때문에 신사업을 찾아야 한다는 정도는 돼야 한다.

의외로 기존 사업을 변형하거나 기존 역량을 활용해서 신사업을 벌일 수 있는 여지가 높은 경우도 많다. 그렇다고 판단되면 기존 사업을 재해석하는 TFT 부터 먼저 만들어야 한다.

실제 대부분의 전통 사업들은 시장이 축소되고 있다며 고통을 호소하고 있다. 하지만 조금 더 넓은 시야에서 시장을 바라보면 그렇지 않다는 사실을 금방 알 수 있다. 예를 들어, 재래시장, 대형마트, 백화점 등은 수요 위축으로 고통받고 있다. 하지만 유통시장 전체가 줄어든 것은 결코 아니다. 온라인 모바일 유통까지 모두 포함하면 시장 규모는 더 커졌다. 출판업계도 어려움을 호소하고 있지만, 온라인 모바일 콘텐츠 시장까지 합하면 전체 시장 규모는 줄어들지 않았다. 영화 상영관의 매출은 줄어들고 있을지 몰라도 넷플릭스를 비롯한 온라인 주문형 비디오 서비스 시장까지 함께 고려해보면 시장은 확대 추세다. 즉 기존 사업 모델만 고수하다가 새로운 트렌드에 부응하지 못해서 성장성을 확보하지 못한 것은 아닌지 살펴봐야 한다. 지금 본업이 어렵다고 역량에 부합하지도 않는 전혀 새로운 신사업에 눈길을 돌리는 것은 바람직하지 않다.

만약 파괴적 변화로 시장 자체가 없어지는 상황이라면 기존 역량을 활용해 신사업에 진출하는 방법을 찾을 것인지, 아니면 현재 갖고 있는 현금 자산을 활용해 업종을 불문하고 싸고 성장성 높은 기업을 찾을 것인지 구체적으로 고민해야 한다.

:: 최고 의사결정권자가 참여해야 한다

모든 TFT 회의에 참여할 수는 없더라도, 적어도 주요 고비마다 최고 의사결정권자가 참여해 방향을 잡아주고 관련 정보를 공유해야 성과를 낼 수 있다.

신사업은 기업가가 결정해야 한다. 논의 과정에 전혀 개입하지 않다가 최종 결과만 보고받는 경우, 최종 의사결정권자의 마음에 드는 사업을 찾을 확률은 거의 제로에 가깝다. 최종 의사결정권자가 참여하지 않는 TFT는 아까운 조직원들의 시간 낭비로 끝날 확률만 높인다.

:: 신사업 발굴을 일상적 활동으로 통합시켜야 한다

사실 TFT 구성 자체가 꼭 바람직한 것은 아니라는 사실도 인식할 필요가 있다. 신사업은 기업의 지속 성장과 생존을 위해 항상 고민해야 할 과제다. 물론 급박한 경영위기 등 특정한 상황에서 혹은 신사업 고민을 위한 첫 출발점으로서 TFT가 필요한 상황도 있을 수 있다. 하지만 훌륭한 조직은 일상적 조직 활동 속에 신사업 발굴이 중요한 업무로 녹아들어가 있다. 정례적인 경영진 회의에서 항상 중요한 의제로 다뤄져야 하며, 조직원들의 일상적 활동에도 신사업이 녹아들어가야 한다.

세라믹 제조업체인 일본 교세라가 위기에 처했을 때, 한 직원은 낚싯대 제작업체를 찾아가 낚싯줄이 닿는 부분을 세라믹으로 교체하면 마찰이 적을 것이라고 설득해 낚싯줄용 세라믹 신제품을 개발하도록 제안했다. 이를 통해서 교세라의 위기 극복에 톡톡히 기여했다. 이처럼 TFT를 한시적으로 운영하더라도 일상적 조직 활동으로 녹아들어가도록 문화, 인사 보상체계, 회의 운영 프로세스를 개선하는 것이 효과적이라는 사실을 인지할 필요가 있다.

대부분의 경영 전략 서적들은 신사업을 할 때 관련된 분야로 할 것인지, 관련이 없는 분야로 할 것인지를 중요한 이슈로 다루고 있다. 실제 경영학자들은 관련 다각화와 비관련 다각화가 성과에 어떤 영향을 끼치는지 수없이 많은 실증 분석을 했다. 일부 예외는 있지만, 대부분의 연구 결과는 비관련 다각화보다는 관련 다각화가 성과에 더 긍정적인 영향을 끼친다는 것으로 요약할 수 있다.

베인앤컴퍼니의 연구 결과를 보면, 기존 고객과 기존 조직을 활용한 신제품 출시의 경우 성공 확률이 30~50% 수준으로 가장 높았고, 신규 유통채널을 활용하거나 전후방 통합과 관련한 신사업의 경우 10~20%, 기존 고객과 별로 상관없는 신사업의 경우 10% 이하의 성공률을 기록했다.

하지만 이런 연구 결과를 토대로 관련 다각화를 하라고 컨설팅하는 것은 무책임할 뿐만 아니라 위험하기까지 하다. 대부분의 한국 대기업은 관련성이 떨어지는 사업을 영위하면서도 성과를 잘내는 기업이 많다. 또 주력사업이 죽어가는 상황에서 관련 다각화가 성과가 높으니 관련 분야에서 신사업을 찾으라는 주문은 기업을 위험에 빠뜨릴 수 있다. 아마존은 온라인 유통이라는 본업과 거리가 있는 클라우드 산업에 진출해 회사 수익의 대부분을 벌어들이고 있으며, 두산은 소비재회사에서 중공업회사로 변신하는 등 관련 다각화가 더 낫다는 연구 결과와 무관한 사례들도 많이 찾아볼 수 있다.

반대로 관련성이 높다고 해서 성공이 보장되는 것은 아니다. 표준산업분류체계에 따르면 인쇄출판업은 유사한 산업으로 여겨진다. 하지만 출판업은 신속한 트렌드 대응과 창의성이 중요한 산업이며, 인쇄업은 엄밀한 공정 관리와 효율성, 원가절검 등이 생명이다. 즉 인접한 영역이라는 이유로 관련 다각화를 했다가 큰 코 다칠 수 있다.

또 관련성 여부를 측정하기가 현실적으로 대단히 어렵다. 많은 학자가 표준산업분류체계를 활용한다. 하지만 이는 통계 목적으로 작성된 것이라, 이것을 근거로 관련성을 측정하게 되면 적지 않은 문제를 유발할 수 있다. 웅진그룹 사례처럼 화장품, 출판, 정수기사업은 표준산업분류체계상 멀리 떨어져 있지만 역량이란 측면에서 매우 긴밀한 관계가 있다. 관련─비관련 어느 한쪽이 절대적으로 유리한 전략이라는 생각은 실무에 도움을 주지 않는다.

03

수직적 통합

● 현대자동차가 자동차 제조 공정에 많이 쓰이는 철강사업에 진출한 것이 후방 수직적 통합의 대표적 사례다. 자동차 제조회사가 자동차 판매회사를 합병하거나 설립하는 게 전방 수직적 통합의 사례다.

신사업과 유사할 수도 있지만, 약간 각도가 다른 이슈가 있다. 바로 수직적 통합(Vertical integration)●이다. 수직적 통합은 공급업체 쪽을 확장하는 후방 수직적 통합과 구매자 쪽으로 확장하는 전방 수직적 통합이 있다.

기업들이 수직적 통합에 나서는 이유 중 하나는 핵심사업의 경쟁력을 강화하기 위해서다. 자동차회사 입장에서 강판은 안전과 성능을 좌우하는 매우 중요한 요소로 판단할 수 있다. 강판에 대한 통제력을 강화하고, 자동차회사 입장에서 원하는 제품을 개발하고 싶다면 외부 업체에 맡기기보다 아예 직접 추진하는 것이 훨씬 더 타당한 의사결정일 수 있다.

또 수직적 통합은 특정 사업에서 독점적 지위를 활용해 기업의 수익을 높일 수 있는 기회도 제공한다. 예를 들어, CJ는 영화사업과 관련해 투자, 제작, 배급, 상영에 이르는 전체 산업 가치사슬을 장악하는 수직 통합 전략을 취했다.

이로 인한 효과는 매우 크다. 자사에서 투자하거나 제작한 영화를 전국의 상영관에 집중적으로 상영해 영화산업에서 창출되는 가치의 상당 부분을 획득할 수 있기 때문이다. 외국에서는 배급이나 상영 분야에 진출한 기업의 영화 제작이나 투자를 규제하기도 한다. 배급과 상영을 하는 거대 자본이 영화

투자까지 하면 독립영화사나 신규 시장진입자들이 불공정경쟁으로 인한 피해를 볼 수 있기 때문이다. 하지만 한국에 이런 규제가 없기 때문에 CJ는 전후방 사업 영역 전체를 통합적으로 운영하면서 수익성을 높이고 있다.

Make vs Buy

경영학에서는 수직적 통합을 할지, 외주업체를 활용할지에 대한 결정을 'Make(내부 생산) vs Buy(외부 구매)' 결정으로 부른다. 내부 생산은 내가 직접 한다는 것으로, 신사업 진출이나 인수합병 등을 통해 수직적 통합을 하는 의사결정을 뜻한다. 외부 구매는 수직적 통합을 하지 않고, 시장에서 물건을 사듯이 다른 업체로부터 시장거래를 통해 구매하는 것을 의미한다.

내부 생산과 외부 구매 의사결정은 사실 우리가 일상적으로 거의 매일 고민하는 이슈다. 오늘 저녁 식사를 직접 해서 먹을 것인지(내부 생산), 외식을 할 것인지(외부 구매), 올 겨울에 김장을 직접 담글 것인지(내부 생산), 김치를 그냥 사서 먹을 것인지(외부 구매) 등도 본원적으로 수직적 통합과 같은 맥락의 의사결정이다.

기업에서는 이런 의사결정이 경쟁력에 직접적인 영향을 끼칠 수 있어 매우 신중하게 접근해야 한다. 예를 들어, 한 자동차업체는 엔진을 아웃소싱했는

참고하세요

보잉은 혁신적인 여객기 787드림라이너를 제작하는 과정에서 비용 절감을 위해 대부분의 부품을 아웃소싱업체에 의존했다. 그런데 한 아웃소싱 업체가 공장을 세우려 한 곳에 규제 문제가 생겨 공장을 제때 짓지 못해 납품이 늦어졌고, 어떤 업체들은 서로 사양을 달리 적용해 부품 간 결합이 제대로 이뤄지지 않는 등 수없이 많은 문제가 발생했다. 결국 보잉은 제때 비행기를 공급하지 못해 위약금과 브랜드 가치 훼손 등으로 큰 손해를 입어야 했다.

CJ는 영화사업과 투자, 제작, 배급, 상영에
이르는 전체 산업의 수직 통합 전략을 통
해 가치사슬을 장악했다.
(출처: CJ E&M 홈페이지)

데, 아웃소싱 파트너가 말을 잘 듣지 않고 신제품 개발을 소홀히 해 경쟁력에
서 크게 뒤처지기도 했다.

내부 생산-외부 구매 결정은 특히 기업의 경계를 결정한다는 측면에서 매
우 중요한 의사결정 가운데 하나다. 잡지사에서 인쇄를 자체적으로 할지, 외주
를 줄지와 같은 의사결정처럼, 어렵지 않게 결정할 수 있는 경우도 있다. 인쇄
업체가 많아 가격이 표준화돼 있고, 어느 정도 품질에 대한 신뢰성을 확보할 수
있기 때문에 잡지사가 군이 돈을 들여서 자체적으로 인쇄기를 살 이유가 없다.

이렇게 쉬운 결정도 있지만, 잡지사에서 디자인을 아웃소싱할지 자체적으
로 가져갈지와 같은 결정은 애매하다. 디자인은 매우 중요한 요소여서 자체적
으로 가져갈 수도 있지만, 외부에 믿을 만한 훌륭한 디자이너가 많고, 디자인
트렌드가 자주 바뀐다면 아웃소싱도 대안이 될 수 있기 때문이다.

내부 생산-외부 구매 결정은 기업 수준이건 사업부 수준이건, 혹은 개인

수준이건 모두에 해당하는 문제다. 여기서는 사안의 중요성이 가장 큰 기업 수준 이슈를 중심으로 어떤 기준을 갖고 결정을 내려야 할지 살펴본다.

내부 생산-외부 구매 의사결정 방법론

내부 생산-외부 구매 의사결정의 중요한 기준을 제시하는 대표적인 이론은 거래비용이론(Transaction cost theory)이다. 시장에서 거래를 할 때 물건값 외에 거래 자체에 들어가는 비용이 있다. 예를 들면, 거래 대상을 찾는 과정에서 검색비용이 들어가며, 거래 상대방과 복잡한 내용의 계약을 맺는 과정에서 협상 및 변호사 고용비용을 치러야 할 수도 있다. 계약이 실제로 이행되도록 감시하는 데에도 비용이 들어간다. 사실 장난감 하나를 살 때도 장난감 가격 외에 우리는 가격 비교, 사용자 후기 검색 등 사전 검색에 적지 않은 비용을 쓰며, 매장까지 이동하는 과정에서 비용이 들고, 매장에서도 진짜 제품이 맞는지 신중하게 고려하는 등 다양한 거래비용을 지출한다.

거래비용은 여러 요인으로 증가한다. 인간의 합리성 자체에 한계가 있고, 천성적으로 사기(詐欺) 같은 기회주의적 행동을 하는 상대방과 만날 수도 있기 때문이다. 거래의 안전성을 담보하기 위한 거래비용은 불가피하게 발생한다.

또 시장에서 원하는 제품이나 서비스를 공급하는 업체가 소수일 때, 공급업체가 담합하거나 속이는 행동을 할 확률이 높아지기 때문에 계약 이행에 들어가는 거래비용이 높아진다. 중고차 시장처럼 구매자와 판매자 간 정보의 불균형이 심할 때도 거래 상대방을 속일 확률이 높아지기 때문에 거래비용이 늘어난다.

미래 경영 환경의 불확실성이 높아져도 거래비용은 높아진다. 예를 들어, 한 중소기업이 MP3플레이어 관련 기술을 개발해 대기업에 납품하는 계약을 맺었는데, 스마트폰이 등장해 더 이상 MP3플레이어가 시장에서 수요를 창출하지 못하면, 해당 계약은 파기될 확률이 높아진다. 또 특정한 한 기업에만 공급하는 납품 계약처럼 자산의 특정성(Asset specificity)이 높아지면 거래비용이 높아진다. 예를 들어, 중소기업 A사가 완성차업체인 B사에만 팔 수 있는 특수한 공조장치를 생산해야 한다면, A사 입장에서는 B사가 유일한 고객이 된다.

특수한 공조장치를 만들기 위해 10억 원을 투자했는데 만약 B사가 다른 사정이 생겨 사가지 않으면, 이 투자의 가치는 헐값이 된다. B사에만 국한된 투자여서 다른 기업에 판매를 하기 어렵기 때문이다. B사가 구매하지 않아 헐값에 고철로 설비를 처리해야 하고, 이때의 가격이 1억 원에 불과한 상황도 가정해보자. 이런 상황을 알고 있다면 B사는 A사에게 납품 가격을 인하해달라고 요구할 수 있다. B사가 1억 원 이상 받으면 일단 고철로 처리하는 것보다는 낫다는 사실을 알고 있기 때문이다. 따라서 이런 상황이라면 해당 공조장치에 대한 시장거래가 이뤄지기 힘들고, 기업 입장에서는 어쩔 수 없이 외부 구매 대신 내부 생산을 선택해야 할 수 있다.

이밖에 거래의 빈도가 높아지면 작은 거래비용이 쌓이면서 커지기 때문에 시장거래의 매력도를 떨어뜨릴 수 있다. 실제 많은 기업이 자주, 많이 사는 제품에 대해 내부화하려는 욕망을 갖고 있다.

이처럼 여러 요인들 때문에 거래비용이 높아지면, 기업 내부에서 직접 생산하는 대안을 선택한다는 게 거래비용 이론의 핵심이다. 물론 시장거래를 선택하지 않고 내부화를 선택한다고 해서 비용이 없어지는 것은 아니다. 여기서도 위계적 관리비용[●]이 들어간다. 하지만 앞서 설명한 여러 이유로 거래비용이 관리비용보다 높아지면, 합리적 기업이라면 내부 생산을 선택할 것이다.

> ● 위계적 관리비용
> 시장거래를 할 때 거래비용이 발생하지만, 시장거래를 하지 않고 기업이라는 위계적 조직을 활용할 때에도 관리 및 운영비용 등이 발생한다. 기업 운영 과정에서 나오는 비용이 위계적 관리비용이다.

거래비용이론을 보면, '어쩌면 이렇게 인간의 악(惡)한 측면만 기막히게 잘 찾아내 강조할 수 있을까?' 하는 생각도 든다. 그래서 국제경영 분야의 거장 고(故) 수만트라 고샬 박사는 "나쁜 경영이론이 좋은 경영 관행을 파괴한다"며, 나쁜 경영이론의 대표적인 예로 거래비용이론을 들었을 정도다.⁵⁰ 인간이 악하다고 가정하고 경영을 하면, 실제 현실에서 악한 행동을 더 유도할 수 있다는 게 고샬 박사의 문제의식이었다.

실무적으로도 거래비용을 활용해 의사결정을 하기는 무척 어렵다. 거래비용이라는 개념이 추상적이어서, 이를 기초로 정확한 계산을 하기가 무척 힘들기 때문이다. 학문적으로는 큰 기여를 했지만 실무적으로 거래비용 개념을 활용해 의사결정을 하기는 무척 힘들다.

거래비용이론 외에 내부 생산 – 외부 구매 결정과 관련한 새로운 관점을 주는 이론이 자원 기반 관점이다. 설령 거래비용이 매우 높다 하더라도, 우리 기업에서 생산할 능력이 없다면 시장거래에 의존할 수밖에 없다. 예를 들어, 한 한국 게임업체가 중국 시장에 진출하고 싶어 한다고 가정하자. 하지만 이 게임업체는 중국 시장을 잘 알지도 못하고, 중국에서의 사업 관행도 달라 현지 협력업체를 신뢰하기 힘들다. 그래서 거래비용은 엄청나게 높아진다. 하지만 아무리 살펴봐도 우리 기업 내부에는 중국 시장을 상대로 게임을 유통할만한 역량이 없다. 그렇다면 어떻게 해야 할까?

이런 상황이라면 거래비용이 아무리 높아도 내부화는 불가능하다. 독자 진출 대신 시장에서 거래관계(전략적 제휴 등)를 맺고 중국 현지 유통업체에 게임 배포를 맡기는 게 현실적인 대안이 된다. 내부 생산－외부 구매 의사결정에서 우리의 역량을 고려하지 않으면 현명한 의사결정을 내릴 수 없다.

거래비용과 기업의 역량 외에 사실 다양한 외부요인들이 내부 생산－외부 구매 의사결정에 영향을 끼친다. 예를 들어, 경제 발전 단계가 낮은 국가에서는 재벌 형태의 복합기업체제가 일반적이다. 시장이 발달해 있지 않아 공급업체가 별로 없기 때문에, 외부 구매를 선택하고 싶어도 할 수가 없다.

또 정치적인 요인도 큰 영향을 받는다. 한국에서는 1998년 외환위기 이후 재벌체제의 문제점이 부각되자 다각화보다는 전문화에 집중하는 경향이 나타났다. 한 기업이 아웃소싱을 하면 다른 기업도 따라 하는 현상도 자주 목격된다.

이밖에 현실적으로 중요한 요인도 있다. 기업은 부(富)의 사외 유출을 꺼리고, 더 큰 기업을 만들려는 욕구도 있다. 이런 욕구에 따라 생산을 결정할 수도 있다. 물론 이런 경향이 강해지면 '일감 몰아주기'에 대한 강한 반대 여론이 형성돼 생산을 구매로 바꾸는 일도 생긴다.

이처럼 수많은 요인이 내부 생산－외부 구매 의사결정에 영향을 끼친다. 구체적으로 실무에서 효과적인 의사결정을 하기 위한 프레임워크도 개발됐다.[51] 내부 생산하는 경우와 외부 구매하는 경우를 가정해서 기술/제조 프로세스, 공급망 관리와 물류, 지원체계, 가격 등 네 가지 요소를 중심으로 세부 지표를 개발하고 가중치를 부여해 객관적으로 비교하는 것이다.

〈표 26〉처럼 세부 내용을 관계자들이 협의를 통해 각 기업의 상황에 맞게 가중치를 정하고 점수를 매기면 보다 효과적인 의사결정을 할 수 있다.

▼ [표 26] 내부 생산–외부 구매 의사결정 프레임워크(예시)

구분	항목	내부 생산			외부 구매		
		비중	점수	비중×점수	비중	점수	비중×점수
기술/제조 프로세스 (비중:0.3)	생산기술력 수준	0.2	4	0.8	0.2	2	0.4
	제조장비 수준	0.3	3	0.9	0.3	3	0.9
	생산인력 숙련도	0.1	5	0.5	0.1	4	0.4
	생산능력	0.1	2	0.2	0.1	2	0.2
	…	…	…	…	…	…	…
소계							
공급망 관리 (SCM)와 물류 (비중:0.2)	비용 절감 노력						
	협력 수준						
	배송 안정성						
	재고 관리능력						
	…	…	…	…	…	…	…
소계							
지원체계 (비중:0.15)	품질 관리체계						
	정보 시스템						
	교육 훈련 계획						
	…	…	…	…	…	…	…
소계							
비용 (비중:0.35)	원재료						
	인건비						
	배송						
	통신/기술지원비						
	기회비용						
	…	…	…	…	…	…	…
소계							
총점(소계 점수에 비중을 곱한 후 합계)							

장단점과 유사생산

어떤 분야에 대해 내부 생산을 선택하면, 이와 관련한 역량을 축적할 수 있다는 장점이 있다. 하지만 시장 환경이 변해 해당 기술이나 분야가 더 이상 가치를 창출하지 못할 경우, 내부인력이나 자원의 구조조정이 필요하기 때문에 유연하게 환경 변화에 대처하기 어렵다는 단점도 있다. 또 기업 내부에 확실한 고객이 있기 때문에, 자칫 혁신할 동력을 찾지 못해 외부 구매에 비해 경쟁력이 떨어지는 상황이 생길 수 있다.

아웃소싱은 일반적으로 비용을 줄일 수 있으며, 환경 변화에 유연하게 대처할 수 있다는 장점이 있다. 그리고 아웃소싱업체들 간 경쟁이 치열한 경우 혁신이 더 자주 일어날 수 있다는 장점도 있다. 하지만 기업이 외부 구매에 의존할 경우, 해당 분야에 대한 경쟁력을 확보할 수 없다. 해당 분야에 대한 통제력도 떨어진다. 그래서 사업적으로 대단히 중요한 역량을 외부 구매했을 경우 나중에 큰 문제가 생길 수도 있다.

IBM은 컴퓨터 운영체제(OS) 부문이 중요한 요소가 아니라고 판단해 이를 외부 구매로 돌렸다. 하지만 나중에 OS 부문의 시장이 엄청나게 커졌고, 이 시장의 대부분을 MS가 차지하는 것을 지켜봐야 했다. 기업경쟁력의 매우 중요한 부분은 거래비용이 크더라도 내부화하는 게 바람직하다.

그런데 내부 생산과 외부 구매의 장점, 즉 역량 강화와 유연한 대응, 비용 절감 등 여러 마리 토끼를 잡을 수 있는 대안이 있다. 바로 '유사생산(Pseudo-make)' 전략[52]이다. 이 전략은 예를 들어 자동차회사가 전자장비업체를 아웃소싱 파트너에게 조달은 하되, 전자장치를 자동차에 어떻게 결합하거나 연결해야 하는지 등과 관련한 지식을 보유해 아웃소싱업체들을 통제하는 것이다.

과거에 별로 중요하지 않았고, 미래에도 경쟁력에 크게 중요하지 않은 부분은 과감하게 아웃소싱을 해서 비용 절감을 추진하는 게 좋다. 하지만 과거에 중요하지 않아 아웃소싱을 줬는데 미래에 중요할 것으로 예상된다면, 적어도 유사생산 전략을 통해 관련 분야에 대한 통제권을 일정 수준 행사하는 대안이 바람직하다.

참고하세요

애플의 유사생산 전략

애플은 다양한 외부 업체들에게 부품을 공급받아 아이폰을 제작했지만, 해당 부품이 아이폰과 어떻게 연결돼야 하는지, 어떤 형태의 디자인을 가져야 하는지에 대한 지식과 역량을 바탕으로 세부적인 요구 사항을 전달했다. 이를 통해 아웃소싱의 장점인 비용 절감 및 환경 변화에 대한 유연한 대응 등의 장점을 얻으면서 동시에 자체적인 역량 강화도 추구할 수 있었다.

제휴 전략

제휴가 제공하는 기회와 위험

"우리 역량으로는 불가능합니다." 기업 현장에서 자주 들리는 이야기다. 가능성이 있는 사업 아이디어를 가졌다 하더라도, 내부역량이 부족해 독자적으로 해당 사업을 추진하기 힘든 상황이 자주 발생한다.

이때 내공이 부족한 비즈니스맨은 역량 부족을 탓하며 사업 아이디어를 포기한다. 대체로 이런 생각을 하는 사람은 공부나 경험이 부족하다고 봐도 좋다. 만약 아이디어만 좋다면 얼마든지 대안을 찾아낼 수 있다. 대표적인 방법이 전략적 제휴(Alliance)다.

개인적으로 봤을 때 성격이나 경력, 역량, 학식이 부족한데도 크게 성공했다면, 둘 중 하나다. 운이 좋거나, 아니면 아는 사람이 많거나. 아는 사람이 많은, 즉 네트워크가 좋은 사람이 성공할 가능성이 높듯, 내부역량이 부족하더라도 전략적 제휴에 능해 '관계자산'을 잘 확보하는 기업도 성공 확률을 높일 수 있다.

기업 내부적으로 보유한 자산이 부족한 중소 벤처기업이 외부 대기업과 제휴를 잘 맺고 유지해

나가는 역량을 갖춘다면, 얼마든지 내부역량의 부족함으로 인한 문제를 개선할 수 있다. 특히 최근에는 시장에서 치열한 경쟁을 펼치고 있는 적대적 경쟁자들조차 전략적 제휴를 맺고 협력할 부분을 찾고 있다.

상식적으로 잘 이해되지 않는 롯데와 신세계의 제휴, 삼성과 소니의 합작, 도요타와 BMW 간 협력 등이 눈앞에 펼쳐지고 있다. 기업의 독자적인 역량만으로 성공하기 어려운 시대, 전략적 제휴는 기업의 경쟁력 확보와 관련한 새로운 대안을 제시해준다.

다른 기업과의 협력이 주는 이점은 정말 다양하다. 앞서 살펴본 내부 생산과 외부 구매의 장점을 모두 취할 수 있다. 현업에서 관심을 가질 만한 전략적 제휴의 이점은 다음과 같다.

:: 보완적 자산 활용

사업 성공을 위해 반드시 필요하지만 내가 갖고 있지 못한 역량을 다른 기업이 갖고 있다면 전략적 제휴를 통해 문제를 해결할 수 있다. 기술력을 가진 벤처기업이 유통회사나 대기업과 제휴를 맺고 제품 판로를 확보하는 게 여기에 해당한다.

반대로 대기업 입장에서는 훌륭한 유통망과 브랜드 파워를 갖고 있지만 관료화된 조직이기 때문에 새로운 아이디어가 잘 나오지 않는다. 벤처기업은 아이디어를 보완해주는 좋은 역할을 한다.

:: 규모의 경제 확보

앞서 보완적 자산과 반대로, 비슷한 자원을 가진 경우에도 제휴가 이뤄지기도 한다. 성숙산업에서는 경쟁관계에 있는 기업끼리의 제휴가 규모의 경제를 갖춰 원가를 낮추는 기회를 제공할 수도 있으며, 비슷한 기업끼리 협력해 선발주자와의 경쟁력 격차를 좁힐 수 있는 계기도 마련할 수 있다.

예를 들어, 금호타이어는 비슷한 규모와 자원을 가진 타이어회사인 일본 요코하마와 전략적 제휴를 맺었는데, 이는 두 회사의 협력으로 글로벌 시장의 빅3 타이어회사(브리지스톤, 미쉐린, 굿이어)와 유사한 수준의 '규모의 경제'를 확보하기 위한 목적에서 추진됐다. 나중에 금호타이어가 중국 업체에 인수되면서 이 제휴가 지속되지는 못했지만, 규모의 경제가 중요한 영역에서는 이런 제휴가 추진될 수 있다.[53]

:: 위험 분산

성장잠재력이 풍부한 신사업 아이템이 있는데 혼자 투자하기에는 너무 위험하다고 판단되면, 제휴를 통해 투자 부담을 줄이면서 사업 위험을 낮출 수도 있다. 대체로 자동차업체에서 경쟁사들 간 협력이 이뤄지는 분야는 차세대 자동차 분야다. 미래는 불확실하고 혼자서 모든 투자비용을 감당하기 힘들기 때문에, 기존 사업에서 경쟁을 벌이더라도 미래 신사업에서는 협력관계를 유지한다.

이런 방식을 '전경쟁협력(Precompetitive collaboration)'이라고 부른다. 초기 연구개발 단계에서는 서로 협력하고, 나중에 기술개발이 완료돼 제품을 상용화하는 단계에서는 다시 경쟁하는 체제가 형성될 수 있다. 전경쟁협력은 친환경, 대체에너지 등의 분야에서 새로운 성장 동력을 모색하는 기업들 사이에서 자주 일어나는 현상으로, 주목할 가치가 있다.

:: 기술표준 확보

아직 기술표준이 정해지지 않은 단계에서 몇 가지 기술이 서로 경쟁하고 있다면, 기술표준으로 자리 잡을 확률을 높일 수 있는 대표적인 수단이 제휴다. 고전적인 사례로 소니의 베타맥스기술과 마쓰시타의 VHS 기술이 비디오 시장에

서 서로 경쟁하고 있을 때, 소니는 기술적 우월성을 믿고 배타적 태도를 보인 반면, 마쓰시타는 많은 파트너에게 VHS를 사용하도록 허용했다. 결국 시장에서는 기술적으로 열등하다는 평가를 받았던 VHS가 표준으로 자리 잡았다.

:: 학습

제휴 파트너로부터 학습할 수 있다는 점도 제휴가 주는 빼놓을 수 없는 장점이자 이점이다. 한때 미국 시장에서 대표적인 경쟁자인 GM과 도요타가 '누미 (NUMI)'라는 합작법인을 설립했는데, 중요한 목적은 학습이었다. GM은 도요타의 린 생산방식*을 배우고 싶었다. 그런데 도요타는 GM으로부터 배울 게 뭐가 있다고 이 협력에 응했을까? 상식적으로 보면 배울 게 없을 것 같지만, 도요타의 고도의 계산이 깔려 있었다. 바로, 린 생산방식을 문화가 다른 북미 지역에 어떻게 적용할 것인지에 대한 현장경험과 노하우 획득을 위해서였다.

> ● 린 생산방식
> 작업 공정 혁신을 통해 비용은 줄이고 생산성은 높이는 것을 말한다. 즉 숙련된 기술자들의 편성과 자동화 기계의 사용으로 적정량의 제품을 생산하는 방식이다.

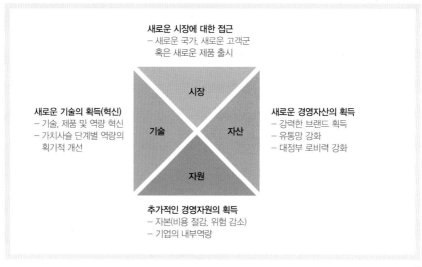

새로운 시장에 대한 접근
– 새로운 국가, 새로운 고객군
　혹은 새로운 제품 출시

새로운 기술의 획득(혁신)
– 기술, 제품 및 역량 혁신
– 가치사슬 단계별 역량의
　획기적 개선

새로운 경영자산의 획득
– 강력한 브랜드 획득
– 유통망 강화
– 대정부 로비력 강화

시장

기술　　자산

자원

추가적인 경영자원의 획득
– 자본(비용 절감, 위험 감소)
– 기업의 내부역량

출처: 강희석(2010)[54]

린 생산방식을 GM에 전해준다 하더라도 어차피 모방하기 쉽지 않은 측면이 있기 때문에 큰 문제가 없고, 오히려 도요타가 현장경험을 통해 체득하는 것이 미국시장에서의 성공에 더 큰 도움을 받는다고 판단한 것이다.

이렇게 고도의 전략은 일반인의 상식을 뛰어넘는 시야에서 나온다. 〈그림 14〉과 같이 기술, 시장, 자산, 자원이란 관점에서도 제휴의 이점을 살펴볼 수 있다.

그렇다면 제휴는 장점만 있을까? 그렇지 않다. 전략적 제휴를 연구한 학자들은 전략적 제휴를 하는 것보다 하지 않는 것이 낫다고 말한다. 결혼이 큰 행복을 주지만 만만치 않은 시련을 함께 주는 것과 마찬가지로, 이질적인 조직의 협력에 적지 않은 문제가 생기기 때문이다. 그래서 혼자서 할 수 있는 일이면 가급적 혼자 하라고 주문하기도 한다.

실제 전략적 제휴의 성공 확률은 50% 미만이라는 게 학계의 정설이다. 파트너가 기회주의적 행동을 할 수도 있으며, 처음 약속과 달리 협력에 소극적인 경우도 자주 나타난다. 이런저런 사소한 갈등이 생기면서 감정이 악화돼 전체 제휴가 망가지는 사례도 적지 않게 나타난다.

제휴에는 파트너를 물색하는 단계부터, 협상, 실제 운영, 성과 평가 등의 일련의 과정에 이르기까지 다양한 리스크가 내재돼 있다. 하지만 이런 위험에도 불구하고 기업의 혁신과 성장을 위해서는 제휴경험을 축적할 필요가 있다. 전략적 제휴의 절반 이상이 실패한다 해도, 다양한 제휴경험을 갖춘 기업들은 이른바 '제휴역량'을 획득할 수 있다. 이는 이런 역량을 갖추지 못한 기업보다 더 성공 확률을 높일 수 있기 때문이다.

예를 들어, LG그룹은 필립스, 칼텍스, 다우케미컬, 니꼬금속, IBM 등 다양한 외국 기업들과의 제휴경험을 통해 협력자산을 확보함으로써 주기적으로 찾아온 위기를 잘 극복해왔다. 이런 경험을 축적한 기업은 그렇지 않은 기업보다 제휴를 통한 경쟁력 확보에 더 능숙할 수밖에 없다. 네트워킹에 강한 개인이 새로운 사람과의 관계에서 성공할 확률이 높은 것처럼, 기업들도 제휴경험을 통한 학습과 역량 확보에 적극적으로 노력할 필요가 있다.

전략적 제휴에는 다양한 방법이 있다. 크게는 지분 투자 유무로 구분할 수

참고하세요

항공사는 글로벌화를 통한 규모의 경제 확보가 쉽지 않다. 각국 정부는 항공업을 중요한 산업으로 여기고 외국 자본의 진입을 경계하기 때문이다. 하지만 항공사의 규모가 커지면 고객가치는 높아진다. 노선 확대와 마일리지 혜택 등을 추가로 얻을 수 있기 때문이다. 그래서 항공사들은 스타얼라이언스나, 스카이팀, 원월드 등의 항공 동맹을 맺고 있다. 과거와 달리 개별 항공사 간 경쟁체제가 아니라 항공 동맹 간 경쟁이 벌이지고 있는 셈이다. 이처럼 두세 기업 간 제휴의 틀을 넘어서는 새로운 형태의 제휴가 경쟁력을 원천을 제공하는 시대다.

있으며, 이 방법 안에서도 〈표 27〉처럼 다양한 방법들이 존재한다. 하지만 제휴의 방법은 여기에 국한되지 않는다. 전략적 제휴는 〈표 27〉에서 언급된 방법 이외에도 얼마든지 새로운 유형을 만들어낼 수 있는 창의적 영역이다.

▼ [표 27] 전략적 제휴의 형태

비지분 제휴	전통적 계약	단순 구매/납품 계약
		프랜차이징
		라이선싱
		상호 라이선싱
	비전통적 계약	공동 연구개발 계약
		공동 생산/마케팅 계약
		유통 및 서비스 공유 계약
		포괄적 협력 계약
		특정 프로젝트 계약
지분 투자 방식	기존 법인 활용	소수/동등한 지분 투자
		지분 스왑
	법인 신규 설립	합작법인 설립(소수/동등 비율 투자)
		컨소시엄 구성

전략적 제휴로 경쟁력을 강화하려면

전략적 제휴를 잘하는 능력이 기업 경쟁우위의 원천이 되는 핵심역량 가운데 하나가 될 수 있을까? 자원 기반 관점의 학자들은 "그렇다"고 대답한다. 가치 있고, 희소하며, 모방이 어려우면서, 대체도 힘든(VRIN) 경쟁력 원천이 될 수 있을 만큼 제휴역량을 구축하는 것은 쉽지 않은 일이다.

제휴역량을 키우고 확보하려면 많은 지혜가 요구되지만, 한국 기업들은 다음과 같은 포인트를 잊어서는 안 된다.

:: 비전이 중요하다

다른 기업과의 협력에서 가장 중요한 것은 협상을 잘하는 능력도, 계약서를 잘 쓰는 능력도 아니다. 비전이 가장 중요하다. 협력에 성공한 사례를 보면 대부분 명확한 비전을 갖고 있었다. 모든 개인과 조직은 더 나은 미래를 꿈꾼다. 더 나은 미래에 대한 비전을 공유하고, 이에 대한 믿음을 가져야 협력 과정에서 나타나는 수많은 문제점을 극복할 수 있다.

예를 들어, LG그룹은 아시아 외환위기로 어려움에 처한 상황에서 필립스와 LCD 사업 분야의 제휴를 추진했다. 하지만 필립스는 미온적이었다. 이미 일본 업체와 제휴를 추진한 적이 있었고, 협력하더라도 판매/마케팅 분야에서의 제한

적 협력만 원했다. 하지만 LG는 생산부터 기업 활동 전 영역에서 협력을 원했다. 그래야 외자 유치 규모도 커지고, 실질적인 성과도 높아질 수 있기 때문이다. 필립스를 설득하기 위해 LG는 비전에 어필했다. LG의 응용기술과 생산능력을 필립스의 기초기술과 판매망, 자금과 결합하면 세계시장에서 점유율 1위 LCD업체를 만들 수 있다고 설득했다.

구체적으로 이를 뒷받침하기 위해 LG와 필립스가 공동으로 시장조사를 실시하자고 제안했고, 이를 바탕으로 업황 개선에 대한 구체적인 수치를 제시하자 필립스가 입장을 바꿔 전방위 협력에 나서게 됐다.[55]

다른 생각을 하고 있는 협력 파트너를 움직이게 만드는 가장 큰 동력은 비전이다. 협력 파트너가 생각하기에 실현 가능성이 있고, 설득력 있는 비전이라면 함께하지 않을 이유가 없다. 함께 비전을 공유하면 실무 협상 과정이나 구체적

인 협력 과정에서 다양한 문제들이 나타나도 조율이 가능하며, 실행력도 확보할 수 있다. 그러나 비전이 없으면 갈등이나 문제가 생길 때마다 방향을 잡지 못하고 표류할 수 있다. 협력이 가져다주는 이익과 미래의 모습에 대한 명확한 비전을 함께하지 못하면 광범위한 네트워크도 쓸모없다.

:: 상대에게 구체적 이익을 줘야 한다

딱 한 번의 협력 외에 다시 볼 일이 없을 것으로 예상된다면(1회 구매를 위한 협력) 나의 이익을 극대화하는 전략이 바람직하다. 이런 상황이라면 상대로부터 가치를 최대한 많이 가져오기 위한 화려한 협상기술도 효과적이다.

하지만 장기적이고 지속적인 협력을 원한다면 잔기술은 도움이 안 된다. 상대에게 진짜 이익을 줄 수 있어야 한다. 과거 많은 한국 기업은 외부 업체와의 협력에서 최대한 많은 것을 확보하는 게 미덕이라고 생각했다. 하지만 장기적 관계에서는 오히려 이런 태도가 좋지 않은 결과를 가져온다.

실제 한 국내 대기업은 미국 벤처기업과 지분 제휴를 하면서, 상대의 자금 사정이 좋지 않다는 점을 간파하고 가혹한 요구 조건을 내밀었다. 상대는 어쩔 수 없이 이 조건을 들어줬지만, 위기를 극복한 이후에는 한국 대기업과는 더 이상 협력하지 않겠다고 선언했다. 단기적 이익을 극대화한 결과로 장기적으로 협력이 이뤄지지 않은 것이다.

"상대를 위해 테이블에 돈을 남겨라(Leave money on the table for your partner)." 이는 아시아 최고 부자 리카싱의 명언이다. 협력 과정에서 상대에게 한 푼이라도 더 가져가려고 노력한다면 당장 이익을 볼 수는 있지만, 상대는 불신하며 곧 떠나게 된다. 하지만 상대를 배려하고 파트너가 돈을 벌게 해주면, 상대는 새로운 사업 기회가 생길 때마다 먼저 우리를 찾아올 것이다.

:: 자원보다 열정이 더 중요하다

제휴에서 자원이 많은 대기업이 그렇지 않은 기업이나 개인보다 더 유리한 입장에 설 수 있는 것은 분명한 사실이다. 하지만 현실이 꼭 그렇게 돌아가는 것은 아니다. 다양한 현실 사례들을 보면, 자원이 부족해도 강력한 열정을 보이

읽을거리

상대의 이익을 고려하라

상대의 입장에서 상대의 구체적인 이익을 제시하면 협상 자체가 불가능해 보일 정도로 어려운 상황에서 좋은 해법을 제시한다. 전 세계 유명 명품업체에 핸드백 등을 납품해 2013년에 6,939억 원의 매출에 1,125억 원의 당기순이익을 올릴 정도로 성장한 시몬느의 사례가 이를 잘 보여준다.[56]

시몬느는 원래 중저가 핸드백을 납품하던 회사였는데, 장인들을 불러모아 명품 핸드백을 만들어 글로벌 업체에 납품하기 위해 미국 신흥 명품업체 도나카란 관계자를 만났다. 시몬느는 한국 최고의 장인들을 모아 이탈리아 장인들보다 싼 가격에 도나카란 핸드백을 공급할 수 있다며 질 좋은 복제품을 직접 들이밀면서 기술력을 자랑했다. 기술력 측면에서는 도나카란 관계자가 놀랄 정도로 훌륭했다. 하지만 도나카란은 'Made in Italy'가 아닌 'Made in Korea'로는 절대로 명품 고객들을 만족시킬 수 없다며 거절했다. 충분히 이유가 있는 설명이었다. 하지만 박은관 시몬느 회장은 포기하지 않고 다시 찾아가 설득했다. 핵심 포인트는 상대의 이익이었다. 박 회장은 이탈리아에 40세 이하 장인들이 없어서 어차피 언젠가는 아시아로 생산기지를 전환해야 하며, 테스트 차원에서 실패하더라도 거의 피해가 없는 수준의 소규모 물량이라도 맡겨보고 고객 반응을 점검해달라고 호소했다. 특히 주문한 물량이 잘 팔리면 도나카란은 업계 최초로 아시아에 생산기지를 확보한 개척자가 될 것이라고 강조했다.

상대의 입장에서 상대의 이익을 집중적으로 설득한 결과, 도나카란은 120개 핸드백을 시몬느에 주문했고, 이 제품의 성공으로 시몬느는 명품사업에서 성장 신화를 쓸 수 있었다.

면 제휴에 성공하기도 한다. 커피전문점이 급속히 성장하는 사이, 차 문화에 승부를 건 '공차(貢茶)' 사례를 보면 이를 잘 알 수 있다.

공차는 대만에서 출발한 브랜드로, 동남아 지역에서 인기를 얻자 국내 대기업들이 프랜차이즈 개설을 문의했다. 하지만 한국의 사업권은 싱가포르에 있던 한국인 주부가 획득했다. 싱가포르 전역의 공차 지점 40여 개를 방문하며 고객 반응 등과 관련한 리포트를 준비해간 게 결정적이었다. 공차 본사는 자금력이나 영업능력보다 공차 브랜드 고유의 맛을 잘 지켜줄 수 있는 파트너를 원했고, 대기업보다는 발로 뛰는 열정을 보여준 주부에게 더 높은 점수를 줬다.[57] 공차는 한국 시장 진출 후 급속히 성장했다.

스무디킹의 국내 프랜차이즈 사업권을 획득한 김성완 대표도 한국 사업권 획득 과정에서 대기업과 경쟁을 벌였는데, 자신은 "스무 살 이후로 매일 스무디킹을 마시고 있으며, 방금 전에도 한 잔 마시고 왔다"며 제품에 대한 열정을 보였다.[58] 이런 열정은 스무디킹 창업자가 회사를 매각할 때에도 그에게 가장 먼저 매각 제안을 하게 만든 동력이 됐다.

현재 큰 자원을 가졌다는 점은 매력적인 협력 파트너로서 장점이 있지만, 해당 자원 때문에 기회주의적으로 행동할 우려를 키운다는 단점이 있다. 그러나 제품 자체를 좋아하고, 사업 자체에 대한 열정이 있으면, 기회주의적 행동을 할 확률이 뚝 떨어진다.

부족한 자원은 열정이 있는 사업가에게 엄청난 걸림돌이 되는 것은 아니다. 자원과 열정을 다 갖고 있다면 가장 매력적인 파트너가 되겠지만, 둘 중 하나만 갖고 있는 파트너 가운데 제휴 대상을 골라야 하는 경우, 종종 열정을 더 중시하는 사례가 많다는 점을 잊어서는 안 된다.

:: '우리'라는 의식을 만들어라

출신이나 배경 등과 관련해 아무런 공통점이 없어도, 동전 던지기 같은 우연을 통해서 한 그룹으로 편성되는 순간, 인간은 집단의식을 갖게 된다. 그리고 자신이 소속된 집단 구성원을 위해 더 유리한 조건으로 재원을 분배한다. 이런 내집단선호(In-group favorism)[59] 현상을 잘 활용하면 다른 이해관계를 갖고 있는 상대를 우리라는 공동의식을 가진 존재로 탈바꿈할 수 있다.

'우리'라는 의식을 만드는 방법은 다양하다. 외부에 공통의 '적'을 만들어 집단적 정체성을 형성하는 방법을 활용할 수도 있으며, 협력 파트너를 포괄하는 새로운 정체성을 찾아내며, 인간적으로 좋은 업무 관계를 형성하고, 자신 있는 분야에서 성공경험을 공유하는 것 등이 대안으로 꼽힌다.[60]

실제 현업에서는 '우리'라는 의식 형성에 도움을 주는 데 강력한 스토리가 위력적이다. 예를 들어, 현대카드가 GE와 전략적 제휴관계를 맺고 있었을 당시, 실무자가 실수로 GE 측 인사에게 공유해야 할 메일을 공유하지 않은 사례가 있었다. 사과하고 끝낼 수도 있는 일이었지만, 현대 측은 해당 부서에 1개월간 회식비를 포함한 부서 운영비를 삭감하는 상징적이고 강렬한 조치를 취했다.

사소해 보이는 실수지만, 회식 금지라는 상징적 조치로 인해 파트너십에 대한 의지를 드러낼 수 있었다. 이는 협력관계를 얼마나 중시하는지에 대한 실증적 사례로 회자되면서 두 조직 간 갈등을 해소하는 데 매우 중요한 역할을 했다. 이런 의식적인 노력이 뒷받침돼야 신뢰를 기반으로 '우리'라는 의식이 생겨날 수 있다.

　요약하면 이렇다. 훌륭한 전략가는 제휴를 추진하기 전에, 이번 제휴를 통해 우리가 달성할 수 있는 비전이 무엇인지 고민한다. 또 우리가 얻을 수 있는 이익이 무엇인지뿐만 아니라 반드시 상대가 이 제휴를 통해 얻을 수 있는 이익이 무엇인지도 심각하고 진지하게 고민해 제시한다. 또 해당 제휴 건과 관련한 열정을 갖추고 있으며, 실제 제휴 과정에서는 사소한 실수가 생기더라도 최선을 다해 신뢰감을 주기 위한 구체적인 노력을 보여준다.

　여기까지 생각이 미치면 왜 자원 기반 관점의 학자들이 제휴역량이 기업의 지속가능한 경쟁우위 달성에 도움을 주는 핵심역량 가운데 하나가 된다고 말하는지 알 수 있을 것이다. 어떤 기업도 혼자 힘만으로 가치를 창출하기 어려운 시대, 제휴역량은 개인이나 기업 모두 반드시 갖춰야 할 역량이다.

05

인수합병 전략

기업의 신사업 전략, 생산-구매 전략 등을 효과적으로 추진할 수 있는 유력한 대안이 인수합병(M&A)이다. 신사업이나 생산 전략을 추진하려면 내부 개발과 M&A 둘 중 하나를 택해야 한다.

예를 들어, 제약회사가 내부 개발을 통해 대체에너지 신사업에 진출하려면, 서류를 만들어 관공서에 제출해 인허가를 받은 다음, 공장을 짓고, 사람을 모아야 하며, 고객을 공략하기 위한 영업망도 갖춰야 한다. 돈만 있으면 불가능한 일은 아니지만, 꽤 오랜 시간이 걸릴 수밖에 없다. 하지만 관련 기업을 인수하면 돈을 지불하는 순간 이 많은 과업을 끝낼 수 있다.

이런 매력 때문에 많은 선진기업이 M&A에 열을 올리고 있다. 실제 글로벌 M&A 딜 규모는 2008년 글로벌 경제위기로 주춤했다가, 2010년 이후 3조 달러 수준을 훌쩍 뛰어넘는 등 지속적인 성장세를 보이고 있다.[61] 성장을 원하는 대부분의 기업에서 가장 유력하게 고려하는 전략 대안이 M&A다. 2000년대 후반 이후 'M&A 르네상스'라는 용어도 자주 사용될 만큼 M&A는 빼놓을 수 없는 전략의 하나가 되고 있다.

M&A는 자주 실패한다?

MBA를 졸업한 학생들이 M&A란 말을 들었을 때 가장 먼저 떠올리는 생각은 높은 실패율이다. 대부분 연구에서 M&A의 실패 확률을 적게는 50%, 많게는 70%까지라고 말한다. 여기서 실패라는 것은 파산 같은 완전한 실패를 뜻하는 게 아니라, 투자한 금액만큼 기대수익률이 나오지 않아 주주가치에 문제가 생겼다는 얘기다.

이렇게 실패율이 높게 나타나는 이유는 대체로 다음과 같다. 우선 M&A 과정에서 경쟁입찰이 이뤄지다 보니 인수 프리미엄이 지나치게 높게 형성돼 고가에 인수한 기업이 승자의 저주(Winner's curse)*에 빠지는 경우다. 웅진그룹의 극동건설 인수, 금호아시아나그룹의 대우건설 인수 등이 대표적인 사례다. 인수에 대한 열망이 강한 상황에서 입찰 경쟁이 벌어지자 대담한 베팅이 이뤄졌고, 결국 인수에 성공했지만 기업은 위기에 빠지는 전형적인 승자의 저주 현상이 나타났다.

● 승자의 저주

M&A 경쟁이 치열할 때 인수 희망 기업은 매물로 나온 기업의 성장잠재력이 인수자금을 능가할 만큼 충분하다고 생각하면, 지나치게 비싼 값을 치르고서라도 대상 기업을 인수하는 경우가 생긴다. 이때 인수자금을 마련하기 위해 빌린 돈의 이자를 부담할 수 없는 상황에 빠져 모기업의 현금흐름이 이를 감당할 수 없게 되면 기업 전체가 휘청거리는 재앙을 만날 수 있고, 또 입찰 가격이 예상했던 인수 대상 기업의 가치를 초과하면 손해를 보게 된다. 인수한 기업의 주가 급락 등 각종 예기치 못한 상황 변화로 위험에 빠지는 경우도 '승자의 저주'에 해당된다.

인수 전에 기대했던 시너지 효과가 생각보다 높지 않아 실패한 사례도 많다. 예를 들어, 구글은 모토로라 휴대폰사업부를 무려 124억 달러에 인수했지만, 운영체제(구글 안드로이드)와 제조 경쟁력(모토로라 휴대전화)의 결합으로 인한 시너지 효과는 거의 나오지 않았다. 결국 구글은 매입 가격의 4분의 1인 29억 달러에 모토로라 휴대폰사업부를 중국 기업 레노보에 되팔았다.

합병까지는 잘됐다 하더라도, 합병 후 통합(PMI, Post-Merger Integration) 작업에서 문제가 생겨 피인수 회사 직원이 이탈하거나, 문화 충돌 등으로 조직역량에 문제가 생겨 실패한 사례도 많다. 다임러벤츠의 크라이슬러 인수가 대표적이다. 다임러가 크라이슬러를 인수할 때 엄청난 시너지가 기대됐다. 두 기업이 서로 다른 분야에서 장점을 갖고 있었기 때문이다. 다임러는 유럽 시장에서, 크라이슬러는 미국 시장에서 강점이 있었다. 또 다임러는 고급차와 기술력이 무기였던 반면, 크라이슬러는 중·저가차와 대량생산역량이 강점이었다. 중복이 없기 때문에 '기막힌 조합', '환상의 커플'이라는 칭송도 들었다.

하지만 이런 예상은 빗나갔다. 합병 후 3년이 지나도록 제대로 된 신차 모델 하나 출시하지 못할 정도로 고전했다. 가장 큰 이유는 문화 차이였다. 피인수 기업인 크라이슬러의 고위 경영진은 미국적 문화 덕분에 다임러 경영진보다 10배가량 높은 보수를 받고 있었다. 당연히 다임러는 이해하기 힘들었다.

문화 차이는 연봉 차이보다 훨씬 컸다. 크라이슬러는 자율적 분위기였지만 다임러는 엄격한 위계를 강조하는 문화였다. 내부용 팸플릿 디자인 문제까지 지적하는 다임러 임원의 태도에 크라이슬러 임원은 좌절했으며, 눈물을 흘리며 감정을 표출하는 크라이슬러 임원의 태도에 독일 병정 같은 냉철한 삶을 살았던 다임러 임원들은 당혹스러워했다.[62]

이런 일이 계속되면서 양측의 갈등이 고조됐고, "크라이슬러는 다임러의 사업부 가운데 하나일 뿐"이라는 고위 임원의 말에 회사가 들썩이기도 했다. 조직 내 갈등이 생기면 일이 제대로 될 리 만무하다. 결국 다임러는 원금의 80%를 까먹으면서 크라이슬러를 사모펀드에 매각했다.

시너지 측면에서는 서로 다른 자원과 구조, 문화, 프로세스를 갖고 있는 게 도움이 된다. 하지만 이렇게 다른 자원 구조를 갖고 있으면 문화도 다를 확률이 높기 때문에 합병 시너지는 오히려 낮아질 수 있다.[63] 합병 시너지와 조직 통합 사이에 본원적 갈등 요소가 있고, 비즈니스 현장에서 합병을 통해 성장하기 어려운 이유가 여기에 있다.

그렇다면 실패 확률이 70%나 되니 M&A는 하지 말아야 할까? 그렇지 않다. 베인앤컴퍼니의 조사 결과[64]가 이를 잘 보여준다. 베인이 2000년부터 2010년까지 전 세계 다수의 상장기업을 대상으로 조사한 결과, M&A 활동에 참여한 기업의 연평균 총주주수익률(TRS)은 4.8%였고, M&A를 하지 않은 기업의 TRS는 연평균 3.3%였다. 특히 M&A를 많이 한 기업의 성과가 그렇지 않은 기업보다 더 높았는데, 조사 기간 중 일곱 건 이상 M&A를 한 기업의 TRS는 5.1%였다.

특히 대형 M&A를 적극 추진한 기업군만 따로 모아보니, TRS가 6.4%로 그 어떤 기업군보다 더 월등한 실적을 보였다. 물론 대형 M&A를 추진했다는 것 자체가 성공을 보장해주지는 않는다. 조사에서는 대형 M&A 적극 추진 기업군(시가총액 75% 이상을 잦은 M&A로 창출한 기업)과 달리 기회주의적 대형 M&A 추진군(시가총액 75% 이상을 M&A로 창출했지만 빈도가 연 1회 정도에 불과해 '모 아니면 도' 식의 전략을 펴는 기업)의 TRS는 4.0%로 낮은 수준을 보였다.

이 조사의 시사점은 명확하다. 전체적으로 M&A 전략의 성공 확률이 낮다 하더라도, M&A를 하지 않은 기업에 비해서는 더 높은 성과를 기대할 수 있다는 점이다. 특히 M&A를 자주 할수록 앞의 세 가지 위험을 줄일 수 있는 객관적인 기업가치 평가역량, 시너지 창출 방안, 합병 후 통합 추진역량을 확보할 수 있게 된다. M&A를 통해 성과 향상을 이루려면 학습이 반드시 필요하다.

M&A 성공 전략

한국적 상황에서 많은 기업이 M&A를 통해 성장 동력을 확보하려는 노력을 가속화하고 있다. 하지만 큰돈을 들이고 기업을 인수하고 난 다음 시너지 효과는커녕 모기업마저 부실화되는 등 실패 사례도 자주 목격된다. 실패의 가장 큰 원인 가운데 하나는 M&A를 통해 얻고자 하는 목적이 무엇인지, 어떤 비전을 제시할 수 있는지, 이런 비전 달성을 위해 어떤 전략을 추진할 것인지에 대한 고민이 부족한 상황에서 M&A가 추진되기 때문이라고 분석된다.

이런 부분들은 사업의 가장 기본적인 문제임에도 불구하고, 현실에서 비합리적으로 보이는 요소들이 의사결정에 자주 개입된다. 예를 들어, 현대건설이 매물로 나왔을 때 범 현대가 기업들이 치열하게 인수 경쟁을 벌인 것은 사업 논리에 기초한 게 아니라 감정적 요인이 크게 개입됐기 때문이다. 이런 이유 때문에 경쟁이 과열되면 인수가가 높아지고, 승자의 저주 현상이 나타날 확률도 높아진다. 또 오너의 개인적 관심이나 욕심, 성장에 대한 열망 등이 동기가 될 때에도 마찬가지 문제가 생긴다.

:: 목표와 전략 선택

이런 문제를 극복할 수 있는 유일한 대안은 전략과 비전에 대한 치열한 고민이다. 해당 산업에 대한 구조적 문제를 인식하고, 이를 해결할 수 있는 합리적인 전략을 도출할 수 있느냐부터 고민해야 한다.

기업은 체계적인 탐색 활동을 통해서 M&A 대상을 물색할 수도 있고, 우발적인 계기로 인수를 고려할 대상이 생길 수도 있다. 어떤 경우든 전략을 결정

참고하세요

M&A 실패 확률을 높이는 구조적인 문제

M&A를 추진하는 팀과 자문사 역할을 하는 투자은행/회계법인들은 딜이 성사돼야 좋은 평가를 받거나 높은 인센티브를 받는다. 열심히 노력하고도 결국 딜이 성사되지 못하면 큰 비난을 받거나 보수를 받지 못하는 구조에서 이들의 목적은 '주주가치 극대화'가 아니라 '수단과 방법을 가리지 않고 계약을 성사시키는 것'이 될 수 있다. 이렇게 되면 사업 전략이나 비전에 대한 고민보다는 계약 자체의 성사에 목숨을 건다. 합리적으로 수용할 수 있는 범위를 넘어선 무리한 베팅도 모두 이런 시스템과 관련이 있다.

출처: 쌍용자동차지부 성명서

할 때 M&A를 통해 더 높은 가치를 창출할 수 있느냐가 핵심이다. 추가적인 가치 창출은 경영의 요체이자, 전략의 요체이기도 하다.

대체로 M&A에 실패한 사례들은 목적 자체가 불분명하거나, 여러 목적이 섞여 있어 전략적 의사결정을 효과적으로 내리지 못했기 때문으로 분석된다. 예를 들어, 상하이자동차는 쌍용자동차를 인수했다가 우여곡절 끝에 5,000억 원을 날리고 한중관계까지 악화시킨 최악의 M&A 사례 중 하나로 기록됐다.

상하이차가 인수한 기간 동안 쌍용차의 실적은 크게 악화됐고, 여기에 하이브리드 디젤기술을 빼돌렸다는 의혹 등으로 인해 한국 내에서 큰 비난 여론을 감수해야 했다. 또 중국 정부도 쌍용차에 대한 적대감을 갖게 됐다. 쌍용차 노조원들이 중국 대사관 앞에서 시위를 하며 중국 경영진의 체포를 요구하자 중국 내 여론도 악화됐고, 중국 정부는 외국 기업에 대한 지원을 해주지 않는 한국 정부를 원망하며 쌍용차에 어떤 지원도 하지 못하도록 막았다.[65]

이렇게 상황이 악화되기까지 많은 요인이 작용했지만, 경영 전략 측면에서 봤을 때 가장 결정적인 요인은 M&A의 목표가 불분명했고, 그때그때 상황에 따라 서로 다른 전략을 추구하면서 질 좋은 의사결정이 이뤄지지 않았다는 점을 들 수 있다.

만약 상하이차의 최대 목적이 기술 확보라면, 최대한 빠른 시간 안에 필요한 기술을 확보하고 기업을 되파는 게 전략적으로는 맞다. 하지만 상하이차는 계속 경영권을 유지하며 이런저런 전략들을 실험했다. 만약 쌍용차가 강점을 갖고 있는 SUV 라인을 통해 자사의 취약한 SUV사업을 강화하는 것이 목적이라면, SUV사업에 지속적으로 투자하고, 쌍용차에서 개발하거나 생산한 제품을 중국에 판매하는 전략을 펴야 했다. 하지만 상하이차는 그러지 않았다. 오히려 글로벌 금융위기와 고유가 등으로 SUV에 대한 수요가 줄어들자 일부 라인을 폐쇄해버렸다.

SUV 라인 강화가 목적이라면 높은 연비에 고효율 SUV를 출시하는 전략을 펴야했지만, 오히려 SUV 라인을 축소하고 체어맨 같은 고가 제품 쪽으로 전략 방향을 전환했다. 긴 목표 없이 당장 SUV 수요가 줄어든 현상에 단기적으로만 대응했다는 인상을 지울 수 없다.

만약 한국 시장 진출이 목표였다면 상하이차 가운데 경쟁력 있는 제품을 들여와 쌍용차 유통망을 활용해 시장을 테스트해보거나, 적어도 유통망에 대한 투자를 강화해야 했지만, 이런 움직임도 찾아볼 수 없었다. 결국, 목적과 전략이 상황에 따라 이리저리 흔들리면서 적시에 적절한 의사결정이 이뤄지지 않았던 점이 이런 큰 실패를 낳았다.

AT커니는 M&A의 목적을 일곱 가지로 명쾌하게 정리했다.[66] 또 해당 목적별로 성공 요인이 달라진다는 점을 강조했다. 상하이차의 쌍용차 인수 사례를 보면, 경쟁력 강화(기술력 확보)가 목적인지, 지역 확대(한국 시장 진출)가 목적인지, 제품 확대(SUV사업 강화)가 목적인지 명확히 한 후 인수에 나서야 했고,

유형	주요 내용	성공 요인
규모 확대	시장점유율 확대와 규모의 경제 달성을 위한 경쟁사 M&A	기존 고객 이탈 방지, 규제 대응
지역 확대	시장점유율 확대를 위해 새로운 지역의 관련 업체를 M&A	문화적 차이 극복, 지역별 장점 교류
제품 확대	제품 포트폴리오 확대를 위해 같은 소비자를 공유하는 타업체 M&A	기존 제품, 브랜드, 유통망 등과의 시너지 극대화
경쟁력 강화	마케팅, 유통, 연구개발 등 특정 역량 강화를 위한 M&A	효과적인 인적자원 관리, 갈등 해소를 위한 협업 문화 정착, 효과적 조직 통합
전방 통합	판매, 유통 등 고객접근성 강화를 위한 M&A	기존 고객 이탈 방지, 효과적인 대고객 커뮤니케이션, 핵심인력 유지
후방 통합	공급처 확대나 공급역량 강화를 위한 M&A	효과적인 가치사슬 통합, 핵심인력 유지

Rothenbuecher 등이 작성한 A.T. Kearney Report[67]의 내용을 근거로 일부 추가/변경함

이를 달성하기 위해 일관된 전략을 수립해야 했다.

실제 M&A는 인수 목적에 따라 핵심 성공 요인이 크게 달라진다. 예를 들어, 규모 확대가 목적인 M&A라면, 대체로 경쟁사를 인수하는 경우이기 때문에 인수 및 피인수 회사가 보유한 기존 고객의 이탈을 방지하는 게 무척 중요하다. 500만 명의 고객을 가진 은행과 300만 명의 고객을 가진 은행이 합병했다고 단순히 고객 수가 800만 명이 되는 것은 아니다. 중복 고객이 있을 수 있고, 합병 후 거래 은행이 제공했던 고유의 가치가 사라지면 다른 은행으로 고객이 옮겨갈 수도 있다.

이런 위험이 현실화하면 합병은 역(逆) 시너지가 생길 수 있어 주의해야 한다. 또 이런 경우의 M&A는 정부가 반독점법 등을 토대로 합병 자체를 허락하지 않거나, 점유율을 일정 수준 이상 확대하지 못하도록 규제 조치를 취할 수 있다. 효과적인 대관 업무가 성공에 필수요소가 될 수 있다.

하지만 지역 확대를 위한 M&A에서는 성공 요인이 달라진다. 새로운 지역

의 업체를 인수했을 때 문화적 차이로 인한 갈등이 표면화될 수 있다. 앞서 살펴본 다임러와 크라이슬러 사례가 이를 잘 보여준다.

이처럼 목표에 따라 달라지는 핵심 성공 요인에 대한 통찰이 반드시 필요하다. 막연하게 잘 해보기 위해서 M&A에 나서고, 상황에 맞춰서 최선을 다하겠다고 생각하는 기업은 크게 실패할 수 있다.

:: 가치 평가 및 협상

M&A의 목표를 정하고 효과적인 전략을 확정했다면, 정밀한 가치 평가와 인수 협상 절차를 거쳐야 한다. 여기서 가치 평가를 얼마나 정확하고 제대로 하느냐가 M&A의 성패를 좌우한다. 대체로 회계법인을 고용해 회계장부를 보면서 실사를 하는 경우가 많은데, 이것만으로는 턱없이 부족하다.

물론 회계장부를 보는 것도 중요한 일이다. 하지만 이것 못지않게 중요한 것은 사업 구조 자체를 이해하고 기업의 주요 가치사슬마다 이슈를 점검하는 상세평가(CDD, Commercial Due Diligence)[68]다.

참고하세요

AT커니가 정리한 M&A 목적 일곱 가지 유형 가운데 규모 확대의 성과가 가장 좋았고, 사업 영역 확대가 가장 낮았다. 물론, 제한된 샘플이어서 일반화하기에는 한계가 있지만, 대체로 본업과 관련성이 높은 영역에서 경쟁력을 강화하기 위한 접근이 비교적 성과가 높다고 볼 수 있다. 물론 본업과는 관련이 없지만 우연히 싸고 좋은 매물이 나왔다면 적극 기회를 잡아야 한다.

특히 M&A는 기업가치에 비해 싼 매물을 샀을 경우, M&A 유형과 상관없이 성과를 높일 수 있다. 실제 저렴한 매물이 많이 나오는 경기침체기에 단행된 M&A의 성과가 높게 나타난다. 보스턴컨설팅그룹에 따르면 불황기 M&A가 호황기보다 수익률이 14.5% 높았다고 한다. 불황일 때는 급매물이 많아 기업가치 대비 저평가 매물이 많이 나오지만, 호황기에는 인수 경쟁이 치열해져 비싸게 기업을 사들일 확률이 높다.

예를 들어, 영업과 관련해서는 회사가 갖고 있는 영업력 및 주요 고객에 대한 분석이 필요하며, 제조와 관련해서 설비를 언제 교체해야 하는지, 생산 공장의 인력 규모와 기술력은 어떤지 등을 검토해야 한다. 사업의 주요 위험과 경쟁자 및 소비자에 대한 분석은 물론이고, 사업 전체의 윤곽을 이해하지 못하면 제대로 의사결정을 하기 힘들다.

렌터카 회사가 매물로 나왔다면, 렌터카 사업만 살펴서는 좋은 의사결정을 하기 힘들다. 렌터카 사업 외에도 중고차 매각이나 카쉐어링 같은 관련 산업이 더 알짜인 경우가 많기 때문이다. 실제 한 업체는 매물로 나온 렌터카 업체를 M&A할 때 컨설팅사 등을 동원해 이런 사업 구조를 충분히 이해하고, 렌터카 사업 자체의 매력도는 높지 않지만 중고차 판매를 통해 더 큰 수익을 얻을 수 있다는 판단을 했다. 이후 성장성에 대한 확신을 가지고 베팅을 해 성공한 사례도 있다.

반면, 실사를 제대로 하지 않아 크게 피해를 본 사례도 적지 않다. 한 저축은행을 인수한 기업은 생각했던 것보다 부실 대출이 너무 많고, 부실화된 프로젝트파이낸싱(PF) 규모도 커서 고전하다가 과거 저축은행 소유주를 상대로 소송을 진행하기도 했다. 실제 상황을 속인 매각 주체도 분명 책임이 있지만, 인수 과정에서 실사를 제대로 하지 않았다는 점에서 인수 회사도 책임이 있다고 볼 수 있다.

인수를 적극 고려 중이라면 거의 해당 기업에 대한 컨설팅 프로젝트를 진행한다는 생각으로 철저하게 실사를 진행해야 한다. 여기에 들어가는 비용보다 잘못된 인수를 통해 치러야 하는 비용이 훨씬 크기 때문이다.

실사 후에는 구체적인 협상을 진행해야 한다. 협상 과정에서는 〈표 29〉와

▼ [표 29] M&A 협상 체크리스트(예시)

항목	내용	확인
가치 평가 방법	어떤 가치 평가 방법을 사용할 것인가? 이익/시장/자산 기준 평가 접근법	■
주요 가정	향후 성과 전망에 대해 어떠한 가정을 사용할 것인가?	■
대금 지급 방식	계약금을 지급할 것인가? 조건부 날인증서(Escrow)를 설정할 것인가?	■
지급 조건	인수 종결 조건은 무엇인가? 대금 지급 선결 조건은 무엇인가?	■
가격 조정 방식	실사 대상 재무제표 기준인가? 순자산 변동 금액 기준인가?	■
가격 조정 대상 및 범위	정산은 자산 차이분으로 할 것인가? 영업이익 차이분으로 할 것인가?	☐
인수자 및 매도자 진술과 보장 내용	인수자 및 매도자가 협상 시 진술한 조건에 대해 상호 간 동의가 이루어졌는가?	☐
진술 위반 시의 손해배상	손해배상 청구 시 배상 대상과 방법 및 한도에 대한 협의가 이뤄졌는가?	☐

출처: 윤재봉, 2010

같은 협상 체크리스트를 활용하면 유용하다. 기업가치 평가에 사용할 수 있는 다양한 방법 가운데 어떤 것을 쓸지, 인수 가격 산정 시 어떤 가정을 사용할 것인지 등은 협상에서 중요한 쟁점이 될 수 있고, M&A의 성패를 좌우할 수 있다. 또 대금 지급 조건 및 손해배상 조항 등도 M&A의 성패를 좌우하는 중요한 변수가 될 수 있다.

:: 합병 후 통합

합병 후 통합(PMI)은 M&A의 최종 성패를 결정하는 매우 중요한 요인이다. 아쉽게도 많은 기업들은 이 과정에서 완벽한 통합에 실패해 갈등을 유발하거나 파벌로 인한 후유증을 경험한다. 통합된 지 10여 년이 지날 때까지도 파벌 문제로 고민하는 조직도 있다.

학계에서 PMI에 대해 이야기할 때, 100일의 중요성을 강조하는 학자들이 있다. 합병 후 100일까지 피인수 회사 조직원들의 사기나 기대감이 가장 높고, 변화에 대한 열망도 고조되는 시기이기 때문이다. 하지만 100일이 지날 때까지 기대하던 변화가 나타나지 않으면 실망감이 커지고, 이후 추진되는 변화에도 소극적인 태도를 보일 수 있다.

많은 기업이 PMI를 위해 인수 회사의 역사나 철학, 운영 방식을 알리는 교육을 실시하고, 체육대회나 산행을 개최하는 등 다양한 이벤트를 연다. 물론 이런 활동이 도움이 되지 않는 것은 아니지만, 이보다 훨씬 중요한 요소가 빠지면 이런 노력의 효용성은 급격히 낮아진다.

이벤트나 교육보다 중요한 것은 명확한 비전과 전략, 그리고 이에 근거한 승진 및 보상 시스템 설계다. 첫 100일 내에 인수 회사가 생각하는 비전이 무엇이고, 어떤 전략을 취할 것인지, 그리고 이런 전략에 부합하는 직원들에게 구체적으로 보상하겠다는 의지와 실행력을 보여주는 것이 관건이다.

"잘해보자", "우리는 하나다"라는 식의 추상적인 구호는 구체적인 행동을 촉발시킬 수 없다. 이들에게는 명확한 방향과 전략이 제시되고, 이런 방향으로 행동하는 직원들이 실제 승진이나 연봉 등에서 더 많은 보상을 받는 것을 눈으로 확인시켜줘야 한다. 그러면 조직원들은 쉽게 움직인다.

거창한 구호나 이벤트로 행동 변화가 나타나지는 않는다. 구체적인 비전이나 전략 방향과 관련해서는 1장에서 살펴봤던 좋은 전략이 갖고 있는 일반적인 특징(선택, 구체적 가이드라인 등)을 갖추고 있어야 한다.

커뮤니케이션도 PMI 성공에 중요한 역할을 한다. 합병으로 인해 일어날 변화에 대해 제대로 알리지 않으면, 그 '내용'이 아니라 '절차' 문제 때문에 불신이 생기고, 이후 일어나는 변화에 대한 저항감이 생긴다. 실제 한 국내 대기업은 다른 기업을 사들인 후 인력 구조조정을 할 계획이라는 소식을 일부 언론

에 흘려 보도가 되도록 했고, 이에 대한 해명자료를 통해 '구조조정을 검토 중'
이라는 식으로 알렸다.

물론 인력을 줄이겠다는 방침을 직원들에게 직접 설명하는 것이 부담스러
울 수 있다. 하지만 이런 '잔머리'를 활용한 방식은 최악의 결과를 가져온다.
피인수 회사 직원들은 인수 회사가 자신들을 직접적인 대화의 상대로 여기지
않는다는 인식을 갖게 됐고, 언론을 통해 중요한 소식을 접하면서 인수 회사
와는 다른 집단의식이 형성됐다. 당연히 성과 창출에도 어려움이 있었다.

반대로 극심한 문화적 차이를 극복하고 효과적으로 PMI를 단행한 사례도
많다. 대표적인 사례가 타타대우상용차다. 대우상용차에는 원래 강성 노조
가 있었고, 인도 같은 개도국의 기업이 한국 기업을 인수했기 때문에 문화 차
이로 인해 성공하기 어려울 것이란 전망이 많았다(실제 상당수 대우상용차 직
원들은 타타가 뭐 하는 회사인지도 몰랐다고 한다). 하지만 인도 타타그룹은 한

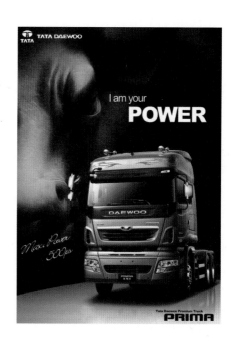

국인 CEO를 선임했고, 한국 문화
를 진심으로 존중해줬으며, 한국인
CEO가 직원들과 적극적으로 소통
하면서 갈등의 소지를 없앴다. 매
주 직원들과 소통하는 노력을 통
해 타타대우상용차는 매출을 늘려
가며 합병에 대한 우려를 불식시킬
수 있었다.

상대에 대한 존중, 진정성을 토대
로 한 적극적인 커뮤니케이션은 '잔
머리'보다 훨씬 우월한 전략이다.

사업 철수

특정 기업을 인수하는 것을 상대 입장에서 생각해보면 사업 매각이나 철수가 된다. 경영 전략의 '요체'를 사업 매각이나 철수로 보는 견해도 있다. 세상은 계속 변하고 있고, 뭔가를 버려야 새로운 것을 얻을 수 있기 때문이다. 하지만 현실에서 이게 쉽지 않다. 성장이 지상 과제인 경영자에게 당장 매출 감소를 유발하는 사업 철수나 매각은 가장 선택하고 싶지 않은 답안이기 때문이다. 그러나 고통스러운 선택이 없는 전략은 성과를 내는 게 거의 불가능하다. 심장을 도려내는 고통스러운 선택을 하지 못하면 변화하는 환경에 적응하기 힘들다.

다각화된 기업들은 끊임없이 사업 매각과 철수를 고려해야 한다. 필립스의 경우 회사의 자존심으로 불렸던 반도체사업부를 매각하고 미래 성장 가능성이 높은 헬스케어 등의 신사업에 집중해 성장세를 이어갈 수 있었다.

컵에 여유 공간을 확보해야 새로운 내용물을 채울 수 있는 것처럼 성장을 위해서는 잘 버리는 게 중요하다. 하지만 체계적·계획적으로 매각을 추진하면서 동시에 M&A를 통해 성장 동력을 확보하는 사례는 많지 않다. 효과적인 사업 매각을 위해서는 다음과 같은 점을 고려해야 한다.

:: 매각은 더 이상 대안이 없는 상황에서 추진하는 전략이 아니다

필요 없어서, 혹은 기업이 재무적 위기에 처해 있기 때문에 매각하는 사업부를 다른 기업이 비싼 값을 주고 살 리 만무하다. 시장에서 사실상 실패한 사업에 대해서는 공장을 거의 고철 수준에 처분하는 것과 유사한 방법으로 처분해야 할지도 모른다. 특히 몇몇 사업이 악화돼서 전체 그룹의 재무 구조에 큰 피해를 주는 상황에 처하면 생존을 위해 알짜 계열사를 급하게 팔아야 하는 상황이 올 수도 있다.

성장을 위한 인수와 마찬가지로, 매각도 상시적으로 고민하며 계획적으로 접근해야 한다.

핵심은 성장을 위한 인수와 마찬가지로, 매각도 상시적으로 고민하며 계획적으로 접근해야 한다는 점이다. 대부분의 경영자들은 어떤 분야의 성장기업을 인수할지에 대해서는 많은 시간과 자원을 투자하지만, 기존 사업 가운데 어떤 것을 버려야 할지에 대해서는 거의 고민하지 않는다.

컨설팅사 올리버와이만의 조사 결과에 따르면, CEO들은 기존 사업의 경쟁력 강화에 업무시간의 32%를 투자하고, 신사업 기획 및 추진에 55%의 시간을 보내는 반면, 기존 사업의 정리나 철수에는 불과 6%의 시간만 보내는 것으로 나타났다.[69] 이러다 보니 성장에 한계를 맞은 일부 사업부를 조기에 정리하지 못하고 상황이 악화될 대로 악화된 후, 더 이상 대안이 없을 때 매각을 추진한다. 당연히 제값을 받는 것은 불가능하다.

사업 포트폴리오 관리의 일환으로 전략적 자산 매각을 잘한 기업으로 두산그룹을 꼽을 수 있다. 두산그룹은 중공업 중심 포트폴리오를 꾸리기 위해 식품이나 음료사업 등 현재 수익을 내고 있거나 시장 전망이 나쁘지 않은 사업부를 지속적으로 매각해왔고, 이 자금을 토대로 중공업 분야의 기업을 사들여 경쟁력을 강화하는 선순환 구조를 정착했다.

∷ 심리적 장벽을 극복해야 한다

한국 사회에서는 사업을 매각할 때 '먹튀' 논란이 벌어지기도 하고, 감정적인 호소가 이어지기도 한다. 매각 대상이 된 사업부 직원들은 '우리를 버렸다'는 배신감을 느끼는 사례도 많다. 사실 한국에서는 감정적 이유 때문에 매각 의사결정 자체를 하기 힘들다. 선대 회장의 피와 땀이 서린 사업이라거나, 오너가 애정을 가진 사업은 특히 그렇다.

또 매각 결정을 내린 당사자는 '실패를 자인한 것'이란 오명을 쓰는 사례도 많다. '이 사업에 들인 돈이 얼마인데'라는 생각도 매몰비용에 의한 판단 오류 확률을 높인다. 매몰비용은 이미 투자가 완료된 돈이고 다시 회수할 수 없기 때문에 깔끔하게 잊고, 앞으로 추가 비용과 이익을 고려해 의사결정을 하는 게 옳다.

예를 들어, 1억 원을 투자해 집을 짓고 있고, 앞으로 2억 원을 더 투자해야 집이 완성된다. 그런데 집값 하락으로 가격이 1억 5,000만 원에 그칠 것이 확실하다면, 이미 투자한 1억 원을 손해보고 투자 예정이었던 2억 원으로 다른 대안을 찾는 게 합리적이다. 그러나 현실에서는 매몰비용이 너무나 아깝기 때문에 공사를 강행해 3억 원을 투자해 집을 완성하고 1억 5,000만 원에 집을 판다. 결국 1억 5,000만 원을 손해 보는 일이 비일비재하다.

사업 퇴출 결정에서도 합리적 판단을 방해하는 심리적 경향이 크게 작용한다. 이런 심리적인 장벽이 많기 때문에 현실적으로 많은 한국 기업에서는 사업부 매각에 대한 이야기 자체가 금기시되기도 한다.

때로는 단점이나 위협요인도 솔직하게 설명해 상대의 신뢰를 얻는 것도 훌륭한 전략이 된다.

하지만 이런 장벽을 넘지 못하면 절대 좋은 의사결정을 할 수 없다. 유일한 대안은 리더의 용기다. 사업 결정 당시 잘못이 있었다면 공개적으로 당시 판단이 잘못됐음을 인정하고 현재 상황에서 최선의 대안을 모색하면 된다. 인간은 완벽하지 않고, 미래 상황 변화를 완벽하게 예측하지 못했음을 인정하는 것은 절대 부끄러운 일이 아니다. 오히려 진정한 용기다. 그래서 기업 현장에서는 '조변석개(朝變夕改)'할 수 있는 용기가 필요하다.

또 내부직원이나 이해관계자들에게 사업 철수나 매각의 당위성을 적극적으로 알려 심리적 저항을 최소화해야 한다. 매각 대상이 된 사업부에 대해서도 납득할 수 있는 논리와 근거로 설득해야 하며, 더 나은 조건에서 양육(Parenting)해줄 수 있는 모기업에서 사업 활동을 하는 게 훨씬 미래를 위해 좋은 선택이 될 수 있다는 점도 강조해야 한다.

:: 매각 상대에 대한 배려도 중요하다

결국 매각은 상대방이 있어야 이뤄지는 것인 만큼, 상대에 대한 배려도 반드시 필요하다. 관심을 가질 만한 상대를 물색하고, 상대에게 도움이 될 수 있는 정보를 구체적으로 제공하며, 때로는 단점이나 위협요인도 솔직하게 설명해 상대의 신뢰를 얻는 것도 훌륭한 전략이 될 수 있다.

단점이나 위협요인을 공개하면 해당 기업에 대한 신뢰도가 떨어질 수 있다는 점을 우려하는 사람이 많다. 하지만 실제 현실에서는 자신감의 표현이자 신뢰의 원천으로 작용하는 사례가 더 많다는 점을 유념해야 한다.

특히 시너지의 원천에 대해 깊은 고민을 해서 상대에게 제시하는 것은 최고의 전략이 될 수 있다. 상대가 생각하지 못한 시너지의 원천을 제공할 수 있다면 제값에 매각을 성사시킬 확률이 높아진다. 특히 성장과 관련한 시너지는 불확실성이 높아 상대가 의심을 가질 수 있지만, 원가 절감과 관련한 시너지의 원천에 대해서는 상대를 더 쉽게 설득할 수 있다는 점도 유념해야 한다.

:: 가치를 높일 수 있는 다양한 방법을 고려하라

매각에서 화장술도 유용하다. 부실한 부분을 미리 없애거나, 다른 부분으로 옮겨 놓거나, 적극적으로 노력해서 신사업 매출을 일정 수준 이상으로 올려놓거나, 회계처리 기준을 벗어나지 않는 범위에서 매출이나 이익을 높이는 방법 등이 현업에서 자주 활용된다. 물론 일부 기업에서는 통상 허용되는 범위를 넘어 조작에 가까울 만큼 회계장부를 꾸미는 사례도 있기 때문에 인수 회사의 큰 위험요인이 된다. 회계장부의 경우 전문가들이 자세히 살펴보면 화장을 한 흔적을 찾을 수 있기 때문에 인수 회사는 반드시 전문가의 도움을 받을 필요가 있다.

불행하게도 아직까지 회계장부에 대한 철저한 조사 없이 미리 정해진 결론에 도달하기 위한 요식행위의 일환으로 실사가 이뤄지는 사례도 많다. 매각 기업 입장에서는 경쟁입찰을 유도하고, 기업 외에 사모펀드 등 다양한 투자기업들과 접촉해 큰 장이 서도록 유도하는 게 바람직하다.

:: 기술 및 시장 환경 변화를 주시해야 한다

사양산업이 어느 순간 유망산업으로 변하기도 하며, 그 반대의 상황 역시 자주 연출되는 불확실성의 시대다. 따라서 매각 의사결정 과정에서도 이런 점에 유의해야 한다.

SK텔레콤은 공정거래법 관련 이슈를 해결하기 위해 2013년 음악 서비스인 멜론을 사모펀드에 매각했다. 당시만 해도 SK텔레콤의 주력 서비스에 음원 서비스가 큰 도움이 되지 않을 것으로 예상했기 때문에 매각을 추진했다.

하지만 인공지능(AI) 스피커가 향후 통신사들의 핵심 수익원이 될 것으로 전망되면서 상황이 돌변했다. AI 스피커의 핵심 콘텐츠가 음원이었고, 음원을 이용하는 많은 사람이 AI 스피커에 익숙해지면서 점차 다른 부가서비스를 활용하기 시작했다. AI 스피커의 성능과 서비스가 거듭 발전한다면 미디어 및 전자상거래 플랫폼으로까지 성장할 잠재력을 갖췄다는 평가를 받고 있다. 그런데 SK텔레콤은 이런 상황을 예상하지 못하고 음원 서비스 1위인 멜론을 매각하고 말았다. 홍콩 사모펀드에 팔린 멜론은 AI 스피커 분야에서 SK텔레콤의 경쟁사로 볼 수 있는 카카오에 의해 다시 인수됐다. 뒤늦게 SK텔레콤은 자체 음원 플랫폼 개발을 추진해야 하는 상황이 펼쳐지고 말았다.

미래를 정확히 예측하는 것은 불가능하다. 다만, 매각 결정 시 현재의 관점에만 머물러서는 안 된다. 플랫폼으로서의 잠재력, 시너지 효과 등을 감안한 장기적 안목을 토대로 매각 의사결정이 이뤄져야 한다.

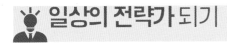

조직의 근본적 변화를 모색하려면

2010년 5월, 일본항공(JAL) 고위 임원들은 한 달 동안 총 17회나 진행되는 리더십 교육 프로그램에 참가하라는 통보를 받고 이해할 수 없다는 반응을 보였다. 사실 그럴만한 충분한 이유가 있었다. JAL은 연초 상장폐지에 이어 법정관리 신세가 된 데다, 두 달 후 예정된 대규모 구조조정으로 이 회사 고위 임원들에게는 골치 아픈 업무가 산더미처럼 쌓여 있었기 때문이다.

게다가 교육 내용은 구조조정 실무 같은 당장 필요한 내용도 아니었다. 사업을 하는 목적과 의미가 무엇인지와 같은 철학적인 이슈나, 용기와 투혼, 배려하는 마음을 가져야 한다는 등 삶에 대한 태도와 관련된 내용이 대부분이었다. 경영과 관련한 주제도 있었지만, 현금과 수익성을 중시해야 한다는 등 원론적인 내용뿐이었다.

'경영의 신'으로 불리는 이나모리 가즈오 교세라 명예회장은 쓰러져가는 JAL의 구원투수로 영입된 후 이처럼 과하다 싶을 정도로 경영 철학과 인생관에 대한 교육을 시켰다. 기업이 학교도 아니고, 당장 생존이 시급한 상황에서 이런 접근은 맞지 않다고 생각하는 사람이 많겠지만, 이나모리 가즈오는 이렇게 많은 시간을 교육에 투자하면서도 놀라운 성과를 냈다.

고위 임원이 변했고, 이어진 후속 교육을 통해 임원과 중간관리자, 직원들도 변화에 동참했다. 조직 간 장벽이 무너지고, 하나의 목표를 향해 협력하는 새로운 JAL의 문화가 형성됐으며, 거대한 공룡 같던 회사는 단기간에 기적적인 회생에 성공했다.

왜 이런 접근이 효과를 낼 수 있었을까? 많은 경영학 교과서가 변화한 환경에 맞게 전략을 수립해야 하고, 해당 전략에 부합하는 조직의 문화를 갖춰야 성과를 낼 수 있다고 강조한다. 맞는 말이지만, 필자는 전략보다 조직의 문화가 더 중요하다고 생각한다. 인간의 비합리성과 제한된 정보 등으로 인해 매번 환경 변화에 부합하는 완벽한 전략을 수립하는 것은 불가능하다. 하지만 건강한 조직 문화를 갖추고 있다면, 일시적으로 전략적 판단을 잘못 하더라도 건강한 조직원들이 이를 수정해가며 환경 변화에 적응할 수 있다. 하지만 조직 문화가 취약하다면, 우연히 환경에 잘 부합하는 전략을 실천해 단기적으로 높은 성과를 냈더라도 장기적으로 이를 유지하기가 쉽지 않다.

조직 문화는 조직원들이 공유하는 가치며, 이는 행동과 판단의 기준과 원칙을 제공한다. 조직원들이 옳다고 생각하는 가치가 매우 건전하고, 바람직하며, 열정적인 삶을 유도할 수 있다면, 그 조직의 구성원들은 시행착오를 거치긴 하겠지만, 결국 환경 변화에 적응할 수 있을 것이다. 하지만 행동과 판단의 기준이 명확하지 않고 그때그때 달라진다면, 마치 서로 다른 방향으로 노를 저어 산으로 향하는 배처럼 조직은 이리저리 방향성을 잃고 흔들리고 말 것이다.

이나모리 가즈오는 바로 이런 점을 간파하고 조직원들의 의식을 바꾸는 일을 가장 중요한 과업으로 정했다. 그가 위대한 CEO인 이유는 여기에 있다. 삶에 대한 근본적인 철학, 경영에 대한 기본적인 태도가 바뀌면서 JAL의 조직원들은 더 강해지고 현명해졌다. 그리고 변화에 동참하며 놀라운 성과를 창출했다. 전략 수립과 실행부서가 서로 소통하지 않고 현장과 유리된 전략이 수립됐던 과거 관행은 사라졌고, 비행기 노선마다 수익 계산이 철저히 이뤄졌으며, 책임자가 정해지면서 제대로 된 의사결정이 이뤄졌다. 비효율과 낭비가 사라진 것이다. 이는 조직 문화의 변화 없이 불가능한 일이다.

한국 기업들이 경쟁우위를 점하고 있던 많은 산업 분야에서 파괴적 변화가 일고 있다. 중국 기업의 부상, 엔저에 힘입은 일본 기업의 약진, 파괴적 기술로 인한 산업구조의 변화 등 심각한 악재가 잇따라 등장하고 있다. 한국 경제의 성장을 견인했던 대기업들의 실적이 악화되는 등 구체적인 문제의 징후들도 드러나고 있다.

이나모리 가즈오가 실적 하락으로 고전하고 있는 기업의 CEO로 취임했다면 어떤 일부터 했을까? 주력산업에 직접적인 위협을 주는 새로운 경쟁자가 등장해 사업 다각화나 M&A 같은 중대한 전략적 행보를 모색하고 있는 기업의 CEO로 갔다면 어떤 일부터 했을까? 인간의 행동에 영향을 끼치는 동력은 가치와 신념, 철학이다. 조직원들이 공유하는 가치와 신념 체계인 조직 문화에 대한 관심 없이 큰 변화를 모색하는 것은 불가능하다.

Chapter

4

사업 경쟁력 강화 전략

본원적 전략

앞서 3장에서는 여러 사업부를 운영하는 기업 CEO의 주된 관심사를 살펴봤는데, 이번 장에서는 개별 사업부 차원에서의 전략적 고민들을 살펴본다. 개별 사업부에서 가장 중요한 고민은 우리 제품과 서비스의 경쟁력을 어떻게 높일 것인가다. 학계에서는 앞서 3장에서 설명한 기업 CEO의 주된 관심사를 기업 수준 전략이라고 부르며, 이번 장에서 설명할 개별 사업의 경쟁력 강화 전략을 비즈니스 수준 전략이라고 부른다.

물론 학계에서 이렇게 전략을 구분했다고 해서 CEO는 기업 수준 전략만, 사업부장은 비즈니스 수준 전략만 신경 쓰면 된다는 이야기는 절대 아니다. 어떤 기업을 막론하고 CEO는 관심 분야에 대해 실무자 수준까지의 고민을 하기도 한다. 예를 들어, 삼성 이건희 회장은 오디오의 볼륨 조절 버튼의 터치감에 대해 문제를 제기하고 수정을 지시한 적이 있으며, 정몽구 현대차 회장도 자동차에서 들리는 소리나 향기에 관심을 갖고 이 분야에서 고객만족도를 높일 방안을 마련하라고 지시했다.

CEO의 관심자원 배분은 전략적 의사결정에서 매우 중요한 요인이다. 따라서 형식적으로 기업과 비즈니스 수준을 구분해놓긴 했지만, CEO는 여기에 얽매이지 않고 두 영역을 자유롭게 넘나들며 조직원에게 방향을 제시한다.

이번 장에서는 개별 제품이나 서비스들의 경쟁력 강화를 위한 다양한 전략 대안과 실천적 의미를 살펴본다. 마이클 포터 교수는 사업부 수준의 전략으로 다음 네 가지 유형을 제시했다.[70] 이 네 가지 유형은 본원적 전략이라고 부른다. 본원적 전략이란 세상에 수많은 유형의 전략이 있을 수 있지만, 근본적으로는 이 네 가지로 수렴된다는 생각에서 붙인 이름이다. 네 가지 전략은 다음과 같다.

원가우위 전략

싼 가격을 무기로 하는 전략이다. 서비스의 질이 다소 낮더라도 싸다는 가격 경쟁력을 무기로 승부하는 업체다. 창고형 할인매장이나 남성 대상으로 고급 미용실의 절반 가격에 머리를 깎아주는 블루클럽 같은 회사가 대표적이다.

차별화 전략

고급 서비스를 제공하면서 높은 가격을 받는 전략을 뜻한다. 유통업에서는 백화점이 차별화 전략을 사용하는 대표주자로 볼 수 있다. 미용산업에서는 박승철헤어스튜디오, 이가자헤어비스, 준오헤어 같은 회사나 강남의 고가 미용실 등이 차별화 전략으로 승부하는 업체들이다.

원가집중화 전략

원가우위 전략을 쓰면서 좁은 영역에서 경쟁하는 업체다. 유통업에서는 다이소 같은 회사가 1,000원에서 5,000원대의 저가 생활용품 판매에 집중하는 전략을 쓰고 있는데, 원가집중화 전략을 쓰고 있다고 볼 수 있다. 다이소에서는 옷이나 신발 같은 제품을 살 수는 없다. 하지만 생활용품 가격은 어떤 곳에서도 찾아볼 수 없을 만큼 저렴하다.

상품 카테고리를 제한할 수도 있지만, 집중화 전략은 지역을 제한할 수도 있다. 미용산업에서 원가집중화 전략을 쓰는 업체들은 동네 미용실이다. 이들은 지역 주민들과 친밀한 관계를 무기로 낮은 가격에 서비스를 제공하지만, 특정 지역의 고객들만을 대상으로 영업하고 있다.

차별적 집중화 전략

제한된 영역에서 경쟁하지만 차별화 전략을 쓰고 있는 업체들도 있다. 유통업에서는 에비뉴엘 같은 명품관들이 제한된 영역의 제품(명품 옷과 가방 등)을 팔지만, 차별화된 고가 서비스를 제공하고 있다. 마찬가지로 특정 지역에만 국한된 집중화 전략을 활용여 차별화된 서비스를 제공하는 곳도 있다. 헤어숍 가운데 부산·울산·경남 지역에서만 오픈한 화미주미용실은 동네 미용실과 달리 고가·고품질 서비스를 제공하고 있지만, 특정 지역에서만 활동하고 있다.

　마이클 포터 교수는 집중화 전략은 원가우위나 차별화 전략과 함께 구사해도 문제가 없지만, 원가우위 전략과 차별화 전략을 동시에 구사하면 중간에 낀 상태(Stuck in the middle)가 된다고 강조했다. 집중화 전략이 원가우위와 차별화 전략의 일환이라고 본다면, 사실상 본원적 전략은 원가우위와 차별화 두 가지로 요약할 수 있다. 우선 두 가지 본원적 전략을 살펴보고 두 본원적 전략을 모두 추구하면 중간에 낀 어정쩡한 상태가 되는 것인지도 알아본다.

▼ [그림 15] 본원적 전략

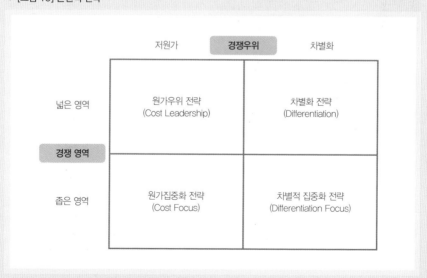

01

원가우위 전략

원가우위 전략 개요

저가 항공은 이미 우리에게 익숙하다. 사우스웨스트항공, 젯블루항공 등 외국에서도 유명한 항공사가 많다. 국내에서는 진에어, 에어부산, 제주항공, 티웨이항공 등이 치열한 경쟁을 벌이고 있다. 하지만 저가 항공사 중에도 '제왕'급이 있다. 바로 아일랜드의 저가 항공사 라이언에어다. 이 회사의 사례를 살펴보면 원가우위 전략을 어떻게 구사해야 하는지 감(感)을 잡을 수 있다.

짐을 직접 옮기는 라이언에어 고객들
(출처: 라이언에어 홈페이지)

라이언에어는 기존 저가 항공의 성공 방식을 모두 도입했고, 여기에 머물지 않고 그 이상의 아이디어를 냈다. 저가 항공의 원조 격인 사우스웨스트항공은 단일 모델(보잉737-800)의 항공기만 구입해 정비 관련 비용을 최소화했는데,

라이언에어는 여기서 더 나아가 좌석을 아예 굽힐 수 없게 했고, 창문 가리개 같은 것도 없애버렸다. 사우스웨스트항공은 온라인 예약을 활성화해서 비용을 줄였는데, 라이언에어는 여기서 더 나아가 온라인으로 예약/발권하지 않으면 추가비용을 물게 해 온라인 이용 비율을 98%까지 높였다(사우스웨스트항공의 온라인 이용 비율은 60%에 미치지 못하는 것으로 알려져 있다). 온라인으로 예약/발권하면 공항이용료를 적게 내고, 직원을 최소인력만 배치하면 되기 때문에 비용이 줄어든다. 짐을 들고 비행기에 타면 당연히 추가 요금을 내야 하고, 탑승권의 이름을 변경하거나 예약을 취소하려면 돈을 내야 한다. 기내에서 음료나 담요 등을 원하면 역시 돈을 내야 한다.

사우스웨스트 등 저가 항공사는 메이저항공사들이 잘 취항하지 않는 지방 공항을 이용한다. 공항 이용료가 싸기 때문이다. 그러다 보니 수도에 가까운 공항이라고 하면서도, 200~300km 떨어진 곳에 내려주기도 한다. 한국 상황으로 비유하자면 서울에 가까운 공항이라고 했지만 대구공항 정도 되는 위치에 내려주는 것과 유사한 상황도 자주 연출된다. 라이언에어는 여기서 더 나아가 아예 지방 공항에서 돈을 받고 있다. 항공사가 돈을 받고 공항을 이용하는 게 말이 되지 않는 것 같지만, 라이언에어는 한적한 지방 공항에 가서 일정 숫자 이상의 승객이 이용하도록 보장해줄 테니 돈을 내놓으라고 요구한다. 승객이 몰리면 공항 내 상가들이 수혜를 입고, 주변 관광 및 숙박시설들이 돈을 벌기 때문에 이에 상응하는 대가를 달라고 요구한 것이다.

만약 약속한 것보다 승객수송실적이 적으면 어떻게 해야 할까? 방법이 있다. 거의 10유로 수준의 파격적인 항공권을 제공하는 프로모션을 하면 금세 고객들이 몰려든다.[71] 라이언에어는 여기서 더 나아가 기내 탁자를 접힌 상태와 펴진 상태에서 서로 다른 기업의 광고가 보이도록 해 광고 수입도 올리고 있다.

이런 치열한 노력을 통해 라이언에어는 15유로 수준의 요금으로 아일랜드 더블린에서 프랑스 파리까지 여행을 할 수 있다(이 노선의 대형항공사 요금은 600유로에 달한다). 물론 몇 개월 전에 예약해야 하며, 중간에 일정을 바꾸면 안 된다. 일정을 바꾸면 벌금을 내야 하는데, 벌금이 항공권보다 비싼 경우가 많아 그냥 새 티켓을 구매하는 게 고객에게 더 유리하다.

물론 이런 전략을 구사하면 잃는 것도 있다. 실제 라이언항공은 한 여행사가 선정한 선호하지 않는 항공사 1위에 꼽히기도 했다. 물론 이런 공격이 들어오면 "회사 돈으로 여행하는 사람은 우리 항공사를 이용하기 싫겠지만, 자기 돈으로 여행하는 사람은 우리를 좋아한다"라며 의연하게 대처할 줄도 알아야 한다. 특히 지나친 비용 절감 문화로 인해 사고의 위험이 커질 수도 있기 때문에 이에 대한 체계적인 위험관리도 사업 지속성 확보에 필수요소다.

라이언에어처럼 저원가 플레이어로 의미 있는 성공을 거둬보자는 전략적 '선택'을 했다면 다음과 같은 몇 가지 가이드라인을 준수하며 조직원들의 지혜를 짜내야 한다.

:: 벤치마킹은 기본이자 출발점

라이언에어가 당대 최고의 저가 항공사인 사우스웨스트를 철저하게 벤치마킹했던 것처럼, 동종업체의 원리를 탐구하고 적용하는 것은 기본이자 출발점이다. 하지만 동종업체보다 더 중요한 벤치마킹 원천은 '이(異)업종'이다.

사우스웨스트의 원가 절감에 크게 기여했던 것은 다른 항공사 벤치마킹이 아니라 자동차 경주대회의 타이어 교체 방식이었다고 한다. 레이싱 도중 타이어를 신속하게 교체해주는 시스템을 벤치마킹해 항공사 회항 과정에 변형시켜 적용한 덕분에 비용을 크게 줄일 수 있었다.

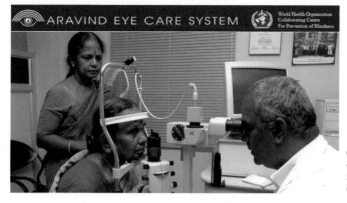

아라빈드의 홈페이지. 동종업체보다 더 중요한 벤치마킹의 원천은 이업종이다.

맥도날드의 원가경쟁력의 원천은 예를 들면 프렌치프라이 제조 공정을 표준화하고 분업화해 갓 들어온 아르바이트 사원도 잠시만 교육을 받으면 일정 수준 이상의 음식을 만들 수 있도록 시스템화한 것이다.

이 시스템을 벤치마킹한 인도의 안과 전문 병원인 아라빈드는 백내장 수술을 표준화하고 분업화해 의사가 반드시 집도해야 하는 부분에는 연봉이 높은 의사를 쓰되, 나머지 수술 공정은 저렴한 인건비로도 충당 가능한 의료인력에게 맡겼다. 품질은 유지하고 가격은 낮아지면서 아라빈드는 미국에서 1800달러를 줘야 하는 백내장 수술을 18달러만 받고 서비스하고 있다.[72]

:: 당연하게 생각하는 것도 없애야 한다

라이언에어가 비행기에서 당연하게 제공하는 것으로 여겨진 음료를 유료화하고, 온라인으로 발권하지 않으면 추가 요금을 내게 하는 것처럼, 기존 업계의 관행에 정면으로 도전해야 한다.

인도의 타타자동차는 2,500달러짜리 저가자동차 '나노'를 내놓으면서 라디오, 파워스티어링, 파워윈도, 에어컨 등을 모두 뺐다. 와이퍼와 사이드미러는 각각 하나만 장착했다. 어차피 인도에서는 도로 부족으로 교통 정체가 심하기 때문에 사이드미러를 접고 다니는 경우가 흔하기 때문이다.[73] 물론 극한 원가를 달성했다고 해서 무조건 사업이 잘되는 것은 아니다. 가장 기본적인 요소를 제대로 갖추지 못하면 시장에서 외면받을 수 있다. 나노의 경우 극한 원가절감은 성공했지만, 안전이라는 필수 품질요소에서 고객들의 신뢰를 얻지 못했다. 실제 화재 사고 등이 발생하면서 고객들은 나노를 외면했다. 나중에 안전장치를 추가하는 등 노력을 기울였지만 소비자들의 신뢰를 회복하지 못하고 끝내 단종되고 말았다.

:: 우리가 가진 모든 자원을 부가가치 창출의 원천으로 활용

이미 우리가 보유한 자원이 매력적인 부가가치 창출의 원천이 될 수 있다는 생각부터 해야 한다. 자원의 재활용과 재사용은 기본이다. 라이언에어가 기내탁자를 광고매체로 활용했던 것처럼 무한한 상상력을 발휘해야 한다. 실제 외국의 식품회사는 식품이나 드라마의 광고를 계란 표면에 실어 추가 수익을 올리기도 했다.[74] 계란 사용자인 주부들에게 정확한 타깃 마케팅이 가능하다는 점을 감안하면 계란은 무척 좋은 미디어다. 다만 누구도 이전까지 미디어로 생각하지 않았을 뿐이다.

관점을 바꾸면 우리 회사의 자원은 다른 기업의 부가가치 창출에 큰 도움을 줄 수 있고, 우리는 적지 않은 수익을 얻을 수도 있다.

:: 전 직원이 참여하는 문화 조성

원가우위를 통한 고객가치 창출이 핵심 목표라면, 모든 조직원들이 이런 전략적 목표를 인식하고 참여하는 문화를 만들어야 한다. 경영의 신으로 불리는 이나모리 가즈오 일본 교세라 회장은 위기에 빠진 일본항공(JAL)의 구원투수로 영입됐을 때 전사적 비용절감 운동을 벌였는데, 이 과정에서 조종사는 종

이 컵을 사용하지 않았고, 정비사는 기름때가 묻은 장갑을 빨아서 다시 사용했다고 한다.[75]

물론 이런 방법으로 줄일 수 있는 돈은 얼마 되지 않는다. 하지만 같은 목표를 추구하고 있으며, 이 목표에 자신이 직접 참여하고 기여했다는 의식은 몇 푼의 돈보다 훨씬 중요한 성과다. 조직원 모두가 이처럼 참여하고 기여한다는 의식을 갖게 되면, 각 분야에서 원가를 줄일 수 있는 아이디어가 솟아날 수 있다.

문화 형성 과정에서 특히 유념해야 할 것은 과거를 추궁하는 관행이다. 애써 원가 절감에 성공했던 임직원에게는 한 가지 본원적인 취약점이 있다. 왜 진작 이런 노력을 하지 않았느냐는 질책에 할 말이 없다는 점이다. 많은 조직에서는 이를 문제 삼는다. 심지어 과거 태만에 대한 질책을 넘어 처벌하겠다는 생각을 갖는 경영자도 있다. 당장은 이런 생각이 논리적일 것 같지만, 미래를 생각한다면 조직에 큰 해악을 끼치는 생각이다.

애써 원가 절감 아이디어를 냈는데 과거를 문제 삼는 조직이라면 이런 노력에 누가 동참하겠는가. 결국 이런 조직의 구성원들은 원가 절감을 하는 시늉만 할 것이다. 과거의 관성 때문에 벌어진 일을 문제 삼는 것은 절대 바람직하지 않다. 과거를 불문하고 미래로 나아가야 한다는 의지를 경영자가 말과 행동으로 확고하게 표명해야 한다.

:: 사업 재정의를 기초로 한 목표 가격 설정

보통 가격은 원가에 적정 마진을 더해서 산출하는 것으로 알려져 있다. 하지만 대체로 저원가 전략으로 성공한 기업들의 상당수는 일단 목표 가격을 먼저 설정한 다음, 수단과 방법을 총동원해서 이 목표를 맞추기 위해 노력한다.

전통적인 사례가 스와치다. 스와치는 전략적으로 자신들이 만드는 제품을 시계가 아니라 매일 바꿔 차고 다닐 수 있는 액세서리로 재정의했다. 그렇다면 액세서리 수준으로 가격을 맞춰야 했다. 그래서 금속을 플라스틱으로 대체하고 부품을 통합하는 등의 노력을 통해 목표 원가를 억지로 맞췄다.

웅진코웨이 또한 정수기 임대 모델을 만들면서 평범한 직장인이 지불할 수 있는 금액으로 목표 가격을 정했다. 이후 정수기의 불필요한 부분을 빼는 등의 노력을 통해 목표 가격을 억지로 맞추는 데 성공했다.

비용 절감 노하우

사업 전략의 핵심으로 원가우위가 결정됐다면, 제품 제조나 서비스 제공 등 기업 활동 전 분야에서 원가를 줄이기 위한 구체적인 노력이 필요하다. 기업 전체를 조망하며 원가우위 전략을 수립할 때는 가치사슬을 활용하면 된다. 가치사슬 각 항목별로 원가우위 요소들을 찾아내고 실천하는 방식을 활용할 수 있다. 즉 가치사슬 항목(물류, 생산, 마케팅, 서비스, 구매, 기술개발, 인사 관리 등)별로 원가우위요소를 분석하고, 경쟁자와의 비교분석을 통해 경쟁열위에 있는 부분을 찾아내고 개선책을 모색하는 방법을 활용할 수 있다.

가치사슬 분석을 통해 전체 기업 활동을 조망하면서 원가우위요소를 찾아 냈다면, 이를 기초로 구체적인 세부 활동에서 원가 절감 방안을 모색해야 한다. 이런 활동을 도와주는 기법은 수없이 많이 개발돼 있다. 산업공학, 경영과학, 가치공학(Value Engineering), 감성공학, 적시생산방식(JIT), 린(Lean), 동시공학(Concurrent Engineering), 식스시그마, 린 식스시그마 등이 그것이다. 여러 방법론이 체계화돼 있고, 많은 기업에서 다양한 비용 절감 방법론을 활용해 부가가치를 창출하고 있다.

▼ [표 30] 비용 절감 방법

	하부 구조	경쟁자 수준	우리 기업 수준	대안
보조 활동	인적자원 관리			
	기술개발			
	구매 활동			
주 활동	내부 물류			
	생산 활동			
	외부 물류			
	마케팅 판매			
	서비스			

특히 주목할 만한 현상은 대체로 원가 절감 기법들이 제조업 중심으로 발전해왔으나, 최근 들어 서비스기업들도 광범위하게 이런 방법들을 활용해 원가를 줄이고 있다는 점이다. 다양한 방법들이 있고 서로 다른 체계로 접근하지만, 핵심 골격은 다음과 같은 네 가지 과정이라고 생각한다.

:: 문제 정의

이 단계는 가장 중요한 출발점으로, 문제가 무엇인지 명확히 정의한다. 문제를 문제로 보지 못하면 어떤 해결책도 제시할 수 없다.

현장에서는 문제가 있어도 이를 문제로 인식하지 못하는 사례가 많다. 예를 들어, TV 생산 공정에서 스토퍼(Stoper) 시스템이란 게 있다. 한 작업자가 작업을 다 마무리한 후 스타트 버튼을 눌러야 다음 단계 작업자에게 TV가 전달돼 후속 작업이 가능해지는 구조다. 모든 TV 생산 공정에서 이런 시스템을 쓰고 있기 때문에 누구도 문제라고 생각하지 않았다.

하지만 LG전자의 기술 명장은 이런 시스템이 '문제'라는 생각을 가졌다. 곰

곰이 생각해보면 작지 않은 문제가 있다. 한 작업자가 이런저런 사정 때문에 작업을 늦게 하면, 이 여파가 이후 공정에 있는 모든 작업자에게 영향을 끼친다. 앞에 작업자가 게으름을 피우면 다음 작업자들은 하릴없이 시간을 보내야 하기 때문이다.

그래서 이 명장은 과감하게 스토퍼 시스템을 없애버렸다. 물 흐르듯이 컨베이어벨트가 흘러가고, 작업자는 조금씩 걸으면서 작업을 해야 했다. 물론 문제가 생기면 라인을 멈출 수 있는 버튼을 누르면 된다. 그러나 이 버튼을 누르면 전체 작업 라인이 중단되기 때문에 공장 근로자들에게는 큰 부담이 된다. 따라서 최대한 전체 공정에 지장을 주지 않도록 하기 위해 최선을 다해 업무에 몰입할 유인이 커진다. 초기 적응 과정에서 어려움이 있었지만 효과적으로 정착시켜 LG전자 TV 공장은 생산성을 비약적으로 향상시킬 수 있었다.[76]

:: 원인 분석

어떤 사안을 문제라고 인식했다면, 그 원인을 찾는 단계다. 원인을 찾는 단계에서는 책상에 앉아 고민하기보다는 현장에 나가 관찰하고, 탐문하고, 추적해야 한다.

동부화재는 사고 접수를 받고 30분 이내에 출동하는 비율이 90%였고 10%는 30분을 넘겼다는 점을 '문제'로 인식하고 원인을 분석했다. 적극적으로 현장에 나가 사례를 분석해보니 더 가까운 곳에 위치한 업체에 연락이 되지 않아 시간을 못 지킨 경우도 있었고, 출퇴근 시간이어서 차량 정체로 제때 도착하지 못한 사례도 있었다. 이처럼 원인이 제대로 분석되면 다음 단계에서 훨씬 쉽게 대안을 찾을 수 있다.

:: 대안 탐색

문제가 잘 정의되고 원인이 밝혀졌다면, 대안을 찾는 작업은 이보다 쉽다. 동부화재 사례의 경우, 사고 지점과 가장 가까운 곳을 연결하는 GPS 시스템을 운용하면 첫 번째 문제는 금방 해결된다. 두 번째 문제는 다소 창의력이 필요하다. 출퇴근 시간에 정체를 피하는 것은 기존 차량 이동 시스템으로는 피할 수 없다. 이때 기존 업계만 벤치마킹하지 말고 다른 분야에서 이런 문제를 어떻게 해결하는지 눈을 돌리면 의외로 쉽게 해답을 찾을 수 있다.

교통체증을 피해 빨리 배송을 해야 하는 대표적인 업종이 바로 퀵서비스다. 퀵서비스는 대체로 두 가지 수단을 이용한다. 조금 느리지만 정시 도착이 가능한 지하철과 체증과 상관없이 도로를 달릴 수 있는 오토바이. 둘 가운데 하나만 선택하면 된다. 동부화재는 오토바이를 선택했고 '업계 최초'로 오토바이 출동 시스템을 구축했다.

:: 피드백과 지속적 개선

어느 정도 문제가 해결됐다고 만족하면 안 된다. 실행 과정에서 나타나는 문제점을 모니터링하고 피드백을 받아 지속적으로 개선하려는 노력이 이어져야 한다. 실제 식스시그마 같은 기법을 도입한 기업들은 실행 과정에서 학습을 통해 문제를 발견하는 역량, 원인을 찾는 역량, 해결책을 모색하는 역량이 높아지면서 과제 숫자도 지속적으로 늘어나는 성향을 보인다. 지속적인 피드백과 개선 과정이 체질화될수록 더 많은 과제에 도전해 더 많은 성과를 창출할 수 있다.

공짜경제

우리가 상상할 수 있는 가장 극단적인 원가우위 전략은 무엇일까? 공짜로 주는 것이다. 상식적으로 고객에게 공짜로 물건을 주면 어떻게 비즈니스가 될 수 있냐고 반문할 수 있겠다. 하지만 경쟁의 강도가 극도로 심해지면서 아예 본원적 제품이나 서비스를 공짜로 제공하고, 다른 방식으로 돈을 버는 혁신적인 모델들도 속속 등장하고 있다.

이런 모델을 뜻하는 용어도 만들어졌다. '공짜(Free)'와 '경제학(Economics)'의 합성어인 '프리코노믹스(Freeconomics)', 즉 '공짜경제'가 그것이다. 공짜경제의 유형을 살펴보면 이런 모델이 현실에서 작용할 수 있는지 쉽게 알 수 있다.

:: 스폰서 모델

가장 흔한 공짜경제 모델이다. 지상파 TV가 대표적인 사례다. 시청자들에게는 무료로 콘텐츠를 제공하는 대신, 많은 시청자의 이목을 집중시킨 다음에 광고를 내보내서 회사 유지에 필요한 돈을 광고주로부터 받는 모델이다.

인터넷 포털 사이트와 수많은 정보 제공 사이트들도 TV와 마찬가지로 고객에게 공짜로 정보를 제공하고 배너 광고 등을 유치해서 수익을 올리고 있다. 고객에게 공짜로 뿌려지는 무가지도 이런 모델이다. 정보나 콘텐츠 제공업에서 흔한 모델인데, 최근에는 다른 분야로도 확산되고 있다. 컴퓨터 바이러스 백신은 꽤 비싼 값을 주고 사야 했는데, 일부 업체가 공짜로 백신을 뿌리고 대신 광고를 유치해 수익을 내고 있다. 복사를 해주는 서비스도 공짜가 불가능할 것 같지만, 일본의 한 업체는 복사지 뒷면에 광고를 해주고 대학생들에게 복사를 무료로 해주는 서비스를 제공해 인기를 모았다고 한다. 광고주 입장에서는 복사지 광고 노출이 꽤 오래 지속되기 때문에 효과 측면에서도 좋았다는 분석이다. 국제전화에도 광고를 기반으로 한 공짜 모델이 많다.

꼭 기업이 스폰서일 필요는 없다. 정부나 은행 같은 기관이 될 수도 있다. 브라질에서는 연료효율이 높은 냉장고를 공짜로 나눠주고, 정부로부터 탄소 배출 감소로 인한 배출권 혜택을 받아 수익을 올리는 모델이 등장했다. 이스라엘에서는 은행이 태양광 설치자금을 대출해줘 고객은 공짜로 설비를 마련할 수 있게 한 다음, 전기가 생산되면 나눠 갖는 모델도 등장했다.

오랜 역사를 가진 가장 흔한 공짜경제 모델인 스폰서 모델은 이처럼 산업 영역을 확장해가고 있으며, 새로운 스폰서를 발굴하면서 기존 산업의 기반을 흔드는 파괴적 혁신을 모색하고 있다.

:: 부분 유료화 모델

전체 상품 구성요소 가운데 일부는 공짜로, 일부는 돈을 받고 파는 모델이다. 전통적인 산업에서는 면도기를 공짜로 제공하고 면도날을 돈 받고 파는 모델이 대표적이다. 복사기를 공짜로 주고 토너를 유료로 파는 모델도 널리 알려져 있다. 면도날이나 토너를 꾸준히 팔 수 있기 때문에 기계를 공짜로 주더라도 얼마든지 이익을 낼 수 있다.

인터넷이 등장하면서 이 모델은 더 확산됐다. 온라인 게임 산업에서는 원하는 모든 사람이 무료로 게임을 즐길 수 있게 하되, 게임을 더 폼 나게 즐길 수 있는 아이템은 유료화하는 게 성공방정식으로 자리 잡았다. 〈뉴욕타임스〉 등 일부 신문사들도 기사 열 개까지는 무료로 제공하고, 그 이상 콘텐츠를 보려면 돈을 내도록 하는 방식으로 온라인 콘텐츠를 팔고 있다. 흩어져 있는 사람들이 인터넷으로 공동 작업을 할 수 있게 도와주는 서비스인 드롭박스도 저장용량 2기가바이트까 지는 무료로 제공하되, 그 이상을 원하면 돈을 내도록 했다.

부분 유료화 모델은 초기에 가입자를 쉽게 모을 수 있다는 게 가장 큰 장점이다. 일부 서비스를 공짜로 제공하면 어쨌든 사람들을 많이 유인할 수 있고, 고급 서비스, 혹은 소모품 수요를 지속적으로 유인할 수 있다. 물론 모든 부분 유료화가 성공하는 것은 아니다. 온라인 게임산업에는 공짜로 게임을 제공하는 회사가 너무 많아 고객을 유인할 수 있는 다른 매력이 필요하다.

:: 사업 재정의 모델

전통적인 사업 구조를 버리고 새로운 사업 모델을 택하는 방식이다. 전통적으로 서적은 서점망을 통해 배포한 다음, 고객에게 유료로 판매해 매출을 올리는 사업으로 알려져 있다. 하지만 일각에서는 전자책을 무료로 뿌린 다음, 강연이나 영화, 드라마 판권으로 수익을 올리는 새로운 모델을 시도하고 있다.

음반산업은 과거에는 음반을 제작해 유통망을 통해 판매하는 모델이 대세였으나 지금은 완전히 달라졌다. 대부분의 음반회사들은 뮤직 비디오를 만들어 유튜브 등에 무료로 배포한다. 대신 공연이나 방송 출연, 광고 등으로 수입을 올린다. 대체로 기존 사업의 경쟁이 치열한 분야에서 이런 새로운 모델이 생겨나는 사례가 많다.

:: 매출이나 수익이 아닌 다른 목적 추구

특정 사업에서 매출이나 수익 같은 재무적 목표가 아닌, 전혀 다른 목표를 추구할 수도 있다. 예를 들어, 리눅스 같은 오픈소스 운동은 사회적으로 의미 있

다고 판단되는 가치를 추구하기 위한 움직임에서 비롯됐다. 콘텐츠 등을 교환하는 P2P 서비스도 이와 유사하다. 구글이 문서 작성 프로그램을 무료로 사용하게 하는 것은 정보기술 분야에서 지배력을 확대하고, 마이크로소프트가 장악한 시장에 타격을 주기 위한 목적이 강하다.

이처럼 비즈니스 논리로는 잘 설명되지 않는 새로운 논리와 목적에서 공짜

경제 현상이 나타나기도 한다.

　이 네 가지 모델은 서로 배타적이지 않다. 둘 이상의 모델을 동시에 활용할
수도 있다. 또 말로는 공짜라고 해놓고 고객들에게 너무나 큰 불편을 유발하거
나, 나중에 갑자기 유료화하는 경우도 있다. 그래서 공짜경제 모델을 잘 설계
하지 못하면 '잔머리'를 쓴다는 이유로 소비자들의 정서적 저항을 유발할 수도
있다. 또한 초기에 설정한 목적을 달리하거나 운영 과정에서 소비자의 신뢰를
잃으면 공짜경제 참가자들의 거센 저항을 받을 수도 있다.

　하지만 한 가지 분명한 것은 극단적 저가 전략으로 볼 수 있는 공짜경제가
인식의 한계, 업의 통념을 깨면서 영역을 점차 넓혀가고 있다는 점이다. 예를
들어, 증권사들은 증권거래 수수료가 주요 수익 모델이었다. 수수료를 받기
위해 전국 요지에 지점을 설치하고, 투자자들과 관계를 형성하며, 주식거래를
유도했던 게 전통적 모델의 핵심이다. 이런 구조에서 증권사들은 주식시장이
오르든 내리든 상관없이 안정적으로 돈을 벌 수 있었다.

　그런데 파괴적 혁신자가 등장하면서 문제가 생겼다. 한 회사는 온라인 증
권사를 설립한 다음 수수료를 거의 제로에 가까운 파격적인 수준으로 낮췄다.
지점망 없이 인터넷으로만 거래를 가능케 해 수수료를 파격적 수준으로 낮출
수 있었다. 대신 이 회사는 주식을 거래하는 사람들에게 투자자금을 대출해줘
서 이자를 받아 수익을 올렸다. 증권중개업을 사실상 재정의한 것이다. 다른
증권사들은 울며 겨자 먹기 식으로 수수료를 낮출 수밖에 없었다. 곳곳에서
이런 파괴적 혁신이 일어나고 있다. 이런 파괴적 혁신은 경쟁자나 스타트업이
들고 나오기 전에 우리가 먼저 시도하는 게 가장 좋은 대응 전략이다.

원가우위 전략의 덫

원가우위 전략을 선택했을 때 실무에서 자주 빠지는 함정은 복잡한 기업 활동 간 '전략적 적합성'을 유지하지 못하는 것이다. 기업의 전반적인 활동이 원가우위 전략을 뒷받침하는 쪽으로 적합성을 유지해야 하는데, 어떤 활동은 원가우위를 지원하는 반면 다른 활동은 차별화 우위 쪽을 지원하면 전략 간 미스매치가 일어나 성과를 거두기 쉽지 않다.

과거 한 무가지업체의 사장은 왜 동아일보나 조선일보 같은 콘텐츠를 만들지 못하느냐고 기자들을 몰아붙였다고 한다. 사장의 심정은 이해가 되지만, 이는 실패 확률이 매우 높은 전략이다. 무가지업체 사장 입장에서는 수십 년간 축적된 역량과 네트워크를 가진 기존 언론사가 만든 콘텐츠가 부러울 수도 있다. 하지만 적절치 못한 대상을 부러워하면 지는 거다. 기존 언론사는 200여 명의 취재기자와 네트워크, 시스템, 강력한 브랜드, 오랜 관계를 통해 축적한 취재 노하우 등을 갖고 있다. 단지 몇 명의 기자만 보유하고 있는 무가지는 절대 기존 언론사와 같은 방식으로 경쟁해서는 안 된다. 부러워하지 말고 자신만이 할 수 있는 다른 방법을 찾아야 한다.

예를 들어, 뉴스는 철저하게 뉴스 공급업체(통신사)로부터 공급받고, 편집역량을 강화해 눈길 끄는 제목을 달거나 흥미로운 기사를 선택하는 쪽으로 집중하면 소수의 인력으로도 효과적인 경쟁을 할 수 있다. 혹은 사진이나 비주얼을 과감하게 사용해 텍스트 중심의 기존 미디어와 다른 가치를 제공하는 것도 방법이다. 무가지 기자들에게 기존 언론과 유사한 수준의 기사를 발굴하라고 아무리 압력을 넣어봐야 기존 언론에 못 미치는 콘텐츠를 제작할 확률이 높기 때문에, 결국 자원만 낭비하게 된다.

무가지는 극단적 원가우위 전략을 취하는 사업 모델이다. 이처럼 전략적으

아마존의 홈페이지. 아마존은 극단적인 원가우위 전략을 취하는 사업 모델로 세계 최대 전자상거래업체의 자리를 확고히 한다.

로 저원가를 '선택'했다면 기업의 모든 활동을 원가우위 전략에 맞게 정렬시켜야 한다. 조직 문화도 원가우위 전략에 부합해야 한다. 종이는 가급적 싼 것을 써야 하고, 인쇄비를 줄이기 위해 경쟁입찰을 시켜야 하며, 인력은 최소 규모로 운용해야 하고, 사무실도 임대료가 싼 곳에 얻어야 한다. 하다못해 사무실에서 쓰는 전기료나 난방비까지도 아끼는 노력을 기울여야 한다.

실제 이런 문화를 이룩한 곳이 있다. 아마존이다. 세계 최대의 전자상거래업체인 아마존은 영업이익률이 1%에 불과하거나 적자도 자주 낸다. 제조업도 아닌 유통업에서 선두업체의 영업이익률치고는 형편없이 낮은 수준이다. 그만큼 자사 이익을 희생해서 싸게 판다는 얘기다. 그렇다면 주주들이 싫어하지 않을까? 그렇지 않다. 시가총액이 160조 원에 달할 정도로 주식시장에서 기업가치를 높게 평가하고 있다.

아마존의 사업 모델을 한마디로 요약하면, 비용을 최소화해 고객들에게 싼 가격대에 좋은 경험(다양한 상품, 쉬운 결제, 강력한 추천 서비스, 빠르고 안전하며 저렴한 배송 등)을 제공하고, 여기에 만족한 고객들이 다시 아마존을 찾으면 규모의 경제가 실현돼 더 싼값에 물건을 구매하는 순환 구조의 정착이다.

이런 저원가 모델은 득특한 기업 문화가 뒷받침한다. 임직원들은 아마존 특유의 전략을 잘 이해하고 있다. 따라서 수익성이 떨어지지만 고객가치를 높일 수 있는 아이디어가 있으면 채택한다.

아마존의 문화를 상징적으로 보여주는 게 '도어 데스크(Door desk)'다. 제프 베조스 회장은 창업 초기 책상을 사지 않고 사용하지 않는 문짝을 떼어다가 책상을 만들어서 썼다. 이게 하나의 문화가 돼서 거대 기업으로 성장한 지금도 아마존 임직원들은 도어 데스크를 즐겨 사용한다.

신임 임원들에게는 아마존 문화를 상징하는 도어 데스크를 선물로 주는 문화도 갖고 있다. 실무 현장에서 이런 관행이 문제를 일으키기도 했다. 한번은 인사 부서에서 유럽 지역에 근무하는 신임 임원에게 미국 본사에서 도어 데스크를 보내줬다. 이 사실을 알고 제프 베조스 아마존 회장은 격노했다. 절약의 상징인 도어 데스크를 유럽에 배송하는 과정에서 엄청난 비용이 들어갔기 때문에 아마존이 추구하는 절약 정신을 오히려 훼손했다는 이유에서다. 이런 일화들이 축적되면서 아마존은 절약이 하나의 문화로 자리 잡았다.

이런 문화를 보여주는 또 하나의 사례가 자판기다. 이 회사에 있는 자판기는 모두 내부 전등이 꺼져 있다. 내부에 등이 꺼져 있어도 사용에 아무런 문제가 없다는 직원의 건의에 따라 내부 등을 모두 꺼버린 것이다.[77] 기업 문화와 전략 적합성이 일치할수록 성과는 더 높아진다.

그렇다면 지금까지의 논의를 토대로 맥도날드가 고객맞춤형 서비스를 도입한다면 성공 확률이 높을지 실패 확률이 높을지 예측해보자. 맥도날드는 낮은 가격에 신속하게 제품을 만들어내는 역량을 갖춘 회사다. 정해진 레시피대로 아르바이트생도 쉽게 햄버거를 만들 수 있는 구조다.

하지만 고객맞춤형 서비스는 고급 식당에서 주로 시행하는 서비스다. 고객들의 사소한 요구까지 반영하는 시스템이다. 지금까지의 논의 결과를 놓고 보자면, 실패할 확률이 높다. 전략 간 적합성이 맞지 않기 때문이다. 실제 맥도날드는 맞춤형 서비스를 위해 큰돈을 투자하고도 실패하고 말았다.

물론 이런 모순을 없애주는 기막힌 신기술(대량맞춤화가 가능한 시스템과 IT

읽을거리

다이소의 격렬한 저원가 전략

경쟁자의 추격을 막을 수 있는 방법은 없을까? 쉽지는 않지만 모방하기 힘든 역량을 구축하면 경쟁자의 공세를 막을 수 있다. 다이소 같은 회사가 가격경쟁력을 지속적으로 유지할 수 있는 비결[78]을 보면 이런 역량 구축이 쉽지는 않지만 불가능한 것은 아니라는 점을 알 수 있다.

1,000원에서 5,000원짜리 생활용품만 판매하는 다이소는 전 세계 2,000여 개 회사로부터 제품을 공급받는다. 극단적으로 싼 가격에 제품을 공급할 수 있는 협력업체 2,000개를 발굴하기까지 박정부 다이소 회장은 지구를 60바퀴 돌았다. 또 협력업체가 생산하는 제품을 그대로 공급받아 파는 구조가 아니라 다이소 임직원들은 가격을 낮출 수 있는 모든 아이디어를 총동원해 협력업체에 구체적인 대안을 제시한다. 예를 들어, 컵의 손잡이가 필요 없는 디자인이면 손잡이를 없앤 제품을 만들어달라고 요구하고, 대신 싼값에 공급받는 식이다.

이 과정에서 쌓인 노하우는 쉽게 모방하기 힘들다. 한 번에 대량으로 현금 구매를 하고, 최고의 물류 효율성을 추구하며, 포장을 최소화하는 노력은 기본이다. 특히 협력업체와 오랜 교류를 통해 쌓은 신뢰는 다른 기업이 쉽게 모방하거나 대체하기 힘들다. 이런 정도의 역량을 구축한다면 꽤 지속가능한 경쟁우위를 누릴 수 있다. 단순히 공장을 저원가 생산기지로 옮기는 수준의 전략으로는 이런 역량을 얻기 힘들다. 싸게 만들어도 '너~무 싸게' 만들어야 성공하는 시대다.

인프라 등)을 활용했다면 성공했을 수도 있다. 하지만 이런 정교한 전략 없이 맞춤형 서비스를 도입했다 실패하고 말았다. 전략적 적합성은 새로운 전략 구상에 반드시 고려해봐야 할 요소다.

원가우위 전략은 본원적인 취약점이 하나 있는데, 경쟁에 노출되기 쉽다는 점이다. 저원가와 빠른 적응력을 무기로 한 중국과 인도, 동남아시아 등지의 개도국기업들이 급부상하면서 저원가 전략을 쓰고 있는 한국 업체들의 경쟁력이 날로 위협받고 있다. 저원가 이점을 얻기 위해 개도국에 공장을 내는 사례가 많지만, 문화 차이로 현지 공장의 생산성이 낮아지거나 개도국 임금의 가파른 상승으로(보통 연 30% 정도는 임금이 오른다고 가정해야 한다) 고민하는 업체들도 많다. 사실 원가우위 전략으로 가격을 낮춘다 해도, 경쟁이 치열한 산업에서는 손해를 감수하면서라도 경쟁자가 더 낮은 가격대로 제품을 판매할 확률도 높다. 가격을 낮추는 것은 방침만 정하면 되는 매우 쉬운 일이기 때문이다.

원가우위 전략에는 또 하나의 큰 덫이 있다. 파괴적 혁신에 무력할 수 있다는 사실이다. 시장의 구도를 뒤흔드는 우월한 대체재가 나오면 속수무책이 될 수 있다. 예를 들어, 너무나 싼 타자기를 만드는 기술과 문화를 갖춘 회사라도 시장이 워드프로세서로 넘어가버리면 끝이다. 또 워드프로세서 분야에서 너무나 싼 제품을 만들더라도 시장이 컴퓨터로 바뀌어버리면 문을 닫아야 한다. 노키아는 정말 싸고 튼튼하고 잘 터지는 휴대전화를 만들었지만, 시장이 스마트폰으로 넘어가버려 몰락하고 말았다.

원가우위 전략에서 최고의 경지에 도달한 기업이라도 항상 주위를 경계하고, 파괴적 혁신의 출현에 대비해야 한다. 실패를 각오하고 경영자원의 일부를 새로운 분야에 투자해야 한다. 원가우위의 제왕이 됐다고 자만하는 순간 위기가 찾아올 수 있다.

규모의 경제

생산량이 늘어나면 일반적으로 원가는 줄어든다. 중소기업이 사기 힘든 고가
의 장비를 살 수도 있고, 원재료 조달과 관련한 가격 협상에서도 매우 유리해
져 싸게 구입할 수 있다. 종업원의 전문화가 가능해지고, 생산단위당 투입되
는 지원 분야 자원(인사, 회계, 재무, 법률 지원, 각종 통제)도 줄일 수 있다.

그렇다고 무작정 규모의 경제가 작동하는 것은 아니다. 일정 수준 이상 규
모가 커지면 '규모의 비경제(Diseconomies of scale)' 현상이 나타날 수 있다.
도요타가 공격적으로 생산량을 늘리다가 품질 문제로 큰 위기를 겪었던 것이
대표적이다. 생산량을 늘리려면 설비 외에도 숙련공이 필요하다. 하지만 숙
련공은 무한정 존재하지 않는다. 따라서 일정 수준 이상으로 생산량을 늘리면
품질에 문제가 생길 수 있다.

또 공급업체에도 부하가 걸릴 수 있다. 새 공급업체를 발굴하다 보면 공급망
의 복잡성이 높아져 중앙에서 효과적으로 통제하지 못할 위험도 커진다. 결국
도요타는 품질 저하로 크게 고전했다. 생산량을 늘려 '규모의 경제' 효과를 보는
전략은 또 다른 위험도 높다. 업계 전반적으로 공급과잉을 불러와 가격 폭락을
가져올 수 있다. 규모의 경제를 활용한 전략은 높은 단수의 전략으로 보기는 어
렵다. 제한적으로, 또 여러 요인을 고려하며 신중하게 사용해야 한다.

학습곡선

경험곡선(Experience curve)이라고도 부르는데, 시간이 지날수록, 경험이 축적
될수록 평균비용이 줄어드는 현상을 의미한다. 잡지사업을 하다 보면 금방 알
수 있다. 잡지 창간 초기에는 마감하는 기간 내내 밤을 꼬박 새워야 할 만큼 엄

청난 노동력이 투입돼야 한다. 그래도 오탈자 같은 오류가 생긴다. 하지만 시간이 지나면서 야근 일수는 급격하게 줄어들고 품질은 높아진다.

학습곡선은 전략적으로 유용한 원천을 제공한다. 어차피 시간이 지나면서 학습곡선과 규모의 경제로 인해 원가가 떨어질 것이기 때문에, 이를 가정하고 선제적으로 가격을 낮추는 고도의 전략을 쓸 수 있다.

혼다는 추후 시장수요가 늘어나고 학습곡선이 작용할 것을 가정해 선제적으로 가격을 대폭 낮춰 영국 시장을 장악했다. 한국 초고속 인터넷사업자인 하나로텔레콤도 선제적으로 가격을 대폭 낮춰 시장을 키웠다. 손정의 소프트뱅크 회장 또한 이런 전략을 자주 사용했다.

물론 이런 전략은 매우 위험하다. 가격을 낮췄는데도 시장에서 수요가 촉발되지 않으면 크게 망할 수도 있다. 담대한 기업가정신이 필요한 전략이다. 또 학습곡선을 '시간 경과=비용 절감'으로 이해하면 안 된다. 의지를 갖고 지속적으로 공정을 개선하고, 학습을 통해 더 효과적인 방법을 찾아내려는 노력이 함께 하지 않으면, 시간이 지나더라도 원가가 비슷하게 유지될 수도 있다.

기타

원재료를 싸게 확보할 수 있으면 원가경쟁력을 확보할 수 있다. 한 고깃집은 한 사람이 1만 원을 내면 삼겹살을 무제한 제공한다. 이런 저원가를 가능케 하는 원천 가운데 하나는 고기 공급업체와 끈끈한 네트워크를 갖고 있어 매우 싼 가격에 고기를 공급받을 수 있기 때문이다.

또 생산 공정을 효율적으로 운영하는 능력을 갖고 있거나, 독특한 기술력을 확보했거나, 조직 자체의 효율성이 매우 높은 경우에도 남들이 도달하지 못하는 차별적 가격경쟁력을 유지할 수 있다.

02

차별화 전략

차별화 전략의 핵심은 소비자의 인식

차별화 전략은 한마디로 다른 경쟁자가 제공하지 못하는 독특한 가치를 소비자에게 인식시켜 더 높은 가격에 제품을 판매하는 전략이다. 경쟁사보다 더 좋은 기능, 더 우월한 디자인, 더 고급화된 서비스를 제공하면 성공은 당연해 보인다. 하지만 과연 이런 차별화 노력이 성공을 보장할 수 있을까?

나이키와 아디다스 사례를 살펴보자. 아디다스는 나이키보다 역사가 더 오래된 회사고, 기술력도 뛰어나다. 수많은 올림픽 신기록은 아디다스 제품과 함께 수립됐다. 지구촌 최대의 스포츠 행사인 월드컵과 올림픽의 공식 스폰서를 하는 등 마케팅에도 막대한 자원을 투자했다.

그러나 스포츠용품 하면 나이키를 떠올리는 소비자가 더 많다. 미국 경제잡지 〈포브스〉에 따르면 나이키의 브랜드 가치는 159억 달러, 아디다스는 68억 달러로 추산했다.[79] 두 배 이상의 차이다. 분명한 것은 개별 제품의 품질이나 기술력 등의 측면에서 두 회사가 절대 이 정도 차이가 나지 않는다는 사실이다.

그렇다면 왜 이런 차이가 생겼을까? 차별화 정의 가운데 실무에서 가장 중시해야 할 핵심은 바로 '소비자의 인식(Perception)'이다. 나이키는 마이클 조

던, 크리스티아누 호날두 등을 활용한 스타 마케팅, 'Just Do It' 같은 일관되고 명확한 메시지를 사용했다. 이를 통해 소비자들의 '인식'에서 스포츠용품과 관련한 자극이 들어오면 가장 먼저 떠올리는 브랜드로 자리매김했다.

반면 아디다스는 훌륭한 역사와 브랜드, 기술력 등 많은 자산을 갖고 있음에도 불구하고 핵심 콘셉트를 일관되게 제시하지 못했다. 이 때문에 나이키에 비해 브랜드 가치 측면에서 상대적으로 낮은 평가를 받은 것으로 분석된다.

결국 차별화의 본질은 고객의 인식과 관련이 있다. 문제는 고객의 인식이 수많은 요인에 영향을 받는다는 점이다. 특히 인간은 합리적 측면도 있지만, 감정적으로 의사결정을 하거나 비합리적인 행동도 자주 한다. 그래서 이성적 사고에 기초한 차별화 노력이 자주 실패한다. 이런 점을 보여주는 대표적인 개념이 유사차별화*다.

●유사차별화
사실상 기능 측면에서 전혀 의미가 없는 차별화(Meaningless differentiation)로도 성공할 수 있다는 게 유사차별화(Pseudo-differentiation) 개념이다.

예를 들어, 실크 성분을 소량 함유한 샴푸는 세정 기능 측면에서 어떤 도움도 줄 수 없고, 샴푸 생산업체에서는 이 사실을 소비자에게 알려도 소비자들은 실크 성분이 들어간 샴푸를 더 선호하고 차별화됐다고 판단한다.[80] 어떻게 유사차별화가 가능할까? 새롭다거나 참신하다는 느낌을 줄 수도 있고, 실크의 부드러운 느낌을 좋아하는 소비자는 그 인상이 제품이 전이됐기 때문일 수도 있다. 비합리적이지만 어쨌든 차별화는 공급자의 이성적·논리적 판단이 아니라 소비자의 감성적 인식과 관련이 있다.

앞서 원가우위 전략도 경쟁자가 모방하기 어려운 수준에 도달하는 게 쉽지 않다고 말했는데, 사실 그래도 원가우위 전략은 합리적 이성을 주로 활용하는 전략이라서 고민하고 노력하면 답을 찾을 수 있다. 하지만 차별화 전략은 이성만으로 접근해서는 성과를 내기 힘들다. 고객들의 인식과 심리에 영향을 미치는 비이성적 요인이 너무나 많기 때문이다.

차별화 전략 수립 방법

대부분 기업들은 신제품을 출시할 때 이런저런 측면에서 경쟁사의 제품과 차별화 포인트가 있다고 생각한다. 하지만 시장에서 신제품 성공 확률은 10% 정도에 그치는 것으로 알려져 있다. 이는 기업이 중시하는 차별화 포인트와 고객이 중시하는 혹은 인식하는 포인트가 다르기 때문이다.

전통적으로 전략 교과서에서는 차별화를 위해 마이클 포터 교수의 가치사슬의 활용 방안을 제시한다. 앞서 원가우위 전략에서 가치사슬을 활용한 것과 유사하게, 가치사슬의 구성요소별로 차별화 요인을 고민해보고, 경쟁자와 비교해서 자사만이 수행할 수 있는 차별화 포인트를 찾아서 실행하라는 식이다.

하지만 이는 생산자 입장에서, 그리고 이성만을 활용한다는 한계가 있다. 이런 방식을 활용해 차별화에 성공한 기업의 사례는 아직 들어본 적이 없다. 가치사슬상의 요소별로 아이디어를 내다보면 일부 튀는 아이디어를 도출할 확률도 있긴 하지만, 전체적인 제품 콘셉트와 일관성 측면에서 맞지 않는 아이디어만 난무할 위험도 있다.

특히 지극히 공급자 시각을 갖고 있는 가치사슬을 활용하면 시장과 고객의 욕구와 선호도를 반영하지 못할 수도 있다. 따라서 가치사슬 분석만으로는 훌륭한 차별화 전략을 수립하기 무척 힘들다. 차별화 방법론을 만들어주는 신뢰

할 만한 마법의 도구는 없지만, 적어도 아래 세 가지 원천에 주목하면 차별화
아이디어를 얻을 수 있다.

:: 시장과 고객에서 출발하라

차별화의 원천이 기업보다는 소비자의 인식에 있다면, 시장과 소비자에 대한
연구에서부터 차별화 전략 아이디어를 도출하는 게 더 바람직하다.

구체적으로 시장과 소비자를 연구해서 아이디어를 얻는 방법들은 마케팅
분야에서 발전해왔다. STP(Segmentation, Targeting, Positioning), 다차원 분
석(Multi-dimensional Scaling), 컨조인트 분석(Conjoint Analysis), 빅데이터
분석(Big Data Analysis) 등이 대표적이다.

시장세분화 시장세분화(Segmentation)는 전통적으로 경쟁자와 차별화할 수 있
는 아이디어를 제공해주는 유용한 툴이다. 예를 들어, 치약시장의 고객을 세분화
해보면, 연령별(유아, 성인), 소득별(고소득, 중간소득, 저소득), 사용량별(개인, 목욕
탕 등 사업자), 추구하는 편익별(충치 제거, 잇몸 강화, 치석 방지, 입냄새 방지, 미백
등)로 상당히 다른 욕구가 존재한다. 각 세분 시장별로 고객들이 원하는 가치를
파악해서 제공하면 다른 기업과 차별화할 수 있는 아이디어를 얻을 수 있다.

기업들의 이런 노력 덕분에 선택하기 힘들 정도로 수없이 많은 종류의 치약
이 마트에 진열돼 있다. 차별화 노력이 이어지면서 역설적이지만 더욱 차별화
하기 힘든 세상이 됐다. 결국, 시장세분화를 통한 차별화 노력은 이전까지 발견
하지 못한 세분시장을 누가 더 잘 발굴하느냐의 게임이 된다. 과거에는 연령이
나 지역, 소득, 성별 등 지리적, 인구통계적 변수에 기초한 기본적인 세분화가
활발하게 이뤄졌으나, 최근에는 소비자의 심리나 구매 동기, 행동, 추구하는 가
치 등을 기초로 한 정교한 세분화가 활발하게 이뤄지고 있다.

결국 어떤 새로운 기준을 토대로 세분시장을 구분하느냐는 상상력과 창의력이 필요한 영역이다.

다차원 분석 다차원 분석은 여러 브랜드에 대한 고객들의 인식을 조사해서 브랜드 간 유사성 정도를 평가해 분석하는 방법이다. 이 방법을 활용해보면 우리 브랜드가 고객의 인식 속에서 다른 브랜드와 얼마나 차별화돼 있는지, 다른 제품과의 차별성을 확보하기에 유리한 영역은 무엇인지 등에 대한 통찰을 얻을 수 있다.

컨조인트 분석 컨조인트 분석은 제품의 속성 가운데 소비자가 중시하는 것이 무엇인지를 파악하는 데 도움을 준다. 예를 들어, 노트북의 가치요소 가운데 가장 중요한 요인으로 가격(100만 원, 50만 원)과 무게(무거운 것, 가벼운 것)를 정했다면, 100만 원짜리 무거운 노트북, 100만 원짜리 가벼운 노트북, 50만 원짜리 무거운 노트북, 50만 원짜리 가벼운 노트북 등 네 가지 대안을 놓고 소비자선호도 조사를 한 다음, 그 결과를 놓고 분석하면 개별 요소에 대해 소비자들이 중시하는 가치요소를 확인할 수 있다.

빅데이터 분석 빅데이터 분석은 인터넷이나 소셜네트워크에서 사람들의 의견이나 여론을 분석해 어떤 제품이나 브랜드에 대해 고객들이 어떤 인식을 하고 있는지, 고객들이 특정 상품이나 서비스에 대해 진짜로 원하는 것이 무엇인지 추론해서 차별화 포인트를 찾는 방법이다.

예를 들어, 유유제약의 '베노플러스겔'은 부기를 완화시키고 멍, 타박상 등에 효과가 있는 제품으로 허가를 받았다. 당초 유유제약은 여러 효능 가운데 부기를 완화시키는 효능을 중심으로 마케팅 활동을 해왔다. 하지만 인터넷과 소셜네트워크의 수많은 데이터를 토대로 분석을 해보니, 부기 완화는 병원 치

료와 연결된 검색어가 많았다. 타박상 등은 이미 상당한 브랜드 인지도를 갖고 있는 경쟁 제약사 제품이 시장을 장악하고 있었다. 반면, 멍 치료와 관련해서는 약이나 연고 등과 연결된 검색어가 잡히지 않았다. 기껏 잡히는 건 소고기나 계란 등 민간요법으로 멍을 치료하는 수준이었다.

또 '멍-여성' 간의 조합도 많이 발견됐다. 즉 여성 대상의 멍 치료제로 포지셔닝하는 게 훨씬 더 바람직하다는 결론을 얻게 된 것이다. 부종 완화제에서 여성 대상의 멍 치료제로 과감하게 콘셉트를 전환한 후 매출액이 50%가 늘었다고 한다.[81]

이처럼 빅데이터 분석은 막연한 포지셔닝 전략에 비해 효과적으로 고객들의 욕구가 무엇인지 파악하게 해주는 도구다. 물론 빅데이터가 무조건 성과를 보장해주는 것은 아니다. 데이터를 수집하고 분석하는 것은 기업의 경쟁력을 지원하는 중요한 역량이기 때문에, 잘 축적했을 경우 모방하기가 쉽지 않은 경쟁우위 원천이 될 수 있다. 그렇기 때문에 소비자들과 직접 접촉해야 하는 업체라면 이런 분야에서 역량을 축적할 필요가 있다.

:: 핵심 콘셉트 하나면 충분하다

광고업계에 유명한 이야기가 있다. 어떤 광고주가 이런저런 제품의 자랑거리를 나열하면서, 이런 내용을 광고에 담아달라고 요구했다. 그러자 광고제작자가 공을 여러 개 던져주면서 광고주에게 받아보라고 했다. 물론 여러 개의 공이 날아들었기 때문에 광고주는 공을 하나도 받지 못했다. 이번에는 광고제작자가 하나의 공만 던졌다. 광고주는 잘 받아냈다. 우리 제품이 좋다고 자랑하고 싶은 내용이 정말 많겠지만, 여러 개의 메시지를 알리면 고객들은 이를 수용하기 힘들어한다는 설명이 이어졌다.

현실에서 잘 만들어진 하나의 메시지, 하나의 핵심 콘셉트는 위력적이다. 고객들은 어떤 제품이나 브랜드에 노출되면 즉시 관련된 이미지를 떠올린다. 이때 첫 번째, 혹은 두 번째로 떠올리는 이미지를 어떻게 만들어 가느냐에 따라 기업의 명운이 좌우된다.

과거 한 국내 자동차회사 판매원들이 무척 애를 먹은 적이 있다. 이 자동차 브랜드에 고객들이 노출되면 가장 먼저 떠올리는 이미지가 '값은 싼데 고장이 잘 나는 차'라는 점이었기 때문이다. 이런 이미지를 없애기 위해 파격적인 보증 조치를 단행했고, 객관적인 품질평가업체로부터 높은 평가를 받는 등 오랫동안 치열한 노력을 기울인 끝에 긍정적인 이미지를 확보할 수 있었다. 차별화는 고객들이 어떤 이미지가 먼저 떠오르게 만드느냐의 게임이다.

실무에서 핵심 콘셉트를 잡는 것은 정말 어려운 과제다. 실제 한 소비재기업의 CEO는 각 사업부에 두 달 안에 핵심 콘셉트를 잡아보라고 지시한 후 실무자들이 가져오는 콘셉트의 문제점을 계속 지적하면서 '퇴짜'를 놓았다고 한다.

여러 차례 제안이 거절당하면서 심적 고통을 겪었던 실무자들은, 그래도 두 달이 지나 마지막 보고만 하면 콘셉트의 부담에서 벗어날 수 있을 것으로 기대했다. 하지만 이 CEO는 마지막 보고에서 핵심 콘셉트를 잡는 일이 비즈니스에서 얼마나 중요한 일인지 강조하며, 두 달 동안 이런 어려움을 체험해봤으니 이제부터 본격적으로 고민을 시작해보자고 말했단다.[82]

차별화된 핵심 콘셉트에는 정답이 없다. 사회·심리적 요인도 고려해야 하며, 변화무쌍한 소비자들의 기호도 반영해야 한다. 전 지구를 스캔한다는 생각으로[83] 수많은 대안을 고민해보고, 소비자들이 선호할 만한 콘셉트를 압축해 최종적으로 하나를 '선택'하는 고통스러운 과정이 불가피하다.

안타깝게도 이런 과정을 직접적으로 도와줄 수 있는 툴은 별로 없다. 다양한 경험과 깊이 있는 고민, 여러 미디어를 통해 전해지는 지식과 정보, 베스트 프랙티스 등을 자사 제품과 서비스에 적용하려는 학습 노력이 유일한 해결책이다.

〈표 31〉은 차별화가 시장에서 성공하기 위해 갖춰야 할 요소를 정리한 내용

참고하세요

글로벌 명품업체에 물건을 납품하는 국내의 한 공급업체에 따르면 제품은 한국 기업이 만들지만 글로벌 명품업체의 로고를 달고 판매자에서 팔릴 때에는 정확히 10배 정도 가격이 높아진다고 한다. 만약 이 한국업체가 똑같은 제품을 자사 브랜드를 달고 내보냈다면 어땠을까? 글로벌 명품업체의 10분의 1 가격에도 팔리지 못할 수도 있다. 글로벌 명품업체 브랜드에 노출되는 순간, 고객은 고급스러움, 자긍심, 심리적 만족감 등을 얻지만, 한국의 OEM업체는 이런 만족감을 제공하지 못하기 때문이다.

차별적인 콘셉트를 만들었다고 해서 무조건 성공이 보장되는 것도 아니다. 한 치킨 프랜차이즈회사는 여름에 시원하게 먹을 수 있는 '아이스 치킨'을 선보였다. 모든 경쟁자가 뜨거운 기름에 튀긴 치킨을 판매하고 있었기 때문에, 아이스 치킨은 콘셉트 측면에서는 분명 차별화됐다. 하지만 시장에서는 참담한 실패를 맛봤다. 냉동한 치킨의 모양새가 호감이 가지 않았던데다 맛도 그다지 높지 않은 평가를 받았기 때문이다. 인터넷에서는 "닭의 냉동 사체를 씹는 느낌"이라는 비판이 이어졌다.

고객과 시장의 욕구에서 출발하지 못한 차별화 콘셉트는 이처럼 시장에서 외면받기 십상이다.

▼ [표 31] 차별화 성공 요인

중요성	소비자에게 가치가 있는 편익을 제공하는가?
차별성	경쟁자들이 모방하기 힘든 차별적 요소가 있는가?
우수성	소비자들이 같은 편익을 얻을 수 있는 다른 방법보다 뛰어난가?
전달성	차별적 요소를 소비자에게 전달하고 보여줄 수 있나?
선점성	소비자가 차별적 요소를 처음 만들었다고 인식할 수 있나?
가격적절성	구매자가 납득할 수 있는 수준의 가격인가?
수익성	기업에게 이익을 제공할 수 있나?

출처: 권근원(2012)[84], 마케팅, 박영사

이다. 객관적으로 아래 내용을 평가하고, 사전 실험을 통해 고객의 반응을 최대한 정확하게 예상하려는 노력이 필요하다.

:: 새로운 범주를 창출하라

고객들은 어떤 정보를 받아들일 때 특정 범주 안에 포함시켜 해당 정보를 이해하고 저장한다. 예를 들어, 강남에 사는 사람을 만났을 때, 이 사람이 부자일 것으로 생각하는 경우가 이에 해당한다. 강남에도 취약계층이 있으며, 시골에도 큰 부자가 살고 있다. 하지만 뇌는 인지자원을 최대한 절약하기 위해 복잡한 가능성을 모두 타진하지 않고, 미리 정해진 범주를 근거로 판단을 내린다. 이렇게 판단을 내려야 사람들은 마음이 편해진다. 이런 인식 패턴은 사업가에게 엄청난 기회를 제공한다.

맥주시장에서 두각을 나타낸 회사들은 모두 이런 범주화 성향을 이용해 차별화에 성공했다. OB맥주의 아성을 깨뜨린 하이트맥주는 '지하 150미터 천연 암반수로 만든 제품'이라는 콘셉트를 전면에 내세웠다. 이렇게 마케팅하니 맥주시장은 '1위 OB맥주 vs 기타 맥주'란 범주 대신 '깨끗한 물로 만든 맥주 vs 평범한 물로 만든 맥주'라는 범주로 새롭게 재편됐다.

범주화는 상대의 장점을 한순간에 단점으로 뒤엎는 매력적인 접근법이다.

2014년 두각을 나타낸 클라우드는 '물 타지 않은 맥주'라는 새로운 콘셉트를 내세워 기존 물 범주를 아예 무의미하게 만들어버렸고, 자사에 유리한 범주로 시장을 양분시켜버렸다. 맥주에 물이 들어가지 않을 수 없기 때문에 과장 광고라는 비판도 제기됐지만, 맥주 제조를 마친 이후에 물을 타지 않는다는 점을 현명하게 내세워 기존 업체들의 장점을 무력화시키는 새로운 범주를 만들면서 시장점유율을 높여나갔다.

바나나우유 사례도 흥미롭다. 이 시장에서는 빙그레 바나나맛 우유가 절대강자 자리를 차지하고 있었다. 절대강자가 있는 시장에 맞서 도전장을 내민 회사는 매일유업이다. 이 회사는 '바나나는 원래 하얗다'라는 도전적인 브랜드를 채택했다. 이를 통해 시장을 '색소를 첨가하지 않은 제품 vs 색소를 첨가한 제품'이란 범주로 양분시켜 소비자들의 인식을 자사에 유리한 방향으로 유도했다.

대체로 범주화에 성공한 사례들은 상대의 장점을 한순간에 단점으로 뒤엎는다는 매우 매력적인 접근법을 갖고 있다. 따라서 선발업체가 시장을 장악한 상태에서 후발주자가 이를 극복하기 위해 사용할 때 매우 효과적이다.

하지만 이런 매력에도 새로운 범주를 만들어내는 것 역시 쉽지 않다. 기막힌 새로운 범주를 만들어내는 마법의 도구도 없다. 역시 치열한 고민과 노력, 다양한 사례를 분석하고 적용하는 학습역량이 대안일 뿐이다.

참고하세요

선발주자는 어떻게 범주를 창조할까?

물론 선발업체도 얼마든지 새로운 유형의 범주화를 통해 경쟁사를 무력화시킬 수 있다. 서울우유는 경쟁사들이 우유 제품의 유통기한을 늘리는 투자에 열을 올릴 때, 제조일자를 제품에 표시하는 차별화 포인트를 찾아내 실행했다. 제조일자가 제품에 표시되면 유통기한 경쟁 게임이 무의미해져버리고, 제조하고 얼마나 빠른 시간 안에 유통망에 제품을 올리느냐의 게임이 펼쳐지게 된다. 결국, 유통기한을 늘리기 위한 투자의 의미가 크게 줄어들게 된다.

타타자동차의 나노는 초기 2,500달러라는 상상을 초월하는 원가우위로 큰 관심을 모았지만, 생각보다 판매가 잘되지 않았다. 인도 소비자들도 다른 모든 나라의 소비자들과 마찬가지로 자동차가 이동수단일 뿐만 아니라 자신의 부와 신분, 개성을 드러내는 수단이기도 하다. 가격경쟁력만을 무기로 한 나노는 고객의 자부심이나 개성이란 측면을 간과했고, 여기에 일부 안전과 관련한 사고까지 겹치면서 고객들에게 좋지 않은 이미지를 형성했다. 이 때문에 상상을 초월하는 가격경쟁력에도 불구하고 기대만큼 판매가 이뤄지지 않았다. 결국 유례없는 혁신을 이뤘지만 고객들의 선택을 받지 못한 나노 모델은 단종되고 말았다.

　타타자동차는 나노를 상징하는 내용이 싼 가격과 부실한 기능이 되지 않도록 하는 콘셉트가 필요했지만, 소비자들에게 효과적으로 어필하지 못했다. 앞서 차별화 논의대로 살펴보면, 확실한 세그먼트 설정을 통한 차별화(한국의 한 자동차 모델처럼 '내 생애 첫 차' 같은 포지셔닝)나 차별화된 핵심 콘셉트 범주화 설정(싸면서 환경에 기여하는 차 vs 비싸고 환경에 악영향을 끼치는 차) 등의 노력이 더 필요하다는 얘기다. 콘셉트를 결정했다면 이를 뒷받침하기 위해 적극적으로 제품을 수정하는 수고도 당연히 필요하다.

저원가 차별화 동시 추구 전략

마이클 포터 교수는 저원가와 차별화 전략을 동시에 추구하면 중간에 낀 어정쩡한 상태가 된다고 강조했다. 상식적으로 보면 이는 합리적이다. 고품질·고가업체 만큼 차별화하지도 못했고, 저원가 업체처럼 가격이 싸지도 않으면 시장에서 선택받기 어렵기 때문이다. 4,000원짜리 고급 김밥과 1,000원짜리 싼 김밥 사이에 낀 2,000원짜리 어정쩡한 김밥을 생각해보라. 주머니에 여유가 없는 사람은 1,000원짜리를 살 것이고, 고급 제품을 선호하는 계층은 유기농 재료를 쓴 4,000원짜리로 손이 갈 것이다.

여러 산업 분야에서 포터 교수의 가설이 맞는지 실증적인 학문 연구가 이뤄졌다. 그 결과는 한마디로 그때그때 달랐다. 포터 교수의 주장대로 원가우위나 차별화 전략이 더 우월하다는 결과도 있지만, 차별화를 모두 추구하는 하이브리드 전략이 더 좋은 성과를 낸다는 연구 결과도 있다.

왜 이런 일이 벌어질까? 혁신 경쟁의 가속화가 가장 큰 요인으로 판단된다. 즉 경쟁이 치열해지면서 원가를 2,000원까지 낮추고 5,000원짜리 맛도 내는 김밥을 생산하는 업체가 늘어났다는 얘기다. 예를 들어, 애플은 차별화의 선두주자이면서 동시에 효과적인 공급망 관리와 규모의 경제 등으로 원가 측면에서도 경쟁자들이 따라잡기 힘든 경쟁력을 유지했다. 삼성 또한 메모리 반도체 분야에서 세계 최초로 신제품을 개발할 수 있는 차별화 플레이어지만, 가장 낮은 가격에서도 이익을 낼 수 있는 수율을 자랑하는 등 원가우위 측면에서도 차별적 경쟁력을 이어가고 있다.

기술 혁신도 원가우위와 차별화 전략 모두를 추구할 수 있는 동력을 제공한다. 인터넷과 SNS를 통해 정보 수집, 탐색, 가치 창출 과정을 효과적으로 설계할 수 있는 방법이 생겨난 것처럼, 다양한 분야에서의 기술 혁신은 원가우위와 차별화를 동시에 달성할 수 있는 가능성을 열어주고 있다.

또 차별화 노력이 원가우위의 원천이 될 수도 있다. 고객들의 숨어 있는 욕구를 발견하고 이를 제대로 충족시키다 보면 수요가 늘어나고, 그 과정에서 자연스럽게 원가우위를 달성할 수도 있다. 결국 경쟁이 치열해지고 있는 대다수 산업 분야에서 원가우위와 차별화 노력을 모두 해야 하는 상황이라고 볼 수 있다. 이런 노력에 도움을 주는 방법에 대해서는 혁신 전략에서 보다 구체적으로 논의한다.

특히 4차 산업혁명 시대에 스마트 팩토리가 주목받으면서 제조 분야의 관심이 더욱 증폭되고 있다. 예를 들어 아디다스가 독일에 세운 스피트 팩토리는 제조 과정에 로봇 등을 활용해 생산성을 크게 높였다. 특히 고객들이 색깔, 뒷굽 모양, 깔창 등 다양한 옵션을 선택하면 5시간 안에 제품을 생산할 수 있는 시스템을 갖추고 있다. 그리고 제조 공정에는 거의 인력을 투입하지 않고 있다. 이런 스마트 공장은 대량 맞춤화(Mass customization)를 가능하게 해 제조업의 경쟁력을 한 단계 높이는 데 기여하고 있다.

스마일커브의 덫

스마일커브는 과거에는 제조 분야에서 높은 부가가치가 창출됐지만, 이제는 제조 전 단계(연구개발, 제품 기획, 디자인 등)와 제조 후 단계(마케팅, 서비스 등)에서 훨씬 큰 부가가치가 창출된다는 점을 보여준다.

모양이 웃는 표정 같아서 스마일커브라고 부르는데, 실제 많은 기업과 국가가 스마일커브가 옳다고 생각하고 성장 전략을 새로 짰다. 많은 기업이 제조기지를 인건비가 저렴한 나라로 이전한 것은 스마일커브의 시사점을 그대로 받아들인 의사결정이라고 볼 수 있다.

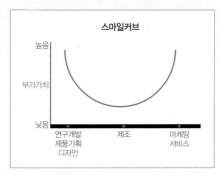

반면 연구개발이나 마케팅 등은 주요 기능으로 여겨 본국에서 직접 수행하는 사례가 많다. 많은 국가가 제조보다는 그 이전 및 이후 단계에 집중 투자했다. 미국이 대표적이고, 영국과 프랑스 등도 같은 길을 갔다. 이런 정책이 30년째 시행되면서 미국의 제조업 기반은 사실상 무너졌다.

스마일커브에 대한 맹신은 전형적인 서양식 기계론적 세계관에 기초한 것이다. 동양의 유기체적 관점에서 전체를 바라보면, 제조업은 결코 무시할 대상이 아니다. 물론 겉으로는 연구개발이나 디자인, 서비스 등이 제조보다 훨씬 큰 부가가치를 창출하는 것처럼 보인다. 하지만 제조 분야의 경쟁력과 연구개발이나 서비스 분야의 경쟁력은 서로 연결돼 있다.

예를 들어, 제조업이 떠나면 숙련 노동자는 일자리를 잃고, 제조기술 향상을 지원하는 연구원이나 디자이너, 컨설팅, 설계, 엔지니어링 기술자 등도 할 일이 없어진다. 이들 전문가는 공장이 이전한 개도국으로 근거지를 옮기거나, 다른 일자리를 찾아야 한다. 또 원재료 공급업체도 제조 공장을 따라 이전하는 게 훨씬 효율적이다. 더 큰 문제는 제조업을 중심으로 형성된 생태계가 붕괴하면서 이들 간의 지식 교류와 협력이 이뤄지지 않아 혁신이 멈춘다는 점이다. 결국 제조업 경쟁력과 연결된 광범위한 고부가가치 생태계가 무너지게 된다.

국가 경제 차원에서도 제조업을 등한시한 결과는 매우 심각하다. 당장 제조업이 개도국으로 근거지를

옮기면서 상품을 수입해야 하기 때문에 경상수지 적자폭이 눈덩이처럼 불어난다. 또 제조업은 일자리 창출의 원동력인데, 제조 기반이 무너진 국가들은 중산층 숫자가 줄어들었고, 소득 양극화로 심각한 사회적 갈등을 경험하고 있다.

하지만 독일은 달랐다. 독일은 GDP에서 제조업이 차지하는 비중이 25% 수준으로, 주요 선진국 가운데 최고 수준이다. OECD 평균(약 15%)보다도 훨씬 높다. 금융위기 이전 많은 경제 전문가들은 서비스 중심 경제체제로의 전환을 소홀히 한다며 독일 경제를 강도 높게 비판했다. 하지만 금융위기 후 이제는 모두 독일을 찬양하고 있다. 또 미국과 영국의 지도자들도 금융위기 이후 제조업을 화두로 들고 나오고 있다. 이들의 롤 모델은 독일이다.

제조업은 서비스업과 근본적으로 다른 특징이 있다. 제조업은 성장할수록 근거지에서 일자리가 더 많이 창출된다. 실제 독일 또한 제조업이 성장하고 있으며 해외보다는 독일 현지 일자리 창출 규모가 더 크다. 하지만 서비스업은 성장하더라도 해외 일자리가 더 많아진다. 호텔, 외식업체, 금융 서비스 등, 글로벌화로 생긴 일자리의 대부분은 해외 현지에서 창출된다. 국가 차원에서 제조업을 절대 버려서는 안 되는 또 다른 이유다.

그렇지 않아도 제조업 기반이 강한 독일이 '인더스트리 4.0'이란 화두를 들고 나온 것은 이 분야에서의 독보적인 경쟁력을 유지하겠다는 강한 의지의 표현으로 풀이된다. 미국도 제조업의 경쟁력을 확보하기 위해 진지한 정책적 노력을 지속하고 있다.

많은 한국 기업은 제조업에 기반을 둔 경쟁우위를 유지해왔다. 불행하게도 최근 이 분야의 경쟁력이 이전 같지 않다는 우려가 나온다. 제조업 분야는 가치 창출 과정의 핵심을 이루는 요소다. 스마일 커브의 웃음 뒤에 숨겨진 덫을 잊지 말아야 한다.

Chapter 5

혁신 전략

왜 혁신 전략인가?

지금까지 다양한 전략적 이슈와 효과적인 전략적 의사결정을 수립하기 위한 대안들을 살펴봤다. 하지만 불행하게도 이것만으로는 충분하지 않다. 최근 외부환경의 불확실성이 크게 높아졌다. 그 원인은 1장에서 살펴본 대로 지식경제의 부상, 디지털 및 첨단기술의 급속한 발전, 글로벌화의 급진전 등이다. 아이디어만 있으면 누구나 쉽게 기업을 만들고 사업을 할 수 있으며, 국경의 제약이 큰 문제가 되지 않는 상황에다. 놀라운 기술 혁신이 새로운 제품이나 서비스를 가능케 하는 상황이 펼쳐지면서 경쟁 강도가 상상할 수 없는 수준으로 높아지고 있다. 〈그림 16〉의 내용이 이를 잘 보여준다.

베인엔컴퍼니는 '디지털(Digital)'과 기존 오프라인 공간에서의 사업을 의미하는 '물리적(Physical)'이란 단어를 결합해 '디지컬 파괴(Digical disruption)'라는 개념을 제시했다. 베인은 이를 통해 전통적인 산업 분야에서 향후 20여 년 이내에 큰 변화가 일어날 것으로 예측했다.

〈그림 16〉에서 왼쪽(파괴적 변화가 매우 빠른 속도로 일어날 것으로 예상되는 분야)에 등장한 산업들은 대체로 생산품 자체가 디지털이거나 혹은 디지털역량이 매우 중요한 산업들이 대부분이다. 미디어기업들은 콘텐츠를 생산하는데, 이는 100% 디지털 전환이 가능하다. 당연히 파괴적 변화가 빨리 일어나고 있다. 또 은행산업도 실물이 오가는 것보다는(금이나 현금을 직접 거래할 필요가 없는 세상이다) 거래 정보를 처리하는 디지털역량이 매우 중요하다. 유통이나 항공은 실물이 중요하긴 하지만 이는 제품 생산업체나 비행기 제작업체의 책

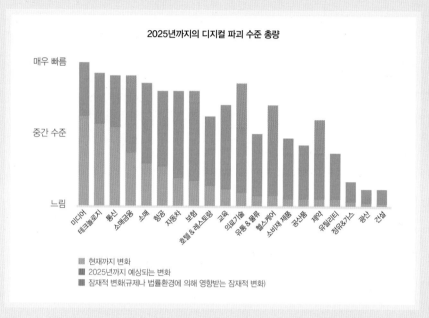

▼ [그림 16] 산업별 디지컬 파괴 현상 전망

2025년까지의 디지컬 파괴 수준 총량

매우 빠름

중간 수준

느림

미디어 / 테크놀로지 / 통신 / 소매금융 / 소매 / 항공 / 자동차 / 보험 / 호텔&레스토랑 / 교육 / 의료기술 / 유통&물류 / 헬스케어 / 소비재 제품 / 공산품 / 제약 / 유틸리티 / 정유&가스 / 광산 / 건설

■ 현재까지 변화
■ 2025년까지 예상되는 변화
■ 잠재적 변화(규제나 법률환경에 의해 영향받는 잠재적 변화)

출처: Bain&Company 2014[85]

임이다. 유통이나 항공산업의 경쟁력을 좌우하는 핵심역량은 물류나 정보의
흐름을 얼마나 잘 통제하느냐와 관련이 있다.

반면 상대적으로 변화가 늦을 것으로 예상되는 업종은 실물이 훨씬 중요한
분야다. 전기, 가스, 석유 같은 업종은 디지털화를 통해 어느 정도 경쟁력을
갖출 수는 있다. 하지만 전반적으로 실물에 대한 수요와 공급 변화에 따른 가
격 변동이 수익성에 훨씬 큰 영향을 끼친다.

갈색으로 표시된 부분은 파괴적 변화가 일어날 수는 있지만, 규제나 법제도
때문에 그 변화의 폭을 정확히 예상하기 어려운 경우다. 이 분야에서는 경쟁

을 부추기는 방향으로 규제가 풀리고 법이 바뀌면 파괴적 변화가 크게 일어날 수 있다. 하지만 현행 규제가 그대로 유지되면 변화의 폭이 제한될 것으로 예측된다.

변화가 느린 업종은 앞서 전통적인 경영 전략 분야의 지식으로도 경쟁력을 확보하는 데 큰 문제가 없을 것이다. 물론 중간 이하의 변화만 일어날 것으로 예측되는 업종은(베인앤컴퍼니의 분석에 따르면) 유틸리티, 석유, 가스, 광산, 건설 등 몇 개 되지 않는다. 그리고 이 가운데서도 일부 업종은 전기차 같은 다른 분야의 혁신기술이 기존 제품(가솔린, 디젤자동차)을 대체하면 정유회사가 운영하는 주유소사업의 상당 부분을 잃을 위험도 있어 주의해야 한다.

어쨌든 대부분 산업들은 변화의 속도가 전례 없이 빠를 것으로 예상된다. 따라서 전통적인 전략 논의만으로는 충분하지 않다. 또 규제가 보호해줄 수도 있는 산업도 많지만, 사업의 운명을 정부에 맡기는 것도 기업가로서 자존심 상하는 일이다. 대다수 기업은 자신의 사업 모델을 한순간에 파괴할 수 있는 잠재적 경쟁자가 어디에서 나타날지 모른다는 점을 경계하며 혁신 전략을 수립하고 실행하는 역량을 갖춰야 한다. 그렇지 않으면 심각한 위험에 처할 수 있다.

파괴적 혁신

역량파괴적 혁신

혁신기술의 종류를 구분하는 가장 일반적인 방법은 점진적 혁신(Incremental innovation)과 급진적 혁신(Radical innovation) 혁신이다. 단어에서도 금방 알 수 있듯이, 점진적 혁신은 기존 기술보다 조금 더 나은 성능을 구현하거나 원가를 줄여주는 것이고, 급진적 혁신은 이보다 훨씬 큰 변화를 가져오는 혁신을 의미●한다.

> ● 5~10% 정도의 개선이면 점진적인 것으로, 30~40% 혹은 두 배나 세 배의 향상을 가져오면 급진적인 것으로 이해할 수 있다.

하지만 혁신을 이렇게만 정의하면 적지 않은 문제가 있다. 당연히 점진적인 것보다는 급진적인 것이 바람직하게 여겨지고, 전략가는 급진적 혁신만 추진하면 문제가 해결된다고 생각할 수 있다. 하지만 현실은 이보다 복잡하다. 급진적 혁신이 실패하는 사례도 많고, 또 경우에 따라 급진적 혁신기술의 출현에 대한 대응 전략을 획일적으로 수립하는 것도 위험하다.

경영학자들의 연구가 지속되면서 점진적·급진적이란 단순한 구분보다 훨씬 다양하고 정교한 혁신에 대한 정의가 이뤄지고 있다. 대표적인 개념이 역량향상적(Competence-enhancing) 혁신과 역량파괴적(Competence-destroying) 혁신이다. 둘 다 급진적 혁신이지만 기업에 주는 의미는 완전히 다르다.

:: 역량향상적 혁신

역량향상적 혁신은 기업의 기존 역량을 충분히 활용해 신기술에 대응할 수 있는 경우다. 예를 들어, 손가락의 힘으로 작동했던 기계식 타자기를 대체하는 기술인 전동 타자기는 생산성을 비약적으로 향상시켰다는 점에서 급진적 혁신으로 볼 수 있다. 그런데 이런 급진적 혁신기술이 등장해도 기존 기계식 타자기 제조업체는 큰 타격을 받지 않는다. 이미 기계식 타자기 제조 과정에서 보유한 노하우나 기술 가운데 활용할 수 있는 부분이 굉장히 많기 때문이다. 타자기 외관과 구동 원리가 비슷하고 일부 부품만 교체하면 된다. 즉 기존 기계식 타자기 제조업체가 전통 타자기도 더 잘 만들 수 있다는 얘기다. 흑백 필름에서 칼라 필름으로의 변화 역시 흑백 필름을 만들던 업체가 기존 역량을 활용해 더 질 좋은 제품을 만들 수도 있다.

그런데 어떤 급진적 혁신은 기존 기술을 사실상 무의미하게 만들기도 한다. 예를 들어, 진공관이 한때 시장을 장악했다가 트랜지스터가 개발되면서 시장에서 사라지게 됐다. 그런데 진공관 제조업체의 기존 기술 가운데 트랜지스터 제조에 도움을 주는 것은 찾아보기 힘들다. 완전히 다른 제조기술과 노하우가 필요하기 때문이다. 다시 말해, 진공관을 잘 만들던 업체가 트랜지스터를 잘 만든다는 보장이 전혀 없다는 얘기다.

증기기관을 대체하는 디젤 엔진 제작기술도 마찬가지다. 증기기관 제작에 도움을 줬고, 해당 기업의 생존과 경쟁력 유지에 결정적 역할을 했던 기술 가운데 디젤 엔진 제조를 도와주는 부분은 많지 않다.

:: 역량파괴적 혁신

기존 기업 입장에서는 역량파괴적 혁신이 문제가 된다. 역량파괴적 혁신을 수용하려면 새로운 지식이나 기술이 필요한데, 이를 받아들이기가 쉽지 않다.

기존 기술을 포기하는 결정도 내리기가 쉽지 않다. 결국 역량파괴적 혁신이 발생하면 기업들 간 실적 격차가 매우 커진다. 적응하는 기업과 그렇지 못한 기업 간 큰 편차가 나타난다. 변화의 본질이 기존 역량을 활용해 충분히 대응할 수 있는 것인지, 아니면 기존 역량과 전혀 다른 새로운 역량이 필요로 하는 상황인지에 대한 판단이 기업의 명운을 좌우할 수 있다.

역량파괴적 혁신의 전략적인 시사점은 명확하다. 역량향상적 혁신이라면 기존 역량과 기술, 조직에 의존해도 별 문제가 없다. 기존 전략에 대한 몰입을 강화하는 게 더 바람직할 수 있다. 하지만 역량파괴적 혁신이라면 과감한 변화를 모색해야 한다. 필요하다면 새로운 인재 영입이나 조직 구축, 조직의 구조나 문화, 의사결정 프로세스 변경 등도 모색해야 한다. 이런 변화에 효과적으로 대응하지 못하면 역량파괴적 혁신의 물살을 막지 못하고 쇠락할 수 있다.

와해성 혁신

역량향상적 혁신과 역량파괴적 혁신의 구분으로 우리는 급진적 혁신이라 하더라도 대응 전략이 달라질 수 있다는 점을 알 수 있었다. 그런데, 급진적/점진적 혁신, 역량향상적/역량파괴적 혁신의 범주에 포함시킬 수 없는 또 다른 혁신이 발견됐다. 이를 발견한 주인공은 미국 하버드대학 클레이튼 크리스텐슨 교수다. 그는 이 덕분에 '경영학계의 아인슈타인'이란 별명을 얻었고 글로벌 경영사상가 50인 리스트에서 1위를 차지하기도 했다.[86]

유전학자들은 초파리를 연구한다. 다음 세대의 유전적 변화를 보려면 30년은 기다려야 하는 사람과 달리, 초파리는 수명이 대부분 2주 이내여서 생애 전 주기를 쉽게 관찰할 수 있고, 이후 유전형질의 변화도 파악할 수 있기 때문이다. 크리스텐슨 교수는 이와 유사하게 수명주기가 짧은 산업을 잘 골라냈고, 놀라운 발견을 했다.

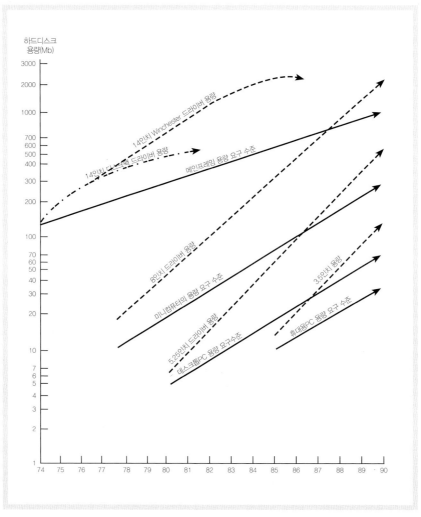

출처: Christensen(1993)[87]

〈표 32〉는 하드디스크 드라이브 용량에 따른 산업의 변화를 나타낸 것이다. 원래 하드디스크 드라이브 제조산업에는 14인치 제품을 생산하는 기업이 새로운 시장의 문을 열었다. 이 기업들은 당시 최고 성능을 자랑하는 메인프레임 컴퓨터가 요구하는 것 이상으로 제품 성능을 개선해갔다. 이처럼 기

302

존 주류 고객을 타깃으로 성능 향상을 추진하는 것을 '존속형 혁신(Sustaining innovation)'이라고 부른다. 디스크 용량을 키우기 위해 14인치 드라이브 생산 업체들은 피나는 노력을 기울였고 실제 성과도 냈다.

시간이 지나면서 8인치 드라이브를 생산하는 업체가 등장했다. 이들이 생산하는 8인치 제품은 메인프레임 컴퓨터에 장착하기에는 용량이 턱없이 부족했다. 게다가 용량 대비 가격도 8인치 제품이 높았기 때문에, 사실상의 제품 매력도는 모든 면에서 바닥권이었다. 그래서 8인치 드라이브 생산업체는 당시 주력시장이었던 메인프레임 컴퓨터에는 제품을 공급할 수 없었고, 시장 규모가 작은 미니컴퓨터를 대상으로 제품을 판매했다. 14인치 드라이브 생산업체의 입장에서 보면 8인치 드라이브는 급진적 혁신도 아니고 점진적 혁신이라고도 볼 수 없었다(사실 혁신이란 용어를 붙이기도 어려운 저급한 제품이었다).

하지만 8인치 드라이브 생산업체들도 혁신 노력을 가속화해 용량을 늘려갔다. 문제는 여기서 생겼다. 어느 순간 메인프레임 컴퓨터 사용자들이 원하는 수준 이상의 성능을 8인치 제품이 갖추게 된 것이다. 메인프레임 컴퓨터 제조업체 입장에서는 14인치 제품이 월등히 뛰어나다는 것을 알고 있다. 하지만 고객이 원하는 용량이 어느새 8인치 제품에서 충족됐다. 거기다 가격은 14인치보다 8인치 제품이 더 싸다. 시장은 한순간에 8인치로 바뀌어버렸다.

14인치 제품을 만들던 기존 업체는 억울하다. 만약 혁신 노력을 게을리했기 때문에 시장이 사라졌다면 덜 억울했을 것이다. 기존 업체들은 정말 열심히 혁신 노력을 기울였고, 훨씬 우월한 제품을 시장에 출시했다. 그런데도 망했다, 그것도 혁신이란 이름을 붙이기에도 민망한 저급한 제품에게. 억울할 수밖에 없다. 그래도 하나 위안을 삼을 수 있다면, 8인치 생산업체도 얼마 지나지 않아 5.25인치 업체들에게 똑같은 유형의 공격을 받고 같은 운명에 처했다는 점일 것이다(물론 5.25인치 생산업체들도 나중에 2.5인치 생산업체들의 와해성 공격을 받았다).

와해성 혁신(Disruptive innovation)은 주류 고객을 상대로 한 존속형 혁신과 달리, 초기에는 작은 시장에서 저급한 기술로 분류됐지만, 지속적인 성능 개선을 추진해 결국 주류 고객의 요구를 만족시켜 시장을 재편하는 것을 의미한다. 하드디스크 개발기술을 통해 역량파괴적 변화에서 살아남은 기업이라 하더라도, 생각지도 못한 저급한 기술의 공격으로 속절없이 무너질 수 있다는 점이 와해성 혁신이 주는 교훈이다.

와해성 혁신의 위협으로부터 살아남기 위해서는 어떤 대안이 있을까? 가장 간단한 방법은 와해성 혁신이 일어난 분야로 신사업을 벌이면 된다. 14인치 생산업체가 8인치 제품을 만들면 된다. 하지만 말처럼 쉽지 않다. 고급·고품질 제품에 대한 자부심을 갖고 있는 임직원들이 저급 제품 생산에 쉽게 동의하지 않을 가능성이 높다.

그렇다면 별도 법인이라도 세워서 이런 와해성 혁신에 대처하면 될까? 이것도 쉽지 않다. 초기 주류시장에 비해 비교도 안 되는 작은 시장(예를 들어 8인치 드라이브가 장착되는 미니 컴퓨터시장)에 관심 자체를 기울이지 못하는 사례가 많기 때문이다. 그러니 대부분 기업들은 열심히 주류시장에서 혁신을 지속하다가 와해성 혁신의 일격을 받게 된다.

빅뱅파괴

와해성 혁신은 초기 저급한 기술로 주류시장이 아닌 특정 틈새시장에서 성장하다가 결국 주류시장을 장악하는 패턴을 밟는다. 하지만 기술 발전과 혁신적 사업 모델 등장으로 처음 태어날 때부터 오히려 기능 측면에서 뛰어난데다,

사업의 존립 기반 자체를 일거에 없애버리는 폭발력이 어마어마한 혁신 현상도 나타나고 있다. 경영저술가인 래리 다운즈는 이런 현상을 빅뱅파괴(Big Bang Disruption)[88]라고 이름 붙였다.

빅뱅파괴와 관련한 수많은 사례를 찾아볼 수 있다. 예를 들어, 기존 콜택시 업계는 특정 상황에서 콜을 원하는 고객들을 상대로 비교적 안정적으로 사업을 해오고 있었다. 그런데 갑자기 카카오택시가 등장했다. 카카오택시와 기존 콜택시의 사업구조를 비교해보면 경쟁력 측면에서 비교가 되지 않는다는 사실을 금방 알 수 있다.

기존 콜택시 시스템을 구축하려면 비용이 많이 든다. 콜 관제 서버를 설치해야 하고, 전화 상담을 받고 콜을 연결시켜주는 사람을 고용해야 한다. 택시에 별도의 단말기도 설치해야 한다. 고객들에게 콜 전화번호를 홍보하기 위한 비용도 추가로 지불해야 한다. 따라서 이런 비용을 감당하기 위해 유료 서비스가 불가피하다.

하지만 카카오택시는 이런 투자를 할 필요가 없다. 앱 개발 하나로 이 모든 것을 해결했다. 별도의 서버나 차량용 단말기, 전화 안내를 위한 인력 고용도 필요 없다. 대부분의 사람이 스마트폰을 갖고 있기 때문에 앱 하나만으로 완

사업 기반 자체를 일거에 없애버리는 어마어마한 폭발력을 가진 빅뱅파괴 현상

벽한 콜택시 서비스 구현이 가능해졌다.

특히 이용자가 늘어나면 기존 콜택시업계는 서버를 더 늘리고 사람을 추가로 고용해야 했다. 하지만 카카오택시는 아무리 고객이 많이 늘어나도 추가 비용을 투입할 필요가 없다. 무엇보다 카카오택시는 서비스 업그레이드가 너무 쉽다. 앱만 수정하면 되기 때문이다. 실제 고객의 콜을 받은 택시기사들에게 고객의 위치를 길안내 서비스로 바로 안내해주는 기능, 고객들이 미리 등록한 신용카드로 자동 결제하는 기능 등을 소프트웨어 수정 및 업그레이드로 간단히 해결했다.

소비자 입장에서 카카오택시의 가치는 기존 콜택시를 압도한다. 기존 콜택시 서비스를 이용하려면 전화번호를 알아내고 전화를 걸어 현재 위치와 목적지를 말해야 한다. 하지만 카카오택시는 앱을 켜면 현재 위치를 자동으로 인식하기 때문에 목적지만 입력하면 된다. 결제까지도 쉽게 가능하다. 무엇보다 기존 콜택시는 추가 요금을 내야 했지만 카카오택시는 기본 서비스가 공짜다.

이처럼 품질, 비용, 서비스 수준, 가격 등 모든 면에서 기존 서비스를 완전히 압도하는 새로운 서비스가 기존 시장을 파괴하고 단기간에 주류시장을 장악하는 현상이 바로 빅뱅파괴다.

빅뱅파괴는 속도 측면에서 상상을 초월한다. 앞서 살펴본 역량파괴적 변화의 경우 신기술이 세상에 등장하고 나서 수년, 혹은 10여 년 이상에 걸쳐 점진적으로 확산되는 경향을 보였다. 소비자들의 행동 방식이 쉽게 바뀌지 않는 경우도 있었고, 신기술이 안정화되기까지 시간이 필요한 상황도 자주 연출됐다. 또 와해성 혁신도 저급한 기술에서 출발해 주류시장에 진입할 수 있을 정도로 성능을 향상시키기까지 적지 않은 시간이 소요된다.

또 캐즘(Chasm) 이론에 따르면 초기 수용자(얼리어답터)에서 주류시장으로 진입하는 과정에서 많은 문제가 생기기도 한다. 초기 수용자는 혁신성을 원하지만, 주류 사용자는 가격 대비 가치 등 원하는 내용이 다르기 때문에 초기 얼리어답터를 대상으로 잘 팔렸던 제품이 캐즘을 넘지 못하고 주류시장에 정착하기까지 오랜 시간이 걸리거나 아예 실패하는 사례가 적지 않다.

하지만 빅뱅파괴는 순식간에 시장을 장악한다. 온라인과 모바일로 거대한 네트워크가 형성돼있기 때문에 트위터나 페이스북처럼 순식간에 엄청난 가입자를 모으며, 연관 산업을 초토화시키는 일이 자주 등장하고 있다. 한마디로 요약하면, 빅뱅파괴는 단기간에 보다 우월한 품질이나 탁월한 가격경쟁력으로 특정 시장을 아예 초토화시키는 변화를 뜻한다고 볼 수 있다.

빅뱅파괴와 관련해 가장 좋은 전략은 무엇일까? 단연 스스로 빅뱅파괴자가 되는 것이다. 첨단기술을 이해하고, 혁신적인 사업 모델을 만드는 고민을 지속하다 스스로 파괴자가 되는 것이 가장 바람직한 대안이 될 것이다. 물론 쉽지 않은 일이다. 그래서 방어 전략도 함께 고민해야 한다. 빅뱅파괴가 발생할 것으로 예상된다면, 가장 좋은 대안은 해당 빅뱅파괴자를 인수하거나 우리가 유사한 사업 모델로 진출하는 것이다. 물론 쉽지 않다. 빅뱅파괴자를 미리 예측하기 쉽지 않고, 예측을 했다 하더라도 기존 사업 모델과 충돌하는 빅뱅파괴 모델에 투자하는 의사결정을 내리기 쉽지 않기 때문이다.

만약 현재 빅뱅파괴가 일어나고 있다면? 살길을 찾아야 한다. 앞서 살펴본 다각화가 가장 좋은 대안이다. 핵심역량을 활용한 신사업에 진출하거나, 성장성이 있는 분야로 다각화하는 것이 빅뱅파괴가 진행 중인 상황에서 유일한 대안이다.

예를 들어 카카오택시 같은 빅뱅파괴자가 시장을 장악하고 있는 상황에서 기존 콜택시업계는 틈새시장 공략과 새 시장 진출을 동시에 모색할 필요가 있다. 틈새시장으로는 급격히 많은 수요가 몰리는 특정 시간대(출퇴근 시간대나

밤 12시 등)에 이동 서비스를 쉽게 이용할 수 있는 시장을 공략하거나, 특정 지역(특정 신도시에서 도심까지 이동)에 특화한 서비스를 제공하는 것 등을 대안으로 모색할 수 있다. 동시에 새로운 연관 사업으로 진출을 모색해야 한다. 고급 택시 서비스나 승합차를 이용한 서비스, 카풀 같은 새로운 모델 등이 대안이 될 수 있다. 카카오 택시나 우버 플랫폼 등 기존 플랫폼 안에서 새로운 서비스를 제공하는 서비스 제공자로 포지셔닝할 수도 있다. 물론 이 과정에서 조직이 지금까지 보유하지 않았던 새로운 역량을 확보해야 한다. 따라서 이 과정은 조직과 조직원들에게 매우 큰 고통을 유발한다. 하지만 빅뱅파괴 같은 상황에서는 이런 고통 없이 변화를 모색하는 건 불가능하다.

파괴적 모델 감식

기존 사업의 기반을 파괴하는 여러 종류의 혁신에 대해 살펴봤다. 급진적, 역량파괴적, 와해성, 빅뱅파괴 등 여러 개념이 소개됐기 때문에 각 개념이 다소 헷갈릴 수 있다. 하지만 실무에서는 이처럼 개념을 명확하게 구분하는 일은 그다지 중요하지 않다. 우리의 사업 기반을 갉아먹을 수 있는 기술, 혹은 사업 모델인지, 아니면 그냥 독특한 아이디어로 일부 소비자의 관심만 유발하다가 사라질 기술인지에 대한 판단이 훨씬 더 중요하다. 이런 판단만 제대로 한다면 해당 기업을 인수하든, 해당 분야로 진출하든, 파괴적 공세를 피해 다른 분야로 도망가든, 다양한 전략 대안을 수립할 수 있기 때문이다.

문제는 이런 판단이 쉽지 않다는 일이다. 실제 와해성 혁신의 개념을 만든 크리스텐슨 교수는 와해성 기술에 투자하는 380만 달러 규모의 '와해성 성장 펀드(Disruptive Growth Fund)'를 2000년에 출범시켰다. 하지만 1년도 채 지나지 않아 펀드가 청산됐다고 한다.[89] 청산 이유는 정확히 알 수는 없지만, 수

많은 기술 가운데 주류시장을 장악할 잠재력을 가진 와해성 기술을 분별해내는 일이 정말 쉽지 않다는 점은 분명해 보인다.

실제 어떤 기술은 등장 초기에 열광적 반응을 얻었지만 상용화에 실패하기도 하고, 어떤 기술은 등장 당시 조롱과 비난의 대상이었지만 대중들의 열광적 반응을 얻기도 한다. 또 오프라인 유통업과 온라인 유통업이 공존하는 것처럼, 기존 시장을 초토화시킬 것으로 기대됐던 신기술이 기존 시장의 일부만 파괴시키고 공존하는 모습을 보일 수도 있다. 즉, 신기술이나 신사업 모델이 시장에서 실패할지, 어느 정도 자리 잡으면서 공존할지, 아니면 완벽한 파괴를 단행할지 판단하는 게 실무에서는 무엇보다 중요하다.

우리가 내부에서 생각한 새로운 아이디어, 외부의 다른 기업이 만들어낸 새로운 아이디어가 얼마나 파괴적일지 판단하려면 적어도 아래 세 가지 항목에 대한 고려가 필요하다. 물론 이것만으로는 완벽하지 않다. 고객들의 선호도를 정확히 알 수 있는 방법은 세상에 없기 때문이다. 또 오랜 경험을 통해 축적한 직관도 중요하다. 파괴적 모델 감별법 역시 정답은 없고 끝없이 고민해야 할 분야다.

:: 고객의 행동 변화 요구 수준

많은 혁신적인 기술이 고객에게 너무 낯선 행동 변화를 유도하다가 몰락한다. 아무리 혁신적이고 고객에게 주는 혜택이 많다 하더라도 고객들에게 큰 행동 변화를 유도하면 성공하기 쉽지 않다.

과거 이동통신회사들은 신용카드 칩을 휴대전화에 넣어 모바일 결제를 유도하기 위해 전국의 식당이나 유통점에 모바일 결제 단말기를 까는 등 엄청난 투자를 했다. 당시 많은 사람이 사업 전망을 매우 밝게 봤다. 휴대전화는 항상 몸에 지니고 다니는 수단이다. 따라서 휴대전화 결제 서비스를 실시하면 고객들은 카드를 별도로 들고 다닐 필요가 없다. 요금도 휴대전화요금과 한꺼번에 결제할 수 있다. 이동통신사 멤버십과 관련한 혜택도 편리하게 이용할 수 있다.

명백한 편익을 제공하기 때문에 성공할 것이란 확실한 믿음으로 이동통신사는 인프라 구축과 마케팅에 공격적인 투자를 단행했다. 결과는 어땠을까? 참담한 실패였다. 누구도 휴대전화로 결제하려 하지 않았다. 무엇이 문제였을까?

혁신의 내용이나 편익이 문제가 아니었다. 소비자들에게 행동 변화를 요구한 게 실패의 원인이다. 익숙하지 않은 행동을 요구했기 때문에 카드 결제보다 편익이 더 크더라도 혁신을 수용하길 거부했다.

이처럼 뛰어난 편익을 제공하거나, 지금은 저급한 수준이지만 나중에 성능이 개선되면 주류시장을 장악할 것으로 예상되는 와해성 기술이라 하더라도, 소비자에게 큰 행동 변화를 요구하면 당장 혁신이 정착하기 어려울 수 있다.

존 구어빌 하버드대학 교수는 이와 관련해 소비자 행동 변화 요구 수준과 혁신이 가져올 혜택의 크기에 따라 〈그림 17〉처럼 네 가지 분류 기준을 제시했다. 혁신이 가져올 혜택이 상당하면서 동시에 소비자에게 행동 변화를 요구하지 않는다면 대박이 터질 것이다. 반대로 혜택도 별로 없고 행동 변화만 요구한다면 확실히 실패한다.

행동 변화의 수준도 낮고 혜택도 크지 않으면 기존 제품과 크게 차별화되지 않을 것이다. 그렇기 때문에 그럭저럭 기존 제품이 팔리는 수준까지는 쉽

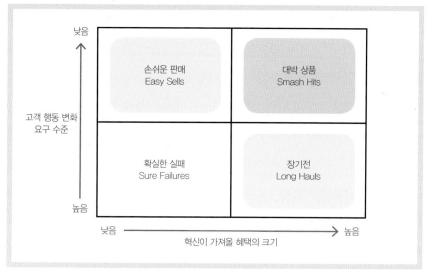

▼ [그림 17] 혁신의 혜택과 고객 행동 변화 요구 수준에 따른 혁신 제품의 명운

출처: Gourville(2006)[90]

게 팔 수도 있다. 혁신이 주는 편익은 큰데 소비자에게 행동 변화를 요구한다면 장기전으로 접근해야 한다. 처음부터 주류시장에 대규모 자본을 투자해 인프라를 깔거나 마케팅 활동을 벌이지 말고, 해당 혁신에 열광할 수 있는 계층부터 천천히 공략해야 한다.

앞서 휴대전화 결제사업의 경우처럼 큰 행동 변화를 요구하는 상황이라면 인프라 구축에 대규모 자금을 투자하지 말고, 대학가나 젊은 층이 모이는 일부 시장부터 집중 공략해야 한다. 이들에게 혜택을 부여해서 사용을 유도하고 쿨한 문화로 만들면서 서서히 다른 층으로 확산되도록 하는 전략을 꾀해야 했다. 구어빌 교수의 표현대로 단칼에 승부하지 말고 장기전에 대비해야 한다.

장기전 외에 다른 방법도 있다. 처음 설계부터 고객들의 행동 변화 수준을 낮추는 방법이다. 실제 전기 시스템을 상용화한 에디슨은 기존 가스 시스템이 비효율적이었음에도 불구하고 소비자들이 새로운 시스템을 사용하는 데 따르는 불편함을 없애기 위해 가스와 매우 유사한 시스템을 설계했다. 고객들의 저항을 최소화하기 위해서였다. 실제 이동통신사들의 결제 서비스는 '동글이'라는 별칭을 가진 별도의 단말기를 가맹점들이 설치해야 했다.

이 서비스가 실패한 후 스마트폰 시대가 열리자 삼성전자는 삼성페이 서비스를 시작했다. 그런데 이 서비스는 기존 카드 단말기에 접촉하면 결제가 되는 새로운 기술을 장착했다. 소비자 입장에서는 동글이에 비해 기존 서비스와 더 유사하다는 느낌을 받을 수 있게 된 것이다. 삼성페이가 과거 휴대폰 결제 서비스보다 더 많은 사용자를 확보하게 된 것은 과감한 마케팅 활동과 더불어 더 적은 고객 행동 변화를 요구했던 것도 중요한 요인으로 꼽힌다. 물론 여전히 고객들이 휴대폰으로 결제한다는 것에 익숙해지는 데 시간이 걸릴 것이다. 삼성의 공격적인 마케팅에도 불구하고 삼성페이가 단기간에 확산되지 못한 것은 이런 행동 변화 요구와 관련 있는 것으로 분석된다.

만약 새로 등장한 기술이 고객의 행동 변화를 요구하지 않으면서 동시에 큰 혜택을 약속한다면, 기존 산업에 메가톤급 충격을 줄 수 있다는 점을 감안해 대책을 수립해야 한다. 해당 사업 분야 기업의 인수합병이나 신사업 진출 등을 적극 고려하거나, 대규모 자금 투자가 부담된다면, 일정 부분 지분 투자라도 하는 게 좋다.

반면, 큰 행동 변화를 요구한다면, 해당 기술을 가진 업체가 장기전을 벌이는지 단기전을 벌이는지 고려하면서 대응해야 한다. 고객의 행동 변화를 요구하는 기술로 주류시장을 직접 공략하는 경우라면 실패할 확률이 높다는 점을 인식해야 한다. 반면 정교한 타깃 마케팅으로 장기전을 준비하고 있다면 성공할 확률이 높기 때문에 지속적인 관심을 갖고 주의를 기울여야 한다.

:: 기존 제품과의 대체 관계

앞서 혁신의 편익에 대해 이야기했는데, 이 부분에 주목할 필요가 있다. 하드디스크 드라이브처럼 용량과 크기 같은 편익의 구성요소가 몇 개 되지 않는 경우도 있지만, 대부분 상품이나 서비스는 가치요소가 굉장히 많다. 자동차는 속도, 연료 효율성, 안정성, 안전, 편의성, 소음 수준, 제동력, 내구성, 유지보수의 편리함 등 수없이 많은 요소가 경쟁력을 좌우한다.

신기술은 이 가운데 전부를 대체할 수도 있지만 일부만 대체할 수 있다. 전기자동차가 대표적이다. 기존 자동차에 비해 전기자동차는 연료효율성, 소음 수준, 유지보수의 편리함 등의 측면에서 경쟁우위를 갖지만 다른 부분에서는 경쟁력이 떨어진다. 특히 손쉬운 연료 충전이란 측면에서는 전기차가 한참 뒤처진다. 따라서 두 기술은 당분간 공존할 확률이 높다.

만약 기존 제품이나 서비스의 일부만 대체한다면 해당 혁신에 대한 신규 수요가 창출되는 동시에 기존 제품이나 서비스의 영역도 여전히 존재할 것이다. 반면, 신기술이 거의 대부분의 편익에서 우월하다면(혹은 조만간 우월해질 것으로 예상된다면) 해당 신기술 분야에 진출하거나, 관련 업체를 인수하거나, 아니면 다른 신사업 분야로 탈출구를 마련해야 한다.

:: 생태계 준비 수준

어떤 혁신기술이나 제품이 그 자체로 매우 뛰어난 가치를 지니고 있다 하더라도, 생태계 전체의 지원을 받지 못하면 실패한다. 생태계는 생물학에서 차용한 개념이지만, 비즈니스에서도 대단히 유용하다. 생태계 전체를 보지 못하고 일부 문제만 해결한 혁신은 시장에서 폭넓은 지지를 얻기 힘들다. 시야가 넓은 비즈니스맨들은 생태계 전체를 바라보며 문제를 풀어간다. 신기술이나 사업 모델의 파괴력을 가늠할 때에도 생태계의 준비 여부를 중요한 변수로 고려해야 한다.

참고하세요

미국에서는 명문대학 강의도 온라인에서 들을 수 있는 시대가 열리고 있다. 공짜로 명문대학의 강의를 듣는 것은 대학이 주는 본원적 편익을 공짜로 제공하는 것이어서 기존 모델을 파괴할 것 같지만, 생각처럼 쉽지는 않을 것이다. 명문대학이 주는 가치는 좋은 강의 외에도 다른 측면이 많다. 명문대학 졸업장이 주는 사회적 가치, 훌륭한 교수 및 학생과의 네트워크, 다양한 공동체 활동 등은 온라인 강의로는 충족할 수 없는 영역이다. 물론 이런 분위기가 계속 이어질 것으로 속단하는 것도 위험하다. 미국의 명문 스탠퍼드대학의 최대 고민 중 하나는 이 학교를 졸업한 사람보다 중퇴한 사람들이 창업한 기업의 시장가치가 더 크다는 데 있다. 대학 중퇴가 힙(Hip)한 것으로 여겨지는 분위기가 확산되고, 대학 졸업장보다 사람의 실제 능력을 중시하는 문화가 확산되면 온라인 강의의 파괴력은 급속히 커질 수 있다. 실제 명문대의 온라인 공개 강좌(MOOC) 외에도 코세라(Coursera), 유데미(Udemy) 등 다양한 서비스가 지속적으로 성장하고 있다. 가장 보수적인 영역으로 여겨지던 교육 분야에서도 파괴적 혁신 바람이 불고 있는 셈이다.

예일대학의 오픈코스 홈페이지

베터플레이스는 전기차의 한계를 극복하는 탁월한 모델로 평가받았지만, 교체 가능한 차량을 한 가지로 제한해 참담한 실패를 맛봤다.

이스라엘의 전기차업체 배터플레이스는 앞서 전기차의 치명적 단점으로 여겨지는 충전의 불편함을 없앤 혁신적 모델로 각광받았다. 기존 전기차들은 급속으로 충전을 하더라도 20~30분, 완속의 경우 3시간 이상이 소요돼 운전자가 큰 불편을 겪어야 했다.

베터플레이스는 전기차가 들어오면 순식간에 배터리를 빼내고 미리 준비해둔 충전이 완료된 배터리를 장착하는 방식으로 불과 몇 분 만에 과업을 완료했다. 특히 이스라엘이라는 작은 국가 안에서 상용화한 것이어서 전기차의 한계를 극복해줄 탁월한 모델로 각광받았다.

이처럼 완벽한 혁신 모델로 기존 자동차산업의 지형을 바꿀 것으로 기대했지만, 결과는 참담한 실패였다. 이유는 생태계로 시야를 넓혀야 파악할 수 있다. 배터플레이스에 교체용 배터리 시스템을 장착한 자동차 모델이 닛산의 한 가지 모델에 불과했던 게 가장 큰 패착이었다.[91]

자동차는 어느 나라에서건 부와 신분, 자신의 스타일이나 개성을 드러내는 상징이다. 단 한 개의 모델로는 이런 욕구를 절대 충족시킬 수 없다. 신기술이나 혁신 제품, 서비스가 탁월하더라도, 이와 연결된 생태계의 강건함이 뒷받침되지 않았거나, 앞으로도 그럴 확률이 높지 않다면, 파괴력은 한층 약해질 수밖에 없다.

하지만 강력한 생태계의 지원을 얻고 있는 모델이라면 성공에 한층 가까워질 수 있고, 기존 기업들은 심각한 피해를 입지 않도록 사전 대비책을 마련해야 한다. 그리고 무엇보다 좋은 전략은 우리 기업이 파괴의 원천이 되는 새로운 기술이나 사업 모델, 상품이나 서비스를 출시하는 것이다.

02

블루오션 전략

취지와 내용

혁신 전략 가운데 각광받았던 대표적인 아이디어가 블루오션 전략(Blue Ocean Strategy)이다. 치열한 경쟁이 벌어지는 레드오션에서 벗어나 경쟁이 없는 블루오션으로 가라는 메시지는 많은 경영자의 이목을 끌었다. 특히 이 개념의 창안자가 한국인인 김위찬 인시아드 교수여서 한국에서 큰 관심을 모았다.

블루오션은 '경쟁 없는 신시장'이란 의미를 가진 보통명사로 자리 잡았다. 하지만 인기가 순식간에 불붙었던 것만큼, 이후에 관심이 너무 빨리 식었다는 느낌도 든다. 모두가 들어본 개념이지만, 현업에서의 활용도는 생각보다 낮다.

블루오션 전략은 다양한 산업 분야에서 활용할만한 가치가 있는 유용한 툴을 제공해준다. 대표적인 툴이 블루오션으로 가는 여섯 가지 경로다. 블루오션의 핵심 메시지는 결국 다른 분야의 가치요소를 내 산업에 접목시키자는 것이다.

혁신은 기본적으로 현재보다 나은 미래를 도모한다. 현재 우리가 확보한 고객, 혹은 현재의 시장 틀 안에서만 사고가 머물면 혁신은 잘 나오지 않는다. 우리가 아직 공략하지 못한 고객, 혹은 우리가 생각하지 못했던 고객, 즉 '비(非)고객'에 대해 탐구하고 이들을 우리 고객으로 끌어들이려면, 산업의 경계를 넘거나 업종의 통념을 넘어서 여러 분야의 가치요소를 내 분야로 접목시켜야 한다.

블루오션 전략에서는 새로운 혁신 아이디어를 주는 다른 분야가 여섯 가지로 정리돼 있다.

:: 대안산업

우리 산업에서 포섭하지 못하고 다른 대안산업을 찾고 있는 고객을 끌어들일 수 있는 아이디어를 고민하면 혁신이 가능하다. 예를 들어, 비행기를 타지 않는 비고객들은 무엇을 하고 있을까? 자동차를 타고 운전한다. 그렇다면 항공사는 자동차 운전이 비행기에 비해 가치를 주는 요소를 고민해 항공 서비스에 접목시키면 혁신 아이디어를 도출할 수 있다.

실제 사우스웨스트항공은 자동차 운전의 장점을 항공 서비스에 접목시켰다. 싼 가격, 지방 공항 이용, 정시 운항 등을 통한 예측가능성 향상 등이 사우스웨스트 혁신의 원동력이 됐다. 교향악단 공연을 보지 않는 비고객은 무엇을 하고 있을까? 아마 대다수는 영화관에 가고 있을 것이다. 영화관이 주는 여러 가치요소 가운데 교향악단이 활용할 수 있는 부분이 무엇일까? 아마도 편안한

옷차림과 가까운 영화관에 쉽게 갈 수 있다는 점일 것이다. 여기서 착안한 뉴욕 메트로폴리탄은 최신 공연을 영화관에서 상영해 교향악단 공연의 비고객을 모아 성장의 발판을 마련했다.[92] 우리 산업을 이용하지 않는 비고객들이 다른 대안산업에서 획득하고 있는 가치요소를 우리 산업과 결합시키면 전혀 새로운 발상이 나올 수 있다.

:: 다른 전략집단

같은 산업 내에서도 서로 다른 전략집단이 존재하는데, 이 사이의 장벽을 깨면 새로운 고객가치가 형성된다. 자동차산업이 대표적이다. 자동차에는 세단, SUV, 스포츠카 등 다양한 전략집단이 존재한다. 포르쉐는 대표적인 스포츠카 전략집단에 속한 업체다. 하지만 이 회사는 스포츠카에 만족하지 않고, SUV(카이엔), 세단(파나메라)의 요소를 가미한 제품을 내놓았다. 결국 포르쉐는 스포츠카의 DNA는 유지하면서 SUV와 세단의 가치요소를 결합한 제품을 내놓아 성장을 지속하고 있다.

한국에서는 끌레도르 사례가 흥미롭다. 아이스크림시장은 전용 매장이나 전용 냉장고에서 판매되는 고급 아이스크림(베스킨라빈스, 나뚜르, 하겐다즈 등), 슈퍼나 편의점 등의 냉장고에 여러 제품이 뒤섞여 판매되는 일반 아이스크림(메로나, 캔디바 등)으로 구분됐다. 유통망과 가격 등이 다르기 때문에 서로 다른 전략집단이라고 생각했지만, 빙그레는 끌레도르라는 브랜드를 출시하면서 두 전략집단의 장점만 취합했다. 고급 아이스크림의 품질을 제공하면서 가격은 일반 아이스크림보다 조금 높은 수준에 맞췄다. 유통망도 전용 매

포르쉐는 하나의 전략집단에 만족하지 않고 다양한 요소를 가미한 제품을 끊임없이 내놓고 있다.

장을 구축하지 않는 대신 일반 아이스크림처럼 다양화해 소비자들이 구매하기 편리하게 유도했다.[93]

우리가 소속된 전략집단 외에 다른 전략집단이 존재한다는 것은 해당 전략집단의 가치요소가 고객들에게 어필하고 있다는 사실을 명확히 입증한다. 따라서 혁신을 원한다면 당연히 다른 전략집단의 가치요소를 우리 전략집단에 도입하려는 시도를 해봐야 한다.

:: 다른 고객집단

우리는 고객이 하나뿐이라고 생각한다. 그러나 고객은 실제로 이보다 훨씬 더 많다. B2B업체라면 우리 물건을 사주는 고객이 가장 중요하다고 생각한다. 하지만 고객의 고객도 있다. 고객과 고객의 고객들은 전혀 다른 욕구를 가질 수도 있다.

예를 들어, 건설회사에 자재를 납품하는 업체라고 가정해보자. 이 회사의 직접적인 고객(건설회사)들의 욕구는 싼 가격, 적정한 품질, 정확한 납기다. 건축 과정에서 원가를 줄이고 작업 효율성을 높일 수 있게 도와주는 가치요소만 중시할 것이다. 하지만 고객의 고객, 즉 최종사용자는 다를 수 있다. 실제 편안하고 안락한 공간, 화재나 지진 등 재난 위험에서 사람을 지켜줄 수 있는 공간을 원한다.

한 건설장비 납품업체는 이런 욕구의 차이를 발견하고 기존 건설업체 대상의 영업에서 벗어나, 가격이 다소 비싸지만 기존 제품보다 안전을 더 잘 보장해주는 건축자재를 만들어 건설업체에 건물을 발주한 건축주나 설계사무소를 공략해 큰 성과를 내기도 했다.

어린이용품을 만들고 있다면 어떤 고객을 공략해야 할까? 사용자(어린이)를 공략해서는 효과가 제한적이다. 돈을 직접 내는 지불자(부모)도 동시에 공략해야 한다. 부모의 욕구와 어린이의 욕구는 물론 전혀 다르다. 또 영향력 행사자(옆집 아이 엄마)가 무척 중요한 역할을 하기도 한다. 지금까지 우리가 공략했던 고객이 아닌 다른 고객집단이 있는지 확인해보자. 그리고 이들이 원하는 가치요소가 무엇인지 고민해본다면 혁신 아이디어를 낼 수 있다.

:: 보완적인 제품이나 서비스 제공

고객들은 제품이나 서비스를 다양한 보완재와 함께 이용한다. 고객 입장에서는 타이어를 구매해서 자동차에 장착했다고 문제가 해결되는 게 아니다. 적정 공기압을 유지하고, 펑크가 나면 수리하며, 적절한 시점이 됐을 때 교환도 해야 한다. 타이어 제조업체들은 과거 제품을 만들어서 대리점이나 자동차 정비소에 팔기만 하면 된다고 생각했다. 하지만 신발보다 싼 타이어가게가 등장했고, 대기업이 경정비사업에 진출하면서 시장 여건이 악화됐다.

한국타이어는 이런 상황에서 보완적인 서비스 제공으로 사업의 활로를 찾

한국타이어는 보완적 서비스를 제공하는 T스테이션 사업으로 새로운 성장 동력을 마련했다.
(출처: 한국타이어 광고 중)

았다. 정비, 교환, 판매 등 서비스뿐만 아니라 소비자들의 운전 성향에 따른 타이어 추천, 안전 컨설팅 등을 결합해 판매하는 T스테이션을 시작해 새로운 성장 동력을 확보했다.[94] 아마존 같은 서비스회사가 전자책 단말기인 킨들을 출시한 것도 보완적 제품에 주목해 성장 동력을 찾을 수 있다는 사실을 보여준 대표적 사례다.

넥센타이어는 아예 렌탈 서비스를 실시하고 있다. 타이어회사가 정수기처럼 렌탈 요금을 받는 대신에, 타이어 장착부터 유지 보수 관리까지 해주는 개념이다. 또 엔진오일 교환 같은 차량 소유 고객들의 불편을 유발하는 일까지 해결해주는 결합 서비스도 출시해 고객들로부터 좋은 반응을 얻고 있다.

:: 기능, 감성의 전환

대체로 제품이나 서비스의 상당수는 기능과 감성 가운데 하나를 더 중시하고 있다. 예를 들어 화장품은 당연히 감성적 제품이다. 따라서 많은 화장품산업의 기업이 유명 모델을 섭외해 브랜드에 감성적 가치를 더한다.

하지만 미샤나 더페이스샵 같은 회사는 감성적 제품으로 분류되던 화장품을 기능적 제품으로 전환해 저가 화장품이라는 새로운 시장을 개척했다.

반대로 기능적 제품이 감성의 옷을 입고 성공한 사례가 많다. 간식거리인 초코파이가 정(情)을 전달하는 수단으로 포지셔닝 돼 크게 성공하기도 했고, 최근에는 대표적인 기능성 제품으로 볼 수 있는 음료시장에서 비락식혜가 '우리 몸에 대한 의리'라는 콘셉트로 차별화해 큰 반향을 불러일으키기도 했다.

기능과 감성의 전환을 통해 차별화에 성공한 오리온 초코파이(좌)와 비락식혜(우)의 광고 중 일부

:: 시간

미래의 트렌드를 예측해 미래 고객들이 중시할 가치요소를 현재의 제품에 도입하는 전략이다. 여기서 미래의 트렌드란 복잡하고 어려운 미래 예측을 의미하는 것은 아니다. 누구나 예상할 수 있는 전반적인 미래의 방향을 고민해보자는 얘기다. 웰빙을 중시하는 트렌드 확산, 환경에 대한 관심 고조, 프라이버시에 대한 관심도 증가, 네트워크의 연결성 확대 등, 누구나 예측할 수 있고, 대부분이 동의하는 트렌드다. 웰빙을 중시할 것이기 때문에 식품산업에서는 전반적으로 유기농이나 친환경 제품에 대한 수요가 증가하고 있으며, 이를 선도한 업체들이 보상을 받고 있다.

이와 같이 여섯 가지 경로를 토대로 한 혁신 아이디어 도출 방법론 외에도 고객들이 제품이나 서비스를 활용하는 과정에서 겪는 문제점이나 불안요소, 혹은 개선책을 찾아서 아이디어를 찾는 방법론도 활용할 수 있다. 〈표 33〉의 구매경험지도(Buyer Utility Map)처럼 구매나 배송, 사용, 보충, 유지보수, 폐기 과정에서 고객들의 생산성을 높여줄 수 있는 아이디어, 단순성이나 편리성, 위험 감소, 재미와 이미지 향상, 친환경성을 높이는 아이디어를 고민하는 과정에서도 혁신적 제품을 개발할 수 있다.

▼ [표 33] 고객 구매경험지도를 활용한 혁신 아이디어 도출

	구매	배송	사용	보충	유지보수	폐기
고객 생산성						
단순성						
편리성						
위험 관리						
재미와 이미지						
친환경성						

출처: 김위찬 르네마보안 (2005)[94]

여섯 가지 경로나 고객 구매경험지도 분석 등을 통해 새로운 전략 방향을 도출했다면, 이를 전략 캔버스라는 도구로 표현해보라고 블루오션 전략 저자들은 강조한다. 이 한 장의 그림만으로 기존 경쟁 제품이나 서비스와 차별화되는 포인트가 무엇인지, 우리가 앞으로 어떤 영역에서 변화를 모색해야 하는지 한눈에 알 수 있다는 것이다. 실제 블루오션 전략을 도입한 삼성전자에서는 신제품 개발과 관련된 책임자가 의사결정을 할 때 전략 캔버스를 보고서 맨 앞장에 붙여 한눈에 전략의 핵심 내용을 파악할 수 있게 했다. 필자가 직접 케이스 스터디를 했던 한 주유소 사례를 각색해서 전략 캔버스를 어떻게 작성해야 하는지에 대해 설명한다.

주유소 사장 A는 경쟁사와 그렇게 차별화되지 않는 모델로 사업을 하고 있었다. 실제 A 사장은 현재 자신의 주유소 가치요소인 As Is(현재 전략)와 경쟁사의 가치요소를 담은 그래프로 그려봤다. 0은 가장 낮고, 5는 가장 높은 수준이다. 가격경쟁력은 다소 높았지만, 입지나 사은품 등에서는 경쟁자가 앞섰고, 부속 시설이 조금 좋은 수준이었다.

당연히 경쟁사에 비해 차별화된 성과를 내지도 못했다. 차별화를 고민하던 그는 화물차 운전기사를 대상으로 한 서비스에 집중하기로 했다. 일반 자가용에 대한 서비스만으로는 차별화가 힘들다고 판단했기 때문이다. A 사장은 화물차 운전기사들의 경험지도를 토대로 다음과 같은 전략을 도출했다.

> 화물차 기사들은 오랜 시간 운전을 해야 하기 때문에 휴식 공간이 필요하다.
> 주로 밤에 운전을 많이 하기 때문에 대기시간도 많다.
> 대기시간 동안 푹 쉬거나 즐거움을 줄 수 있다면, 가격이 다소 비싸거나 외진 곳에 입지하더라도 화물차 기사들이 찾아올 수 있을 것이다.
> 사은품 같은 것도 필요 없다.

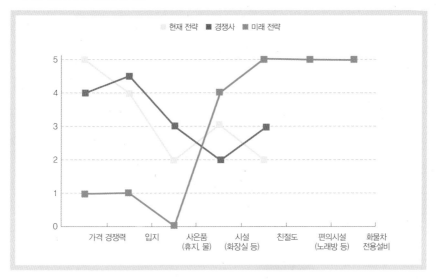

이런 기본적인 방향에 따라 전략 캔버스를 그려본 게 〈그림 18〉이다. 잘 그려진 전략 캔버스는 이처럼 기존 전략이나 경쟁사의 전략과 확연한 차이를 보여준다. 또 포기한 것도 명확하게 알 수 있다. 미래 전략 곡선을 보면 기존 업체들이 중시하던 가격이나 입지는 포기한 것이나 다름없다.

또 미래 전략 캔버스에 그럴듯한 구호를 붙이는 것도 블루오션 전략 창안자들이 제안한 방법이다. 예를 들어, 이 전략의 경우 '주유소를 넘어, 화물차 기사의 낙원을 만들자'같은 식의 구호를 만들면 새롭게 추구하는 전략이 무엇인지 명확히 알 수 있다. 단 한 장의 도표로 기존 전략, 경쟁사 전략, 향후 전략의 차별화 포인트를 명확하게 보여줄 수 있기 때문에, 실행력을 북돋울 수 있다는 점이 전략 캔버스의 매력이다.

실무적 도전과제와 시사점

혁신은 본질적으로 이미 존재하는 요소들의 새로운 조합이다. 이런 관점에서 보면 블루오션 전략은 혁신의 본질에 충실하면서도 조합을 위한 다양한 경로와 프레임을 제시했다는 의미가 있다. 하지만 동시에 너무나 많은 조합의 가능성 때문에 실무에서는 블루오션 툴 활용 과정에서 문제가 발생한다. 가치요소의 결합으로 생각할 수 있는 전략 대안의 숫자는 거의 무한대다. 또 이들 가운데 상당수는 시장에서 성공하지 못할 것이다.

실제 성공 사례를 중심으로 보면 가치요소의 결합이 쉬워 보이지만, 실패 사례를 보면 이게 무척 어려운 과제라는 것을 금방 알 수 있다. 국내의 한 식품업체는 커피에 녹용 성분을 결합한 강글리오라는 제품을 출시했다. 이질적인 가치요소의 결합이란 측면에서 이는 완벽한 조합 같아 보인다. 커피가 몸에 좋지 않다는 걱정을 하며 마시는 사람들이 적지 않다. 즉 구매경험지도상 위험 관리 측면에서 녹용 성분이 들어간 강글리오는 의미가 있을 수 있다. 또 커피를 마시지 않는 비고객들이 건강음료를 마신다는 통찰도 금방 얻을 수 있기 때문에 대안산업에서 아이디어를 결합한 것으로 해석할 수도 있다.

하지만 시장에서 이 제품은 좀처럼 성공하지 못했다. 막강한 유통망과 마케팅역량을 가진 회사가 집중적인 노력을 한 것치고는 성적표가 초라하다. 정확한 원인은 알 수 없지만, 커피에 대한 고객들의 기대와 다른 향과 맛, 포장 등이 이유로 분석된다. '커피에서 한약 냄새가 난다'거나 '커피 모양이 라면 스프 같다'는 소비자들의 인터넷 댓글에서 실패 이유를 추론해볼 수 있다.

블루오션 전략에서 제시된 훌륭한 툴을 활용하더라도, 너무 많은 가치요소의 조합 가능성 가운데 어떤 것을 선택해야 할지는 오랜 사업에서의 내공과 역량을 필요로 한다. 소비자의 선호도를 정확히 예측할 수 있는 툴은 없기 때문에, 이 부분은 끝없이 고민할 수밖에 없다. 소규모 실험을 통해 소비자의 선호도를 점진적으로 반영하는 것도 좋은 방법이다. 따라서 블루오션 전략의 툴은 다음 장에 설명한 인류학적 관찰이나 공감과 결합해야 한다. 결국 소비자들이 원하는 것이 무엇인지를 찾는 것은 끝없는 연구와 노력밖에 없다.

읽을거리

아마존의 대시와 블루오션

최근 아마존은 우유나 생수, 과일 등 자주 보충해줘야 하는 생활필수품을 쉽게 보충할 수 있도록 대시라는 막대기를 개발했다. 만약 우유가 떨어졌다면 고객들은 대시를 꺼내 우유통의 바코드를 스캔만 해도 자동으로 인터넷 장바구니에 우
유가 담기게 된다. 과일처럼 바코드가 없는 경우에는 음성 인식기능을 활용해 자동으로 장바구니에 물품을 담아 편리하게 주문을 할 수 있다. 대시는 국자처럼 고리를 만들어놓아 주방에서 걸어놓고 쉽게 사용할 수 있게 했다.

블루오션 전략의 관점으로 설명해보면 이 아이디어는 보충 과정에서 고객의 생산성과 간편성 편리성을 상당 수준 높여주는 것으로 볼 수 있다. 아마존이 이 툴을 이용해서 이런 아이디어를 냈는지는 알 수 없지만, 적어도 효과적으로 블루오션 툴을 이용하면 이전보다 훨씬 나은 개선 아이디어를 낼 확률이 높아진다는 사실은 알 수 있다.

03 인류학적 관찰과 공감

소비자의 생각과 행동은 다르다

많은 기업이 소비자의 반응을 예측하기 위해 시장조사를 실시한다. 시장조사에서는 대체로 설문조사, 대면 인터뷰, 포커스그룹 인터뷰 등의 방법을 사용한다. 그런데 이런 방법을 통해 알 수 있는 지식은 대단히 제한적이다. 소비자들이 생각하는 것과 실제 행동은 다르기 때문이다.

숙명여자대학 이용숙 교수 연구팀의 연구가 이를 잘 보여준다. 연구팀은 정수기, 침대 등을 구매하는 고객들을 상대로 사전 인터뷰를 실시했다. 제품을 구매할 때 무엇을 가장 중시하느냐는 질문을 던졌다. 대다수 고객은 정수기의 경우 정수 성능을, 침대는 매트리스 기능을 중시한다고 답했다.[96] 정수기와 침대의 본원적 기능이 이와 관련돼 있기 때문에 당연한 결과였다. 실제 많은 기업은 이런 인식을 토대로 정수 성능이나 매트리스 기능 향상에 몰입했다. 하지만 실제 구매 과정을 집중적으로 관찰하고 향후 심층 인터뷰를 해보니, 고객들은 대부분 브랜드나 외관 디자인 등을 중시했다.

실제 이런 사례도 있다. 삼성이 TV 분야에서 세계 1위 자리에 처음 올라선 게 보르도TV를 개발하고서다. 당시 개발팀은 소비자들이 화질이나 음질을 중시한다는 시장조사 결과에만 의존하지 않고, 현장에서 가서 구매 패턴을 관찰했다. 그 결과, 소비자들은 화질이나 음질의 미세한 차이를 구분하지 못했다. 그럼에도 당시 대부분 TV 제조업체들은 음질이나 화질 경쟁을 벌였다. 삼성의 개발팀은 관찰을 통해 소비자들이 예쁜 TV를 구매한다는 사실을 알아챘고, 이후 삼성은 와인잔을 닮은 형상에 뒷면까지 광택처리를 해서 가구처럼 아름다움이란 가치를 주는 TV를 만들어 세계 1위 자리에 올라설 수 있었다.

앞서 블루오션 전략에서 수많은 가치요소의 결합 가운데 어떤 것을 선택해야 하는지 어려움이 있다고 했는데, 열심히 관찰하면 이런 어려움의 상당 부분을 해소할 수 있다. 관찰이란 방법론을 체계화한 분야는 인류학이다. 앞서 소개한 흥미로운 연구를 한 이용숙 교수도 인류학자다. 지금 많은 글로벌기업이 소비자를 연구 대상으로 삼아 인류학적 관찰을 통해 소비자 스스로도 알지 못하는 가치요소를 찾기 위해 노력하고 있다.

인류학적 관찰

인류학에서 사용되는 대표적 연구 방법론이 민족지학*이다. 민족지학은 연구 과정에서 사람의 말과 행동, 표정 등을 관찰해 데이터를 얻고, 필요한 경우 심층 인터뷰를 진행하기도 한다.

● 민족지학(Ethnography)
연구자가 아예 관찰 대상이 되는 사람들과 오랫동안 함께 생활하면서 사람들의 행동 배경과 원인, 다양한 성향 등을 연구하는 방법론이다.

민족지학은 설문 문항 몇 개를 설계해서 물어보거나, 이런저런 이야기를 물어보는 포커스그룹 인터뷰, 컨조인트 분석 등에 비해 훨씬 많은 투자가 이뤄지는 방법론이다. 모든 기업에서 몇 달씩 소비자의 집에 거주하면서 연구하기는 힘들다. 다만 최대한 민족지학 방법론의 취지를 살려 고객들을 심층적으로 이해하려는 노력이 필요하다.

특히 특정 행동 패턴이 나타나는 이유가 무엇인지, 소비자들이 특정 분야의 상품에 어떤 열망을 갖고 있는지 등은 기업 전략 수립의 핵심 원천이 된다. 실제 인공항문을 만드는 한 기업은 소비자조사를 해도 어떤 불만도 접수되지 않았다. 하지만 기업의 실적은 그다지 좋지 않았고, 그 이유를 찾기 위해 민족지학적 관찰법을 사용했다. 그랬더니 전혀 생각하지 못했던 놀라운 사실을 알 수 있었다. 인공항문 사용자들은 초기 병원에서 인공항문을 장착할 때까지는 잘 생활했지만, 퇴원해서 문제가 생겼다. 병원에서는 움직임이 많지 않지만, 퇴원 후 외출을 할 때는 병원에 있을 때보다 훨씬 더 많이 움직였다. 또 체중이 불어나는 사례도 있어 인공항문이 잘 맞지 않는 상황이 연출되기도 했다.

결국 인공항문 이용 고객들은 한두 차례 외출을 시도했다가 아찔한 경험을 하고는 아예 외출 자체를 하지 않게 됐다. 불만이 없었던 것은 외출을 아예 하지 않았기 때문이다. 이를 알게 된 인공항문 제조회사는 사람들의 체형을 표준화하고 누출 위험을 크게 낮춘 신제품을 출시해 성장할 수 있었다.[97]

효과적인 인류학적 관찰을 통해 새롭고 효과적인 전략 대안을 수립하기 위해서는 다음과 같은 문제에 대한 해답을 찾아야 한다.

1) 고객들은 우리 제품에 어떤 기대를 하고 있나?
2) 고객들의 삶에서 우리 제품은 어떤 역할을 하는가?
3) 고객들은 우리 제품을 사용하면서 어떤 경험을 하고 있나?
4) 고객들은 우리 제품을 사용하면서 어떤 감정을 느끼고 있으며, 그 이유는 무엇인가?
5) 고객들은 우리 제품을 사용하면서 어떤 문제점을 겪고 있으며, 이를 어떻게 극복하고 있나?

예를 들어, 인류학적 관찰을 토대로 1번 문제에 대한 새로운 통찰을 얻어 문제를 극복한 사례를 보자. 중국의 한 장난감업체는 인류학적 관찰을 통해 흥미로운 점을 알게 됐다. 중국의 어린이들이 가진 장난감 갯수는 유럽이나 북미 지역 어린이들에 비해 훨씬 적었다. 부유한 가정에서도 이는 마찬가지였다.

중국 아이들은 장난감을 갖고 놀기보다는 좋은 대학에 가거나, 좋은 일자리를 구하는 데 도움이 되는 공부를 하고 있었다. 중국에서 장난감이란 서구처럼 즐거운 시간을 보내는 데 도움을 주는 것이 아니라, 공부에 도움을 주는 것이어야 한다고 생각하는 부모들이 많다는 것이다.

이 회사는 실제 이런 통찰을 토대로 창의성 증진에 도움이 된다는 점을 집중 홍보하는 등 교육적 가치를 알리는 방식으로 전략을 전환해 중국 시장에 성공적으로 자리 잡을 수 있었다.[98]

공감

인류학적 관찰을 하는 근본적인 목적은 소비자와 공감(Empathy)하기 위한 것이다. 공감은 인류가 가진 위대한 능력 가운데 하나지만, 생산자의 입장이 되면 잘 발휘되지 않는 능력이기도 하다. 그 어떤 전략 방법론을 활용하는 것보다 소비자와 깊이 있게 공감한다면 훨씬 훌륭한 전략 대안을 수립할 수 있다.

이런 주장을 입증하는 대표적인 사례가 IBM의 턴어라운드를 성공시킨 루 거스너의 사례다. 루 거스너가 1993년 IBM의 CEO로 취임했을 때, 업계 전문가와 언론들은 모두 IBM이 분사를 해야 살아남을 수 있다고 생각했다.

여기에는 그럴 만한 이유가 충분히 있었다. 당시 IT기업 가운데 글로벌 경쟁력을 갖고 있던 회사들은 모두 한 분야에 전문화한 상태였기 때문이다. 인텔(반도체), 마이크로소프트(소프트웨어), 오라클과 SAP(기업용 솔루션), 시스코(네트워크장비) 등이 대표적인 예다. IT 전반에 대한 역량을 갖고 있었지만 '공룡'으로 비판 받던 IBM은 실적이 악화되자 분사를 통한 전문화로 생존을 모색했다.

하지만 루 거스너는 정반대의 길을 걸었다. 통합 IBM이 살길이라고 생각하고 전임 CEO가 추진했던 분사 계획을 백지화했다. 당연히 전문가와 언론의 비판이 이어졌다.

루 거스너는 비판이 쏟아졌지만 그의 전략을 밀고 나갔다. 그리고 비즈니스 역사에 길이 남을 턴어라운드의 전설을 새로 만들었다. IBM이 회생하자 전문 가들은 그를 탁월한 경영자라고 추켜세웠다.

IBM의 CEO 루 거스너는 완전한 고객이 돼봤기 때문에 탁월한 전략을 수립할 수 있었다.
©kzirkel

하지만 《와이어드》의 저자 데브 팻나이크는 전혀 다른 분석[99]을 내놓는다. 루 거스너 개인은 물론 탁월한 경영자지만, 그가 이런 전략을 밀고 나갈 수 있었던 비결에는 그의 경력이 자리 잡고 있었다는 분석이다. 그는 IBM CEO가 되기 전 카드사인 아메리칸익스프레스, 식품업체인 RJR나비스코의 CEO로 일했다. 이 두 회사의 공통점은 모두 IBM 같은 기술회사의 서비스를 이용하는 고객이라는 점이다. 특히 아메리칸익스프레스는 수많은 결제를 IT기술로 처리하기 때문에 엄청난 컴퓨팅능력과 전산처리역량을 필요로 했다.

하지만 IBM은 협력하기 무척 까다로운 상대였다. 실제로 아메리칸익스프레스는 자사 시스템의 안정성을 높이기 위해 IBM 컴퓨터와 호환이 되는 다른 컴퓨터를 사서 설치했다가 IBM이 모든 제품을 공급하지 않겠다고 항의해 애를 먹기도 했다. 완벽하게 고객 입장이 됐던 거스너는 카드 본업에 집중할 수 있도록 믿을만한 서비스회사가 IT 문제를 모두 해결해준다면 고객가치가 분명히 창출될 수 있다는 믿음을 가졌다. 카드사 입장에서는 전문화된 여러 회사를 상대하는 것보다는 한 회사가 알아서 해주는 게 훨씬 효율적이기 때문이다. 이런 경험이 전문가들의 거센 반대에도 불구하고 루 거스너로 하여금 통합 IBM 전략을 밀고나갈 수 있는 동력을 제공했다.

또 철저하게 고객 입장을 경험해봤기 때문에 실행 과정에서도 강력한 추진력을 가질 수 있었다. 루 거스너는 과거 IBM이 입찰을 따기 전까지는 간이라도 빼줄 것처럼 친절을 베풀다가도, 일단 수주를 한 후에는 고장이 나도 서비스를 잘 해주지 않는다는 점을 잘 알고 있었다. 루 거스너는 이런 일이 발생하지 않도록 고객 서비스 지원에 대규모 투자를 단행해 고객만족도를 높였다.

요약하면 루 거스너는 그의 커리어에서 완전한 고객의 입장이 돼봤기 때문에 전문가들의 전문성에 근거한 전략보다 훨씬 탁월한 전략을 수립하고 실행할 수 있었다는 얘기다. 공감은 이처럼 논리적 사고나 합리적 이성을 뛰어넘는 탁월한 전략 수립의 원천이 될 수 있다.

공감은 쉽지 않다. 역지사지(易地思之)하면 되지 않겠느냐고 생각할 수도 있지만, 이는 공감의 가장 낮은 단계다. 이성적으로 타인의 입장을 추론하고 이해해보려 노력하는 수준으로는 공감을 통한 전략 수립이 무척 힘들다. 타인의 입장을 이해하는 데 한계가 있기 때문이다. 이보다 더 높은 공감의 단계가 바로 감정을 함께 하는 것이다. 고객이 슬퍼할 때 함께 슬퍼하고, 분노할 때 함께 분노할 수 있는 감정을 공유하는 단계가, 단순한 이성적 사고에 기초한 역지사지보다 훨씬 높은 단계다. 감정 공유도 쉽지 않지만, 여기서 머물면 안 된다. 더 높은 단계의 공감이 있기 때문이다.

공감과 관련한 최고의 단계는 자신의 삶을 송두리째 타인의 삶으로 집어넣는 것이다. 루 거스너처럼 완벽하게 고객 입장이 돼서 몇 년을 생활해보면 탁월한 전략은 자연스럽게 나온다. 모두가 운 좋게 그처럼 완벽하게 고객 입장이 되어볼 수는 없을 것이다. 그렇다 하더라도 최선을 다해 고객의 입장이 되어보기 위해 노력해야 한다.

노인 용품을 파는 회사라면 등을 굽혀주는 보조장치를 달고 주름진 얼굴로 분장을 한 다음, 지팡이를 짚고 하루 종일 도심을 돌아다녀보며 불편을 체험해야 한다. 깁스를 만드는 회사라면 제품 책임자들이 깁스를 한 채 생활해보며 고객들이 어떤 고통을 느끼는지 알아보려고 노력해야 한다. 임산부를 위한 용품을 만든 회사라면 배에 묵직한 물건을 넣고 하루 종일 생활하면서 소비자들과 공감하기 위한 노력을 해야 한다.

불행히도 많은 기업이 이런 노력을 소홀히 한다. 미국의 한 항공사는 서비스 품질이 매우 낮아 고객들로부터 큰 불만을 사고 있다. 여러 이유가 있지만, 가장 큰 이유는 이 회사 임원들이 매번 출장을 갈 때마다 리무진을 타고 항공기 문 앞까지 가서 1등석에서 최고 대접을 받기 때문이다. 일반 고객들이 발권부터 탑승까지 어떤 고통을 겪는지, 비행기에 탄 후 서비스에 대해 어떤 불만을 갖고 있는지 전혀 공감할 수 없는 구조다. 당연히 고객 서비스에 대한 개선 제안이 들어와도 임원들은 심각하게 살펴볼 수 없는 상황이다.

선진국에서는 공감이 무엇보다 중요한 가치라고 생각하고 '공감 학교'를 운영하기도 한다. 훌륭한 전략은 머릿속에서가 아니라 고객의 감정, 그리고 삶과 공감하는 데서 나온다.

04

디자인씽킹

디자인씽킹과 사용자경험

로저 마틴 토론토대학 로트만경영대학원장은 2003년 세계적인 디자인컨설팅사 IDEO의 CEO 팀 브라운과 만나 대화를 나눴다. 두 사람 모두 디자인 혁신과 관련한 경험을 교환하면서 전통적인 제품 디자인을 뛰어넘는 새로운 디자인 개념의 필요성에 공감했다. 그리고 새로운 접근법을 디자인씽킹(Design Thinking)이라고 이름지었다.

이후 마틴 교수와 IDEO의 전문가들은 구체적인 디자인씽킹 방법론을 정립했고, 기업 사이에 열풍이 불었다. 디자인씽킹을 가르치는 비즈니스스쿨이 생겼고, 현업에서 이 방법론을 적용하는 기업이 늘었다. 뜰 만큼 떴다고 볼 수 있다.

로저 마틴과 팀 브라운은 디자이너를 전략 입안
단계부터 실행 단계까지 개입시키는 디자인씽킹
방법론을 개발했다.

과거에 디자이너는 제품 개발의 마지막 단계에 참여해 이미 콘셉트가 확정된 제품을 예쁘고 아름답게 꾸며주는 역할 정도에 그쳤다. 하지만 디자이너의 사고방식을 제품이나 서비스 전략 입안 단계부터 실행 단계까지 개입하도록 해서 고객들의 욕구를 충족시키자는 게 디자인씽킹 방법론의 핵심이다.

전문가들에 따라 다양한 방법론이 제안됐지만, 앞서 살펴본 인류학적 관찰이나 공감을 무기로 한 고객 욕구 파악 단계, 시제품을 만들어보는 프로토타이핑 단계, 프로토타입의 문제점을 보완해 구체적인 제품 개발을 진행하는 실행 단계로 구분할 수 있다.

고객 욕구 파악 단계에서는 디자이너와 제품 전문가, 고객들에 대해 심층적으로 이해하고 있는 외부 전문가 등이 팀을 이뤄 인류학적 관찰이나 심층 인터뷰 등을 통해 제품 사용이나 서비스 전달 과정에서 어떤 문제가 있는지 파악한다. 실제 한 병원에서는 간호사들이 근무 교대시간에 환자 상태에 대한 인수인계를 제대로 하지 않아 새로운 교대 근무자가 상황을 파악하는 데 많은 시간이 걸리고, 환자들도 큰 불편을 겪는 것으로 나타났다.

두 번째 단계는 브레인스토밍을 통해 개선 아이디어를 도출하고 프로토타입을 만들어보는 것이다. 이 병원 관계자들은 간호사 사무실이 아닌 환자들 앞에서 인수인계를 진행하고, 메모로 대충 전달하는 게 아니라 정형화된 프로그램을 개발해 인수인계 사항을 체계적으로 전달하는 아이디어를 제시했다. 그리고 일주일 만에 프로그램과 서비스 원형을 개발해 비디오로 녹화하고 직원들에게 설명했다.

마지막은 실행 단계다. 조직원들에게 새로운 방안을 알리고 실제 실행해보면서 예상하지 못했던 문제점이 발생하면 이를 보완하는 노력을 기울이면 된다. 또 더 나은 개선을 위한 새로운 프로젝트를 제시할 수도 있다.

로저 마틴 교수는 디자인씽킹 방법론을 활용해 성과를 낸 대표적인 사례로 미국시장에 진출한 일본 자전거 부품업체 시마노의 사례를 들었다. 미국시장에서 자전거 매출이 전반적으로 감소하고 있는 상황에서 시마노와 IDEO 전문가를 주축으로 TFT를 구성했다. TFT에는 디자인 전문가는 물론이고 엔지니어, 마케팅 등 다양한 분야의 전문가들이 참여했다.

TF팀원들은 첫째, 고객 욕구 파악 단계에서 심층 인터뷰 등을 통해 미국 성인 가운데 90%가 자전거를 타지 않는 이유를 분석했다. 대다수는 어린 시절 자전거를 타면서 느꼈던 행복한 기억을 갖고 있었지만, 어른이 돼서는 두려움을 느끼고 있었다. 자전거 매장에서 전문가 수준의 해박한 지식을 가진 자전거 판매원에 위압감을 느끼기도 했고, 액세서리를 포함해 가격 구조가 복잡한데다, 자전거 전용도로가 아닌 곳에서 자전거를 타는 것에 대한 불안함도 갖고 있었다.

TFT는 이런 통찰을 토대로 어린 시절의 행복한 추억을 떠올릴 수 있으면서 자전거에 대한 불편함을 느끼지 않도록 프로토타입을 만들었다. 어린이용 자전거처럼 앞으로 페달을 굴리다가 뒤쪽으로 페달을 돌리면 멈추도록 설계했고, 자전거 속도를 감지해 자동으로 기어를 변경하는 시스템도 장착했다. 즉 베이비부머 등 자전거를 타지 않는 비고객들이 불필요한 동작 없이 편안하게 자전거를 타고 유지·보수할 수 있는 디자인을 내놓은 것이다. 다른 자전거처럼 복잡하게 기어를 조정할 필요도 없이, 그냥 페달을 앞으로 밟으면 나가고 뒤로 밟으면 멈추도록 설계된 최첨단 자전거였다.

시마노는 실행 단계에서도 여러 자전거 제작업체와 협력해 혁신적 부품을 단 제품을 선보였다. 특히 지방 정부와 함께 자전거 타기 좋은 장소를 추천해주는 웹사이트를 구축하고 캠페인도 전개해 보완적 서비스가 이뤄지도록 했다. 시마노는 이런 혁신적인 자전거 브랜드의 이름을 '코스팅(Coasting)'으로 정했다.

시마노가 디자인씽킹 방법론을 도입해 개발한 자전거 코스팅

코스팅 사례는 디자인씽킹 방법론의 공동 창안자격인 팀 브라운 IDEO 최
고경영자의 〈하버드비즈니스리뷰〉 기고문[100]에 실려 있다. 그리고 혁신적인
제품 콘셉트 덕분에 많은 언론의 주목을 받았으며, 명망 있는 디자인상도 수
상했다. 대부분의 자전거회사가 코스팅 부품을 사용한 제품을 2007년부터 출
시했다. 가격은 400달러, 원화로 약 40만 원 정도로 책정했으며, 신문 광고를
비롯한 대중매체 활용 외에도 게릴라 마케팅 등 대규모 마케팅 투자도 잇따랐
다. 완벽한 성공 스토리를 쓸 것으로 기대됐다. 과연 결과는 어땠을까? 불행하
게도 성공하지 못했다.

초기에는 조금 팔렸지만, 시간이 지나도 시장에서 큰 반향을 불러일으키지
못했다. 2010년께 코스팅의 독립 웹사이트가 문을 닫았다. 비고객을 겨냥한
전략은 블루오션 전략의 취지를 잘 살린 것으로 평가받고 있으며, 디자인씽킹
을 활용한 전문가들과의 완벽한 협업, 실제 업계 및 디자인 전문가들의 호평
등 성공요소를 고루 갖추고 있었지만, 가장 중요한 소비자들의 마음을 사로잡
는 데 실패하고 말았다. 이유가 무엇일까?

코스팅은 비고객을 겨냥해서 그들의 불안감을 덜어줬다는 측면에서는 완벽
한 모델을 만들었지만, 적어도 두 가지 요소를 고려하지 않았다. 하나는 경쟁
구도다. 코스트코나 이마트에 가면 고객들은 10만 원도 채 되지 않는 가격에

인도나 중국의 저가 자전거를 살 수 있다. 가격은 낮지만 기어가 장착된 모델도 있어 동네에서 간단한 이동 수단으로 활용하기에 손색이 없다. 물론 코스팅이 뛰어난 기술 혁신을 한 것은 맞지만, 고객들이 느끼는 가치에 비해 3~4배 높은 가격을 지불해야 하는지는 의문이다.

그럼에도 불구하고 대중 자전거시장에서 프리미엄 제품으로 포지셔닝하고 싶다면, 판매와 마케팅 전략을 훨씬 정교하게 준비했어야 했다. 예를 들어, 높은 가격을 합리화하려면 고객들에게 프리미엄 이미지를 심어주는 방법을 활용할 수 있다. 하지만 안타깝게도 코스팅은 다른 자전거들과 전혀 차별화되지 않은 일반 자전거 판매점에서 함께 진열돼 판매됐다. 대중 자전거시장에서 프리미엄 급으로 판매되기를 원한다면 유통·판촉·마케팅에서 획기적인 발상의 전환*이 필요했지만, 시마노는 여기에 소홀했다.

* 스티브 잡스가 아이팟을 출시할 때 '주머니 속의 1000곡'처럼 한눈에 쏙 들어오는 캐치프레이즈를 준비하는 등 치밀한 마케팅 전략과 아이튠스를 통한 편리한 음원 제공 등을 결합해 프리미엄 제품으로 포지셔닝한 사례를 참고할 만하다.

또 공공기관과 함께 자전거 타기 좋은 장소를 추천하는 웹사이트를 만들고 캠페인을 펼치기도 했지만, 이것만으로는 부족하다. 인터넷으로 위치를 확인한다 하더라도 실제 그 길을 찾아 자전거를 즐기려면 지도나 GPS를 별도로 이용해야 한다. 온라인으로 자전거길을 안내해줬지만, 고객들은 해당 지역까지 찾아가는 과정에서 겪게 될 어려움, 주행 도중 길을 잊어버릴 수도 있다는 두려움을 여전히 느꼈을 수도 있다.

지금은 이런 문제가 쉽게 해결된다. 스마트폰 애플리케이션을 만들어 손쉽게 자전거를 이용할 수 있는 길을 안내해주면 되기 때문이다. 이런 보완적 서비스가 완벽하지 않은 상태에서 비고객을 프리미엄 가격에 포섭하기는 힘들다.

업계 최고 전문가들이 모여 치밀한 조사를 수행하고, 탁월한 기술로 혁신 제품을 만들어도 이처럼 성공하기가 어렵다. 제품이 혁신적일수록 더 넓은 시야를 갖고 전략을 수립해야 한다. 코스팅은 여러 모로 이 시대 전략가들에게 큰 교훈을 준다. 물론 디자인씽킹을 활용해 성공한 사례도 무수히 많다. 한국 기업 가운데서는 모나미가 대표적이다.[101] 모나미는 사무실의 디지털화 등의 영향으로 볼펜 수요가 줄어들면서 큰 어려움을 겪었다. 문구 유통 등 연관 사업으로의 다각화를 추진했지만, 모닝글로리 같은 기존 강자에 밀려 차별화된 경쟁력을 확보하지 못해 뚜렷한 성과를 내지 못했다. 이런 위기 상황에서 경영진은 IDEO에 직원을 파견하고 디자인씽킹 방법론을 학습시켰다. 그리고 여기서 배운 지식을 조직 내부에 확산시키며 다양한 신제품을 준비했다.

고객들을 관찰하면서 필기구를 많이 사용하지는 않지만 고급 필기구에 대한 소장 욕구가 여전히 크다는 사실을 발견했다. 그래서 과거 국민들에게 잘 알려진 모나미153 볼펜에서 디자인을 차용하여 메탈 소재를 사용하는 등 고급화된 제품을 지속적으로 출시하면서 생존 기반을 마련했다. 특히 고객들의 욕구를 관찰하는 디자인씽킹 방법론을 활용해 생활 마카라는 새로운 영역을 개척했다. 가정에서 반찬이나 식재료를 담을 때 유성 매직을 사용하면 잘 써지기는 하지만 지우기 어렵고, 수성 매직을 사용하면 물기가 많은 냉장고에서 잘 지워진다는 단점을 알게 됐다. 그래서 물기에 강하지만 주방용 세제에는 잘 지워지는 생활 마카를 개발했다. 또 수산시장 상인들을 관찰하면서 얼음 위에도 글씨를 쓸 수 있는 제품을 개발했고, 욕실 타일 사이를 깨끗하게 매울 수 있는 타일 마카 등의 상품을 지속적으로 개발해 성장을 이어갈 수 있었다.

사용자경험

경영 저술가인 조지프 파인과 제임스 길모어는 경험경제(Experience economy) 시대가 도래했다고 선언했다. 이들은 경제가 성장하는 4단계를 생일 케이크 사례로 명쾌하게 정리했다.[102]

1단계는 농업 경제시대다. 엄마들이 밀가루와 설탕, 버터 등을 시장에서 구입해 집에서 케이크를 만들던 시대였다. 부모의 정을 느낄 수 있다는 장점은 있지만 생산성 측면에서는 가장 낮다. 경제가 발전하면서 2단계인 공업 경제시대가 열렸다. 케이크 전문 제작업체들이 대량 구매와 극도로 효율적인 대량생산 시스템을 가동해 케이크를 불과 1~2달러의 저렴한 가격에 판매하는 시대다. 어머니의 정은 느낄 수 없지만 정말 싼값에 케이크를 먹을 수 있다는 장점이 있다. 이후 경제가 더 발전하면서 3단계 서비스 경제시대가 열렸다. 베이커리 분야의 고급인력을 활용한 전문화된 업체들이 대량생산시대와 비교도되지 않는 고품질의 케이크를 제작해 10달러 이상에 판매하는 시대다.

경제 발전이 극에 달하면 4단계 경험 경제시대가 열린다는 게 이들의 주장이다. 소비자들에게 색다른 경험을 제공하는 생일 파티 전문업체들이 외부 행사장에서 100달러 이상을 받고 근사한 파티를 열어준다. 물론 케이크 등 필요 물품은 전체 서비스비용에 포함돼 있다.

고객 입장에서 생각해보면 제품이나 서비스를 사용하면서 느끼는 경험은 해당 상품에 대한 가치를 결정하는 매우 중요한 요소다. 그리고 생일 케이크의 사례처럼 긍정적인 경험을 제공하는 기업에 대해서는 매우 높은 가격을 지불할 의향도 갖고 있다. 따라서 최근 들어 사용자경험(UX, User Experience)에 대한 관심이 높아지고 있다.

하지만 아직도 많은 기업에서 사용자 경험에 대한 의사결정은 실무자가 담당하고 있다. 예를 들어, 오디오 제작업체의 경우 볼륨 조작 버튼이나 온/오프 버튼, 플레이 버튼을 어떻게 배치할지, 어떤 기능을 표면에 내놓고 어떤 기능은 숨겨놓을지 등에 대한 결정은 디자인이나 개발부서의 실무자가 담당한다. 하지만 스티브 잡스는 달랐다. UX를 매우 중요한 요소로 판단하고 직접 의사결정을 했다. 고객들이 제품을 처음 접하는 것은 제품 자체가 아닌 포장지라고 주장하며 극도로 까다롭게 포장지 디자인을 새로 고치라고 요구했던 게 대표적인 사례다.

애플의 이런 태도는 소니와 비교된다. 애플과 소니 모두 '디지털 허브'가 되고 싶어 했다. 그런데 그 실행 방법에서 큰 차이가 났다. 소니는 디지털 기기 등 하드웨어는 물론이고, 이 하드웨어를 통해 소비자들이 소모하는 콘텐츠까지 제공하는 기업이 되려 했다. 그래서 TV, PC, 게임기 등 하드웨어사업에다 음반 및 영화사업부도 가지고 있었다. 사업 포트폴리오로 보면 하드웨어에 집중했던 애플에 비해 훨씬 디지털 허브의 꿈을 잘 실현할 수 있는 구조를 갖고 있었다고 볼 수 있다.

하지만 결과는 모두가 아는 대로 애플의 압승이었다. UX에 대한 관심이 이런 결과를 낳은 핵심요인이었다. 최준호 연세대학 교수의 분석[103]에 따르면,

iTunes Everywhere. On your Mac or PC, iPad, iPhone, iPod, and Apple TV.

iCloud makes iTunes even better, because your music, movies, TV shows, apps, books, and more live not just on your computer, but on all your other devices, too. Even music you haven't purchased from iTunes can be stored in and played from iCloud, thanks to iTunes Match. So wherever you are, your favorite entertainment is always right there with you.

iCloud

With iCloud, the music you buy from the iTunes Store automatically appears on all your devices. Music, movies, and TV shows purchased on any device are instantly accessible in your iTunes library on your Mac or PC. Just click to play, or even download if you're going somewhere you won't have Wi-Fi. If you start watching a movie, playing a podcast, or listening to an audiobook and stop before the end, iCloud remembers where you left off. So you can pick up in the same spot on any of your devices.

애플의 아이튠스 화면. 사용자 경험에 대한 관점이 애플과 소니의 성패를 좌우했다.

소니는 콘텐츠와 하드웨어를 갖고 있었지만, 소비자들이 실제 환경에서 콘텐츠를 자유롭고 편안하게 즐길 수 있는 유용한 대안을 제시하지 못했다.

소니는 자유로운 음원 유통이 이뤄지지 않도록 디지털 저작권 보호에만 신경 쓰다가 사용자들의 불편을 유발했다. 또 소니 카메라로 촬영한 동영상을 소니 TV로 보려면 소비자들이 복잡한 메뉴를 조작해야 했다. 이 과정에서 많은 소비자들은 소니 제품의 사용을 포기하고 말았다.

반면 애플은 사용자경험과 관련해서는 세계 최고의 경쟁력을 보유하고 있었다. 아이팟을 PC에 연결하기만 하면 자동으로 동기화가 이뤄져 쉽고 빠르게 곡을 업로드할 수 있으며, 아이폰에서도 직관적인 인터페이스로 다양한 콘텐츠를 쉽고 편안하게 관리할 수 있다. 유사한 전략에다 사업의 잠재력 측면에서는 소니가 우월했지만, 사용자경험 관리역량이 결국 두 기업의 성패를 갈랐다는 분석이다.

복잡한 비즈니스 의사결정에서 고객경험은 매우 중요한 판단 기준을 제공한다. 한때 커브드(곡면) TV 개발 경쟁이 벌어졌다. 사람의 눈이 동그랗기 때문에 디스플레이를 곡면으로 제작하면 보다 시각적으로 편하게 화면에 몰입할 수 있다는 아이디어가 제시되면서 TV업체들이 앞 다퉈 곡면 TV를 개발했다. 소비자들도 초기에는 신기한 제품이 출시됐다며 흥미를 가졌다.

하지만 LG전자 경영진은 초기에 어느 정도 투자하다가 돌연 곡면 TV 개발을 중단시켰다. 실무진에서는 경쟁자들이 잇따라 신제품을 개발하고 있고, 성장잠재력이 있으며, 이미 어느 정도 투자가 이뤄진 상태에서 사업을 접겠다는 결정은 문제가 있다며 반발했다. 하지만 결국 경영진의 판단이 맞는 것으로 드러났다.

LG 경영진이 이런 판단을 내린 것은 고객경험에 대한 통찰 덕분이었다. TV는 가정에서 보통 여러 사람이 시청한다. 하지만 곡면으로 제작할 경우 정중앙에서 TV를 보는 한 사람 외에는 오히려 다른 사람들은 보기에 불편하다. 즉 가정이란 환경에서 곡면 TV는 고객 경험상 치명적인 문제를 유발한 것이다. LG 경영진은 이를 정확하게 간파했다. 실제 시장에서 곡면 TV는 거의 사라지고 말았다. 물론 이는 TV와 관련해서만 옳은 판단이다. PC 모니터는 완전히 다르다. 보통 PC 모니터는 한 사람이 사용한다. 따라서 실제 PC 모니터 시장에서는 곡면이 대세로 자리 잡았다. 실제 고객이 어떤 경험을 하는지를 검토한 후 중요한 사업적 의사결정을 내려야 한다는 사실을 보여준 사례다.

실무에서 UX 수준을 높이기 위해 사용되는 대표적인 기법은 MUR(Micro User Research), 사용자 관찰, 네트워크 분석 같은 방법이다.[104] MUR은 소비자의 자연스러운 일상 행동을 관찰할 수 있도록 카메라를 설치해 동영상을 분석하거나, 블로그 메신저 등에 자연스럽게 표출하는 소비자의 행동이나 의견을 분석하는 방법이다. 사용자 관찰기법은 앞서 살펴본 인류학적 연구방법론

참고하세요

Samsung GALAXY Note3 + Gear DESIGN YOUR LIFE

UX에 집착해 성공한 대표적인 사례는 삼성전자의 갤럭시 노트다. 스마트폰이 널리 보급됐지만, 여전히 많은 사람이 스마트폰 외에 수첩이나 태블릿PC를 들고 다닌다는 점에 착안해, 삼성전자는 스마트폰에 수첩의 기능을 최대한 구현하기 위해 노력했다. 수첩과 비슷한 크기로 사이즈를 키웠고, 펜을 장착해 직접 노트 필기가 가능하도록 했으며, 메모장과 플래너 기능을 탑재해 노트를 들고 다니지 않아도 될 정도로 만들었다. 이런 노력은 글로벌 히트 상품의 원동력이 됐다.

과 같다. 네트워크 분석은 사용자의 상호작용의 패턴 등을 분석해 소비자의 정서나 감정 상태, 욕구 등을 파악하는 기법이다.

UX는 심리학, 인지과학, 미학, 경영학, 정보기술 등 다양한 영역이 연관돼 있는 최첨단 연구 분야이기도 하다. 하드웨어나 소프트웨어역량을 갖췄다 하더라도, 고객에게 어떤 경험을 줘야 할지에 대한 고민이나 방향성이 부족하면, 가장 큰 부가가치 창출 영역에서 UX를 중시하는 기업들에게 밀릴 수 있다. 고위경영자의 중요한 의사결정 사항으로 UX가 자리 잡을 수 있도록 조직의 문화와 제도, 구조 등을 바꿔야 한다.

05

플랫폼 전략

디지털 파괴 현상의 원인과 양상

1990년대 중반부터 보급된 인터넷·모바일기술이 산업의 지형을 바꾸고 있다. 놀랄만한 속도로 급성장하면서 세계적 주목을 받고 있는 기업들은 대부분 인터넷을 잘 활용한 기업들, 즉 구글이나 페이스북, 아마존, 알리바바 같은 회사들이다. 또 전통 제조업 분야에서도 인터넷의 잠재력을 잘 활용한 회사들도 파괴적인 변화 속에서도 위축되지 않고 성장세를 이어가고 있다. 반면 인터넷의 잠재력을 제대로 활용하지 못한 기업들은 경쟁에서 탈락하고 있다.

인터넷·모바일기술은 디지털화를 그 핵심으로 한다. 물리적인 요소가 디지털화하면 여러 가지 장점이 생긴다. 즉 아톰(Atom, 원자) 가운데 비트(Bit)로 전환할 수 있는 부분을 찾아내 디지털화하면 생산성이 크게 높아진다.

아톰이 비트로 변하면 전송, 복제, 데이터 처리 관련 비용을 획기적으로 줄일 수 있다. 예를 들어, 뉴스를 신문지에 담아 배송하려면 거대한 윤전설비와 방대한 보급소 유통망을 유지하기 위한 거대 자본과 대규모 인력이 필요하다. 하지만 뉴스를 디지털로 유통하면 웹사이트 관리자 몇 명만 있으면 된다. 초기 웹사이트 구축에 비용이 조금 들어가지만, 윤전기 투자비나 보급소 투자비에 비하면 하찮은 수준이다.

또 뉴스를 추가로 전달하려면 과거에는 그만큼 종이와 인쇄비용을 추가해야 했지만, 디지털에서는 복제 및 전송에 들어가는 비용이 제로에 가깝다. 여기에다 디지털화된 데이터에 대해 컴퓨터기술을 활용하면 검색하고, 분석하며, 제어하고, 통제하기가 극도로 쉬워진다. 또 시간과 공간을 초월해 수많은 사람을 극히 저렴한 비용으로 연결시키고, 의사소통하며, 부가가치를 창출할 수 있기 때문에, 디지털에 적응한 기업은 그렇지 못한 기업보다 훨씬 적은 비용으로 더 높은 가치를 창출할 수 있다.

하지만 많은 기존 기업은 이런 변화에 잘 적응하지 못했다. 왜 그럴까? 이준기 연세대학 교수는 '대체'와 '전환'이란 프레임으로 기존 기업들이 인터넷과 모바일에 잘 적응하지 못하는 이유를 명쾌하게 설명한다.[105]

어떤 신기술이 나오면 초기에는 기존 기술을 대체하는 수준에 머문다. 예를 들어, 전기기술이 처음 나왔을 때, 기업들은 단순히 기존 증기기관을 '대체'하는 수준에서만 활용했다. 즉 공장에서 거대한 증기발전기가 동력을 생산하면 거대한 축으로 동력이 전달돼 공장의 여러 기기를 가동했는데, 전기가 개발됐던 초기에는 대부분 기업들이 단순히 증기발전기를 전기발전기로 단순 대체하는 데 머물렀다는 얘기다.

물론 이렇게만 활용해도 생산성은 높아진다. 복잡한 증기발전기보다는 전기발전기가 더 효율적이기 때문이다. 하지만 비약적인 생산성 증가로 연결되지는 않는다. 나중에 전기기술의 본원적 특성을 잘 살린 접근이 이뤄지면서 생산성이 크게 증가했다. 즉 중앙에서 개별 기계까지 물리적으로 동력을 공급하던 시스템을 폐기하고, 공장의 개별 기계마다 소규모 동력을 달고 전기선을 연결하면 동력의 손실도 줄어들게 되며, 공간도 훨씬 넓게 쓸 수 있다.

게다가 생산에서의 유연성까지 보장되기 때문에 생산성은 과거와 달리 비약적으로 향상된다. 기존 시스템의 대체를 넘어 전환을 모색하면 이처럼 생산성이 비약적으로 증가된다.

백과사전을 예로 들어보자. 백과사전 업체들은 과거 원고지로 콘텐츠를 작성해서 검수 과정을 거친 후, 활자공이 수작업으로 작업해 인쇄를 하고, 책자를 만들어 지점망을 통해 고객에게 판매하는 모델을 갖고 있었다. 이 모델 가운데 디지털 전환이 가능한 부분을 디지털화하면 생산성이 높아진다.

예를 들어, 원고지 대신 디지털 파일로 콘텐츠를 만들면 쉽게 수정도 가능하고, 활자공 작업 없이 인쇄기에 데이터를 전송해 인쇄할 수 있다. 또 인터넷 기술을 활용해 종이가 아닌 온라인이나 CD로 백과사전을 만들면 인쇄 및 종이비용이나 배송비용 등을 없앨 수 있다. 이런 게 바로 '대체'다. 여기까지 만으로도 생산성을 꽤 높일 수 있다.

하지만 전환은 더욱 놀라운 결과를 낳는다. 인터넷기술의 잠재력 가운데 하나인 누구라도 연결될 수 있다는 점을 활용해 백과사전 콘텐츠 제작을 소수 전문가에게 맡기지 않고 아예 개방해, 누구라도 표제어를 올리고 콘텐츠를 작

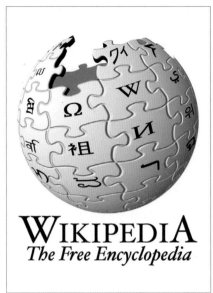

위키피디아(좌)와 브리태니커 백과사전(우)

성하며 오류를 수정할 수 있게 만드는 모델을 온라인상에서 구현할 수 있다. 위키피디아는 이런 방식으로 브래태니커와 같은 백과사전 분야의 전통적인 강자의 경쟁우위를 빼앗아버렸다.

　이처럼 대체를 넘어서 가치 창출 과정 자체를 아예 바꿔버리는 전환 모델이 등장하면, 대체를 통해 경비를 절감하던 업체들의 경쟁우위가 한순간에 사라질 수 있다. 대체는 대부분 전통적인 기업들도 능숙하게 한다. 하지만 비약적 생산성 증가는 전환 모델에서 일어난다. 기존 기업들은 기존 활동을 위주로 하면서 디지털을 보조 수단으로 사용하기 때문에 대체에는 능할 수 있지만 전환 모델에는 취약하다. 어제 했던 일을 오늘도 계속하려는 관성이 무척 강한데다, 현재 인력이나 조직 구조가 기존 모델에 최적화돼 있기 때문이다. 그래서 새로운 사업 모델에 대한 아이디어나 나와도 조직적으로 저항할 확률이 높다.

　효과적인 대체 모델의 위력은 엄청나다. 브리태니커의 표제어는 12만 개 정도에 불과하지만 위키피디아는 영어판만 580만 개가 넘는다. 게다가 아직도 지속적으로 신규 지식이 등록되고 있고, 계속해서 수정 보완이 이뤄지고 있다. 정확성이 큰 차이가 없다는 점을 감안하면, 위키피디아의 경쟁력은 압도적으로 높다고 볼 수 있다.

그렇다면 대체와 전환 모델의 가장 큰 차이점은 무엇일까? 여러 가지 측면에서 차이가 있지만 필자는 디지털 경제 환경에서는 가치사슬의 일부를 대체하는가, 아니면 가치사슬 전체를 대체하는가에서 차이가 난다고 생각한다. 특히 가치의 생산 과정을 디지털 모델로 대체할 수 있느냐가 중요하다. 앞서 살펴봤던 포터의 가치사슬을 분석해보면 대체 모델은 가치사슬의 일부, 특히 생산품을 소비자에게 전달하는 유통 분야에서만 디지털 기술을 활용한다.

브리태니커는 과거와 똑같은 방식으로 전문가 위주로 지식을 만들었다. 다만, 디지털 기술을 활용해 그 결과물을 고객에게 전달하는 방식에서만 혁신을 단행해 오프라인에서 종이가 아닌 디지털 매체를 활용했기 때문에 대체 모델로 봐야 한다. 하지만 위키피디아는 생산 과정 자체를 혁신했다. 가치사슬로 본다면 연구개발, 생산, 유통 전 과정을 디지털화한 것이다. 특히 소수의 전문가가 아닌 다수의 대중 누구나 참여할 수 있도록 만들어 원가를 줄이면서도 창출하는 가치는 극단적으로 높인 새로운 전환 모델을 만들었다. 대부분 기존 기업은 대체 모델에서 만족한다. 그래서 많은 산업 분야에서 전환 모델을 개척한 스타트업들이 시장을 장악하고 있다.

예를 들어, 한국의 인터넷 동영상시장에서 네이버는 유튜브에 패하고 말았다. 가장 큰 원인은 대체, 전환 모델로 설명이 가능하다. 네이버는 방송사 등 기존 동영상 전문 생산업체의 영상을 한데 모아 서비스하는 방식에 의존했다. 즉 기존 방송사들은 예전 방식 그대로 콘텐츠를 생산했다. 달라진 것은 지상

파나 케이블 IPTV 외에 네이버 채널에도 콘텐츠를 공급했다는 게 유일한 차이다. 유통 분야에서만 조금 혁신한 것이다.

하지만 유튜브는 완전히 다른 전략을 펼쳤다. 콘텐츠 생산 과정 자체를 혁신했다. 관심이 있는 사람은 누구라도 계정을 만들어 콘텐츠를 올릴 수 있게 했다. 그 결과, 너무나 다양하고 창의적인 동영상이 등장했다. 이 과정에서 개인의 일상생활, 노래나 안무 커버 영상, ASMR 등 기존 방송사에서는 상상하지 못했던 새로운 영상이 등장하면서 시장을 폭발적으로 키웠다. 적어도 동영상 부분에서 네이버는 유튜브의 적수가 되지 못한다.

결국, 핵심 가치를 생산하는 과정에서 다수 대중이 제약 없이 참여하는 개방적 플랫폼을 만드느냐의 여부가 디지털 시대의 적응을 가름하는 핵심 요소라고 할 수 있다.

여기서 이런 질문을 할 수 있다.

"우리 기업은 비밀스러운 연구개발이 기업의 경쟁력을 좌우하는 핵심 요소다. 따라서 이를 개방하는 것은 불가능하다. 이런 기업은 어떻게 디지털 시대에 전환 모델을 만들 수 있을까?"

매우 타당한 질문이다. 이런 특징을 가진 대표적인 분야가 자동차산업이다. 자동차산업에서 핵심은 연구개발이다. 새로운 차량 모델을 개발하는 데 소요되는 비용은 3,000억~4,000억 원에 이르며, 연구개발 과정은 철저히 비밀스럽게 이뤄진다. 하지만 이런 영역에서도 전환형 혁신이 이뤄지고 있다는 점에 주목해야 한다.

미국 로컬모터스는 누구라도 커뮤니티 회원이 돼 새로운 모델을 제안할 수 있다. 수정 보완도 가능하다. 투표를 통해 가장 많은 인기를 얻은 모델이 제품으로 출시된다. 공장에는 3D 프린터로 차체를 생산하며, 다른 제조업체에서 만든 엔진 등 부품을 장착해 차량을 만들어낸다. 오바마 전 미국 대통령도

극찬한 혁신 기업이다. 혁신이 그다지 활발하지 않았던 운송과 숙박 분야에서 우버와 에어비앤비가 핵심 가치의 창출 과정을 대중에게 개방해 새로운 모델을 만들었던 것처럼, 기존 기업들도 전환형 모델을 고민해야 한다.

디지털 전환형 모델의 대표적인 사례로 플랫폼 기업을 꼽을 수 있다. 학자들은 과거 전통적인 모델을 파이프라인형 비즈니스로 규정하고, 이와 비교되는 새로운 디지털 전환형 모델을 플랫폼 기업으로 명명했다. 파이프라인 비즈니스는 독자적인 힘으로 연구개발을 통해 제조한 다음, 고객에게 물건을 파는 형태의 사업이다. 마치 파이프를 따라 물이 흘러가듯 원재료가 제품으로 전환된 다음에 고객으로 흘러들어가기 때문에 파이프라인 비즈니스라고 명명했다. 앞서 1장에서 4장까지의 전략은 대체로 전통적인 파이프라인형 비즈니스를 운영하는 데 도움이 되는 내용들을 담고 있다.

플랫폼 기업은 파이프라인과 다르다. 앞서 설명한 대로 가치 창출을 기업 내부 인력이 아닌 외부 사람들이 담당하는 경우가 많다. 애플의 앱스토어나 구글의 플레이스토어에서 공급되는 대부분의 모바일 앱은 제3자가 만든 것이다. 플랫폼은 제품과 서비스를 직접 생산하는 파이프라인 모델과 달리, 많은 이해관계자가 체계적으로 거래할 수 있는 장을 제공하는 모델이다.

플랫폼 전략의 부상

위키피디아 같은 모델은 플랫폼 전략이란 틀로 분석할 수 있다. 플랫폼은 기차가 승객을 태우고 내리는 곳, 혹은 강사나 연주자들이 사용하는 강단, 우주선의 발사대와 같은 '대(臺)'를 뜻한다. 이들의 공통점은 반복적인 활동을 가능하게 하는 기반시설이란 점이다.

이런 플랫폼의 특징을 산업적으로 가장 먼저 잘 활용한 분야는 자동차업체다. 소비자들의 욕구를 충족시키기 위해 다양한 자동차 모델을 개발하는 과정에서 개별 자동차마다 다른 뼈대를 갖출 경우 신차 개발과 생산비용이 눈덩이처럼 불어날 수밖에 없다는 점을 알고 있었다. 그래서 다양한 종류의 차들이 공유할 수 있는 기본 골격을 하나 만들고, 여기에 기초해 디자인을 변형한 차량을 만들어 생산비용을 크게 줄였다.

이처럼 플랫폼 전략은 제조업체가 원가를 줄이기 위해 사용한 게 그 출발점이다. 전통적으로 플랫폼은 다양한 제품이나 서비스를 만들 수 있게 해주는 기반이라고 정의할 수 있다. 그런데 디지털 시대에 접어들면서 등장한 디지털 플랫폼은 단순히 원가 절감이 아니라, 아예 비즈니스 자체를 혁신하는 모델로 자리 잡았다. 오프라인 플랫폼과는 질적으로 완전히 다르다고 봐야 한다.

인터넷·모바일기술이 보급되면서 플랫폼이 비용 절감을 넘어 새로운 가치 창출의 원천으로 부상하고 있다. 위키피디아 사례처럼 플랫폼을 잘 만들어놓으면 기존 산업의 지형을 흔들어놓거나 새로운 생태계를 조성할 수 있다.

기존 유통업은 회사 내부의 구매역량을 동원해 좋은 물건을 사들인 후, 매장에서 고객들에게 판매하는 게 핵심 사업 모델이었다. 그런데 플랫폼으로 접근하면 사업 모델이 달라질 수 있다. 온라인으로 장터를 열어놓고, 물건을 팔고 싶은 누구라도 그곳에서 물건을 팔고, 사고 싶은 사람과 연결시켜주는 사업을 할 수 있기 때문이다.

기존 오프라인 중심 매장에서는 이런 게 불가능했다. 장소의 제약 때문에 유통업체가 선택한 몇몇 회사의 제품만 팔 수 있었다. 하지만 온라인에서는 이런 제약을 받지 않아도 된다. 따라서 온라인 C2C(Consumer to Consumer) 모델을

기반으로 이베이나 11번가, 알리바바 같은 회사가 급성장했다.

플랫폼을 장악하면 여러 장점이 있다. 우선 비용 절감이다. 유통업체가 수많은 업체와 접촉해서 물건을 검증하고 가격을 협상하려면 많은 인력과 자원을 투자해야 한다. 하지만 C2C 플랫폼을 장악해버리면 이런 비용을 지불할 필요도 없고, 엄청난 수익을 올릴 수 있다.

C2C 사이트로 성공하면 물건이 팔릴 때마다 일정 수수료를 받아 매출을 올릴 수 있다. 아니면 구글처럼 기본적인 검색 서비스는 공짜로 제공하되, 어떤 고객이 '자동차'를 입력했을 때 다른 업체보다 먼저 노출되고 싶은 업체가 있다면 돈을 받는 방식으로 큰돈을 벌 수 있다.

플랫폼 참가자들도 큰 이익을 얻을 수 있다. 독특하고 경쟁력 있는 농산물을 재배하는 농부가 백화점이나 대형 마트에 상품을 팔려면, 담당자를 찾아내고 협상하는 과정에서 갑(甲)의 횡포를 경험하는 등 큰 좌절을 느낄 확률이 높다.

하지만 C2C 사이트를 이용하면 (적어도 일정 조건만 갖추면) 입점하기까지는 큰 어려움을 겪지 않을 것이다. 이베이 같은 사이트를 이용하면 글로벌 시장도 단번에 진출할 수 있다. 앱스토어에 게임 하나 잘 올려 성공한 벤처기업가처럼, 자신이 잘하는 일에 몰두해서 최고의 제품을 만드는 데 역량을 투입하고, 나머지는 플랫폼을 이용하는 형태의 사업이 가능해지는 셈이다.

물론 적지 않은 단점도 있다. 플랫폼이 이렇게 훌륭한 장점을 제공하기 때문에 너도 나도 플랫폼을 장악하기 위해 노력하고 있다. 그만큼 지배적인 플랫폼이 되려면 치열한 경쟁에서 승리해야 한다.

모바일 운영체제 플랫폼을 장악하기 위해 구글, 애플, 노키아, 마이크로소프트, 삼성 등이 치열한 경쟁을 펼쳤고, 현재는 구글의 안드로이드와 애플의 iOS가 시장을 양분하는 결과를 낳았다. 시장을 양분하기까지 치열한 노력이 이어졌다. 구글은 안드로이드를 공짜로 사용할 수 있게 했으며, 애플은 이동통신사의 간섭을 받지 않기 위해 한 사업자와 독점 계약을 맺어 애플 제품을 독점적으로 공급하는 대신, 운영체제 등과 관련한 자율성을 보장받는 전략을 취하기도 했다.

동일 플랫폼 내의 경쟁뿐만 아니라 다른 플랫폼 생태계와 경쟁도 치열하다. 여러 전자업체들은 스마트TV를 출시하고 가정에서의 인터넷 허브가 되기 위해 노력하고 있는 가운데, 셋톱박스업체들은 셋톱박스를 중심으로, 스마트폰업체들은 스마트폰을 중심으로, 게임기업체들은 게임기를 중심으로 이 시장에서 중추적인 플레이어가 되기 위해 경쟁하고 있다. 플랫폼을 장악하면 큰 성과를 얻을 수 있지만, 그러기까지 지난한 전략적 노력이 요구된다.

플랫폼 구축 기회

비용 절감과 새로운 가치 창출 등 다양한 사업 기회를 제공하는 플랫폼 전략에서 성공한 기업들을 분석해보면, 전략적 기회를 제공하는 다음과 같은 세 가지 원천을 확인할 수 있다. 각 원천별로 기업의 대안을 모색하는 과정에서 경쟁력을 강화할 수 있는 전략 아이디어를 얻을 수 있을 것이다.

:: 중복/낭비 제거

아톰을 비트로 전환하는 디지털화의 본원적 특징을 활용한 모델이다. 중복이나 낭비는 기업 내부의 가치사슬에도 존재하고, 제품이나 서비스의 기능과 관련해서도 존재하며, 생태계 전체에도 존재한다. 이런 세 가지 차원에서 디지털화는 중복과 낭비를 제거하는 훌륭한 솔루션이 될 수 있다.

비용 대표적인 사례가 금융업이다. 금융업에서 실제 돈이나 금이 왔다 갔다 하는 거래는 많이 사라졌다. 카드 사용 활성화, 인터넷 뱅킹 확산 등으로 실물

화폐를 쓸 필요가 갈수록 줄어들고 있다.

하지만 아직도 많은 금융회사가 과거와 비슷한 규모의 지점을 운영하고 있다. 과거 현금 위주의 거래에서는 지점이 중요했는데, 이 관행이 디지털시대에도 쭉 이어지고 있는 셈이다. 효과적인 온라인 플랫폼을 만들면 이런 비용이 크게 줄어든다.

실제 한 국내 지방은행은 서울에 진출하면서 서울 지역에 지점이 거의 없다는 단점을 장점으로 재해석해 온라인 금융 상품을 집중적으로 판매했다. 이 지방은행은 온라인 전용 계좌를 만들면 우대 금리를 적용해 많은 고객을 모았다. 증권업계에도 지점 없이 출발한 온라인 전용 거래업체가 파격적인 수수료로 대규모 가입자를 모은 후, 실제 수익은 증권 담보 대출로 올리는 모델로 시장에서의 영향력을 크게 확장한 사례가 있다. 가치사슬의 중복과 낭비 요소를 제거하는 데 디지털기술은 효과적으로 활용될 수 있다.

고객가치 중복이나 낭비 제거는 단순히 종이 문서를 대체하는 데서 오는 비용 절감의 수준을 넘어서 제품이나 서비스의 기능을 추가해 고객가치를 획기적으로 높일 수 있다. 디지털기술은 모니터링, 제어, 최적화, 자율화라는 네 가지 기능을 탁월하게 수행한다.[106]

모니터링은 현재 벌어지는 상황을 디지털 정보로 전환해 그 흐름을 모니터하는 것이며, 제어는 원격지에서도 모니터링한 정보를 토대로 통제하는 기능을 의미한다. 최적화는 기계나 장비, 혹은 서비스가 가장 효율적으로 작동할 수 있도록 최적의 상황을 유지하는 기술을 뜻하며, 자율화는 로봇청소기처럼 자율적으로 주어진 과업을 수행하는 기능을 뜻한다.

건물의 냉난방설비를 생산하는 업체가 디지털기술을 활용해 경쟁력을 높인 사례를 보자. 과거에는 냉난방설비를 생산해 건물에 설치해주고 돈을 받는 모델로 회사를 운영했다. 하지만 디지털화를 적극 추진하면 앞서 가치사슬상 불필요한 공정을 없애 생산성을 높일 수 있을 뿐만 아니라, 제품의 본원적인 경쟁력을 향상시킬 수 있다.

예를 들어, 냉난방설비에 센서를 달아 실시간으로 작동 상황을 모니터링하면 과부하나 오작동 등을 사전에 예방할 수 있다. 또 이상이 생겼을 때 원격으로 통제하거나, 사람이 있을 때만 설비를 작동하는 등 제어 기능도 활용할 수 있다. 특히 햇빛이 들어오는 창가 자리에는 냉방을 강하게 하고, 안쪽 자리에는 약하게 하는 등, 최적화 기술을 활용한 연료비 절감도 가능하다.

이 모든 활동을 굳이 사람이 개입하지 않고 컴퓨터가 자율적으로 수행할 수 있다. 이런 서비스 플랫폼을 구축해서 판매하면 고객들은 이전보다 냉난방비를 줄이면서도 더 높은 만족도를 얻을 수 있기 때문에 플랫폼 판매기업은 경쟁우위를 확보할 수 있게 된다.

생태계 마지막으로 회사 내부의 가치사슬, 제품과 서비스의 중복이나 낭비 외에 생태계 전체에서 불필요한 중복이나 낭비를 없애는 것도 새로운 전략의 출발점이 될 수 있다. 전통적인 사례가 델이다. 델은 복잡한 유통망을 거치지 않고 고객과 직거래하는 플랫폼을 만들어 컴퓨터 가격을 크게 낮출 수 있었고,

참고하세요

실제 GE는 과거 항공기 엔진을 단순히 판매하기만 했는데, 최근에는 엔진에 센서를 장착해 실시간으로 센서에서 획득되는 정보를 관리해주며, 최적의 비행기 운항 방법까지 제시해주는 플랫폼도 제공하고 있다. 실시간 모니터링을 통해 고장을 예방하거나, 문제가 생겼을 때 신속한 조치도 가능하다. GE는 항공기 외에도 판매 중인 수많은 산업재와 의료장비를 효과적으로 제어할 수 있도록 통합 시스템을 구축하는 등 플랫폼화에 박차를 가하고 있다.

중국의 자존심으로 떠오르고
있는 샤오미의 홈페이지

이를 바탕으로 세계시장을 장악했다.

중국 스마트폰업체 샤오미도 성별 지역별로 복잡하게 얽혀있는 중국 내 스마트폰 유통망을 활용하지 않고 온라인으로만 제품을 판매했다. 대신 가격을 큰 폭으로 낮춰 시장을 장악했다. 이후 각종 직접 구매, 직거래 회사들이 생겨나 소비자들에게 싼값에 제품을 공급하는 모델로 성공하고 있다.

이처럼 복잡한 생태계의 구조로 인해 가격이 치솟는 문제를 일거에 없애주는 플랫폼을 만들면 큰 성공을 기대할 수 있다.

:: 새로운 연결

이전까지 연결되지 않았던, 혹은 연결을 위해 큰 불편을 겪어야 했던 사람이나 사물을 연결시켜 전혀 새로운 부가가치를 창출하는 플랫폼도 주목해야 한다. C2C 사이트가 대표적이다. 이 사이트의 대표 주자 격인 이베이의 창업 스토리를 살펴보자.

이베이 창업주인 피에로 오미다이어는 특이한 모양의 캔디통을 모으는 게 취미인 여자친구가 있었다. 그런데 이 여자친구가 특이한 캔디통을 가진 사람이 어디에 거주하는지 알 수 없어 수집하기 힘들다는 불평을 늘어놓았다.

대다수 사람은 불평하는 애인을 구박했을 것이다. 왜 그렇게 희한한 취미를 갖고 있느냐는 식으로 말이다. 하지만 오미다이어는 여기서 사업 기회를 발견했다. 많은 사람이 독특한 물건을 소유하고 있는데, 어디에 사는 누가 어떤 물건을 갖고 있는지 알기가 무척 어렵기 때문에 거래가 되지 않고 있다는 점에 착안한 것이다. 그리고 당시 막 떠오르던 온라인기술을 이용하면 검색을 통해 지역을 뛰어넘는 거래가 가능할 것으로 봤다. 그리고 이베이를 창업해 세계 최대의 C2C 사이트를 만들었다.

이처럼 C2C 사이트는 그 동안 연결될 수 없었던 사람들이 온라인의 장점을 활용해 손쉽게 연결되면서 새로운 비즈니스가 시작될 수 있었다. 페이스북이나 트위터 같은 SNS도 수많은 사람을 손쉽게 연결시켜주는 기능을 바탕으로 세계적 기업으로 도약했다.

한국에서 인기를 모으고 있는 '배달의 민족' 같은 음식 배달 애플리케이션도 주목할 만하다. 과거 배달을 시키려면 쿠폰북을 이용하거나, 전화번호를 검색하거나, 음식점에서 나눠주는 스티커를 찾아야 했다. 음식점도 홍보하기 힘들었고, 고객들도 다양한 음식점 전화번호를 관리하기 어려웠다(냉장고 벽에 어지럽게 붙어있는 음식점 스티커가 이를 잘 반영한다). 음식점과 고객을 애플리케이션으로 연결시켜주는 배달의 민족 같은 서비스는 이런 문제점을 단번에 없애줬다.

사교육업체인 메가스터디는 강남의 유명 입시강사들과 수험생을 온라인으로 연결시켜 크게 성공했다. 유명 강사 입장에서는 물리적 공간의 제약 때문에 학생들을 수용하는 데 한계가 있었는데, 온라인 강의로 제한 없이 학생들

음식 배달 애플리케이션 배달의 민족, 요기요, 배달통 광고(위에서부터). 온라인의 장점을 활용해 손쉽게 사람들이 연결되면서 새로운 비즈니스가 시작됐다.

에게 강의를 할 수 있었다.

학생 입장에서도 유명 강사의 강의를 들으려면 강남까지 이동해서 비싼 수업료를 지불해야 했는데, 상대적으로 싼값에 집에서도 강의를 들을 수 있게 됐다. 최근 미국의 유명 대학들은 비싼 수업료를 내야 들을 수 있었던 대학 강의를 온라인에 개방하면서 많은 사람들의 관심을 모으고 있다.

이처럼 연결에 큰 비용이 들거나, 사실상 연결이 불가능했던 사람들을 연결시켜주면 큰 시장을 만들 수 있다.

:: 자원의 재발견

기존 기업들이 자원이라고 생각하지 않았던 요소를 가치 창출의 원천으로 새롭게 재발견하면서 시장을 재편하는 기업들이 잇따르고 있다. 이런 방식의 가능성을 연 대표적인 사례가 분산컴퓨팅*이다.

수많은 사람이 컴퓨터를 보유하고 있지만 쓰는 시간 못지않게 쓰지 않는 시간도 많다. 하지만 이전까지 쓰지 않는 컴퓨터가 자원이 될 것이란 생각을 하는 사람은 없었다. 하지만 혁신가들은 쓰지 않는 컴퓨터의 컴퓨팅 파워를 연결시키면 엄청나게 복잡한 문제를 풀 수 있다고 보고 분산컴퓨팅 활동을 추진해 수십~수백만 명이 참여한 바이오, 수학, 암호 등 다양한 분야의 공익적 실험들이 이어졌다.

● **분산컴퓨팅(Distributed Computing)**
인터넷에 연결된 여러 컴퓨터의 처리능력을 이용해 거대한 계산 문제를 해결하려는 분산 처리 모델로, P2P기술의 일부다. 가장 대중적으로 성공을 거둔 분산컴퓨팅 모델로는 SETI@Home(외계 지적생명 탐사)이 있다.

비즈니스 세계에서 이런 접근으로 큰 반향을 불러일으킨 사례로 빈방 공유 서비스인 에어비앤비와 차량 공유 서비스인 우버 등을 들 수 있다. 숙박업체들은 서비스를 제공하기 위해 호텔이나 모텔 같은 설비부터 마련하는 게 수백 년간 이어진 당연한 인식이었다. 하지만 혁신가들은 이런 통념을 깨고 일반인들의 집에 있는 빈 방에 주목했다. 그들은 빈 방을 공유하면 여행자들과 집 소유자 모두에게 가치를 줄 수 있다고 판단하고 빈 방 공유 서비스를 시작했다. 그러자 대부분 사람들은 말도 안 된다는 반응을 보였다. 생면부지의 여행객에게 안방을 내줄 사람은 없다는 판단에서였다.

하지만 에어비앤비는 191개 국가의 530만 개 숙소가 등록돼 있으며, 기업 가치도 300억 달러가 넘는 것으로 추산되고 있다.[107] 여행객은 현지인과 대화하며 현지의 문화를 체험할 수 있다는 가치와, 집주인은 새로운 친구를 사귀며 추가 수입도 올릴 수 있다는 장점이 극대화된 것이다.

우버도 고급차를 소유한 사람과 운송 서비스를 원하는 사람을 연결시켜줬다. 운송업은 별도의 허가를 받은 차량만 할 수 있다는 통념에서 벗어나, 차량과 시간 여유를 가진 사람을 새로운 자원으로 보고 사업 모델을 만들어 성공한 경우다. 허핑턴포스트 같은 업체는 인터넷 논객들이 올리는 흥미로운 글을 자원으로 보고, 이 글을 묶어서 서비스하면서 유력 매체로 떠오른 경우다.

에어비앤비(위)와 우버(아래)의 홈페이지. 에어비앤비와 우버는 기존 자원을 새로운 부가가치를 창출할 수 있는 자원으로 재발견하면서 새로운 시장을 창출했다.

이 밖에도 심부름이나 줄서기 같은 서비스의 구매자와 공급자를 연결시켜 주는 태스크래빗(Taskrabbit) 같은 업체도 단기 시간제 일자리를 구하는 일반 사람들을 부가가치를 창출할 수 있는 자원으로 재발견하면서 새로운 시장을 창출한 사례다.

요약하면, 우리 조직 내부, 상품과 서비스, 생태계 전체에 중복과 낭비요소를 파악하고, 인터넷 기반의 기술을 활용해 이를 없애는 모델을 구축하면 플랫폼을 성공적으로 운영할 수 있다. 또 연결되기까지 많은 비용이 들었던 사람이나 사물을 연결시켜주거나, 가치 있지만 아직 사업적으로 이용되지 않은 자원을 효과적으로 활용하면 거대한 시장을 창출할 수 있다.

하지만 이렇게 플랫폼의 원천을 찾았다고 해서 성공이 보장되는 것은 아니다. 플랫폼을 운영하는 데 몇 가지 반드시 고려해야 할 사안이 있다.

첫째는 신뢰다. 낯선 사람과의 연결에서 신뢰가 담보되지 않으면 상거래는 불가능하다. 그래서 대부분의 C2C업체가 판매자의 신뢰도를 측정해서 공개하고 있다. 에어비앤비나 우버는 서비스 제공자나 사용자가 상대방을 모두 평가할 수 있는 시스템을 갖고 있다. 특히 에어비앤비는 사용자가 인터넷에 실린 사진과 같은 방이라는 점을 확인한 후에 돈을 입금하는 방식을 지키고 있다. 이런 방식으로 플랫폼에서 신뢰를 최대한 보장해줘야 플랫폼이 성장할 수 있다.

둘째는 경쟁 플랫폼을 이길 수 있는 차별적인 경쟁우위가 필요하다. 경쟁우위 확보에는 운과 의도된 전략, 그리고 둘의 결합 등 다양한 요소가 작용한다. 마이크로소프트의 컴퓨터 운영체제 윈도는 운 좋게 IBM이 사용하면서 강력한 PC 플랫폼으로 자리 잡았다. 알리바바는 이베이 등 다른 C2C 사이트들과의 경쟁에서 이기기 위해 수수료를 받지 않았다. 이렇게 수수료를 받지 않은 이유는 더 많은 판매자를 모집하기 위해서다. 더 많은 판매자가 모이면 상품이 많아지기 때문에 구매자 입장에서는 더 매력적인 사이트가 되고, 구매자도 늘어날 수 있다.

문제는 돈을 벌어야 한다는 점이다. 알리바바는 여기서 혁신적인 아이디어를 냈다. 바로 구글의 모델을 적용한 것이다. 알리바바는 고객이 사이트에 들어와 상품 검색어를 입력했을 때 먼저 노출되기를 원하는 업체에게 돈을 받았

알리바바의 영문 홈페이지

다. 판매자들은 돈을 내지 않아도 되지만, 더 많이 팔려면 돈을 내고 검색어를 구입하는 게 유리했다. 수수료 무료 정책으로 플랫폼을 장악한 알리바바는 검색어 경매로 큰돈을 벌었다.

이밖에 플랫폼 참가자들에게 얼마나 통제를 가할 것인지도 중요한 이슈다. 실제 애플은 앱스토어를 만들 때 저질 혹은 악질 애플리케이션이 넘쳐날 것을 우려해 개방을 하지 않는 방안도 검토했다. 하지만 개방의 이익이 더 크다고 보고 앱스토어를 일반인들에게 개방하고, 저질 애플리케이션이 업로드되지 않도록 별도의 심사를 받도록 했다.

반면 위키피디아처럼 극도로 자율성을 존중해 누구라도 글을 올리고 오류를 수정할 수 있도록 만드는 것도 효과가 좋다. 다양한 사람이 참여하는 것인만큼 가급적 자율성을 존중해주며 대중들 스스로 방향을 찾아가도록 유도하는 게 바람직하다.

06

애자일 전략

애자일의 부상

애자일은 일군의 소프트웨어 개발자들이 만든 새로운 소프트웨어 개발 방법론에서 그 뿌리를 찾을 수 있다. 과거 소프트웨어 개발 방법론은 폭포수(Waterfall) 방식으로 불린다. 한 단계가 끝나면 잘 끝났는지 점검한 후, 다음 단계로 이동하는 방식이다. 예를 들어, 기획을 하고, 소프트웨어 구조를 설계하고, 세부 코딩을 하고, 오류를 점검하고 테스트한 다음 시장에 내놓아 고객들의 반응을 점검하는 식의 절차를 따른다. 소프트웨어 개발뿐만 아니라 기업의 신제품 개발이나 TFT 운영 과정도 일반적으로 이와 다르지 않다. 이 과정에서 경영자나 과제 책임자 등 의사결정권자가 전권을 쥐고 의사결정권을 행사한다.

그러나 현실에서 이런 방식은 많은 문제를 일으킬 수 있다. 실제 고객이 원하는 방향과 다른 결과물이 나올 수 있다는 게 가장 큰 문제다. 내부에서 최고의 인재가 방향을 정했다 하더라도 실제 고객의 관심사를 반영한 것인지, 실제 고객이 이를 좋아할지 여부는 불투명한 경우가 많다. 그래서 기업에서 진행하는 많은 프로젝트는 실패로 끝나기도 한다.

이런 문제점을 해결하는 데 도움을 주는 방법이 바로 애자일이다. 애자일은 폭포수 방식과 달리 전체 개발 과정을 하나의 프로세스로 짧고 신속하게 진행한다. 예를 들어, 폭포수 방식의 '기획-구조 설계-코딩-오류 점검 및 테스트-시장 출시-반응 점검'의 전 과정을 2주나 한 달 안에 진행하는 것이다. 이를 스프린트(Sprint)라고 한다. 전력 질주하듯이 미친 속도로 최소한의 핵심 콘셉트를 지닌 제품을 신속하게 개발해서 시장의 반응을 점검한 뒤, 다시 피드백을 근거로 더 진화한 콘셉트를 담은 스프린트를 새롭게 진행하는 것이다.

이런 스프린트를 진행하는 과정에서는 팀 리더나 경영자가 의사결정을 하지 않는다. 애자일 팀원들이 제품 개발에 대한 의사결정을 한다. 그런데 사실상 애자일 팀원들은 고객의 피드백을 토대로 제품을 수정하기 때문에 근본적으로는 고객이 의사결정을 한다고 볼 수 있다. 또 매일 스크럼(scrum), 혹은 스탠드업 미팅을 통해 업무 현황과 우선순위, 진행 상황을 공유한다. 수평적 소통이 장려되고, 어떤 아이디어도 존중받는다.

애자일은 폭포수 방식보다 장점이 많다. 디자인씽킹의 프로토타입 제작처럼, 일단 핵심 기능을 갖춘 시제품을 만들어놓고 고객의 반응을 점검해 고객들이 싫어하면 다른 방향으로 신속하게 전환이 가능하다. 따라서 애써 제품을 개발했는데, 정작 고객들이 싫어하는 상황을 막을 수 있다는 게 최대 강점이다. 또 애자일 팀원 스스로 의사결정권을 갖고 있기 때문에 프로젝트에 대한 주인정신을 가질 수 있고 업무 몰입도도 높아진다. 따라서 디지털 혁명이 일어나고 있는 현대의 경영 환경에서 가장 유력한 전략 대안으로 부상하고 있다.

애자일 적용 방법과 마인드셋

애자일은 소프트웨어 개발 방법론에서 출발했기 때문에 굉장히 정교한 방법론이 체계화되어 있다. 하지만 스크럼, 스프린트 등 방법론을 구체적으로 적용하는 것보다 훨씬 중요한 게 있다. 애자일 정신, 애자일 마인드셋을 갖는 것이다. 만약 기존 위계적 조직구조와 마인드를 그대로 보유한 채 스크럼이나 칸반, 스프린트 등 애자일 툴을 그대로 적용한다면 절대 성과를 낼 수 없다. 많은 위계 조직에서 애자일 전략을 도입하고도 성과를 내지 못하는 것은 이런 이유 때문이다. 오히려 스크럼 같은 애자일 툴을 도입하지 않았더라도 애자일 마인드셋을 가지고 있다면 더 좋은 성과를 낼 수 있다.

마인드셋은 툴보다 훨씬 중요하다. 또 마인드셋만 제대로 갖추고 있다면 툴은 얼마든지 변형하거나 조직에 맞는 방식으로 새롭게 창조할 수 있다. 다시 한번 강조하지만, 스크럼을 도입했지만 과거와 같이 리더가 일방적으로 자신의 전략을 주입하는 식으로 운영한다면 결코 성과를 높일 수 없다.

애자일 마인드셋은 다음과 같다.

:: 모든 계획은 바뀔 수 있다

지금까지 이 책에서 SWOT를 비롯한 다양한 기획 방법론을 제시했다. 하지만 아무리 머리로 치밀하고 기막힌 계획을 짜도 현실에 부딪혔을 때 무위가 되는 경우가 많다. 권투선수 무하마드 알리는 이렇게 말했다.

"누구나 그럴듯한 계획을 갖고 있다. 얼굴을 한 방 맞기 전까지는."

더군다나 지금처럼 변화무쌍한 현실에서 계획이 문제를 해결해줄 것이란 믿음은 매우 위험하다. 실제 비즈니스에서는 기존 계획이 틀어지고 새로운 계획으로 성공한 사례가 훨씬 많다. 유튜브는 원래 데이팅 사이트였다. 사업이 잘 되지 않자 동영상 공유로 비즈니스 모델을 전환해 성공했다. 업무 협업 툴인 슬랙도 처음에는 게임회사가 만든 내부 협업 툴이 모델이다. 정작 본업이었던 게임은 완전히 실패했는데, 내부 직원들이 활용하던 협업 툴이 성공하면서 생존의 기반을 찾았다.

애자일의 핵심 아이디어는 고객의 반응을 최대한 빨리 테스트해 제품을 수정하자는 방법론이다. 그런데 '계획부터 해보자'는 사고는 애자일의 핵심 취지에 부합하지 않는다. 우리 조직의 방향에 부합하고 어느 정도 가능성이 있으면 빠르게 시제품을 만들어서 고객에게 직접 보여주고 반응을 보며 수정하자는 것이다.

실제 이런 접근의 유용성을 보여준 사례가 한 벤처기업이 만든 포텐 큐브다. 스마트폰에 큐브 모양을 보여주고 1만 5,000번을 두드리면 소소한 현금을 주는 앱이다. 요즘처럼 바쁜 시대에 스마트폰을 1만 5,000번 두드리는 서비스가 통할 것이라는 이성적 추론을 하기에는 거의 불가능했다. 그러나 이 서비스는 시장에서 큰 반향을 불러 일으켰다. 많은 사용자가 이 서비스를 이용했고, 광고를 보면 200회 차감 형태의 수익 모델까지 확보할 수 있었다. 이처럼 상식적으로 이해하기 힘든 모델을 내놓을 수 있었던 것은 계획보다는 빠른 피드백과 수정을 중시하는 애자일 문화 덕분이었다. 실제 이 회사는 애자일 방법론을 활용해 다양한 서비스를 개발해 성공을 이어가고 있다.

:: 의사결정권은 현장에 위임한다

기존 위계 조직과 애자일 문화 사이에서 가장 마찰이 큰 부분이다. 애자일 팀은 전적으로 의사결정권을 가져야 한다. 특히 고객과 직접 접촉하고 있는 현장 팀원들이 의사결정권을 가져야 한다. 경영자, 혹은 애자일 팀의 리더가 의사결정권을 행사해서는 안 된다.

과거 농업 시대에는 경험 많은 원로가 의사결정권을 갖는 게 조직에 더 이로운 결과를 가져왔다. 패턴이 반복되기 때문에 경험이 많은 사람이 좋은 의사결정을 할 수 있었다. 하지만 지금은 매일 새로운 혁신이 일어나고 있다. 그리고 정답은 아무도 모른다. 경험에 기초한 의사결정이 오히려 실패할 수 있다. 이런 상황에서는 고객과 직접 접촉하고 있는 실무자가 현장에서 부딪히면서, 그리고 빠르게 실패를 반복하면서 정답을 찾아가야 한다. 이는 대부분의 위계 조직에서 용납되기 어렵기 때문에 애자일 문화가 정착되지 않는다. 물론 리더가 의견을 제시할 수는 있다. 대부분 위계 조직에서는 리더의 의견은 무조건 실행되어야 한다. 하지만 애자일 조직에서는 "좋은 가설입니다. 시장에서 실험해보겠습니다."라고 말해야 한다. 리더의 의견이라도 현장에서 고객들에게 물어보고, 고객들이 싫어하면 거부되는 게 당연하게 여겨져야 한다.

:: 진정한 고객 지향성을 갖는다

모든 조직은 겉으로는 고객을 중시한다고 말한다. 하지만 진짜 고객 중심적인 조직은 많지 않다. 실제 기업 관계자에게 지금 고객과 사장이 동시에 자신을 호출하면 어디로 가겠느냐고 물어본 적이 있다. 대부분 조직원은 고객에게 양해를 구하고 사장에게 뛰어간다고 말했다. 실제 대부분 위계 조직에서 보스를 위한 보고 자료를 만드느라 고객가치를 창출할 시간을 확보하기 어려운 것도 현실이다.

애자일이 성공하려면 진정한 고객 지향성을 갖춰야 한다. 애자일 팀은 기획부터 하지 않는다. 상사를 위한 보고서도 만들지 않는다. 일단 프로젝트의 방향성과 목적이 세워지면 고객부터 만난다. 예를 들어 컴퓨터를 만드는 회사의 애자일 팀이라면 일단 고객부터 만나본다. 그리고 고객으로부터 통찰을 얻어 핵심 콘셉트를 정한 다음, 최대한 빠르게 시제품을 만들어 다시 고객을 찾아 반응을 들어본다. 이 과정을 거듭하는 게 애자일의 본질이다.

:: 수평적으로 소통한다

지속적으로 변화를 모색해야 하는 애자일이 성공하려면 다기능 팀 구성이 필수이다. 제품 개발, 마케팅, 엔지니어 등이 한데 모여 공동의 목표를 위해 작업을 해야 한다. 그런데 수평적 소통이 이뤄지지 않으면 성과를 기대할 수 없다.

윤정구 이화여대 교수의 말에 따르면 덕담이 난무하는 조직은 건강하지 않다고 한다. 서로 좋은 이야기만 하고 본질적인 문제를 말할 수 없는 조직은 발전하지 않는다. 그러나 애자일은 다르다. 누구라도 문제를 발견하거나, 문제 발생 우려가 있다면 목소리를 낼 수 있어야 한다. 그리고 상대의 의견을 경청하는 문화가 갖춰져야 한다. 이를 토대로 협업이 이뤄져야 한다.

상대가 불편해할 것이 분명한 이야기를 하는 것은 매우 어려운 일이다. 인간은 지극히 사회적 동물이기 때문에 집단에서 문제를 일으킬 만한 이야기는 가급적 하지 않으려 한다. 이런 분위기는 순응을 낳는다. 순응은 혁신의 가장 큰 적이다. 직급과 직위, 경험, 부서 등과 상관없이 자신의 의견, 불만, 우려 사항을 말할 수 있어야 훌륭한 조직이다. 불편한 이야기를 할 경우 오히려 칭찬받는 문화여야 한다. 이런 문화 속에서 사람들은 심리적 안정감을 확보하게 된다. 구글이 내부의 고성과 조직을 분석해보니 첫 번째 원인으로 심리적 안정감이 꼽혔다고 한다. 수평적 소통 마인드셋 없이 애자일은 불가능하다.

물론 애자일이 모든 것을 해결해주는 만병통치약은 아니다. 병원 응급실이나 항공기 운항처럼 한 치의 오차 없이 프로세스를 준수해야 하는 경우 애자일은 바람직하지 않다. 불량을 없애고 수율을 높이는 일사불란한 행동이 필요한 경우에도 애자일은 적합하지 않다. 하지만 새로운 변화를 원한다면 애자일 마인드셋에서 답을 찾을 수 있다. 새로운 마인드셋을 요구하는 디지털 변혁의 시기에 애자일은 가장 현실적인 대안이 될 수 있다.

혁신만 강조하는 시대에 우리가 잊고 지내왔던 것들

요즘처럼 변화가 빠른 시기에 인성이나 기본기 등을 강조하는 것은 고루하게 들린다. 빠른 적응력, 파괴적 혁신에 대한 스마트한 대응, 창의적이고 유연한 사고 등을 중시하는 조직이 정말 많다. 하지만 〈DBR〉이 취재해 보도한 학교 혁신 사례들은 인성이나 기본기 같은 것들이 얼마나 중요한지 새삼 깨닫게 해준다. 유연성이 최고의 가치로 여겨지는 시대, 인성 같은 원칙적인 요소들이 어떤 가치를 줄 수 있을까?

교육은 사람을 키우는 일이고 사람이 커가기 위한 기본 토대는 인성이다. 인성이 제대로 갖춰지지 않았다면, 아무리 훌륭한 지식과 기술로 무장하고 있더라도 오래 가기 힘들다. 후보 선수들로 팀을 꾸려 전국대회 우승이란 놀라운 성과를 낸 원동중학교 야구부는 선수들이 힘들더라도 반드시 일반 학과 수업에 참여해 제대로 공부하게 했다. 야구부 감독이 학생들의 일반 수업에 참관해 열심히 수업을 받으라고 독려할 정도였다.

또 야구기술보다 성실성이 돋보이는 학생에게 주장을 맡기는 등, 인성을 중시하는 확고한 철학을 밀어붙였다. 세부적인 야구기술을 배우고 싶다는 요구에도 흔들리지 않고 끈질기게 기본기를 연마하도록 유도했다. 인성과 기본기로 무장한 시골 중학교 야구부원들은 경기에 패하자 교사의 만류에도 불구하고 자발적으로 삭발을 하며 투혼을 불살랐고, 이후 전국대회를 휩쓸었다.

의대나 병원도 없는데다, 학교 브랜드의 후광도 기대하기 힘든 상황이지만, 최고의 경쟁력을 유지하고 있는 호서대 간호학과도 마찬가지다. 간호사에게 필요한 지식이나 기술도 중요하지만, 기본적인 인성이 뒷받침되지 않으면 직업 전선에서 성공할 수 없다는 믿음으로 교수진은 인성을 강조했고, 실제 교육 내용에 이런 철학을 반영했다. 훌륭한 간호사에 대한 책을 읽고, 글을 쓰게 했으며, 선배 간호사들과의 만남을 통해 '공부 1등이 아니라 환자를 제대로 이해하려는 노력이 최고의 간호사를 만든다'는 교훈을 체감하게 했다. 탄탄한 기본기와 인성을 갖춘 졸업생들이 현장에서 발군의 실력을 보여준 것은 당연하다.

간디학교의 사례도 큰 울림을 준다. 간디학교는 자발적으로 의사결정을 하며 문제를 해결하는 인재를 키우겠다는 철학을 실천하기 위해 '효율성' 대신 '기다림'을 택했다. 실제 학내에서 도난사고가 생겼을 때, 학생들끼리 지루한 토론이 이어졌다. "CCTV를 설치하자", "함정 수사를 하자", "경찰에 신고하자" 등 험악한 분위기가 연출됐지만, 교사들은 인내심을 갖고 아이들이 스스로 해답을 찾을 때까지 기다리고 또 기다렸다.

결국 한 아이가 어렸을 때 남의 물건을 훔친 경험을 고백했고, 다른 아이는 엄마에게 물건을 훔친 걸 들켰지만 엄마가 자신을 꼭 안아줬던 경험을 이야기했다. 그리고 학생들은 모두가 서로를 껴안아주자고 제안했다. 자연스럽게 '범인을 잡자'는 안건은 부결됐고, 무기명 쪽지를 돌려 돈을 가져간 학생이 언제 어떤 방식으로 돌려놓을지 쓰게 하자는 아이디어가 채택됐다. 이후 돈은 쪽지에 쓰인 곳으로 돌아왔다.

'특목고나 자사고를 이기는 무서운 일반고'로 유명한 공주 한일고, 죽어가는 공교육 분야에서 희망을 쏘아올린 장곡중학교의 혁신도 한마음으로 뭉치면 어떤 기적도 가능하다는 것을 보여준 실증 사례로 손색이 없다. 꼴찌 산골마을 학생들의 기적으로 불리는 일본 아키타현의 교육 개혁 사례, 공감을 화두로 혁신의 역사를 써가고 있는 미국 공감학교 스토리도 영감의 보고다.

학교 혁신 사례들은 이 시대의 경영자들에게 원칙과 기본이 얼마나 중요한지 보여주는 살아 있는 교과서다. 우리 조직의 원칙과 기본에 대해 돌아보고, 이를 토대로 혁신을 선도하는 조직으로의 도약을 일궈내야 한다. 불확실성 시대에 대처하는 가장 탁월한 전략은 내부의 원칙과 기본기를 다지는 것일지도 모른다. 삶에 대한 확고한 원칙과 열정을 가진 조직원들이 있다면 가장 강력한 혁신의 원천이 될 것이다.

혁신의 완성은 학습

파리와 벌 가운데 누가 더 똑똑할까? 당연히 벌이다. 그래서 병에 파리와 벌을 함께 넣어놓고 병의 입구를 햇빛이 드는 창문 쪽을 향해 놓으면 벌이 먼저 빠져나간다. 다른 곤충과 달리 벌은 빛이 들어오는 쪽이 출입구라는 고차원적 지식을 알고 있기 때문이다.

하지만 병의 입구를 어두운 쪽으로 돌려놓으면 상황이 달라진다. 벌은 빛이 들어오는 쪽으로 계속 돌진하는 반면, 파리는 아무 생각 없이 날아다니다 우연히 입구를 찾아 벌보다 더 빨리 병에서 탈출한다. 똑똑한 벌이 지식의 덫에 빠진 것이다.

지금까지 꽤 많은 전략 이슈와 이론, 프레임들을 살펴봤다. 하지만 이 지식들이 덫이 돼서는 안 된다. 전략의 덫에 빠지지 않기 위해서는 기존 학습 내용을 끝없이 재해석하고, 고정관념을 깨뜨려나가야 한다. 새로운 현상, 새로운 사례, 새로운 기업이 등장하면 끊임없이 성공 원리를 탐구하고, 그 원리를 우리 사업에 적용할 방법을 찾아내 적용해야 한다.

실제 혁신가들은 산업 영역과 상관없이 왕성하게 학습을 하는 진정한 배움의 전문가들이다. 예를 들어보자. 레알 마드리드는 사업 아이디어를 디즈니랜드에서 배웠다. 디즈니랜드에서 주 수입원은 디즈니랜드 입장료 수입이 아니다. 디즈니가 만든 공주, 왕자, 동물 캐릭터가 아이들이 좋아하는 가방, 신발, 볼펜, 장난감 등 수많은 상품에 붙어서 판매되면서 얻는 라이센스 수입의 규모가 훨씬 크다.

레알 마드리드 구단주는 이 모델에서 아이디어를 얻어 전 세계 유명 스타를 무차별 영입했다. 중계권료와 입장료 수입만 생각했던 기존 구단들과 축구 전문가들은 이런 레알 마드리드의 행보를 이해할 수 없었다. 당연히 얼마 못 가 망할 것이라고 예측했다. 하지만 이 구단은 유럽 금융위기 와중에도 최고 실적을 기록하며 승승장구했다.

타이어 디자이너는 신발 밑창에서 아이디어를 얻어 혁신적 제품을 만들었고, 주방용품 제조업체 사장은 붕어빵 틀에서 아이디어를 얻어 프라이팬의 기름이 튀는 문제점을 해결한 양면팬을 만들어 크게 성공했다. 정육점 사장은 길거리에서 꼬치구이 냄새를 풍기며 고객을 모으는 꼬치구이집의 마케팅에서 아이디어를 얻어 금요일마다 냄새가 많이 나는 양념구이를 구워 지나가는 손님들에게 시식을 시켜주는 이벤트를 열어 매출을 크게 늘렸다.

미래는 더욱 불확실해지고 있다. 한 번에 모든 문제를 해결해주는 솔루션은 어디에도 없다. 다양한 현상 이면에 숨겨진 원리를 끝없이 파악하고, 이를 우리 사업에 적용시켜보려는 노력만이 성공을 보장할 수 있다. 내가 알고 있는 게 틀릴 수 있으며, 내가 모르는 게 훨씬 더 많다는 생각은 학습의 출발이다.

작은 성공에 안주하는 순간 위험에 빠진다. 전략은 끝없이 진화하고, 새로운 솔루션 또한 계속 나오고 있다. 학계에서 이론으로 정리하기에 앞서 실무에서 지속적으로 혁신적인 아이디어가 도출되고 있다. 현실에서 끝없이 쏟아지는 혁신 아이디어를 호기심을 갖고 분석하고, 성공 원리를 우리 사업에 적용하는 것이 학습의 요체다. 학습을 우선하는 조직은 유연하고, 변화에 개방적이며, 수평적 의사소통을 장려한다. 반면 과거의 성공이나 과거의 지식에 안주하는 조직은 경직돼 있고, 변화에 저항하며, 수직적 질서만 강조한다.

불확실성이 높은 시대에 학습을 우선하는 조직이 생존에 더 유리한 것은 당연하다. 이 책이 끝없는 조직 학습의 여정에 조금이라도 도움이 되기를 바란다.

주석

1 리처드 루멜트, 2011, 전략의 적은 전략이다. 전략 홍수 시대 비즈니스 판도를 뒤바꿀 혁신적 공식, 김태훈 역, 생각연구소

2 오윤희, 2014, 혁신을 요리하라 눈으로 볼 수 있게, 조선일보 위클리비즈 4월 12-13일

3 댄 히스, 칩 히스, 2009, 스틱, 1초 만에 착 달라붙는 메시지 그 안에 숨은 6가지 법칙, 박슬라, 안진환 역, 엘도라도

4 조진서, 2013, 고통스러운 선택이 없는 미사여구는 전략이 아니다. 리처드 루멜트 UCLA 교수 동아비즈니스포럼 2013 강연 요약, DBR No. 138.

5 Berger, C., Blauth, R., Boger, D., Bolster, C., Burchill, G., DuMouchel, W., Pouliot, F., Richter, R., Rubinoff, A., Shen, D., Timko, M., Walden, D., Kano's Methods for Understanding Customer-defined Quality, In: Center for Qualit Management Journal, Vol. 4 (Fall 1993), 3~36.

6 장재영, 2013, 120만 달러 투자한 무중력 펜, 연필보다 가치없는 이유, DBR 121호

7 유튜브에서 'Domino's Pizza Turnaround' 검색, http://www.youtube.com/watch?v=AH5R56jlLag

8 존 스컬리, 2012, 마케팅 황제 존 스컬리 스티브 잡스를 만나다, 천희상 역, 청년사

9 Moore, J. F. 1996, The Death of Competition: Leadership and Strategy in the Age of Business Ecosystem, John Wiley & Sons.

10 고승연 강진구, 2014, 고객 니즈 정조준한 기술개발 옹고집, 국내시장 넘어 미국 러시아 공략 성공, DBR152호

11 이지효, 2014, 컨트라리언 전략, 처음북스

12 Porter, M.E., 1996, What is Strategy? Harvrd Business Review, November-December.

13 허문구, 2014, 버려야 얻을 수 있다 전략의 요체는 '포기', DBR No. 159.

14 Leading in the 21st centure: An interview with Ford's Allan Mulally, Mckinsey, November 2013, interview conducted by Rik Kirkland (http://www.mckinsey.com/insights/strategy/leading_in_the_21st_century_an_interview_with_fords_alan_mulally)

15 유귀훈, 2014, 임직원이 목숨 걸고 말린 반도체 투자, 호암이 밀어붙인 진짜 이유는? DBR 148호

16 Schoemaker, P.J.H., 1995, Scenario Planning: A Tool for Strategic Thinking, MIT Sloan Management Review, Winter, Cerf, C., Navasky, V., 1984, The Experts Speak, Pantheon Books, Newyork.에서 재인용

17 Cornelius, P., Van de Putte, A., Romani, M., 2005, Three Decades of Scenario Planning in Shell, Vol. 48, No. 1, Fall.

18 곽동원, 2008, 미래가 헷갈린다고? 정보를 모아라, 길이 보이리라, DBR No.5.

19 Phelps, P., Chan, C., Kapsalis, S.C., 2001, Does scenario planning affect performance? Two exploratory studies, Journal of Business Research, Vol. 51, Issue 3.

20 유정식, 2008, 찻잔속의 태풍? 멕시코만의 허리케인?, 서브프라임과 시나리오 플래닝 Case Study,DBR No. 4

21 Caves, R.E., Porter, M.E., 1977, From Entry Barriers to Mobility Barriers: Conjectural Decision and Contrieved Deterrence to New Competition, Quarterly Journal of Economics, Vol. 91, 241–262.

22 마이클 포터, 2008, 격변하는 세상 나의 위치를 정확히 알자, DBR No.1, 〈The five competitive forces that shape strategy, Harvard Business Review, 2008, Jan–Feb〉 전문 번역

23 권창오, 2009, 한국 vs 대만, 신발전쟁 30년, DBR No. 45.

24 강진구, 2014, 맛도 위치도 가격도 그저 그런데... 왜? 이 집만 설렁탕 손님 줄이 이어질까, DBR No. 150.

25 이장로, 신만수, 2013, 국제경영, 제6판, 무역경영사.

26 Porter, M.E., 1998, The Competitive Advantage of Nations, The Free Press, New York.

27 Moon, H.C., Rugman, A.M., Verbeke, A., 1998, A generalized double diamond approach to the international ompetitiveness of Korea and Singapore, International Business Review, Vol. 7, No.2

28 Porter, M.E., Competitive Strategy: Techniques for Analyzing Industries and Competitors, The Free Press, New York.

29 케빈 P. 코인, 존 혼, 2009, 3단계 질문으로 경쟁사 꿰뚫어보라, DBR No. 31(Harvard Business Review, Predicting Your Competitor's Reaction 전문 번역 기사)

30 장세진, 2013, 運七技三은 없다, 45%는 본인의 책임이다, 조선일보 Weekly BIZ 5월11일자

31 Prahalad, C.K., Hamel, G., 1990, The Core Competence of the Corporation, Harvard Business Review, May–June.

32 Leonard–Barton, D. 1992, Core capabilities and core rigidities: A paradox in managing new product development, Strategic management journal, 13(S1), 111–125.

33 Teece, D., & Pisano, G. 1994, The dynamic capabilities of firms: an introduction. Industrial and corporate change, 3(3), 537–556.

34 Strategy+Business, 2013, November 11, Thought Leaders Interview with David Teece by Art Kleiner (http://www.strategy-business.com/article/00225?pg=all)

35 Teece, D. J. 2007, Explicating dynamic capabilities: the nature and microfoundations of (sustainable) enterprise performance. Strategic management journal, 28(13), 1319–1350.

36   Pickton, D.W., Wright, S., 1998. What's swot in strategic analysis?, Strategic Change, March–Apirl.

37   Hill,T., Westbrook, R., 1997. SWOT Analysis: It's Time for a Product Recall, Long Range Planning, Vol. 30, No.1. pp.46–52.

38   노부호, 2010. 소가 밟아도 무너지지 않는 구조 혁신, DBR No. 69.

39   김위찬, 르네 마보안, 2005. 블루오션 전략, 강혜구 역, 교보문고

40   황윤일, 2009. 쿨 헌팅 게임: 신사업, 쿨하게 시작하라, DBR No. 43.

41   March, J. G. 1991. Exploration and exploitation in organizational learning. Organization Science, 2(1),, Levinthal, D. A., & March, J. G., 1993. The myopia of learning. Strategic Management Journal, 14(S2)

42   정지영, 2014. DBR No. 161.

43   이미영, 류주한, 2018. 현지인 식습관 간파한 '맞춤형 만두' 美·中에 글로컬라이제이션 돌풍, DBR No. 252

44   권구혁, 2009. 성장 목표 없는 신사업은 '러시안 룰렛', DBR No. 43.

45   Cambell, A., Goold, A., Alexander, M., 1995. Corporate Strategy: The Quest for Parenting Advantage, Harvard Business Review, Vol. 73, No.2, March–April.

46   Porter M.E., 1987. From Competitive Advantage to Corporate Advantage, Harvard Business Review, Vol.65, No.3, May–June.

47   김수민, 2008. 기업 잠재력의 최대치를 실현하라, DBR No. 16.

48   주 38번과 같은 논문.

49   정호상, 조진서, 2018. 저성장기에 수출입 물류 확장 돌파구! 과감한 M&A로 '글로벌 동원' 날개 달다, DBR No. 243.

50   Ghoshal, S., 2005. Bad management theories are destroying good management practices. Academy of Management Learning & Education, Vol. 4, No. 1, 75–91.

51   Platts, K. W., Probert, D. R., & Canez, L. (2002). Make vs buy decisions: A process incorporating multi-attribute decision-making. International Journal of Production Economics, Vol. 77, No.3, 247–257.

52   박진규, 급변하는 첨단분야, 2012. 'Psuedo-make'의 지혜를..., DBR No. 101.

53   김선규, 2013. 금호타이어, 전략적 제휴로 '빅3' 잡는다. 이코노믹 리뷰, 12월3일.

54   강희석, 2010. 확실한 비전, 구체적 관리...협력은 전략이다, DBR No. 51.

55   김유영, 2010. "협업은 결혼...싸울 수 있지만 못 풀 문제는 없다", DBR No. 51.

56   이방실, 2014. '짝퉁' 만들어 들고 '진품' 회사 찾아갔다, 설득 또 설득, 도나카란을 움직였다, DBR No 154.

57   문혜원, 2013. '100호점 앞둔 공차코리아, 성공 비결은?, 머니위크 No. 300.

58   김디모데, 2014. 스무디킹과 미스터피자, 왜 토종브랜드가 됐나, 비즈니스포스트, 8월5일자.

59   Tajfel, H., & Turner, J. C., 1979. An integrative theory of intergroup conflict, The social psychology of intergroup relations, Vol. 33, No.47.

60   박수애, 2010, '새로운 우리'라는 집단 정체감 쌓아야, DBR No. 51.

61   Mergermarket M&A Trend Report: 2013, www.mergermarket.com

62   Daimler-Chrysler Merger : A Cultural Mismatch? http://www.apexinstitute.ac.in/index.php?option=com_content&view=article&id=35&Itemid=29

63   강진구, 2014, 엄청난 시너지의 유혹, 자칫하면 조직통합에 운다, DBR No. 146.

64   이혁진, 데이비드 하딩, 사티시 샨카르, 리처드 잭슨, 2014, M&A가 얻는 것보다 잃는 게 많다고? No, M&A 르네상스에는 이유가 있다, DBR No. 148.

65   수 레이핑, 스티브 와이트, 2013, 준비 안 된 M&A 5000억원 날리고 신뢰마저 잃다, DBR No. 125.

66   Rothenbuecher, J., Schrottke, J., Niewiem, S., Wiche, G., All mergers are not alike, A.T.Kearney Report.

67   위와 같음.

68   윤재봉, 2010, 바람직한 M&A 가치 평가를 단행하려면, DBR No. 55.

69   신우석, 2012, 과수원의 가지치기를 배워라, 출구전략이 보인다, DBR No. 105.

70   Porter, M.E., 1980, Competitive Strategy, The Free Press, 1980.

71   김한얼, 2011, 사업 모델 혁신, 고객 재발견에서 출발하라, DBR No. 72.

72   이주성, 2012, 맥도날드 시스템 안과 병원에 도입, 1800달러 수술비 18달러로 낮췄다, DBR No. 117.

73   김남국, 문권모, 하정민, 박민준, 2008, 240만 원짜리 국민차 한국 기업엔 정녕 꿈일까? DBR No. 4.

74   정임수, 신성미, 2008, 달걀과 빨대도 미디어다, DBR No. 16.

75   이나모리 가즈오, 2014, 불타는 투혼, 한국경제신문사.

76   김남국, 2008, 막힌 흐름 뚫고 유관부서 머리 맞대라, DBR No. 4.

77   안성호, 2013, 고객은 왕 아마존의 고객제일주의를 체득하다, DBR No. 122.

78   김선우, 2013, 납품가 10원 깎으려 6개월 기다려...1000원짜리 제품 팔아 매출 1조 도전, DBR No. 131.

79   http://kini.tistory.com/1062

80   Carpenter, G. S., Glazer, R., Nakamoto, K. 1994, Meaningful brands from meaningless differentiation: The dependence on irrelevant attributes, Journal of Marketing Research, 339-350.

81   이방실, 2013, 부종 완화제를 멍 치료제로 리포지셔닝, 26억 건의 데이터에서 보물을 찾다, DBR No. 142.

82   홍성태, 2014, 7월 22일 Harvard Business Review Korea 독자초청 세미나 발표 내용.

83   고승연, 2014, 새로운 아이디어 원한다면 지구를 스캔한다는 생각으로 도전해야, 권덕형 코마코 국장 인터뷰, DBR No. 156

84   권근원, 2012, 마케팅, 박영사.

85   Bain & Company, 2014, Leading a Digical transformation, June 11, Bain Brief(http://www.bain.com/publications/articles/leading-a-digical-transformation.aspx)

86   http://www.thinkers50.com/t50-ranking/2013-2/

87   Christensen, C. M., 1993, The rigid disk drive industry: A history of commercial and technological turbulence", Business History Review, 67, pp. 531-588.
Patterns of entry and improvement in disruptive disk drive technologies, Reprinted with permission from Business History Review, 1993, 67, p. 559.

88   래리 다운즈, 폴 F. 누네스, 2013, 재앙처럼 닥쳐오는 빅뱅파괴자, DBR No. 138, Harvard Business Review, March 2013, Big-Bang Disruption 전문 번역.

89   Allen, F. E., 2014, Is Clayton Christensen's Disruptive Innovation a Myth?, Forbes.com, http://www.forbes.com/sites/frederickallen/2014/06/17/is-clayton-christensens-disruptive-innovation-a-myth/

90   Gourville, J.T., 2006, Eager Sellers & Stony Buyers, Harvard Business Review, June.

91   강진구, 2014, 생태계 모델로 각광받던 베터플레이스, 왜 실패했나? DBR No. 147.

92   강한수, 정두희, 2010, 메트 오페라의 화려한 부활, DBR No. 67.

93   김상훈, 2011, 전용 매장도 없이 맛과 이미지로…후발 끌레도르, 시장을 녹였다, DBR No. 88.

94   박용, 김유영, 2010, 타이어 만들기만 하면 팔린다? T'스테이션은 서비스까지 판다, DBR No. 59.

95   김위찬, 르네마보안, 2005, 블루오션 전략, 교보문고.

96   이용숙, 이응철, 2014, 소비자의 말과 행동은 다르다 고객의 '민낯'을 알려면 행동을 관찰하라, DBR No. 158.

97   미켈 B. 라스무센, 크리스티안 마드스비에르그, 2014, 술집으로 걸어 들어간 인류학자, Harvard Business Review Korea, March.

98   칠리엥 카일라, 로빈 비어스, 에릭 아르누, 2014, 민족지학적 통합, DB의 빈틈을 메운다, DBR No. 150., MIT Sloan Management Review Winter 2014.

99   데브 팻나이크, 2010, 와이어드, 주철범 역, 이상미디어.

100 팀 브라운, 2008, Design Thinking, 고객의 마음으로 생각하라, No. 11, Harvard Business Review June. Design Thinking 전문 번역.

101 고승연, 2016, "2만 원짜리 모나미 153 한정판 샀어요?" '국민볼펜'의 변신, 모나미를 살렸다, DBR(동아비즈니스 리뷰) No. 206(8월 1호)

102 B. 조지프 파인, 제임스 H. 길모어, 체험의 경제학, 비즈니스는 마음을 훔치는 연극이다, 21세기북스

103 최준호, 2014, 10년 전 함께 웃으며 비전 밝혔는데… UX 전략, 소니와 애플 확실히 갈랐다, DBR No. 150.

104 윤명환, 2012, 소통과 공감, 사용자와 개발자가 하나되다, DBR No. 106

105 이준기, 2012, 오픈 콜라보레이션, 문을 활짝 열고 누구나와 협력하라, 삼성경제연구소

106 마이클 E. 포터, 제임스 E. 헤플만, 2014, 스마트, 커넥티드 제품은 경쟁의 구도를 어떻게 바꾸고 있을까, Harvard Business Review KOREA, November.

107 www.airbnb.co.kr